Lynne Burmyn / Christina Baldwin
Das Sternzeichen meines Kindes

LYNNE BURMYN
CHRISTINA BALDWIN

Das Sternzeichen meines Kindes

Ein astrologischer Ratgeber für Eltern

KÖSEL

Übersetzung aus dem Amerikanischen: Renate Langhorst, Ratingen.
Die Originalausgabe erschien unter dem Titel »Sun Signs for Kids«
bei St. Martin's Press, New York

CIP-Kurztitelaufnahme der Deutschen Bibliothek

Burmyn, Lynne:
Das Sternzeichen meines Kindes : e. astrolog.
Ratgeber für Eltern / Lynne Burmyn ; Christina
Baldwin. [Übers. aus d. Amerikan.: Renate
Langhorst]. – München : Kösel, 1986.
Einheitssacht.: Sun signs for kids ⟨dt.⟩
ISBN 3-466-30230-7
NE: Baldwin, Christina

Gesamtherstellung: Kösel, Kempten
Umschlag: Günther Oberhauser, München
ISBN 3-466-30230-7

*Dieses Buch wurde für Thena C. geschrieben.
Es ist Thena und Jase in Liebe von Lynne
gewidmet.*

*Den Kindern in meinem Leben:
Tavish und Jamelah MacLean,
Kyle, Bryn und Colleen Dougherty,
Nathan Garcia und Erin Christina Baldwin
in Liebe von Tante Christina.*

Inhalt

Einführung

Astrologie und menschliches Verhalten

Astrologie, so wie sie in den Tageszeitungen dargestellt wird, erweckt den Eindruck, ein System zu sein, das dazu geeignet ist, daß wir unsere Selbstbestimmung aufgeben und es den Sternen überlassen, unser Leben zu bestimmen. Psychologie, so wie sie in Dutzenden von Selbsthilfebüchern präsentiert wird, erweckt den Anschein, ein System für Veränderungen zu sein, ohne Berücksichtigung der Individualität.

In Wirklichkeit werden, sowohl in der Astrologie als auch in der Psychologie menschliche Verhaltensweisen unter Berücksichtigung der persönlichen Wahlfreiheit und Individualität erklärt. Beide Systeme sind in den Händen erfahrener und verantwortungsvoller Menschen wirkungsvolle und ethische Lernmöglichkeiten um uns besser erkennen und unsere Beziehungen zur Welt klären zu können.

Dieses Buch enthält eine Menge astrologischer und psychologischer Informationen, mit deren Hilfe die Erziehung, das Aufwachsen und das Verständnis der Kinder in unserem Leben einfacher und erfreulicher gestaltet werden kann.

Astrologie ist die Wissenschaft vom genauen Stand der Sonne, des Mondes und der anderen Planeten in der Annahme, daß diese Himmelskörper eine erkennbare Beziehung zum menschlichen Verhalten haben. Die Astrologie setzt einfach voraus, daß eine derartige Anziehungskraft besteht, eine Art magnetischer Sympathie zwischen Sonne, Mond, den Planeten und dem neugeborenen Kind, das eben diese Welt betritt. Der Mensch reflektiert diese magnetische Sympathie, was aber nicht bedeutet, daß wir Sklaven unserer Horoskope sind. Planeten lassen nicht etwa Dinge geschehen, der Stand der Planeten spiegelt nur gewisse Tendenzen wider. Die Astrologen glauben, daß wir alle bestimmte Charaktereigenschaften haben. Wann und wie wir jedoch diese Anlagen entwickeln, hängt vom Zusammenspiel der persönlichen Dynamik und der Einwirkung von Umweltfaktoren ab. Bedachte Astrologen ermutigen die Menschen, ihr Leben selbstverantwortlich in die Hand zu nehmen, indem sie einen nahezu unbegrenzten Katalog an Möglichkeiten aufzeigen, unter denen wir im Laufe unserer Entwicklung wählen können. Die astrologischen Informationen in diesem Buch sind für Eltern gedacht, um ihnen zu helfen, die Entwicklung ihrer Kinder zu fördern und ihr Verständnis für die Zusammenhänge, aus denen heraus das Kind seine Wahl trifft, zu vertiefen.

Astrologen verwenden Horoskope, das sind Aufzeichnungen der symbolischen Positionen von Sonne, Mond und anderer Planeten zum genauen Zeitpunkt und -ort der Geburt eines Menschen. Da der Sonne oft die stärkste planetarische Beeinflussung zugesprochen wird, betrachtet man sie gewöhnlich als das wichtigste Charakteristikum des Horoskops, denn sie beschreibt die offensichtlichsten Haupteigenschaften. Aus dem Stand der Sonne ergibt sich das Sonnenzeichen, und wenn Leute fragen: »Was sind Sie für ein Zeichen?« meinen sie: »In welchem Zeichen stand die Sonne am Tag Ihrer Geburt?« Die Sonne steht ungefähr 30 Tage lang in einem Zeichen und wechselt um den 21. Tag eines jeden Monats in das nächste. Sie finden die üblichen Daten vor jedem Kapitel und in der Inhaltsangabe aufgeführt, wenn auch der Zeitpunkt des Wechsels von Jahr zu Jahr sich geringfügig verändert.

Es gibt noch zwei weitere wichtige Bestimmungsfaktoren in einem Horoskop: die Position des Mondes und des Aufgangszeichens (Aszendent). Zur Festlegung der Mond-Position muß man die Geburtszeit kennen, der Aszendent erfordert zudem die Kenntnis des Geburtsortes, Längen- und Breitengrad. Zwei Kinder, die zur gleichen Zeit geboren wurden, das eine jedoch in Alaska und das andere Kind in Florida, werden zwar das gleiche Sonnenzeichen und den gleichen Mondstand haben, aber wahrscheinlich unterschiedliche Aszendenten aufweisen.

Diese drei Hauptfaktoren des Horoskopes stehen für drei wichtige Aspekte unserer Persönlichkeit. Sie zu kennen, wird bei der Lektüre dieses Buchs und wenn wir über unsere eigene Persönlichkeit und die unserer Kinder nachdenken, von Nutzen sein.

Das Sonnenzeichen repräsentiert die Grundlagen unserer Persönlichkeit, wer wir sein wollen und Eigenschaften, auf die wir stolz sind.

Der Stand des Mondes symbolisiert unsere Gefühle, was wir brauchen, um uns sicher und geborgen zu fühlen, wie wir andere erziehen und auf Erziehung und Verhalten reagieren, die weitgehend aus dem Unbewußten kommen.

Der Aszendent zeigt, auf welche Weise wir uns der Umgebung anpassen, wie wir uns in der Gemeinschaft darstellen und mit anderen Kontakt aufnehmen, und welche Eigenschaften und Fähigkeiten wir gern offenbaren.
Wenn wir diese drei Hauptfaktoren kombinieren, erhalten wir eine sehr genaue, kurze Darstellung der Persönlichkeit.

Wie dieses Buch zu handhaben ist

Jedes Sonnenzeichen wird in einem eigenen Kapitel behandelt. Finden Sie zuerst das Sonnenzeichen heraus, unter dem die Person geboren ist, über die Sie sich informieren wollen. Jedes Kapitel ist auf dieselbe Weise unterteilt.
Allgemeine Eigenschaften: Untersucht das Verhalten, das Benehmen, die Einstellung zum Leben, die Art sich selbst und andere zu sehen. Dies wird bis zu einem gewissen Grad bei allen Kindern eines Zeichens übereinstimmen. In diesem Abschnitt werden viele nützliche Erziehungshinweise gegeben und Ratschläge, die Besonderheiten des betreffenden Zeichens bestmöglich zu unterstützen.
Empfindlichkeiten: Dieser Absatz setzt sich detailliert mit den Ursprüngen von Mißvertändnissen in zwischenmenschlichen Beziehungen auseinander, und damit, auf welche Weise Sie Ihren Kindern und sich selbst hier helfen können.
Beziehungen: Erklärt kurz, wie das Kind vermutlich Mutter, Vater, Geschwister, Freunde und Beziehungen überhaupt sieht.
Verstand/Information/Schule: Beschreibt, wie das Kind über Information denkt, diese aufnimmt und verarbeitet. Hier werden das Verhalten und die Einstellung zur Schule und weiterer Schulbildung gegenüber besprochen. Es sind Hinweise angeführt, wie Eltern den individuellen Lernprozeß ihres Kindes unterstützen können.
Verantwortung/Arbeit/Belohnung: Befaßt sich mit der Einstellung eines jeden Sonnenzeichens zur Arbeit, damit, welche Erklärungen dem Kind altersmäßig entsprechen (Schule, kleine Pflichten, Pläne, Teilzeitbeschäftigung, usw.) und führt gerne angenommene Belohnungen auf.
Heim: Beschreibt die Einstellung des Kindes zu seinem Lebensraum und besondere Bedürfnisse oder geschmackliche Eigenheiten, z. B.

welche Farben es bevorzugt und gibt Hinweise zur Raumgestaltung.

Gesundheit: Diskutiert werden die Funktion von Krankheit im Leben des Kindes, die Einstellung dieses Zeichens zu Gesundheit, und die Körperregionen, in denen sich besondere Anfälligkeiten dieses Zeichens zeigen.

Kindheitsalter: Hier werden die verschiedenen Entwicklungsphasen aufgezeigt, um den Eltern zu helfen, dem Alter und dem Sonnenzeichen ihrer Kinder gemäß zu reagieren. Verschiedene Abschnitte zeigen jeweils die hervorstechendsten Eigenschaften des Kindes in dieser Altersphase auf.

Was alle Kinder brauchen

Alle Kinder, unabhängig von ihrem Sonnenzeichen und Geburtsdatum haben bestimmte Grundbedürfnisse. Die Intensität dieser Bedürfnisse ist unterschiedlich, und die Art und Weise, wie sie versuchen, diese Bedürfnisse zu befriedigen, variieren, aber die folgende Liste kindlicher Menschenrechte gilt für alle Kinder dieser Erde!

- Alle Kinder müssen spüren, daß sie erwünscht sind, geliebt und geschätzt werden.
- Alle Kinder haben Anspruch auf Schutz und Fürsorge.
- Alle Kinder brauchen Unterstützung und Ermutigung.
- Alle Kinder haben das Recht und das Bedürfnis in ihrer Art einmalig zu sein.
- Kinder sind nicht dazu da, die Bedürfnisse der Erwachsenen zu erfüllen.
- Kinder haben ein Recht darauf, daß ihre Wünsche von sorgenden Erwachsenen erfüllt werden.
- Kinder brauchen die Erlaubnis, Gefühle zu äußern und man muß ihnen dabei helfen, diese Gefühle erfolgreich bei ihren Problemlösungsversuchen einzusetzen.
- Kindern muß zugestanden werden, daß sie kompetent und klug sind.
- Kinder haben ein Recht darauf, daß man ihren Körper respektiert.
- Kinder sollten niemals verletzt werden.

Widder-Kinder

21. März – 19. April

Allgemeine Eigenschaften

Während viele der im folgenden beschriebenen Charakteristika für die meisten Widder-Kinder zutreffen werden, können andere, manchmal widersprüchliche Eigenschaften sehr wohl *auch* bei dem Kind, das unter diesem Zeichen geboren ist, in Erscheinung treten.

Eltern neugeborener Widder-Kinder werden erfreut sein über die offene und hellwache Art ihres Kindes. Nahezu vom Tag seiner Geburt an sucht der kleine Widder ständig den Blick seiner Nächsten. Er entwickelt große Neugier hinsichtlich seiner sozialen Umwelt und beobachtet aufgeweckt seine Umgebung. Er ist fasziniert von allem, was um ihn herum geschieht. Das Widder-Baby kann bald seinen Bedürfnissen Ausdruck verleihen, ebenso schnell ist es zu Zustimmung bereit. Sein sonniges Lächeln und die Bereitwilligkeit, Kontakt mit seiner Umgebung aufzunehmen, machen es zu einem gewinnenden Kind, obwohl dies etwas beunruhigend wirken kann auf Erwachsene, die eine so freie Interaktion bei einem Baby nicht erwarten. Das Widder-Baby ist ein Kind, dem man nur schwer widerstehen kann.
Es ist unmöglich, dieses Kind zu ignorieren. Es ist beharrlich und anspruchsvoll, wenn es sich unbehaglich fühlt, und erwartet, daß man seine Bedürfnisse schnell und gründlich befriedigt. Was es will, will es sofort! Das Schreien des kleinen Widders, mit dem er sein Unbehagen kundtut, ist oft schon von weitem zu hören. Verzögerte Triebbefriedigung ist nicht seine Sache, aber er verzeiht und vergißt ebenso schnell wie er seine Wünche äußert. Er verleiht ihnen mit intensivster Eindringlichkeit Ausdruck, aber seine Wünsche sind oft einfach und leicht zu erfüllen. Gewissenhafte Eltern werden keine Schwierigkeiten haben, ihrem Kind zu geben was es braucht, sie werden dafür mit einem strahlenden Lächeln aus Dankbarkeit und Liebe belohnt.

Das Widder-Kleinkind kommt mit einer fertig angelegten Identität zur Welt. Eltern, die die Vorstellung hegen, ihr neugeborenes Baby nach vorgefaßten Ideen formen zu wollen, werden ihre Erwartungen überdenken müssen. Der kleine Widder hat eine sehr bestimmte Auffassung von seinen Wünschen und Bedürfnissen und eine genaue Vorstellung davon, wer er ist. Obwohl freundlich, aufgeweckt und altklug, besteht er unerbittlich darauf, als Person mit eigenen Rechten behandelt zu werden. Er ist leicht irritierbar, wenn er merkt, daß man erwartet, er solle sich nach fremden Vorstellungen entwikkeln, und es ist durchaus möglich, daß er als Antwort darauf seine Wesensart noch mehr betont. Eltern, die ein enges und vertrauensvolles Verhältnis zu ihrem Widder-Kind erstreben, müssen dies beachten und von ihm zum Ausdruck gebrachte Persönlichkeitsanteile entsprechend wertschätzen.
Das Widder-Kind ist umgänglich und freundlich und nähert sich denen, die es liebt, sehr leicht. Von Geburt an braucht es lebhaften Kontakt mit den Menschen seiner Umgebung.
Freudig quittiert es sanfte Anregungen wie Musik oder Berührungen. Farbenfrohe Mobiles werden dieses aufgeweckte Kind erfreuen. Es hat es gern, wenn man mit ihm spricht, mehr noch, wenn man mit ihm spielt, ihm Aufmerksamkeit schenkt und es beachtet.
Das Widder-Kind lebt gerne in der Überzeugung, daß es Reaktionen hervorzurufen vermag. So kann ein hungriges Widder-Baby mit einer nassen Windel in seiner unbehaglichen Situation lauthals schreien, nur um zu sehen, was daraufhin geschieht. Normalerweise werden Eltern auf das Schreien reagieren, indem sie die Windeln wechseln, das Baby füttern und dann liebkosen. Mehr als Kinder, die unter anderen Sonnenzeichen geboren sind, scheint das Widder-Kind den Sinn von Ursache und Wirkung zu erkennen und auf aktive Weise herauszufinden, wie es erreichen kann, daß seine Umgebung reagiert. Liebesbeweise werden es nicht verziehen. Ganz im Gegenteil wird sich dadurch sein Urvertrauen entwickeln, das Vertrauen, daß diese Welt eine freundliche ist, und ihm unter ihrem Schutz gestattet, sich kraftvoll zu entwickeln.
Obwohl sein Bedürfnis nach Interaktion und Stimulation stärker ausgebildet zu sein scheint als bei anderen Sonnenzeichen (außer Löwe), braucht es ruhige und ungestörte Zeiten. Es wird die Eltern wissen lassen, was es will und wofür es gerade aufnahmebereit ist. Sobald es krabbeln oder laufen kann, wird es sich stille Eckchen

suchen, in die es sich zurückziehen kann. Da das Widder-Kind sozial anpassungsfähig ist, sollten die Eltern Zeit einplanen, die sie ausschließlich für ihr Kind reservieren und mit ihm verbringen. Sie werden außerordentlich erfreut sein über die Fähigkeit ihres Kindes, mit anderen Menschen auszukommen, so daß sie jedem gestatten mögen, sich mit ihm zu beschäftigen. Sie gefährden dabei allerdings die Entwicklung seiner Bindungsfähigkeit. Trotz seiner Selbständigkeit und Anpassungsfähigkeit fühlt sich das Widder-Kind, wie jedes andere Kind, wesentlich sicherer, wenn es genau weiß, zu wem es gehört, wer seine engeren Bezugspersonen sind und wem es seine Liebe schenken kann.

Widder-Kinder scheinen von Anbeginn ihres Lebens an selbständig zu sein. Sie lehnen Einschränkungen jeder Art ab und werden in Erfahrung bringen wollen, was auf der anderen Seite der Berge zu sehen ist, zumindest aber erst einmal, was hinter der Couch vorgeht, unten an der Treppe und um die Ecke, etc. Es macht ihnen nichts aus, allein zu sein und sie werden sich oftmals ganz zufrieden mit sich selbst beschäftigen. Widder-Kinder mögen es nicht, wenn man sie hochnimmt, umarmen will oder auf andere Weise stört, während sie sich gerade mit sich selbst vergnügen, und sie sind im großen und ganzen glücklich mit sich selbst, ohne von Erwachsenen gestört zu werden.

Die Wechselbeziehung mit Widder-Kindern ist mehr eine Sache der Intensität als des Zeitaufwandes. Da beides wichtig für den Widder ist, Zuwendung und Ungestörtheit, ist es nötig, daß Eltern Sensibilität entwickeln um zu spüren, in welcher Gemütsverfassung sich ihr Kind befindet, und entsprechend darauf reagieren.

Das Widder-Kind hat erfahrungsgemäß viel Energie. Eltern, die es mit ihrem kleinen Kraftpaket aufnehmen wollen, werden bald die Aussichtslosigkeit eines solchen Versuchs erkennen. Meist wird es am besten sein, wenn Eltern gelassen sind, auf genügend Sicherheit achten oder Hilfe anbieten und das Kind ansonsten in Ruhe lassen. Wenn der kleine Widder Verständnis für seine Tatkraft findet, wird es ihm gelingen, sowohl seinen Körper als auch seinen Geist anzunehmen. Er wird oftmals seine Fähigkeiten in sportlichen Betätigungen, Tanz und einer Vielzahl von kreativen Aktivitäten zeigen. Spürt der junge Widder jedoch Ablehnung, wird er sich im Heranwachsen seiner Tatkraft schämen und mit großem Aufwand versuchen, sie zu unterdrücken. In diesem Fall kann er depressiv oder lethargisch erscheinen.

Die Freude am eigenen Körper als einer Quelle von Energie ist eine ausgesprochen widderhafte Empfindung. Wird diese Freude eingeschränkt, kann sie sich in Besorgtheit verwandeln, er kann ängstlich werden in bezug auf die Gesundheit und die Funktionen seines Körpers und sich unnötigerweise Gedanken machen, oder er kann körperliche Risiken (Verletzungsgefahr) völlig mißachten.

Beim kleinen Widder begegnet man oft einem erstaunlichen Vertrauen in seine Physis. Ein sechsjähriger Widder stürzte mit seinem Fahrrad, mit dem er gerade übte, und schlug sich dabei zwei Schneidezähne aus. Am nächsten Tag konnte man ihn erneut auf seinem Rad beobachten, fest überzeugt, daß es wirklich nichts ausmache, wenn er sich bei einem erneuten Sturz weitere Zähne ausschlagen würde, da sie ja ohnehin gleich wieder nachwüchsen. Seine Mutter mußte ihm erst erklären, daß den Menschen nur zweimal Zähne wachsen und der Nachschub infolgedessen nicht unerschöpflich ist.

Gestaute Widder-Energie kann sich manchmal in intensivem und aufdringlichem Interesse am Wohlergehen anderer äußern. Die Herrschsüchtigkeit, die oft mit dem Widder in Zusammenhang gebracht wird, entsteht häufig dann, wenn der Widder daran gehindert wird, selbst Verantwortung für sein Leben zu tragen. Diese unterdrückte Energie äußert sich manchmal in dem Bemühen, sich um die Belange anderer Menschen zu kümmern.

Gewöhnlich hat der Widder jedoch ein inneres Gespür dafür, daß er sich mit seiner Unruhe und dem Bedürfnis nach Aktivität auseinandersetzen muß. Dieses Kind ist enthusiastisch und empfindsam und braucht eine Möglichkeit für den Abbau physischer und psychischer Energie. Es liebt die Abwechslung. Das Widder-Kind ist begeistert von der Welt und ihren Möglichkeiten und abenteuerlustig wie kein anderes Kind. Für den Widder ist Aktivität unerläßlich. Sie ist die Quelle seiner Freude. Wenn er keine Freude mehr an einer Sache hat oder das Gefühl, eine Aufgabe adäquat erledigt zu haben, wird er sich etwas anderem zuwenden. Er denkt: »Nun habe ich das getan, was sonst wäre da zu tun?« Andere Leute, die sich an seinen Aktivitäten beteiligen wollen, sind manchmal höchst erstaunt, wenn sie herausfinden, daß er schon wieder mit einer anderen Sache beschäftigt ist, und werden zu dem Fehlschluß kommen, dies als mangelnde Hinwendung oder Loyalität zu werten. In Wirklichkeit hat der Widder nur etwas getan, was er gut kann, nämlich etwas beginnen, er hat vielleicht aus nichts etwas gemacht, eine Idee verwirklicht.

Widder-Kinder setzen gern etwas in Gang. Sie fangen gerne etwas an, führen es aber nicht gern zu Ende. Da sie ungeduldig sind und es ihnen schwerfällt, auf andere, die mithalten wollen, zu warten, Verzögerungen zu tolerieren oder zu glauben, daß andere eine Aufgabe auch lösen können, sind die Widder immer der Meinung, sie sollten und könnten alles allein bewältigen. Und sie arbeiten wirklich am besten allein oder in Führungspositionen. Sie werden eine Sache besser zu Ende führen, wenn sie sich für die Aufgabe und deren Planung verantwortlich fühlen. »Sieh nur, das habe ich ganz allein gemacht, für dich!« Oder »Ich habe mein Zimmer ganz allein saubergemacht« sind beliebte Aussprüche des Widder-Kindes.

Die Denkweise des Widders ist schnell, ideenreich. Wenn er älter wird, muß er angeleitet werden zu lernen, daß er die Dinge zu Ende führen muß und in der Vollendung einer Sache Befriedigung finden kann. Manchmal jedoch kann der kleine Widder einen gewaltigen inneren Druck empfinden bei einer Arbeit, die er vollenden will und er wird sich keine Ruhepause gönnen, ehe er eine mühsame Arbeit nicht vollständig ausgeführt hat.

Widder-Kinder stürmen der Welt gewöhnlich Kopf voran entgegen. Sie sind optimistisch und einfallsreich, und suchen stets nach den positiven Aspekten einer Situation. Sie sind mutwillig und großzügig. Der Enthusiasmus eines kleinen Widders ist häufig ansteckend und sie gehören zu denen, die andere Menschen am besten motivieren können. Sie sind spontan und gewinnend und werden manchmal bei Problemen Lösungsversuche anbieten, sogar für Erwachsene in ihrer Umgebung. Sie können so überzeugend vergnügt sein, daß in ihrer Gegenwart Probleme weniger schwierig zu sein scheinen und Menschen weniger mutlos sind.

Das schnelle Tempo junger Widder kann zu Frustration, Verletzungen und Erschöpfung führen. Sie sind gern leichtsinnig und unvorsichtig. Obwohl sie sich typischerweise schnell regenerieren wenn sie erschöpft sind, brauchen Widder-Kinder die Erlaubnis, sich auszuruhen und es muß ihnen gezeigt werden, wie man sich entspannt. Sie spielen schön, können aber Schwierigkeiten haben, es ruhig und nur zur Freude zu tun. So kann es vorkommen, daß bei der

Familienexpedition zur Eisdiele die übrige Familie noch immer mit den Maraschino-Kirschen im Eis beschäftigt ist, während der kleine Widder bereits seine Schale ausleckt.

Obwohl sie sehr selbstdiszipliniert sein können auf eine Art, die anderen nicht gleich deutlich wird, haben Widder-Kinder Angst, die Kontrolle zu verlieren, wenn sie sich nicht beherrschen. Meist fürchten sie auch, wenn sie sich wirklich entspannen, keinen neuen Anfang finden zu können. Sie befürchten auf geheimnisvolle Weise ihre Tatkraft zu verlieren, die für sie ein wesentlicher Teil ihres Selbst ist. Ein Widder-Kind, das sich mittags hinlegen soll, wird es folgsam tun, aber ein Buch, Lieblingsspielzeug, Malstifte und Papier mitnehmen, falls es sich langweilen sollte. Dieses Kind fühlt sich am muntersten, wenn es am meisten beschäftigt ist.

Das Widder-Kind schätzt es, wenn man ihm vertraut. In uns allen ist es das Widder-Prinzip, das die moralische Integrität regelt, und das Widder-Kind nimmt Ehrlichkeit und Rechtschaffenheit sehr ernst. Wenn es ankündigt etwas zu tun, dann ist es überzeugt, daß es dies auch ausführen wird. Oft bleibt es noch lange auf, um seine Versprechen zu erfüllen, oder es fühlt sich gehetzt, weil es versucht alle Zusagen einzuhalten. Es hat Angst als unzuverlässig zu gelten, wenn es zu müde war etwas zu tun oder einen schlechten Eindruck zu hinterlassen. Eltern, die ihr erschöpftes Kind dabei beobachten wie es versucht, seinen vielen Verpflichtungen, seien sie nun real oder eingebildet, nachzukommen, sollten ihm zeigen, wie man Prioritäten setzt, Forderungen anderer Menschen zurückweist und es sein eigenes Tempo bestimmen lehren.

Ehrlichkeit hat für den jungen Widder große Bedeutung. Er gibt aufrichtige und umfassende Antworten, wenn er gefragt wird, und er erwartet dasselbe auch von anderen. Er wird Fragen mit großer Ernsthaftigkeit und Genauigkeit beantworten und entlockt auch anderen ernsthafte Antworten. Der Widder wird auch Fragen stellen, die kein anderer wagt, und er tut dies mit einer solchen Harmlosigkeit, daß sich niemand verletzt fühlt. »Onkel Hans ist das wirklich ein Toupet?« »Wie kommt es, daß es im Wind nicht wegfliegt?« »Warum magst du deine Glatze nicht?«

In seinem Bemühen immer aufrichtig zu sein, kann der junge Widder plump oder taktlos wirken aber seine Freunde schätzen meist seine Ehrlichkeit, seinen Scharfblick und seine Zuverlässigkeit. Der Widder sagt schnell, was er zu sagen hat und erweckt den Eindruck kurz angebunden zu sein, wenn er dann das Thema wechselt oder sich etwas anderem zuwendet. Es gibt sehr wenige Themen, die der junge Widder nicht diskutiert. Erwachsene, die nach seinen Ansichten fragen, sollten darauf vorbereitet sein, unangenehme Wahrheiten und Beobachtungen zu hören, die nicht besonders schmeichelhaft, aber ehrlich sind.

Der Widder zeigt normalerweise wenig Geduld mit Menschen, die klagen, ohne ihre Probleme zu lösen. Er bietet sofort Ideen zur Lösung der Probleme an oder macht Vorschläge, ehe die andere Person überhaupt die Situation fertig beschrieben hat. Da sein Geist so sehr damit beschäftigt ist, immer neue Möglichkeiten für zukünftige Aktivitäten zu entwicklen, braucht es Zeit, bis der Widder erkennt, daß nicht jeder so schnell denken kann wie er. Er würde es vorziehen, sich die Probleme von zwanzig Freunden einmal anzuhören, anstatt die Probleme eines einzigen Freundes zwanzigmal. Er wird seinem Bruder interessiert zuhören, wenn der sich über seine Spielerposition im Hockey-Team beschwert, aber ungeduldig werden, wenn der Bruder nichts tut, um seine Lage zu ändern. Es ist ihm gleich, was er tut, wenn er nur sieht, daß der Bruder sich bemüht, die Situation zu ändern. Solange ein Widder sieht, daß sich etwas bewegt und eine Situation sich verändert, ist er glücklich. Wenn Menschen oder Situationen jedoch unveränderbar erscheinen, ist er unglücklich.

Die Fröhlichkeit des jungen Widders wirkt manchmal keck und es kann den Anschein haben, als würde er sich nicht ernst nehmen. Er liebt Späße und ist manchmal zu allerlei Schabernack aufgelegt. Als Kind oder als Heranwachsender wird er besonders dann, wenn er merkt, daß andere von seinem Witz, seiner Umgänglichkeit und seiner Tatkraft angezogen werden, seinen Humor als eine Kommunikationsmöglichkeit einsetzen, ohne tiefere Gefühle zu zeigen. Widder gelten oft als frühreife Sprüchemacher, die ihren Teil zum Familienrepertoire beitragen. Es fällt ihnen leicht, ihre Zeit mit Erwachsenen zu verbringen und sie haben Freude daran, Scherze und Geschichten auszutauchen. Es macht ihnen nichts aus, anderen Leuten Geschichten über sich selbst zu erzählen, denn sie sind vertrauensvoll davon überzeugt, daß ihre Gefühle nicht verletzt werden, wenn Erwachsene anerkennend über ihre Possen lachen.

Manchmal ist es schwer für das tatkräftige Widder-Kind, sich solange ruhig zu verhalten bis es spürt, was es wirklich fühlt. So kann z. B. seine Stimmung zuerst sarkastisch wirken, bevor es gewahr wird, daß es ärgerlich ist. Eltern sollten frei sein, solche Signale aufzugreifen und dem kleinen Widder mit gezielten Fragen helfen, sich zu beruhigen, um seine Gefühle zu erkennen. Da das Widder-Kind selbst eindringliche Fragen stellt und da es leidenschaftlich an Ehrlichkeit und Fairneß glaubt, ist es unwahrscheinlich, daß es forschende Fragen zurückweist, die ihm selbst gestellt werden. Fragen wie: »Du hast Willis Gefühle verletzt, hast du dich über ihn geärgert?« Oder: »Du gibst dich heute so geschäftig, aber deine Augen sehen traurig aus. Fühlst du dich unglücklich?« werden sehr hilfreich sein. Das Widder-Kind wird präzise Fragen ehrlich beantworten und dankbar seine vorher verborgenen Gefühle ausdrücken. Wenn es diese Gefühle nun ausgesprochen hat, wird es dem Widder guttun, wenn seine Gefühle angenommen werden. Es kann notwendig sein ihm zu sagen, daß es in Ordnung ist, wenn er eine Weile nicht charmant, einfallsreich und geschäftig ist; daß es gut für ihn sein kann, sich still zu verhalten und nicht an allen Familienaktivitäten teilzunehmen. Er kann befürchten, daß er, wenn er mit all dem aufhört, nicht mehr fähig sein könnte, erneut einen Anfang zu finden. So wird, nach einer Pause, die Aufforderung eines Familienmitgliedes, sich den Gruppenunternehmungen wieder anzuschließen, dem jungen Widder den Weg zurück zu seiner aktiven Tätigkeit erleichtern.

Der Begriff Integrität hat für den Widder verschiedene Aspekte. Integrität bedeutet Aufrichtigkeit, Vertrauenswürdigkeit und sein Selbst als etwas Andersartiges und Besonderes zu bewahren. Integrität bedeutet auch Einheit, Ganzheit und die Fähigkeit, sich selbst in die Gemeinschaft mit anderen einzubringen. Beide Aspekte haben eine Beziehung zu dem Vertrauen, das der Widder in seinen Körper, die Quelle seiner Energie, hat. Die Besorgtheit um seinen Körper als Grundlage seiner Integrität kann zu unerwarteter Angst vor plötzlichen körperlichen Veränderungen führen, wie dem ersten Haarschnitt, Schneiden der Fingernägel, dem plötzlichen Einsetzen der Pubertät. Ein vierjähriges Widdermädchen, dessen Zöpfe abgeschnitten worden waren und das einen Pagenschnitt bekommen hatte, blieb das ganze Wochenende in seinem Zimmer und ihm mußte wiederholt glaubwürdig versichert werden, daß es immer noch es selbst war – auch mit kurzem Haar.

Das Widder-Kind interessiert sich unaufhörlich dafür, wie ein Individuum einer größeren Gruppe angehören und dennoch seine eigene Integrität bewahren kann. Es wird schon in jungen Jahren die Erfahrung in Gruppen suchen, einer von vielen zu sein und trotzdem Beachtung und Anerkennung als Individuum zu finden. Als Teil dieses Versuches mag es sich während seiner Schulzeit Gruppen anschließen und sie wieder verlassen. Ein zehnjähriger Widder gab seinem ganzen Kummer Ausdruck, als er sagte: »Ich möchte ja gern Pfadfinder sein, aber nicht irgendeiner.« Für den jungen Widder ist der einzelne immer wichtiger als die Gruppe. Er sieht Gruppen oft als ein Gebilde von miteinander verbundenen Gliedern. Wenn sich eine Verbindung oder Gruppe auflöst, erscheint es dem Widder, als würde ein Körper auseinanderfallen. Diese Vorstellung bezieht sich bei ihm gleichermaßen auf die Briefmarkensammlung, auf die Erbsen, die auf seinen Kartoffelbrei rollen oder ernsthafter auf Menschengruppen. Es ist schwer für den Widder, sich von Gruppen zu trennen, die nur kurz bestehen: das Adieusagen am Ende des Sommercamps oder des Schuljahres oder der Abschied von seiner Cousine nach einem großen Familientreffen. Der Widder hält gerne Dinge zusammen, die zusammengehören.

Konsequent bietet das Widder-Kind bedingungslose Liebe und Zuneigung an, obwohl andere oftmals Schwierigkeiten haben, dies zu verstehen. Es sagt in gewisser Weise zum anderen: »Ich erkenne dich an, ich will nicht, daß du dich meinetwegen änderst, daß du aufhörst der zu sein, der du bist, oder nicht tust, was du tun mußt.« Selbstverständlich ist dies genau die Art von Liebe, die der Widder auch von anderen erhofft. Er verbindet Liebe und Integrität in einem Gefühl.

Jahre bevor ein Widder ein so komplexes geistiges Konzept auszudrücken vermag, zeigt sich diese Mischung von Liebe und Integrität in seiner Art, mit anderen umzugehen. Eltern und sonstigen Erwachsenen, die dies erkennen und achten, wird die unauslöschliche Loyalität des Widders sicher sein. Der junge Widder, dessen Liebe mißverstanden wurde oder dem diese nur in eingeschränktem Maß zuteil wurde, kann in der Tat versuchen, das Verhalten und die Einstellung anderer dahingehend zu ändern, daß sie den seinen entgegenkommen.

Widder schätzen nicht nur ihre eigene Individualität, sondern setzen sich auch dafür ein, daß andere ebenfalls ein Recht haben, sich zu unterscheiden. Er kämpft oft für Unterdrückte und Ausgestoßene. Im Gegensatz zum Wassermann-Kind, das Ideen und Prinzipien verteidigt, identifiziert sich der Widder mit der persönlichen und menschlichen Seite eines Problems. Für ihn ist es belanglos, ob Gebäude für Behinderte leicht zugänglich sind, aber wichtig, wie er erreichen kann, daß die Schule seine Freundin Susi, die im Rollstuhl sitzt, gut unterbringt.

Häufig hat der junge Widder eine starke und unerklärliche geistige Verbindung zu einer Minderheiten-Gruppe, mit der er sich identifizieren kann, und im geheimen mag er sich wünschen, zu ihnen zu gehören. Ein Teenage-Widder identifizierte sich so intensiv mit dem, was er in Anne Franks Tagebuch gelesen hatte (und mit der Person dieses jungen jüdischen Mädchens), daß er auch gerne jüdisch gewesen wäre. Er begann alles, was er über jüdische Kultur und Religion finden konnte, zu lesen. Später wandelte sich dies in eine Faszination für schottische Gruppen und deren ethnischen Hintergrund.

Eltern, die besorgt um anderer Leute Meinung sind, werden feststellen, daß sie mit ihrem Widder-Kind alle Hände voll zu tun haben, da es sich selten darum kümmert, wie andere sein Verhalten beurteilen. Der Widder läßt sich in seinen Gefühlen und Handlungen weitgehend von seinen eigenen Vorstellungen leiten. Dieser Mangel an Achtung für die Werte anderer kann letztlich zu einem Gefühl von Isolation bei dem kleinen Widder führen, zu einem falschen Gefühl von Überlegenheit oder zu unbeabsichtigtem Fehlverhalten. Auf etwaigen Tadel wird der junge Widder wie auf jede Herausforderung reagieren. Er wird sich bemühen, die auszustechen, die ihn kritisieren, er wird versuchen zu beweisen, daß sein Weg der bessere ist oder er wird schlicht sein Verhalten wider die Meinung Außenstehender beibehalten. Derartige Konfrontationen werden sich während des Heranwachsens höchstwahrscheinlich zuspitzen, wenn der Widder mit seiner Integrität experimentiert. Wenn er sich der Unvereinbarkeit dessen, was er tun möchte, und dessen, was er tun soll, bewußt wird, kann er in einen tiefen inneren Konflikt oder in hellen Aufruhr geraten. Durch wohlüberlegte Diskussionen können Eltern ihm helfen und ein Gefühl für gesellschaftliche Normen wecken, es wird ihnen jedoch nicht gelingen, ihr Kind zu zwingen, sich diesen Normen völlig anzupassen. Glücklicherweise ist der Widder bereit, sein Gefühl für Integrität ständig zu erweitern und macht Kompromisse, die es ihm erlauben, Erwartungen zu erfüllen *und* seine Freiheit zu behalten.

Obwohl der junge Widder alle Eigenschaften eines natürlichen Führers besitzt, verschmäht er manchmal Rollen rein formeller Führerschaft. Wenn alle seine Freunde Klavier spielen lernen, wird sich der Widder entscheiden Trompete zu spielen. Er wird dann solche Freude daran haben und es seinen Freunden so reizvoll erscheinen lassen, daß sie ihr Klavier mit glänzenden Metallhörnern vertauschen. Auf derart indirekte Weise agiert der Widder oft als unabsichtlicher Führer in einer Gruppe Gleichaltriger, will aber keine Verantwortung übernehmen für die Entscheidung anderer, ihm zu folgen. Es kann gut sein, daß er in dem Augenblick, wo die anderen in seiner Klasse soweit sind, daß sie gute Trompeten-Solos blasen können, damit aufhört und trommeln lernt, oder als einziger mit einem Instrument übrigbleibt.
Kleine Widder neigen dazu, von sich auf andere zu schließen. Das bedeutet, daß er annimmt, daß seine Vertrauenswürdigkeit und Erfahrung der Vertrauenswürdigkeit und Erfahrung anderer Leute entspricht. Wenn er vertrauenswürdig ist, erwartet er, daß andere es auch sind. Oftmals sind seine Erwartungen so lauter, daß man ihnen aus diesem Grund entspricht, dies ist jedoch ein mehr zufälliger Weg, einen Charakter zu beurteilen. Wenn er älter und nachdenklicher wird, mag ihm etwas von dieser Naivität verlorengehen, aber bis dahin wird er immer und immer wieder lernen müssen, daß er nicht davon ausgehen kann, daß das, was für ihn zutrifft, auch auf andere zutrifft. Sein bester Freund mag hinter seinem Rücken über ihn reden, während der kleine Widder ernsthaft darauf besteht, daß dies nicht passieren könne. Obwohl schmerzhaft, ist dies unter Kindern eine ungefährliche Lektion, aber das Widder-Kind braucht besonderen Schutz vor gewissenlosen Erwachsenen!
Für ein Widder-Kind ist Vertrauen ein Geschenk, das es freiwillig entgegenbringt, so wie einer den Freund darum bittet, etwas Wertvolles zu bewahren. Eltern müssen ihm dabei helfen, sein Vertrauen auf Erfahrung und Verläßlichkeit aufzubauen, es vorsichtiger zu verschenken und daß es in Beziehung gesetzt wird zum Verhalten des anderen Menschen. Wenn der beste Freund sich garstig benimmt, wird der Widder Hilfe brauchen, die Freundschaft auf eine neue Basis zu stellen, das geschenkte Vertrauen zurückzunehmen und diesen Verlust zu betrauern.
Besonders wenn es noch sehr klein ist, kann das Widder-Kind nichts begreifen, was es nicht selbst am eigenen Leibe erfahren hat. Dies

führt zu einem gewaltigen Ansporn, möglichst vielfältige Erfahrungen zu sammeln. Das Widder-Baby möchte alles in seiner Umgebung schmecken, betasten, riechen, sehen. Es ist sicht- und bewegungsorientiert, und dies wird auch so bleiben. Es lernt am besten auf sehr direkte Weise und sammelt Erfahrungen oft auf hartem Wege, indem es etwas ausprobiert und sich irrt. Wenn man ihm sagt, daß der Ofen heiß ist und es ihn nicht anfassen soll, dann wird es ihn eben doch anfassen – aber nur einmal. Besonders in den ersten zehn Jahren seines Lebens ist der Widder der Entdecker par excellence, der mittels seiner Sinne und seines Körpers erfahren will. Er wird nur Ereignisse und Erfahrungen verstehen und behalten, die für ihn persönlich relevant sind, oder er wird Dinge persönlich nehmen, die nichts mit ihm zu tun haben.

Das Widder-Kind wird leicht ärgerlich. Wenn es müde ist, gestreßt oder gedämpft, ist es leicht irritierbar und launisch. Es neigt dazu, verletzte Gefühle hinter zornigem Verhalten zu verbergen. Es kann feindselig oder arrogant wirken, wenn es versucht, Tatsachen nach seinem Willen zurechtzubiegen. Manchmal sieht es so aus, als versuche es mit Ungeduld Dinge zu erzwingen. »Sind wir immer noch nicht da? Du hast gesagt, es sei nur eine Stunde zu fahren und wir sind schon eine Stunde und zwanzig Minuten im Auto. Wie lange müssen wir denn noch fahren?!«

Obwohl der Widder anmaßend und hartnäckig ist, lernt er schnell, seine Forderungen durch Takt und Humor erträglicher zu machen. Oft setzt er seinen Willen durch – ohne zu verletzen –, da Menschen gerne mit ihm zusammenarbeiten und seine Anwesenheit schätzen. Der kleine Widder vergibt und vergißt ebenso schnell wie er sich erregt. Ihm erscheint anhaltender Groll als eine unnütze Zeitverschwendung, obwohl er Menschen, die seine Integrität mißachtet oder sein Vertrauen mißbraucht haben, nicht vergessen wird. Er wird verletzt und verunsichert sein, wenn er lange nach einem Vorkommnis bestraft wird oder wenn lange vergangene Ungezogenheiten wiedererwähnt werden, obwohl sie längst besprochen worden waren.

Das Widder-Kind liebt so leicht wie es zürnt. Es ist empfindsam und intuitiv, lieb und umsichtig, wenn seine Aufmerksamkeit geweckt ist. Der Widder sieht sich selbst als einsamer Wanderer, stets auf der Suche nach dem Regenbogen. Das Leben erscheint ihm manchmal wie ein großes Spiel – und der kleine Widder möchte ein guter

Spieler sein. Er begrüßt und schätzt Neues und Fremdartiges. Ideen, Aktivitäten und Herausforderungen fördern seine Entwicklung. Das Widder-Kind ist zutiefst spirituell veranlagt; oft auf eine unorthodoxe Art, und es hat eine besondere Verbindung zur Natur und zu Menschen, die abseits stehen. Der Widder besitzt einen nahezu unerschütterlichen Glauben an das Gute in allen Lebewesen, und oft sieht er voller Vergnügen und Erwartung der Zukunft entgegen. Seine Lebhaftigkeit, Beweglichkeit, Großzügigkeit, Gefälligkeit und sein echter Sinn für Humor und Freude machen ihn zu einem unwiderstehlichen Mitglied nahezu jeder Familie.

Empfindlichkeiten
(Mögliche Quellen für Mißverständnisse)

Egoismus: Die Fähigkeit eines Widder-Kindes, sich intensiv auf ein einziges Ziel zu konzentrieren, sein Bedürfnis, alle Dinge subjektiv zu verstehen und seine Tendenz, erst zu handeln und dann zu denken, kann zu Verhaltensweisen führen, die egoistisch oder gedankenlos erscheinen. In Wirklichkeit ist sein Verhalten oft äußerst respektvoll. Er erwartet, daß andere genauso auf sich achten, wie er auf sich achtet. Er geht davon aus, daß er keine unnötige Zeit aufwenden muß, um sich Gedanken um die Erwachsenen seiner Umgebung zu machen. Mit jüngeren oder schwächeren Kindern geht der kleine Widder oft sanft und rücksichtsvoll um, er setzt voraus, daß ältere, stärkere Kinder sich selbst wehren können. Wenn man ihn erinnert, daß er etwas übersehen oder unbeabsichtigt jemandes Gefühle verletzt hat, ist der junge Widder oft sehr betrübt und bestrebt, dies wieder gutzumachen.
Verspieltheit: Widder-Kinder möchten Menchen jeglichen Alters wie Gleichberechtigte behandeln. Sie laden auch Menschen aller Altersstufen ein, mit ihnen zu spielen und wetteifern mit ihnen. Sie wollen gewinnen. Wenn jemand aufgrund seines großen Einsatzes gewinnt, finden sie das in Ordnung. Das Widder-Kind wird sich jedoch selten dazu entschließen, den kleinen Bruder gewinnen zu lassen und er möchte auch nicht das Gefühl haben, daß Ältere ihn gewinnen lassen. Er will auf eine faire Weise gewinnen.
Erwachsene sind oft sehr erfreut, ihre eigene schlummernde Ver-

spieltheit in der Gegenwart des kleinen Widders neu zu entdecken, so daß sie vergessen können, daß sie es sind, die die Verantwortung tragen. Manchmal werden aber selbst die Gefühle von Erwachsenen verletzt, wenn das Widder-Kind während eines Spieles nicht rücksichtsvoll genug ist. Erwachsene müssen ihrer Verantwortung eingedenk bleiben bei der Beaufsichtigung des gemeinsamen Spiels und darauf achten, daß angemessene Grenzen eingehalten werden. Sie sollten nicht erwarten, daß das Kind diese Funktion übernimmt.

Erwachsenen, die sich der spielerischen Anteile ihrer Persönlichkeit bewußt sind, können die Freude des Widders, sein Spiel und seine Zielstrebigkeit bedrohlich erscheinen. Sie könnten versucht sein, ihr manchmal ungestümes Kind zu erschrecken oder zu beschämen, um es lenkbarer zu machen. Wenn dies das Kind auch gefügiger macht, so hat es doch auf die Familie denselben Effekt, wie wenn man ein strahlendes Licht auslöscht.

Spontaneität: Junge Widder sind bekannt für ihre Spontaneität. Dies ist ein erfreulicher Aspekt für Menschen, die die Vorliebe des Widders für Wechsel, Herausforderung und Aufregung teilen; auf Menschen mit konservativer Einstellung wirkt das Widder-Kind jedoch weniger anziehend. Es muß lernen, daß Überraschungen nicht jedermanns Sache sind, und manche Menschen ziehen es eben vor, Aktivitäten vorher genau zu planen.

Die Spontaneität des Widders ist eine Kombination aus der Fröhlichkeit und Schnelligkeit, die diesem Zeichen angeboren ist. Widder-Kinder treffen Entscheidungen schnell und besitzen auch die Energie, sie durchzuführen. Wenn es das Widder-Kind nicht gelernt hat, Konsequenzen in Erwägung zu ziehen, wenigstens manchmal, oder wenn es zu jung ist, werden verantwortungsbewußte Erwachsene in einiger Spannung gehalten durch die Notwendigkeit, das nächste Vorhaben ihres kleinen Widder vorauszusehen und zu überwachen. Das Widder-Kind muß angeregt werden, nachzudenken, bevor es etwas tut oder spricht und zwar in einer Weise, die seinem jeweiligen Alter entspricht.

Unabhängigkeit: Das Bedürfnis des Widders nach Gedankenfreiheit und körperlicher Bewegung ist so stark, daß nahezu jede Art der Leitung als einschränkend empfunden wird. Dieses Kind sollte man mit Samthandschuhen erziehen. Liebevolle Eltern sollten ihre Einmischung auf ein Minimum beschränken. Wie alle Kinder, so braucht auch der kleine Widder Führung und Schutz, aber es ist notwendig für ihn, daß er auf möglichst sanfte Weise aufgezogen wird. Die Erziehung des Widder-Kindes wird sich am günstigsten gestalten, wenn man es fragt und es in Situationen bringt, in denen es selbst entscheiden kann, und wenn man es daran erinnert, auch den Bedürfnissen anderer Menschen gegenüber aufgeschlossen zu sein. Ihm unverblümt zu sagen, was es tun und nicht tun soll, wird nicht gut ausgehen. Kurze eindeutige Gründe sprechen das lebhafte Gemüt des Widder-Kindes an und ermöglichen ihm gemeinsam mit den Eltern Probleme zu lösen, anstatt sich mit ihnen zu messen. Das Widder-Kind muß sich frei fühlen, seine eigenen Interessen verfolgen zu können, selbst wenn diese sich von den Interessen und Belangen der Familie unterscheiden. Es wird (und kann sogar dagegen rebellieren) jeden Versuch seine Seele zu kontrollieren, zurückweisen.

Eltern, die das Gefühl haben, daß dies ihre Kontrolle über dieses aktive Kind einschränkt, sollten sich seiner angeborenen Integrität erinnern, von der das Kind von innen heraus bei seinem täglichen Energieaufwand geleitet wird. Der junge Widder braucht die Freiheit, selbst erfahren und lernen zu dürfen und auch manchmal zu versagen. Eltern, die willkürlich und autoritär ihre Regeln durchsetzen wollen, werden in ihrem Widder-Kind einen heftigen Gegner haben.

Herausgefordert und gezwungen, wird der kleine Widder wild entschlossen sein, seinen Willen durchzusetzen, und wenn ihm dies nicht schnurstracks gelingt, wird er versuchen einen Elternteil mit Hartnäckigkeit zu zermürben oder einfach weiterzumachen und nicht zu gehorchen. Er ist jedoch zu Kompromissen bereit und gewillt, sich unterschiedliche Meinungen anzuhören und sie abzuwägen.

Eltern, die sich einige Mühe geben, daß der kleine Widder wenigstens einen Teil dessen bekommt, was er möchte, werden Kindererziehung letztlich weniger spannungsreich finden. Der Satz: »Im Augenblick kann ich dir kein neues Fahrrad kaufen, aber ich werde dir einen Spiegel und kleine Wimpel kaufen und dir helfen, dein Rad zu verschönern«, wird sich vorteilhaft auswirken.

Widder-Kinder, die im Umgang mit den Eltern Verhandlungsgeschick entwickeln konnten, werden weniger Probleme haben, sich mit Freunden und Geschwistern zu einigen.

Verstand: Verstand ist ein Schlüsselwort für das Widder-Kind. Es ist

geistig veranlagt und geistreich. Seine Energie funkelt und sprüht wie eine Wunderkerze an Silvester. Diese Energie ist ein wesentlicher Bestandteil des Widders, etwas, dessen er sich selbst sehr oft gar nicht bewußt ist, und er ergötzt sich daran in der Familie. Widder-Kinder sind natürlich begeisterte Entdecker. Einen gesunden, fügsamen Widder gibt es nicht. Ein gesunder Widder ist ein energischer Widder: neugierig, entschlossen, forschend, unerschrocken.
Unglücklicherweise halten einige Erwachsene das Sprühen dieses Kindes für unangemessen und sie versuchen bei dessen Betragen ihre eigenen Maßstäbe anzulegen, ohne den Unterschied in Alter und Temperament zu berücksichtigen. Widder-Kinder, die bedauerlicherweise zum Gehorsam gezwungen wurden, werden sich, wie ihre Eltern, vor der eigenen Energie und ihrem Feuer fürchten und bestrebt sein, beides in sich und anderen unter Kontrolle zu bringen. Erziehungstechniken, die ausgedacht wurden, den Willen eines Kindes zu brechen, werden offensichtlich häufig bei Widder-Kindern angewendet, da diese ein augenfälliges und üppiges Ziel darstellen.
Eine Widder-Frau, die in einem Elternhaus aufwuchs, in dem ihre Energie als bedrohlich empfunden wurde, ruft ihre Kindheit wach: »Ich erinnere mich, daß ich schon im Alter von fünf oder sechs Jahren einen geheimen Winkel in meinem Inneren entdeckt habe, den meine Eltern nicht beeinflussen konnten. Ich war folgsam in der Familie aber ich wußte, sie würden meinen Willen niemals brechen können.« Diese Aussage eines Widders ist nicht ungewöhnlich, da es nahezu unmöglich ist, ihn von seinem wahren Selbst zu trennen; wenn dies jedoch wirklich gelingen sollte, würden die Eltern mit diesem Kind nicht leben wollen.
Abhängigkeit: Die Kindheit ist potentiell die unbehaglichste Zeit für Widder, da sie nicht gern abhängig sind. Wenn er später fühlt, daß seine kindlichen Bedürfnisse lästig, unbequem oder beschwerlich für die ihn betreuenden Erwachsenen waren, kann er seine inneren Bedürfnisse, deren Befriedigung von anderen abhängig ist, verachten. Er kann ärgerlich werden, wenn er Bedürfnisse hat, und andere gerade dann zurückstoßen, wenn er sich sehnlichst wünscht, daß sie ihm helfen möchten. Wenn es ihm gelingt, Menschen durch seinen Unwillen auf Abstand zu halten, wird er sich mehr Raum, Zurückgezogenheit und Freiheit schaffen, wird aber emotionale Zuwendung, Hilfe und Unterstützung verlieren. Der junge Widder muß daran

erinnert werden, daß es beides für ihn gibt, Unterstützung und Unabhängigkeit. Er kann seine Bedürfnisse als Schwäche abtun und sich dafür verachten, obwohl er sehr gern bereit ist, anderen mit den gleichen Bedürfnissen zu helfen. (Er gibt anderen oft genau das, was er sich selbst wünscht.) Wenn man zuläßt, daß sich diese Verhaltensweise festsetzt, kann der kleine Widder letztlich glauben, daß niemand seine Bedürfnisse erfüllen möchte oder erfüllen kann, daß er sie sich also selbst erfüllen muß oder unbefriedigt bleibt. Die Einstellung: »ich kann (ich muß) es allein können«, mag in späteren Jahren zu einem ausgeprägten Gefühl von Isolation führen oder dazu, daß er leugnet, daß derartige Gefühle überhaupt existieren.
Der junge Widder kann ebenso fürchten, allzu abhängig von Dingen zu werden, und wenn er fühlt, daß er sich zu sehr an einen Besitz, eine Person oder ein bestimmtes Verhalten gewöhnt hat, kann es für ihn eine Herausforderung bedeuten, dies aufzugeben, oder er gibt vor, dies sei ihm gar nicht wichtig. Was Selbstdisziplin oder Selbstverleugnung betrifft, kann das Widder-Kind erstaunliche Leistungen vollbringen und sieht darin manchmal eine Form des Spielens. »Wie lange kann ich unter Wasser den Atem anhalten?« »Wie lange halte ich es ohne Eis am Stiel aus?« »Wie weit (oder wie schnell) kann ich rennen?« Dies alles sind verborgene Spiele mit Zufall und Herausforderung, die der Widder im Vertrauen auf seinen Körper und sein Selbst spielt. Eltern müssen versuchen, diesen Herausforderungen auf der Spur zu bleiben, um sicher zu sein, daß sich ihr Kind nicht selbst Schaden zufügt.
Der kleine Widder empfindet die Abhängigkeit anderer Menschen als unbequem. Er wird vorsichtig abwägen, ob er einem Freund helfen soll oder nicht, wenn er befürchtet, dieser Freund könne abhängig von ihm werden oder sich ihm verpflichtet fühlen. Was immer er anbietet, möchte er freimütig angenommen sehen, ohne Erwartungen oder Verpflichtungen. Er möchte Beständigkeit, aber keinen Wirbel oder Einmischung. Das Widder-Kind bietet gerne seine Hilfe zur Lösung eines Problems an. Es fällt ihm schwer, einfach anwesend zu sein, wenn jemand leidet, ohne den Versuch zu machen, etwas zu unternehmen. Wenn es das Gefühl hat, nichts ändern zu können glaubt es einfach davonlaufen zu müssen.
Der Widder setzt voraus, daß echte Zuwendung spontan und gelassen ist. Da er die Konsequenzen abwägt, bevor er Hilfe und Pflege mit Worten anbietet, mag sich der junge Widder nicht unbedingt als

gebend betrachten. Er kann sogar auf die Idee kommen, er sei selbstsüchtig. Kleine Widder sollten gesagt bekommen, daß es viele wertvolle Arten von Zuwendung gibt, und daß seine Art so schätzenswert ist wie jede andere.

Identität: Mehr als jedes andere Sonnenzeichen braucht der Widder das Gefühl, so wie er ist, anerkannt und geschätzt zu werden. Er möchte, daß selbst seine negativen Seiten akzeptiert werden und es ist ihm lieber, ablehnend beurteilt zu werden, als gar nicht. Er ist sehr selbstkritisch und stolz auf das, was ihn von anderen unterscheidet. Er steht nicht über der Menge, aber abseits davon. Der junge Widder gehört nicht zu denen, die alles mitmachen und er lehnt Verallgemeinerungen und Modetorheiten ab. Der augenblickliche Trend einer Sache wird ihn garantiert nicht beeinflussen. Ein achtjähriger Widder verkündete einmal: »Eines meiner Ziele ist es, niemals auch nur einen einzigen SCHLUMPF zu besitzen!«

Der junge Widder wird in seiner Kindheit mit verschiedenen Rollen und Eigenarten experimentieren, aber Fairneß, Enthusiasmus und Hingabe ziehen sich wie roter Faden durch alle diese Phasen. Er braucht die Freiheit, Erfahrungen auf seine Weise zu machen und er wird nur wirklich an seinen eigenen Irrtümern und Leistungen wachsen.

Zukunft: Der Widder ist ein Träumer und Planer, der dazu neigt, wesentliche Zeit auf Gedanken an die Zukunft zu verschwenden. Wenn er dies nicht tut, wird er sich Sorgen machen. Daß die Zukunft nicht voraussagbar ist, ist für den kleinen Widder oft eine spannende, wenn nicht erschreckende Herausforderung. Die Aussicht auf eine positive oder auch negative Zukunft kann für ihn sogar aufregender sein als die Gegenwart.

Der junge Widder verwandelt alles in ein Abenteuer, ein Charakterzug, der entweder anziehend oder unangenehm wirkt. Er kann eine langweilige Gegenwart besser ertragen, wenn er sich die Anspannung einer zukünftigen Herausforderung oder potentiellen Krise vorstellt. Diese Fantasien haben für das Widder-Kind einen hohen Wirklichkeitswert. Es kann munter, ärgerlich oder ängstlich werden, alles aus der Vorstellung heraus, was als nächstes geschehen könnte. Manchmal ist dieser ständige Bedarf an Streß und die Ungeduld ein Weg, sich selbst Aufregung zu schaffen, um zu verhindern, daß es sich langweilt. Man muß dem Widder-Kind beibringen, wie es ohne ständige Aufregung und Anregung leben kann (innerlich, äußerlich), um die Freuden der Gegenwart zu genießen, ohne ständig Probleme zu schaffen. Man sollte es daran erinnern, daß auch Kinder, die gerade einmal nicht fröhlich, sondern bedrückt sind, geliebt werden und ihm versichern, daß wenig Energie weder ein Dauerzustand ist noch etwas, worin man sich ergeben muß.

Beziehungen

Obwohl es nicht den Anschein hat, als müsse er viel Zeit mit einer einzigen Person verbringen, zieht der kleine Widder dennoch tiefe und innige Beziehungen vor. Wenn er Beziehungen pflegt, möchte er gerne, daß sie fruchtbar und sinnvoll sind, und es macht ihm nichts aus, wenn zwischen den einzelnen Kontakten längere Pausen liegen. Normalerweise hat er wenige gute Freunde und viele Bekannte. Er ist selten ohne Gesellschaft, oft braucht er dringend Einsamkeit. Wenn er Vertraulichkeit nicht durch Unterhaltung erreichen kann, wird er versuchen, sie durch Ärger oder Streit zu erlangen.
Mutter: Der junge Widder erwartet, daß seine Mutter dem typischen Bild einer normalen, sorgenden Mutter entspricht. Mütter von Widder-Kindern sind jedoch oft mit anderen Dingen beschäftigt und haben möglicherweise entweder nicht den Wunsch oder die Fähigkeit, ihrem Kind die ausschließliche Aufmerksamkeit zu geben, die es ab und zu braucht.
Anstatt zu versuchen, eine perfekte Mutter zu sein, um der Vorstellung des kleinen Widders zu entsprechen, sollte die Mutter nur bestrebt sein, ihrem Widder-Kind ab und zu ungeteilte Aufmerksamkeit zuzuwenden, besonders dann, wenn der Widder darum bittet. Der junge Widder braucht den freimütigen, bedingungslosen Beistand seiner Mutter. Bei periodischer Aufmerksamkeit und uneingeschränkter Unterstützung, wird der Widder meist über den Unterschied zwischen seiner richtigen Mutter und der »Mutter seiner Träume« hinwegsehen.
Vater: Von seinem Vater erwartet er, daß er so ist, wie Väter üblicherweise sind. Er soll arbeiten gehen, angeln gehen, Fußball mögen und seinem Kind ein Gefühl der Sicherheit und gewisse Vorschriften geben. Vätern, die nicht dieser üblichen Schablone

entsprechen, wird Nachsicht zuteil, wenn sie, unabhängig von den Umständen, weiterhin Schutz und Sicherheit gewähren. In der Tat wird der junge Widder von seinem Vater weit eher sinnvolle Einschränkungen hinnehmen als von irgend jemand sonst.
Es wird den kleinen Widder sehr belasten, wenn Vater und Mutter nicht zusammenleben, wenn es nicht wenigstens den Anschein hat, als seien sie eine »normale Familie«. Obwohl er wendig, anpassungsfähig und tapfer ist, wird er am meisten unter einer Trennung der Familie leiden, am längsten auf Versöhnung warten und sich sehr zurückhaltend gegenüber einem neuen Elternteil verhalten. Manchmal zieht der Widder Gewinn aus diesen Umständen und spielt, um seine Bedürfnisse erfüllt zu bekommen, einen Elternteil gegen den anderen aus. Obwohl es getrennt lebenden Eltern einfacher vorkommen mag, dem kleinen Widder nachzugeben, ist dies doch auch gefährlich: Das Widder-Kind braucht die Überzeugung, daß die Erwachsenen in seiner Umgebung stärker, klüger und erfahrener sind als er.
Geschwister: Ist der kleine Widder der älteste aller Geschwister, wird er Verantwortung für die jüngeren Geschwister übernehmen und die Rolle des Vorbilds sehr ernst nehmen. Wenn er nicht der älteste ist, wird er mit seinen Geschwistern sehr frei umgehen und sie als Gleichberechtigte und Freunde sehen. In jedem Fall wird er angenehm sein und die Geschwister sie selbst sein lassen, und er wird eine Beziehung herstellen in Gesprächen mit ihnen, wobei er ihnen Ratschläge erteilt oder hilft, ihre Probleme zu lösen.
Freunde: Der junge Widder hat wenige intensive Freundschaften, viele Bekanntschaften und zwischen einzelnen Besuchen entstehen lange Zwischenräume. Obwohl Widder-Kinder die Fähigkeit haben, sich anderen intensiv anzuschließen, sind sie oftmals zu rastlos, um Vertrautheit über einen langen Zeitraum hinweg aufrechtzuerhalten. Statt dessen kommen sie ab und zu auf Besuch. Das Widder-Kind behandelt Freunde und Geschwister auf ähnliche Weise. Es zieht es vor, die meisten Dinge allein zu machen und wählt sich zwar Freunde, braucht sie aber nicht unbedingt. Oft populär, respektiert und gerne gesehen, fürchtet der junge Widder die Abhängigkeit anderer, und hält üblicherweise vorsichtig Abstand, um Einschränkungen durch andere zu vermeiden und Zeit, sich zurückzuziehen, zu bewahren. Obwohl das Widder-Kind zu großer Ungezwungenheit tendiert und diese umgekehrt auch erwartet, neigt es dazu,

darauf zu bestehen, daß die Art, wie es etwas tut, die beste ist und daß Dinge entweder so gemacht werden, wie es sich dies vorstellt, oder überhaupt nicht. Der kleine Widder schätzt eifersüchtige Spielgefährten nicht.
Die tatkräfte Ausstrahlung, die das Widder-Kind oft umgibt, zieht Kinder und Erwachsene gleichermaßen an. Es kann den Anschein haben, als warte eine ganze Reihe von Menschen nur darauf, mit ihm befreundet zu sein.
Er ist oft populär. Da er Menschen zu motivieren versteht, wird er oft in verantwortungsvolle Positionen gewählt, die er gar nicht anstrebt.
Eltern, die keine Widder-Eigenschaften besitzen und als Kinder nicht so beliebt waren, werden erstaunt sein, wie wenig Interesse er für Popularität zeigt; und die Eltern, die diese Widder-Eigenschaften nicht haben und in der Jugend ebenfalls beliebt waren, werden nicht verstehen, warum der junge Widder die offensichtlichen Vorteile zurückweist.

Verstand/Information/Schule

Die Reaktion des jungen Widders auf Belehrung dürfte die eigentümlichste im Vergleich zu anderen Zeichen sein und ist deshalb auch am schwierigsten zu beschreiben. Üblicherweise sind Widder-Kinder altklug, lebhaft, schnell, aufgeweckt und versessen darauf, Probleme zu lösen und ihr Wissen kundzutun. Sie lieben Ideen und Vorbilder, sie sind neugierig und haben ständig Fragen. Sie lieben Spiele, und wenn Lernen dem jungen Widder wie ein großes, köstliches Spiel präsentiert wird, wird er die Schule mit Eifer und Freude angehen. Er wird sich in einer förmlichen Klassenatmosphäre jedoch langweilen und Konzentrationsschwierigkeiten haben, besonders in Klassen, die streng geführt werden. In diesem Fall wird ihm das Leben außerhalb der Schule eindeutig interessanter, erfreulicher und lockender vorkommen.
Da Widder-Kinder am besten durch Erfahrung lernen, brauchen sie so oft als möglich Kontakt mit Anschauungsmaterial. Sie sind häufig handwerklich und technisch begabt. Sie lernen durch Versuche, Irrtümer und Experimente, mögen aber Wiederholungen nicht. Der

junge Widder wird ungeduldig, wenn Lehrstoff wiederholt wird, den er schon einmal gelernt hat und er wird nur das behalten, was ihm nützlich, außergewöhnlich und anregend erscheint. Er kann heute für einen Test lernen, die Note sehr gut bekommen und hat morgen alles wieder vergessen. Er lernt gut sowohl durch Lektüre als auch durch Gespräche und wiederholt oft, was er weiß oder sagt.

Da die meisten Widder-Kinder nicht unbedingt die Zustimmung Erwachsener suchen, sind sie selten durch Einschüchterungen oder Drohungen zu motivieren. Wie alle Kinder, mag auch der kleine Widder Lob und er arbeitet am besten in einer fördernden, unterstützenden Atmosphäre, die ihm erlaubt, seinen Rhythmus zu entwikkeln und so weit als möglich seine eigenen Interessen zu verfolgen. Widder-Kinder haben die Fähigkeit, mehrere Dinge auf einmal zu tun; gleichzeitig ablaufende Aktivitäten müssen nicht als Mangel an Konzentration gewertet werden.

Der junge Widder glaubt oft, daß er sich seinem Wissen entsprechend verhalten muß. Zu seiner Beruhigung braucht er eine Menge Informationen. Um den enormen Druck zu vermeiden, der aus dem Gefühl entsteht, er müsse all sein Wissen in die Tat umsetzen, kann der kleine Widder sein Wissen verleugnen. Besorgte Eltern sollten dem Kind versichern, daß es durchaus in Ordnung ist, etwas zu wissen, ohne gleich etwas damit anzufangen.

Höhere Schulbildung: Das Widder-Kind sucht sein Wissen oft auf ungewöhnliche Weise zu erweitern: durch ausgedehnte Reisen, selbständige Untersuchungen auf verschiedenen Wissensgebieten (speziell Religion, Philosophie oder Kunst) oder durch intensive Studien mit einer bestimmten Person oder Gruppe. Wenn er nach zusätzlicher Ausbildung auf einem bestimmten Gebiet strebt, geschieht dies oft, um später die Möglichkeit zu haben, seine Interessensgebiete zu bereisen oder zu studieren. Die Interessen des Widders sind so breit gefächert, daß er wahrscheinlich viele Dinge auf ihren Inhalt untersuchen wird, bevor er sich entscheidet, und er ist oftmals von seiner Entscheidung ebenso überrascht wie alle anderen. Widder sind ihr Leben lang auf der Suche nach Informationen, ganz gleich unter welchen Umständen.

Verantwortung/Arbeit/Belohnung

Verantwortung und Arbeit: Widder-Kinder nehmen Verantwortung ernst und versuchen normalerweise zu halten, was sie versprochen haben. Stark und selbständig, neigen sie dazu, mehr Verantwortung zu übernehmen als notwendig, und sie fühlen sich schuldig oder nehmen Tadel auf sich selbst in Situationen, mit denen sie gar nichts zu tun haben. Obwohl der junge Widder eine Aufgabe vielleicht nicht auf einmal erledigen wird, können Erwachsene ziemlich sicher sein, daß er sie ausführen wird. Widder-Kinder müssen oft häufiger ermahnt werden als andere Kinder, lehnen sich dagegen aber auch weniger auf. Widder-Kinder tun fast alles schnell, aber nicht immer zur rechten Zeit. Andere Dinge, von denen sie sich mehr angesprochen fühlen, können zeitweise ihr Interesse fesseln und sie abhalten, was zu verzögertem Beginn und Beendigung führt, unabhängig von der Eiligkeit einer Aktivität oder eines Vorhabens. Diese Nebenbeschäftigungen sind jedoch eine bedeutsame Freudenquelle und sollten weder abgewertet noch beaufsichtigt werden.
Belohnungen: Zeit und Unabhängigkeit sind für das Widder-Kind die wirksamsten Formen von Belohnung: »Wenn du das jetzt fertig machst, werde ich dich für den Rest des Tages nicht mehr belästigen.« Das daraus resultierende Gefühl der Sicherheit und die Erleichterung sind für den kleinen Widder eng verknüpft mit der Gewißheit, eine Aufgabe gut gemacht zu haben und nun frei von innerem Druck zu sein. Zeit zum Spielen und Spielzeug sind selbstverständlich ebenfalls begehrte Belohnungen für Widder-Kinder, auch Belobigung und Geld.

Heim

Kleine Widder-Kinder betrachten ihr Heim als einen sicheren Hafen der Geborgenheit. Es kann sein, daß sie nicht unmittelbar das Gefühl haben, daß das Heim, in dem sie aufwachsen, wirklich ihnen gehört; es ist mehr ein angenehmer und gastlicher Ort, von dem sie eine Weile Besitz ergreifen. Der Raum, in dem das Widder-Kind sich bewegt, macht häufig einen provisorischen Eindruck. Er ist praktisch und bequem, bedeutet für den Widder aber vielleicht weniger einen Ort zum Leben als zum Heimkommen.

Widder-Kinder brauchen viel Platz, vorzugsweise abgelegen und ruhig. Ab und zu veranstalten sie Experimente in ihrem Zimmer und brauchen deshalb viel Bewegungsfreiheit. Sie ziehen Rot- und Elfenbeintöne und leuchtende Farben vor, ebenso pflegeleichte, transportierbare Möbel, die man ohne weiteres umstellen kann. Sie werden ihr Zimmer gerne mit Büchern, Postern und Dingen, die sie in der Natur gesammelt haben – einschließlich Vögeln, Hamster, usw. –, wohnlicher gestalten.

Gesundheit

Obwohl er sich vielleicht nicht nach seinen Kenntnissen richtet, kennt sich der junge Widder meist sehr gut in Krankheitsdingen aus. Krankheit hängt beim jungen Widder oft mit Müdigkeit zusammen, Erschöpfung, weil er sich selbst zu sehr angetrieben oder seine Energie unterdrückt hat, oder aus Unachtsamkeit entstandene Verletzungen. Das Widder-Kind kann Krankheit tatsächlich als Möglichkeit benutzen, etwas langsamer zu treten, sich zu entspannen oder sich dringend benötigte Ruhe und Zurückgezogenheit zu verschaffen. Wenn sie krank sind, brauchen und wünschen Widder aus diesem Grund wenig Pflege, in der Hauptsache wollen sie sich ausruhen und allein gelassen werden.
Traditionell ordnet man dem Widder Gesicht und Schädel zu. Gesundheitsprobleme des jungen Widders können Fieber, Beulen am Kopf, Kopfschmerzen, Nasenbluten, Jucken (insbesondere von Insektenstichen) und später dann Akne sein.

Kindheitsjahre

Hinweis: Die Ängste, die im folgenden aufgeführt werden, dürfen niemals zur Bestrafung eingesetzt werden. Sie dienen dazu, Wege für Bestätigung und Zuwendung aufzuzeigen.

Geburt – 6 Monate

Das Widder-Baby ist laut, aufgeweckt, aktiv und manche würden sagen, keck. Von Anfang an verhält es sich seiner Umwelt gegenüber aufmerksam, freut sich an direktem Augenkontakt und ist selten scheu. Es liebt und braucht Feedback aus seiner Umgebung; es braucht das Gefühl, daß es Reaktionen auslösen kann und daß Menschen zu gegebener Zeit reagieren. Spiele, wie Backe-Backe-Kuchen, wurden zweifellos von einem Widder erfunden. Das Widder-Kindchen ist überglücklich, wenn es jemandem mit einem zahnlosen Lächeln ebenfalls ein Lächeln entlockt und wenn sein Geheul schnellstens Hilfe herbeibringt. Von einem geregelten Baby-Alltag will es nichts wissen.

6 – 18 Monate

Das Widder-Baby scheint überall zugleich zu sein! Obwohl es gerne lernt und seine Neugier nicht zu stillen ist, wird das Widder-Baby ungeduldig mit sich selbst, wenn es Dinge nicht so schnell oder gut kann, wie es möchte. Seine wachsende Beweglichkeit macht ihm Freude, das langsame Krabbeln verursacht ihm jedoch Ärger, weil es ihm nicht schnell genug geht, und eigentlich wäre es ihm am liebsten, wenn es bereits zehn Minuten nachdem ihm der erste Schritt geglückt ist, rennen könnte. Das Widder-Baby wird sehr wütend, wenn ihm nicht gelingt, was es tun will.
Trotz seiner offensichtlichen Unrast hat das Widder-Kind Angst sich wehzutun und muß sorgfältig beaufsichtigt werden, wenn es in Bewegung oder in der Nähe eines Feuers ist. Der kleine Widder muß seine Fehler in ungefährlicher Umgebung machen und lernt am besten durch die Tat. Er heißt neue Erfahrungen und Menschen willkommen und ist ein liebenswerter, wenn auch geräuschvoller Geselle.

18 Monate – 3 Jahre

Das Widder-Kind ist wißbegierig und einfallsreich. Meist ist es freundlich und guter Dinge und es scheint ununterbrochen Fragen zu stellen. Es ist eifrig bemüht, Dinge in seiner Umgebung herauszufinden, sie abzuschätzen und zu erproben. Manchmal wirkt es stör-

risch, streitsüchtig oder dickköpfig, wenn es anfängt, seine Persönlichkeit unabhängig von seiner Umgebung zu entwickeln.
Wenn es beginnt, mit Wertvorstellungen und Entschlüssen, die sich von denen der Familie unterscheiden, zu experimentieren, macht es oft einen rebellischen Eindruck, so als ob es Nahestehende bekämpfen und Vorschriften ablehnen würde, die es vorher akzeptiert hat. Der kleine frustrierte Widder versucht sich weiter an großen Leistungen, die seine körperlichen Möglichkeiten oft überschreiten. In diesem Alter beginnt er zu verallgemeinern, eine Eigenschaft, die später für sein Denken charakteristisch sein wird.
Sauberkeitserziehung: Der Widder wird sauber, wenn er dazu bereit ist, und nur dann. Eltern, die feststellen, wie weit ihr Kind auf anderen Gebieten entwickelt ist, werden eine ausgeprägtere Kontrolle seiner Körperfunktionen von ihm erwarten, als sie ihr Kind tatsächlich hat, oder seine Erfolge für selbstverständlich halten. Der kleine Widder wird zu Beginn der Sauberkeitserziehung ärgerlich reagieren, aber dann auf die Herausforderung, vielleicht der erste unter seinen Freunden zu sein oder mehr Freiheit zu haben, wenn er es geschafft hat, ansprechen. Das Widder-Kind wird auf diesem Gebiet mehr auf die Aufmerksamkeit seines Vaters reagieren.

3–6 Jahre

Der Vorschul-Widder ist unbeständig. Er kann sich zornig, drohend und herausfordernd verhalten im einen Moment, im nächsten plötzlich sehr klein, liebevoll, zärtlich und mitfühlend sein. Er ist extrem ichbezogen und nimmt selbst die harmloseste Bemerkung als Kritik oder versteckte Anspielung persönlich. Er muß der erste sein und leidet, wenn er warten muß oder nur zweiter wird. Andererseits testet der Vorschul-Widder sehr geschäftig seine wachsenden Fähigkeiten. Er kann übermäßig verantwortungsbewußt scheinen, eine angenehme, aber illusorische Erleichterung für Eltern, die es müde sind, ihr kleines Energiebündel zu beaufsichtigen. Dies ist eine Art frühreifes Verantwortungsgefühl, und man muß dem kleinen Widder immer wieder versichern, daß er sich noch nicht wie ein Erwachsener benehmen muß. Dieses Kind beschäftigt sich auch in zunehmendem Maß mit seinen Vergleichsmöglichkeiten und will unbedingt wissen, wer oder was das Erste, Beste, Größte, Meiste usw. ist.

6–12 Jahre

Der Widder behält normalerweise die Verhaltensmuster bei, die er im Vorschulalter gezeigt hat. Er ist noch immer energisch und möglicherweise aufgebracht. »Am Leben sein« erfüllt ihn mit Neugier und Spannung. Er kann sich in diesem Alter als einmalig vorkommen und glaubt, daß niemand anderer ist wie er oder ihn auch nur im entferntesten verstehen kann. Er weiß bereits, wer er *nicht* ist, kann aber Schwierigkeiten haben zu erklären, wer er *ist*. Er stellt hohe Erwartungen an sich und sein Betragen und glaubt, nur dann wertvoll zu sein, wenn er etwas tut oder lustig ist.
Die Spannweite seiner Konzentration bleibt begrenzt und er wird sich frustiert fühlen, wenn er nicht in der Lage ist oder keine Erlaubnis erhält zu tun, was er will, zu dem Zeitpunkt, wo er es möchte. Er ist extrem unabhängig und scheint offensichtlich zu glauben, daß sich sein Bedürfnis nach Freiheit und Erwachsensein nicht mit seinem Wunsch nach Sicherheit, Schutz und Versorgtwerden verträgt. Normalerweise ist er entzückend, wenn er versucht, sich entweder wie ein Erwachsener zu benehmen oder aber wie ein Kind und er wird sich nur unbehaglich fühlen, wenn er sich zwischen diesen beiden Rollen verfängt. Dieses Unbehagen kann sich durch gedankenloses, irritierendes, aufbrausendes, rebellisches oder auch einfach nur unsicheres Benehmen äußern.
Das Widder-Schulkind zieht weiterhin Erfahrungen und praktisches Lernen vor.

12–18 Jahre

Der heranwachsende Widder intensiviert lediglich die Besonderheiten, die schon im Schulalter hervorgetreten sind; eine Entwicklung in die entgegengesetzte Richtung ist selten. Unabhängiger, unerschrockener, stürmischer, sarkastischer und begeisterungsfähiger, will sich der Teenage-Widder einmalig vorkommen und will ganz bewußt anders sein, als seine Spielgefährten oder Eltern es erwarten. Er ist sich seines Mutes bewußt, wahrscheinlich unerschrocken und auf der Suche nach Herausforderungen. Er ist rastlos und leicht gelangweilt und wird schwerlich Dinge zu Ende bringen. Er ist möglicherweise unordentlich. Er testet Grenzen, Rollen, Autorität solange, bis er sich zufriedenstellend von deren Stabilität oder

Sicherheit überzeugt hat. Der junge Widder ist ausdauernd und will gewinnen; er liebt Eroberungen jeder Art.

Der Teenage-Widder kann auf eine taktlose Weise offen und ehrlich sein. Ängstlich hütet er sowohl seine Idendität als auch seine Integrität. Er wird besonders ungeduldig sein bei Irrtümern, Erklärungen oder Tatsachen, die sich als Lügen erweisen. Der Widder kann in seinem Streben nach Wahrheit unnachsichtig erscheinen. Glücklicherweise sind die anderen meist geneigt aufrichtig dem jungen Erwachsenen gegenüber zu sein. Der junge Widder wird wahrscheinlich aufgrund seiner Ehrlichkeit sogar gegen Familienregeln verstoßen, indem er »Unausgesprochenes« ausspricht oder Familiengeheimnisse enthüllt.

Der Teenager, der die Position des ältesten Kindes eingenommen hat, zeigt diese Verhaltensweise in etwas gemäßigterer Form. Er wird sich verantwortungsbewußter und weniger rebellisch und zornig verhalten.

Unterwürfigkeit in diesem Alter könnte ein Identitätsproblem anzeigen, und sorgende Eltern werden ihr Kind in seiner Individualität bestärken wollen, solange noch Zeit dazu ist. Widder-Kinder lernen früh, daß, wenn sie nicht um Erlaubnis fragen, niemand nein sagen wird, und in diesem Alter wird ein wohlerzogener Widder seine Eltern einfach nicht darüber unterrichten, was mit ihm vorgeht. Trotz dieses aus dem Heranwachsen entspringenden Benehmens bleibt der Widder charmant, unterhaltsam und es ist normalerweise ein Vergnügen, in seiner Nähe zu sein.

Wenn sich seine körperliche Entwicklung in früheren Jahren ohne Schrecken vollzogen hat, wird sich der junge Widder sehr früh seiner Sexualität bewußt. Normalerweise zieht er es vor, das andere Geschlecht als »Freunde« zu betrachten und wird vermutlich mit ihnen spielen, ihnen Ratschläge geben und bei Verabredungen flirten. Häufig eigensinnig, witzig und sehr klug, wird die junge Widder-Frau gleichaltrige Freunde einschüchtern. Der junge Widder-Mann kann aus genau demselben Grund sehr anziehend auf gleichaltrige Mädchen wirken.

Stier-Kinder

20. April – 20. Mai

Allgemeine Eigenschaften

Während viele der im folgenden beschriebenen Charakteristika für die meisten Stier-Kinder zutreffen werden, können andere, manchmal widersprüchliche Eigenschaften sehr wohl *auch* bei dem Kind, das unter diesem Zeichen geboren ist, in Erscheinung treten.

Das friedliche und liebevolle Stier-Kind wird, nachdem es diese Welt betreten hat, selbst Herzen aus Stein für sich gewinnen. Es ist einfach, für dieses zärtliche Baby zu sorgen, es ist dankbar für Aufmerksamkeit und Zuwendung. Während es für jede Zuwendung mit liebevollem Lächeln dankt, werden Eltern ihrerseits im Zusammensein mit ihrem Stier-Kind etwas über Entspannung und Liebe erfahren und vielleicht wünschen, noch mehr Zeit zu haben, um sich an diesem heiteren Geschöpf zu erfeuen.
Eine der Eigenschaften, die man wahrscheinlich als erste bemerkt, ist die Vorliebe des Stier-Babys für körperliche Berührungen: Anfassen und angefaßt werden, sei es ein Spiegel, ein Spielzeug oder Papis Bart usw. Der kleine Stier lernt am besten durch seinen Tastsinn, und Eltern werden bemerken, wie konsequent er auf diese Art die Welt kennenlernt. Ein schreiendes Stier-Kind in der Wiege wird nicht aufhören damit, wenn Mami kommt, sondern sich erst dann beruhigen, wenn die Mutter es anfaßt.
Dieser Tastsinn entwickelt sich beständig weiter und ist oft bestimmend für die körperliche Beziehung des Stiers zu seiner Umwelt. Stier-Kinder müssen Dinge konkret und körpernah erfahren. Wann immer ihre Sicherheit gewährleistet ist, sollte man ihnen erlauben, etwas auszuprobieren und selbständig zu tun. Sie lernen, indem sie tätig sind, und oft können sie sich erst dann vorstellen, daß es Dinge gibt oder daß sie etwas können, wenn sie es einfach getan und erlebt haben. »Laß es *mich* machen!« ist ein typischer Stier-Ausspruch,

und Stier-Kinder, die alles in ihrer Umwelt anfassen dürfen, sind schnelle und gelehrige Schüler. Stiere sind die Praktiker des Tierkreises.

Da sinnliche Erfahrung so wichtig für den jungen Stier ist, kommt ihm jegliche Anregung aus seiner Umgebung zugute. Es kann sehr vergnüglich sein für Eltern, das Stier-Kind mit neuen sinnlichen Reizen vertraut zu machen und seine Begeisterung – ja fast Entzükken – zu beobachten, wenn es etwas Neues anfassen, erkunden, kuscheln oder seinen kleinen Finger in etwas hineinstecken darf usw. Der kleine Stier liebt Bequemlichkeit, und es ist bekannt, daß er ein kleiner Genießer ist. Angenehme sinnliche Erfahrungen befriedigen seine Bedürfnisse zutiefst: Weiches, Pelziges, Flaumiges, Flockiges, runde Gegenstände und Menschen hat er am liebsten. Er mag beides, physische und emotionale Wärme. Er ist gerne glücklich.

Schon wenn er ganz klein ist, wird er Dinge, die er liebt, auch umarmen wollen, er wird aber Stimulation und Erfahrungen, die er als unangenehm oder schmerzhaft empfindet, heftig ablehnen. Ungleich dem Skorpion, der oft von dem fasziniert ist, wovon andere abgestoßen werden, wird der kleine Stier sich fast immer zu schönen Dingen hingezogen fühlen. Er wird liebend gern seinen »Wackel-Peter« mit den Fingern essen, aber seine Eltern werden ihn niemals dabei überraschen, daß er mit dem Katzen-Klo spielt.

Der junge Stier hat ein so großes Bedürfnis nach echter Erfahrung, daß er in frühen Jahren durch Symbole stark verunsichert wird. Einem dreijährigen Stier, in dessen Familie man ein weiteres Baby erwartete, las man Geschichten über einen kleinen Jungen und dessen Schwesterchen vor. Weil das Baby in der Geschichte ein Mädchen war, glaubte er fest daran, daß er ein Schwesterchen bekommen würde, und es war bitter für ihn, sich dann auf einen Bruder einzustellen. Stiere interpretieren Beispiele oft im wörtlichen Sinne. Ein Stier-Mädchen im Schulalter glaubte jahrelang, daß die Abbildungen auf den Schnittmusterbogen auch die Farbe und das Muster des zu verwendenden Stoffs bestimmten, und es erlaubte seiner Mutter nicht, Stoffe zu kaufen, die ihm schon auf den Abbildungen mißfielen. Das Kind war völlig entgeistert, als es begriff, daß es das Material selbst auswählen konnte.

Der junge Stier kann ebenso pedantisch bei der Anwendung von Vorschriften sein, sie buchstabengetreu befolgen, sich aber weigern, sie auf eine allgemeine Formel zu bringen. So kann ein kleiner Stier, dem man sagte, er solle vor dem Essen keine Plätzchen essen, der Meinung sein, daß nichts dagegen einzuwenden ist, wenn er dafür Salzstangen ißt. Eltern sollten sich vergewissern, daß der kleine Stier sowohl das Prinzip ihrer Bitten und Vorschriften als auch die angeführten Beispiele versteht. »Nein, du kannst jetzt kein Plätzchen oder sonst etwas haben, weil es in einer Viertelstunde Abendessen gibt.« Als Teil dieses Lernprozesses können Eltern den jungen Stier veranlassen, seine Phantasie einzusetzen, um andere Beispiele zu finden: »Ich möchte nicht, daß du Plätzchen ißt. Was glaubst du, sollst du jetzt auch nicht essen? Kannst du dir denken, warum ich nicht möchte, daß du jetzt naschst?

Der Humor des Stier-Kindes ist ein weiteres Beispiel für seine pedantische Einstellung. Es mag Schwänke, deftige Witze und Faxen, wenn die Zusammenhänge jedoch abstrakt oder ironisch sind, wird man ihm den Witz erklären müssen. Es liebt Neckereien; ein kurzes (aber sanftes) Zwicken, leichtes Kitzeln, unerwartete Küsse auf die Wange usw. Auch als Kleinkind freut sich der Stier über unerwartete Umarmungen, Streicheln und Küsse, und er wird auf die gleiche Weise antworten.

Der Stier ist sich seines Körpers äußerst bewußt und filtert alle Gefühle und Lernprozesse durch diese Körperlichkeit. Ist er ungehalten, kann er körperlich darauf reagieren, indem er mehr Nahrung benötigt oder die Nahrung verweigert. Ist er glücklich, kann er äußerst vergnügt oder ausgelassen reagieren. Berührungen befriedigen ihn sehr, und er wird oft Mutters Arm streicheln oder den Hund hinter dem Ohr kraulen, zu deren und zu seinem Behagen. Wenn er Kummer hat, sind ihm eine mitfühlende Berührung und eine liebevolle Umarmung wichtiger als Worte. Ein kleiner Stier ist normalerweise zufrieden, wenn jemand, bei dem er sich geboren fühlt und der ihm angenehm ist, bei ihm ist, um ihn zu halten und zu kuscheln. Körperlicher Kontakt bedeutet Trost für den kleinen Stier in Zeiten der Aufregung. Der Trost wirkt wechselseitig. Auch Erwachsene fühlen sich, wenn sie Beistand brauchen, durch die Gegenwart und die Berührung des Stier-Kindes auf die gleiche Weise beruhigt.

Die Freude an Berührungen, die bis jetzt ausgeführt wurde, setzt eine von Grund auf angenehme Beziehung zwischen Erwachsenen und dem Kind voraus. Der junge Stier reagiert sehr feinfühlig auf Zudringlichkeit und Berührungen, die ihm kein Vergnügen bereiten.

Liebevolle Eltern werden besondere Vorsicht walten lassen, wenn sie ihr Stier-Kind anfassen, um ihm die tastende Verbindung zu seiner Umwelt zu bewahren. Ein kleiner Stier, der erfahren hat, daß es gefährlich sein kann, etwas zu berühren oder daß es schmerzhaft sein kann, wenn er angefaßt wird, ist ein ausgesprochen betrübtes Kind. Im Gegensatz zu den Luftzeichen, die sich von körperlichen Empfindungen willentlich befreien können, ist sich der erdhafte Stier unausweichlich seines Körpers bewußt und erfährt eine erhöhte körperliche Reaktion in Zeiten des Schmerzes oder der Freude. Er wird früher zetern als andere, wenn es wehtut und früher lächeln, wenn er sich freut. Eltern sollten die Körperempfindungen des Stiers ernst nehmen und die Bedeutsamkeit dieser Gefühle nicht leugnen. Das Stier-Kind möchte, wie alle Kinder, mit Rücksicht angefaßt werden, seinen Bedingungen und Wünschen entsprechend. Es ist unbedingt notwendig, daß seine Wünsche beachtet werden, daß es, wenn es zeigt, daß es genug geschmust hat, wieder in Ruhe gelassen wird.

Körperliche Strafen sollten für den Stier maßvoll und direkt sein. Ein leichter Klaps genügt als Ermahnung. Ihm Berührungen vorzuenthalten, ihn grob zu behandeln oder ihm nicht erlauben zu essen, sind grausame und mißverstandene Formen der Bestrafung für einen unfolgsamen Stier. Unwillen sollte unmißverständlich ausgedrückt werden, und das Kind muß einen Zusammenhang zwischen schlechtem Betragen und Bestrafung erkennen können.

Da es so körperbetont ist, ist Bequemlichkeit besonders wichtig für das Stier-Kind. Es kann nicht einfach ignorieren, wenn es sich unbehaglich fühlt, es muß etwas dagegen tun oder es wird leiden. Es wird keinesfalls eine regnerische Nacht in einem Zelt gut überstehen! Es wird einen Ausweg suchen, um sein unbehagliches Gefühl zu »beheben« und die bekannte stierhafte Störrigkeit an den Tag legen, bis die ganze Familie packt und heimkehrt oder, und das ist das Mindeste, ihm erlaubt wird, auf dem vergleichsweise bequemen Polster des Autos zu übernachten.

Behagliche Kleidung ist für das Stier-Kind sehr wichtig. Jungen und Mädchen ziehen oft bequeme, praktische und haltbare Sachen modischer Kleidung vor. Sie legen nicht allzuviel Wert auf Mode und werden kaum dem allgemeinen Trend folgen, und sie wollen einfach keine Bekleidungsstücke tragen, die jucken, kratzen oder

beengend sind. »Oh, das sieht bequem aus« ist ein typischer Stier-Ausspruch.
Stiere kümmern sich um das Wohlbefinden anderer genauso wie um das eigene. Als heranwachsendes Kind oder Erwachsener ist der Stier ein wunderbarer Gastgeber, der sich sowohl um das Wohlbefinden anderer auf jeder gesellschaftlichen Ebene kümmert, als auch einfühlsam in bezug auf ihre emotionale und körperliche Bequemlichkeit ist. Diese Rücksichtnahme hat ihre Wurzeln in der Kindheit, wo der kleine Stier häufig verkündet: »So unbehaglich werde ich mich niemals mehr fühlen – und kein anderer in meiner Nähe!« In Wirklichkeit beugt er dabei lieber vor: Der junge Stier wird den Vater lieber vom Fenster wegholen, wenn es zieht, damit er sich nicht erkältet, als daß er ihn pflegt, wenn er eine Erkältung hat. Manchmal wirkt der Stier wie eine Glucke, wenn er andere ermahnt, doch einen Schirm mitzunehmen oder an einem kalten Tag die Jacke zuzuknöpfen.
Behaglichkeit ist für den kleinen Taurus ebenso wichtig wie Sicherheit. Er weiß die Dinge gerne im voraus und widersetzt sich Änderungen, auf die er nicht vorbereitet ist. Er mag nichts Unvorhersehbares, wenngleich er freudige Überraschungen sehr schätzt. Er liebt und sucht Vertraulichkeit und gewinnt Sicherheit aus einer gewissen Routine. Oft assoziiert er Sicherheit und Geborgenheit mit ganz bestimmten Dingen, die eine besondere Bedeutung für ihn haben, eine heizbare Decke, ein glatter Stein vom Strand oder bestimmte Wörter, die ihm glückbringend oder beschützend vorkommen. Einige Stier-Kinder finden diese Art von Sicherheit vielleicht in eigenem Geld oder indem sie irgendwelche Dinge sammeln oder tragen oder wenn sie sich mit einer schönen und teuren Ausstattung umgeben. Stiere der Jahrgänge 1975–1981 können eine gewisse Zwiespältigkeit an den Tag legen, indem sie sich zuerst eine Sicherheit durch das Sammeln von Dingen schaffen, diese dann aber weggeben (oder verkaufen) und von neuem zu sammeln beginnen.
Der junge Stier gewinnt eine gewisse Sicherheit daraus, wenn er eigenes Geld in der Tasche hat, sei es auch nur sein Taschengeld. Er hat gerne genügend Geld, auch, um seinen Freunden gegenüber großzügig sein zu können, ohne sich selbst etwas vorenthalten zu müssen. Wenn ein Stier das, was er sich wünscht, nicht bekommen kann, wird ihn das sehr beunruhigen, und er wird sich große Mühe

geben, einen Weg zu finden, um sich wiederum sicher zu fühlen. In dieser Zeit kann der kleine Stier für Außenstehende plötzlich egoistisch wirken, aber sobald er sein Sicherheitsstreben befriedigt hat, wird er wieder liebenswert und großzügig sein. Einem kleinen Stier, der hastig oder gierig besorgt ist, seinen ihm zustehenden Anteil an einer Sache zu erhalten, wird man helfen müssen mit seiner Angst umzugehen und zu lernen, wie er seine Zuversicht in Zeiten der Veränderung oder echtem äußerlichem Mangel bewahren kann.
Wenn das Stier-Kind in einer großen Familie aufwächst, zweifelt es häufig daran, daß sich jemand um seine Bedürfnisse kümmert und beschließt, dies selbst zu tun. Wenn die Mutter einen Schokoladenkuchen mit nach Hause bringt, und der kleine Stier ist nicht da, glaubt er nicht, daß jemand für ihn eintreten könnte und sagen: »He, hebt dem Kleinen ein Stück auf.« Eltern, die ihr Kind beruhigen wollen, müssen ihm wirklich eine Portion aufheben, ob er nun anwesend ist oder nicht, unabhängig von seinem vorher gezeigten Verhalten. Kürzlich hatte ein neunjähriger Stier eine halbe Stunde Stubenarrest, während der Rest der Familie Popcorn machte. Die Eltern hoben ihm eine Schale voll davon auf und gaben es ihm, nachdem seine Strafzeit vorbei war. Dies ist ein gutes Beispiel angemessener Erziehung und erneuter Bestätigung, und es kann eine dauerhafte Wirkung auf dieses Kind haben, nachdem andere Mitglieder der Familie längst die Freundlichkeit vergessen haben.
Obwohl der Stier großzügig und aufmerksam ist, muß er wissen, daß ein Teil der Wiese ihm gehört. Er möchte wissen, wo die Grenzen sind, was wem gehört, und daß andere Grenzen und Besitz ebenso gewissenhaft respektieren, wie er es tut. Im großen und ganzen teilt er nicht gerne. So mag es z. B. der kleine Stier gar nicht, wenn jemand etwas von seinem Teller nimmt, obwohl er gerne die Teller anderer abräumt. Für ihn gehört sein Teller zu seinem Revier. Er wird eifrigst aufstehen und die ganze Familie bedienen, aber er muß wissen, daß sein Platz unangetastet bleibt. Das Stier-Kind braucht bestimmte Pflichten, für die es ausschließlich verantwortlich ist. Wenn es seine Aufgabe ist, die Pflanzen zu gießen, wird es seine Gefühle verletzen, wenn Papi sie auch gießt, und es wird ihn ganz besonders verletzen, wenn er herausfindet, daß jemand die Blumenerde anfaßt, um ihn zu kontrollieren. Wenn es sein Job ist, wird er ihn erledigen, und er braucht das Vertrauen der Familie, daß er es tut. Es verunsichert ihn, wenn ein anderer in seinem Gebiet Aufgaben

übernimmt, und er wird sich zurückziehen, ärgerlich werden oder ganz aufgeben.
Der kleine Stier wird jegliche Arbeit, die ihm seine Sicherheit erhält, bereitwillig erledigen. Er schätzt es, wenn er für seine Gefälligkeiten belohnt wird, sei es mit Kleinigkeiten oder Geld oder manchmal mit Umarmungen und anerkennenden Worten. Es wird schwierig sein, das Stier-Kind zu überzeugen, daß es ohne Belohnung arbeiten soll, es ist jedoch so leicht zu belohnen, daß dies nicht eigentlich ein Problem ist. Der Stier ist der Meinung, daß er für seine Bemühungen am Ende etwas Greifbares oder Belohnung in irgendeiner anderen Form bekommen sollte. Während der kleine Stier auch zufrieden ist, wenn die Belohnung sich verzögert – und er kann lange Zeit darauf warten –, wenn er vielleicht für ein Fahrrad arbeitet, braucht er doch den Beweis, daß die Belohnung wirklich kommt. Ein heranwachsender Stier, der sein Geld in einem großen Einmachglas aufhob, so daß er es sehen konnte, zählte und faßte es an, wann immer er sich versichern wollte, daß er sein Ziel erreichen würde.
Manchmal wirkt das Zweckdenken des Stiers auf andere selbstsüchtig. Er will ganz offen wissen: »Was kommt für mich dabei heraus?« Das Stier-Kind ist einfach ehrlicher in bezug auf seine Beweggründe als Kinder (oder Erwachsene) anderer Zeichen. Es ist eher gewillt, die Bedingungen klarzulegen, unter denen es bereit ist, mitzumachen. »Ich staubsauge das Eßzimmer, wenn ich es nicht während meiner Lieblingssendung im Fernsehen tun muß und wenn du mir hilfst, daß Franz von meiner Steinsammlung wegbleibt.« Eltern, die sich an einen solchen Handel halten, werden feststellen, daß das Kind wirkliches Verhandlungsgeschick hat, und wenn sie Abkommen mit ihrem Stier treffen, brauchen sie sich über deren Erfüllung keine Sorgen zu machen.
Das Stierzeichen ist für Vergnügen und Entspannung zuständig. Stier-Kinder können gehetzten Erwachsenen einiges beibringen, etwa stehenzubleiben, um an Gänseblümchen zu riechen, sich selbst für eine Anstrengung zu belohnen oder mit kleinen Freuden Vergnügen zu bereiten. Stier-Kinder wissen normalerweise sehr genau, warum sie eine Sache tun, und sie verlieren ihr Endziel nicht aus den Augen. Die Mutter eines fünfjährigen Stiers beobachtete, wie ihr Sohn sich genüßlich am Ende eines Tages in ein Schaumbad gleiten ließ, und zwar so oft, daß sie entschied, daß es auch ihr guttun könnte. Stiere arbeiten, um spielen zu dürfen. Sie werden wütend,

wenn ihnen die Spielzeit nicht eingeräumt oder entzogen wird. Erwachsene, denen es schwerfällt zu beobachten, wie der kleine Stier die Früchte seiner Arbeit genießt, halten das Kind manchmal für selbstzufrieden oder faul, besonders dann, wenn man ihnen in ihrer Jugend gesagt hat, daß ein solches Verhalten falsch sei. Anstatt das Vergnügen des kleinen Stiers zu vereiteln, sollten sie von ihm lernen und für ihre eigene Art des Genießens neue Maßstäbe setzen. Stiere kann man ruhig ermuntern, diese Genußfähigkeit zu leben. Sie tun niemandem weh und werden sich darum kümmern, daß auch alle in ihrer Umgebung ihren Teil am Vergnügen bekommen. Der Stier hat begriffen, daß er, wenn er gut zu anderen sein möchte, gut zu sich selbst sein muß.

Selbst ganz junge Stiere verstehen es ausgezeichnet, Prioritäten zu setzen, Dinge und Ereignisse abzuwägen, und dies ist ebenfalls eine mögliche Einstellung zum Leben. Sie sind in der Lage zu entscheiden, was wichtig ist und was nicht, und übersehen oder vernachlässigen oft einfach Aufgaben, die sie für unwichtig halten. Sie werden ihrem Vergnügen immer einen hohen Stellenwert einräumen und ermuntern alle übrigen, doch vielleicht ebenso zu verfahren. Stiere sind oft überrascht, daß diese Fähigkeit Prioritäten zu setzen ein Talent sein soll, das nicht jeder hat und daß nicht jeder ihre Wertmaßstäbe in bezug auf Komfort und Vergnügen teilt.

Der kleine Stier neigt zu der Meinung, daß alle so sind wie er, und ist oft über die Schwierigkeiten anderer Menschen auf den verschiedensten Gebieten überrascht. Wenn er unglücklich ist und umarmt werden möchte, nimmt er an, daß auch seine Schwester in dieser Situation umarmt werden möchte. Wenn Freunde zu ihm kommen, damit er ihnen helfe, sich zu entscheiden, wird er denken, daß diese bereits wissen, was sie tun wollen und ihm lediglich schmeicheln wollen.

Ist er freundlich, erwartet er, daß andere auch freundlich sind. Wenn er gerade etwas Hinterlistiges getan hat, kann er glauben, daß die Menschen in seiner Umgebung auch hinterlistig sind. Es wird für die Eltern eine ständige Aufgabe sein, den kleinen Stier zu lehren, seine Erfahrungen und die Schlußfolgerungen, die er aus den Ereignissen in seiner Umgebung zieht, zu trennen.

Obwohl der Stier das Symbol dieses Sternzeichens ist, hat dieses Kind Schwierigkeiten, sich selbst zu schützen. Selten gereizt, ähnelt es mehr Ferdinand auf der Wiese nebenan, der Blumen liebt, freundlich und leichtgläubig ist. Die typische Stierpersönlichkeit verfügt über Unmengen von Kraft und Beschützerfähigkeiten, die aber gepaart sind mit der Unfähigkeit oder der Abneigung, sich selbst damit zu schützen. Seine häufigste Verteidigungsstrategie ist, die Dinge abzuwarten, Entscheidungen hinauszuzögern oder Nichtstun. Der junge Stier wird sich als so kraftvoll vorkommen, daß er meint, mit dieser Kraft nicht ungezügelt umgehen zu dürfen, ohne andere zu verletzen oder die Kontrolle zu verlieren. Er wird sich vielleicht in erster Linie deshalb schuldig fühlen oder sich schämen, wenn er sich schützen muß, obwohl er in der Lage gewesen wäre, eine solche Situation zu verhindern. So wird er z. B., wenn er mit seinem Vater spielt, nicht sagen, daß Kitzeln ihn stört, weil er die Gefühle des Vaters nicht verletzen möchte. Er wird seiner Mutter nicht sagen, daß er gerade gern allein sein möchte aus Angst, sie könne meinen, er weise sie zurück.

Auf ähnliche Weise wird der Stier ein übermäßig schlechtes Gewissen bekämpfen. Er wird jede kleine Missetat berichten, weil er glaubt, daß er ohnehin erwischt wird, und wenn er etwas aus Selbstschutz nicht gesagt hat, fürchtet er, daß die anderen böse mit ihm sind. Eltern wollen dieses freundliche, gewissenhafte Kind vielleicht übermäßig beschützen, sollten ihm statt dessen jedoch zu der Geschicklichkeit verhelfen und ihm die Erlaubnis geben, daß er auf sich selbst achtet. Anstelle von: »Warum hast du mich das nicht machen lassen?« sollten Eltern Lob und Ermunterung aussprechen und dem Kind versichern, daß seine Selbständigkeit und sein Schutzverhalten keineswegs niederschmetternd sind.

Ein Stier-Kind, dem man nicht gestattet, selbst seine Wege zu finden oder dem man nicht sagt, wie es sich direkt wehren kann, wird indirekte Wege finden. Es wird so tun, als füge es sich den Wünschen anderer und dann fortfahren zu tun, wie ihm beliebt. Es wird einfach »überhören«, was um es herum vorgeht oder was andere von ihm wollen. Es wird einfach nicht tun, was es zu tun versprach und teilnahmslos und nachlässig wirken. Dieses Verhalten ist zwar die Ursache für die bekannte Sturheit des Stiers, aber nicht notwendigerweise der Ursprung. Oftmals *ist* sein Zeitgefühl ein anderes – er reagiert langsamer als seine Umgebung. Er ist oft der Meinung, daß die Dinge sich von selbst regeln, im Gegensatz zu anderen, die sich leichter Sorgen machen. Sorgende Eltern werden sich die Zeit nehmen, um die Quelle für die Widerspenstigkeit ihres

Kindes herauszufinden und ihre Erwartungen dem Steuerungsprinzip des Stiers anpassen. Auch dauernde Vermittlung von Selbstschutzfähigkeiten und Selbstbewußtsein ist hilfreich, wenn der Stier passiv wirkt.

Dieselben Stier-Gewohnheiten, die so frustrierend für Eltern sind, die es eilig haben, können sehr hilfreich sein, wenn die Familie mit Streß fertig werden muß. Wenn er im vorhinein von einer kommenden Veränderung weiß, kann der junge Stier sehr sanft und anpassungsfähig sein und der übrigen Familie in der Übergangszeit helfen. Er ist erfindungsreich, wenn es darum geht, Mittel und Wege zu finden, unerfreuliche Dinge erfreulich zu machen, und seine Geduld, Ausdauer und Stärke finden besonderen Anklang in Streßzeiten. Das Stier-Kind erscheint dann wie ein kleiner Fels an Beständigkeit und wird zu einer Art Mittelpunkt und versuchen, das Wohlbefinden aller Beteiligten zu steigern, selbst in den chaotischsten Situationen. Sein Verhalten ist vorhersehbar, und man kann sich darauf verlassen, daß er an Aufgaben, die ihm sinnvoll erscheinen, hart arbeiten wird. Er ist fähig, geduldig abzuwarten, ohne die Ergebnisse zu kontrollieren, und gewöhnlich ermuntert er andere, ihren Belangen nachzugehen und selbst ihren Weg zu finden.

Der junge Stier mag jedoch keine Ungewißheiten und kann anfangen, etwas zu tun, wenn eine Situation unklarer ist, als er tolerieren zu können glaubt. Wenn z. B. niemand in der Familie sich entscheiden kann, in welches Restaurant man gehen soll, wird der kleine Stier eine feste und bestimmte Meinung entwickeln, nur um die Situation zu retten. Der Stier liebt Klarheit und Offenheit, mit Spitzfindigkeiten kommt er nicht gut zurecht. Er wird lieber irgendeine Entscheidung treffen als gar keine und kann andere Leute ebenfalls zu Entscheidungen drängen. Wenn die kleine Susi zu lange braucht, um sich zwischen Orangensaft oder Milch zu entscheiden, kann es durchaus sein, daß der junge Stier ihr eigenmächtig Saft eingießt. Wenn er sich zwischen Fußball oder Trompetenstunden entscheiden soll, wirft er vielleicht eine Münze in die Luft, um auf diese Weise mit der Entscheidung fertig zu werden. Der kleine Stier kann auch durchaus in einer Entweder-Oder-Welt leben, und es ist Sache der Eltern, ihm beizubringen, wie er mit schwierigen Dingen fertig werden kann.

Obwohl der kleine Stier gern Entscheidungen trifft, wird er doch hin und wieder Stimmungswechsel erleben. Wenn er der Meinung ist, sich richtig entschieden zu haben, wird er dabei bleiben, er kann allerdings seine Entscheidung aufgrund starker intuitiver Gefühle ändern. Er ist loyal und zieht es vor, den augenblicklichen Zustand zu bewahren, wird aber Verhalten und Einstellung ändern, wenn der Umschwung mehr verspricht oder wenn sein Herz seinen Verstand überstimmt. Wenn man sich mit einem Stier auseinanderzusetzen hat, muß man an seinen Sinn für Nützlichkeit und Bequemlichkeit appellieren; obwohl er für harte Logik nicht sehr empfänglich ist, wird er schnell auf praktische Erwägung und Empfindungen reagieren.

Grundsätzlich erscheint der kleine Stier konservativ und ist mit dem zufrieden, was er kennt. Er wagt sich ungern in neue und unerprobte Gebiete vor. In größerem Rahmen ist er kreativ und künstlerisch, ganz besonders auf Gebieten, die eventuell nützlich sind. Er hat eine tiefe Liebe zur Natur, besonders zum Wald, und er liebt und bewundert Holz ganz besonders.

Dies ist ein praktisch denkendes Kind mit einem romantischen Herzen. Es kann die praktischsten Anwendungsmöglichkeiten für idealistischste Projekte anbieten. Ein Stier-Kind um sich zu haben, ist wie im Winter an einem warmen Ofen zu sitzen. Es ist tröstlich, praktisch, bescheiden, benötigt wenig Essen und Aufmerksamkeit und gibt eine Menge Freude zurück. Familien stellen oft fest, wie sehr sie sich auf seine Einschätzbarkeit, Wärme und seine Fähigkeit, Unbehagen zu vertreiben verlassen, und sie lernen in seiner Gegenwart ihr eigenes Vergnügen und ihre Entspannung mehr zu schätzen.

Empfindlichkeiten
(Mögliche Quellen für Mißverständnisse)

Selbstbezogenheit und Trägheit: Was beim Stier-Kind selbstsüchtiges Verhalten zu sein scheint, ist ein Schutzmechanismus, der ihm garantieren soll, sein übliches angenehmes Betragen beizubehalten. Wenn das Stier-Kind glaubt, daß es vergessen oder ausgeschlossen worden ist, wird es sich wahrscheinlich dadurch schützen, daß es nimmt, was es bekommen kann. Selbst wenn er sich mehr nimmt als er braucht (um genug zu haben, so wie ein Eichhörnchen für den Winter Nüsse sammelt), und obwohl er sehr anspruchsvoll erscheint, bis seine Bedürfnisse gedeckt sind, ist der Stier das am leichtesten zu befriedigende Kind des Tierkreises. Wenn man ihm versichert, daß es nicht übersehen wird, daß genug für alle da ist und daß es nicht unnötigerweise teilen muß, wird der junge Stier sich beruhigen und zu der Überzeugung kommen, daß auch andere für ihn sorgen können. Während der Stier seine Besitztümer nicht gerne teilt, kümmert er sich doch bereitwillig darum, daß andere bekommen, was sie brauchen. Meistens entspringt seine Großzügigkeit einem wirklichen Gefühl des Überflusses und nicht dem Gefühl des »Müssens«. Manchmal entwickelt der Stier ein offensichtlich selbstsüchtiges Verhalten, wenn er annimmt, daß andere dasselbe wollen wie er. Aus diesem Grund zögert er vielleicht zu bekennen, was er wirklich möchte; er glaubt, wenn er etwas schätzt, werden die anderen dies auch tun. Möglicherweise versorgt er andere dann mit dem, was er möchte, ohne einen Gedanken daran zu verschwenden, ob die Voraussetzung dafür gegeben ist. So kann er vielleicht argumentieren: »Ich möchte diese Schallplatte hören, die anderen auch. Ich will ihnen damit eine Freude machen.« Wenn man ihn auffordert, doch einmal über die Voraussetzungen nachzudenken, wird der junge Stier sehr bereitwillig darauf eingehen, und seine »Selbstsucht« erscheint wieder rücksichtsvoll. Der kleine Stier glaubt auch, daß etwas, das er will oder das ihm gehört, wertvoller wird, wenn ein anderer es auch will.

Das Denken des Stiers ist von Nützlichkeitserwägungen geprägt. Er zieht es vor, mit möglichst wenig möglichst viel zu erreichen. Er wählt gern Abkürzungen und wird Dinge, die er für unnötig hält, nicht tun, oder kurze Zeit intensiv arbeiten und dann Ruhe brauchen. Es kann den Anschein haben, als ob er nichts tue, während er versucht, sich über die aussichtsreichste Art der Problemlösung klarzuwerden: in diesen Zeiten denkt er intensiv, sicher eine lohnende Sache. Während diese Verhaltensweisen auf Eltern, die Aufgaben gerne schneller und gründlicher erledigt hätten, »faul« wirken, ist diese Faulheit nur eine andere Art, sich den Dingen zu nähern, und es kann darüber zwischen Eltern und Kind mit gegenseitigem Respekt verhandelt werden. Das physikalische Gesetz der Trägheit – »ein Objekt in Bewegung neigt dazu in Bewegung zu bleiben; ein Objekt im Ruhezustand neigt dazu in diesem Zustand zu verharren« – trifft genau auf den Stier zu.

Wenn er sich einmal in Bewegung gesetzt hat, ist es schwer, ihn aufzuhalten; einmal gebremst, wird es schwierig, ihn wieder in Bewegung zu bringen.

Sicherheit: Sicherheit ist für den Stier wichtiger als alles andere, und sein Streben, diese zu bewahren, wird oft mißverstanden. Die Weigerung des Stier-Kindes, etwas zu ändern, kann stur oder unbeugsam aussehen; sein Bedürfnis nach Bequemlichkeit und die Liebe zum Vergnügen können hemmungslos wirken; sein Bedürfnis zu wissen, was als nächstes geschieht, könnte nach Überwachung aussehen. Wenn er sich schon in jungen Jahren eine Sicherheitsdecke wünscht, wirkt dies unreif, in späteren Jahren kann sein Interesse an Geld, Land oder Besitz materialistisch gedeutet werden. Alle diese Verhaltensweisen hat er entwickelt, um sich zu schützen und seine Sicherheit zu bewahren.

Dieses Kind wird danach streben, seine Umgebung so zu gestalten, daß es sich sicher und weniger in Schrecken versetzt fühlt. Selbst in Zeiten großer Veränderungen wird das Stier-Kind etwas brauchen, das unverändert bleibt. Wenn man ihm erlaubt, an solchen Dingen und Angewohnheiten (im übertragenen und im wörtlichen Sinn), die ihm Sicherheit bieten, festzuhalten, ist dies der schonendste und beste Weg, dieses Kind anzuspornen, sein Bedürfnis nach Sicherheit zu erkennen und diesem abzuhelfen, ohne daß es seine ganze Umgebung verändern muß. Wenn diese Strategie wirksam sein soll, darf der Stier natürlich nicht bestraft oder gehänselt werden dafür, daß er Sicherheit für so bedeutsam hält oder weil er versucht, sich selbst durch äußere Dinge zu schützen. Der Drang des Stiers nach Sicherheit kommt allen zugute. Er wird darauf sehen, daß sich die Menschen in seiner Nähe auch wohl fühlen, und der junge Stier ist oft bei Leuten aller Altersgruppen beliebt, weil er so bedacht und wenig bedrohlich ist.

Schutz: Das Stier-Kind braucht die Erlaubnis, sich ohne Schuldgefühl schützen zu dürfen. Dadurch, daß man dem kleinen Stier beibringt, wie er Situationen einschätzen und dann seine Position durch Verhandlung verteidigen kann (durchdachte Argumente oder Rückzug), können Eltern die Entscheidungsmöglichkeiten ihres Kindes erweitern und fördern. Es wird immer klüger sein, den Stier zu lehren, wie er sich selbst verteidigen kann, als einzugreifen und es für ihn zu tun.

Beziehungen

Das Stier-Kind ist normalerweise ziemlich entspannt, was Partnerschaften angeht. Es ist loyal und erwartet, daß sich Menschen, zu denen es Beziehungen hat, ähnlich loyal verhalten, aber es hat selten weitere Erwartungen. Man kommt gut mit ihm aus, und es zieht häufig Menschen an, deren Leben interessanter oder schwieriger ist. Oft ist der Stier der beständige, ausdauernde Partner und derjenige, der sich mehr einsetzt, und man kann darauf zählen, daß er da ist, wenn es nötig ist. Oft ist es ihm lieber, wenn andere ihn aufsuchen; er mag es, wenn man ihn besucht. Obwohl man den Stier nicht so leicht verärgern kann, wird er es nicht vergessen, wenn jemand sich ihm einmal zum Gegner gemacht hat. Nur mit außergewöhnlichen Anstrengungen kann diese betreffende Person die Zuneigung und das Vertrauen des kleinen Stiers zurückgewinnen.

Mutter: Der junge Stier erwartet, daß die Mutter der Chef ist, und er fühlt sich normalerweise sicher und geborgen, wenn sie die Führung übernimmt. Er erwartet, daß die Mutter beständig, herzlich, entschlossen, konsequent und gütig ist. Wenn er älter wird, wird er die Mutter mehr freundschaftlich behandeln, was sie gewöhnlich erfreut und beiden größere Möglichkeiten der Interaktion gibt.

Vielleicht neigt die Mutter dazu, den kleinen Stier übermäßig zu beschützen, ihn zu ermahnen, für ihn zu denken, ihn anzutreiben und zu kritisieren. Weil es ihr ratsam erscheint, kann sie für den kleinen Stier Entscheidungen treffen oder Aufgaben für ihn erledigen, wenn er zögert.

Mütter, die nicht an ihrem Stier-Kind herumnörgeln wollen, müssen ihr Zeitgefühl seinen Pflichten anpassen und nachsichtiger sein im Hinblick darauf, wie der Stier seine tägliche Arbeit verrichtet. Dies bedeutet nicht unbedingt, daß die Mutter ihre Erwartungen niedriger schrauben soll, aber sie werden einen für beide Teile befriedigenden Weg finden müssen, um ihre Ziele zu erreichen.

Vater: Der Stier wird vermutlich im Vater früher den Freund sehen als in der Mutter. Oft hat er das Gefühl, daß dieser ihn eher so akzeptiert, wie er ist, und sucht Unterstützung vorrangig beim Vater. Er erwartet, daß dieser ihm den Weg in die Welt weist. Ab und zu kann das Stier-Kind das Gefühl haben, daß es, obwohl es sicherer und akzeptabler wäre, wie sein Vater zu werden, irgendwie anders oder gegensätzlich werden sollte. In solchen Zeiten der

Unsicherheit muß ein Stier-Vater besonders klar und präzise in bezug auf seine Erwartungen hinsichtlich des Verhaltens und der Entscheidungen seines Kindes sein.
Manchmal sieht der junge Stier im Vater den »guten Elternteil«, da dieser anscheinend das Verhalten seines Kindes weitgehend akzeptiert. Als Gegensatz dazu kann die Mutter dann zum »bösen Elternteil« werden, da sie ihn häufiger kritisiert und anleitet. Sorgende Eltern sollten sich bemühen, diese Situation auszugleichen, indem sie dem Vater die führende Rolle zuweisen und der Mutter die Möglichkeit geben, unterstützend zu wirken. Dies scheint ohnehin oft der bessere Weg, da der junge Stier auf die Kritik des Vaters nicht so abweisend reagiert.
Geschwister: Das Stier-Kind erwartet eine enge Beziehung zu seinen Geschwistern. Es wird sich oft um sie kümmern, darauf achten, daß sie sich wohl fühlen und daß sie innerhalb der Familie bekommen, was sie brauchen. Es erwartet oder hofft, daß sie ihm ebenfalls freundliche Gefühle und Beachtung entgegenbringen. Es möchte sich in ihrer Gegenwart wohl fühlen und wird Gefälligkeiten und Rücksicht großzügig erwidern.
Freunde: Das Stier-Kind hat im großen und ganzen eine äußerst tolerante Einstellung Freunden und Freundschaften gegenüber. Seine Freunde sind oft künstlerisch begabt und nicht ständig zugänglich. Nachdem erst einmal die notwendigen Voraussetzungen für Loyalität geschaffen worden sind, stellt der Stier keine hohen Ansprüche. Oft führen die Umstände dazu, daß sich der Stier mehr um seine Freunde kümmert und mehr Energie für sie aufbringt als für sich selbst. Solche Beziehungsmuster zeigen sich manchmal schon im Kleinkindalter. Wenn der Stier allerdings wegen dieses Ungleichgewichtes aufgebracht wird, kann es vorkommen, daß er sich weigert, überhaupt noch etwas zu tun, bis die Angelegenheit in Ordnung gebracht ist. Der kleine Stier kann seine Freunde idealisieren, selbst wenn sie ihn ausnutzen, und es kann lange dauern, bis er sie realistisch sieht.

Verstand/Information/Schule

Der junge Stier hat einen nüchternen, klaren und methodischen Verstand, der gut auf Routine reagiert. Er lernt weniger aus dem, was er gesagt bekommt, sondern eher nach dem Schwammprinzip, indem er alles, was um ihm herum vorgeht, aufsaugt. Er hat die Einstellung eines Lehrlings und lernt am besten durch Nachahmung. Das Bewußtsein der praktischen Anwendbarkeit dessen, was er lernt, hilft ihm, die Informationen zu behalten, und er stellt gerne etwas her und strengt sich auch an, dies zu tun. Er ist vorsichtig und konservativ in seinen Lernmethoden, und wenn das Stier-Kind einmal etwas gelernt oder einen Entschluß gefaßt hat, wird es seinen Informationsstand lange bewahren. Da ein gut Teil seines Wissens intuitiv ist, ist es möglicherweise nicht fähig, sprachlich darüber zu verfügen. Der junge Stier denkt vielleicht, daß andere, speziell jene, die sich besser ausdrücken können, klüger sind als er, und er kann sich möglicherweise deren Ansprüche und Informationen gefallen lassen.

Der junge Stier hat eine pragmatische Einstellung zu den Dingen und reagiert am besten auf konkrete Beispiele. Besonders wenn er noch sehr jung ist, neigt er dazu, das zu glauben, was man ihm sagt ohne es zu hinterfragen und folgt üblichen Regeln und Verhaltensweisen. Er engagiert sich gerne in Lernaktivitäten, bevorzugt aber jene, die keinen großen körperlichen Einsatz verlangen. Wie bereits erwähnt, schätzt er wiederholte Anerkennung.

Häufig ist das Stier-Kind zumindest auf einem Gebiet außergewöhnlich talentiert. Seine Kreativität ist oft pragmatischer Art. Es kann erfinderisch und fortschrittlich sein, wenn es ans »Geld machen« geht und es hofft, daß sich seine künstlerischen Bemühungen auch praktisch verwerten lassen. Die manuelle Geschicklichkeit und oft außergewöhnliche Stimme des Stiers können sich in einem Talent vereinigen und in Bereichen wie der Puppenspielkunst oder bestimmten musikalischen Gebieten niederschlagen.

Höhere Schulbildung: Trotz seines Verlangens nach Sicherheit durch Zeugnisse aller Art werden seine Studienpläne oft verzögert oder unterbrochen. Dem jungen Stier kann es schwerfallen, sich über einen so langen Zeitraum festzulegen, oder er kann rebellieren, wenn er dazu gezwungen wird, seine Schulzeit fortzusetzen. Wenn er sich jedoch entscheidet, wählt er oftmals ein Fachgebiet mit sofortiger praktischer Betätigung und gerechter Vergütung. Um es noch einmal zu sagen: Er zieht eine Ausbildung vor, die es ihm erlaubt, eine Lehre oder eine andere Art intensiven Trainings mit praktischer Erfahrung zu machen. Der junge Stier läßt sich gerne etwas sagen und reagiert positiv auf die Motivation durch andere; er selbst ist innerhalb einer Ausbildung selten motiviert und braucht die Aussicht auf Belohnung oder auch ein drohendes Unheil als Ansporn.

Verantwortung/Arbeit/Belohnung

Verantwortung und Arbeit: Der junge Stier nimmt Verantwortung sehr ernst. Als Folge davon wird er einen Job ablehnen, wenn er glaubt, keine angemessene Leistung erbringen zu können. Dies kann den Anschein von zauderndem Verhalten erwecken. Dem Stier-Kind fällt es schwer, ein Projekt zu beginnen, und es ist eine große Unterstützung für das kleine Kind, wenn man ihm, das sich offensichtlich schwertut, dabei hilft. Wenn er jedoch einmal den Anfang gemacht hat und auch noch Freude dabei empfindet, ist der Stier ein sehr bewußter Arbeiter. Er sieht gerne die Resultate seiner Bemühungen, und wie schon gesagt, er freut sich über alle Arten von Anerkennung, wenn er ein Ziel erreicht hat. Wenn er die Arbeit, die er tut, nicht mag, wird er weniger gründlich sein und nur tun, was er für unumgänglich hält. Er mag Routine, er tut die Dinge gern auf seine Weise, und anders als der Steinbock, der immer dazu neigt, den schweren Weg zu wählen, schafft es der Stier für gewöhnlich, mit dem geringsten Aufwand das meiste zu erreichen.
Wenn er sich einmal mit einer Aufgabe beschäftigt, wird der kleine Stier sie bis zur Vollendung durchstehen. Er verfügt über beträchtliche Zähigkeit und Ausdauer und kann beharrlich und hartnäckig sein, um etwas zu erreichen. Wenn es beim ersten Mal nicht klappt, wird er es noch einmal versuchen. Die Geduld des Stier-Kindes, mit der es Widerständen ins Auge sieht, ist eine eindrucksvolle Lektion für alle, die nicht unter diesem Zeichen geboren wurden. Es kann sich die ganze Zeit beklagen, kann ein wenig lärmen und schreien, aber es wird sein Ziel erreichen.
Der junge Stier zieht Routineaufgaben, deren Ende absehbar ist,

vor, damit er sich dann zurücklehnen und verkünden kann: »Jetzt hab ich's geschafft.« Er will für den Teil, den er an einer Aufgabe übernimmt, Verantwortung haben und erwartet angemessene Anerkennung ausschließlich für diesen Teil der Aufgabe.
Belohnung: Stiere jeglichen Alters stehen nicht gerne in der emotionalen oder finanziellen Schuld anderer. Eine hervorragende Belohnung für den Stier ist, ihn aus einer Verpflichtung zu entlassen. Andere angemessene Anerkennungen sind Lob, Umarmungen, Geld und sonstige hübsche Dinge. Das Stier-Kind freut sich auch über Anerkennung in Form von Dingen, die es gerne ißt; solche Geschenke sollten jedoch, wenn Eltern kein übergewichtiges Kind wollen, sparsam eingesetzt werden.

Heim

Das Heim des Stiers ist in der Tat sein »Schloß«. Er zieht es vor, wenn Leute ihn besuchen, anstatt sie in ihrem Heim aufzusuchen. Sein Lebensbereich ist nicht notwendigerweise ordentlich, aber er ist sauber und ein wunderbar bequemer Ort, um Kontakte zu pflegen. Das Stier-Kind wird den es umgebenden Raum dazu benutzen, dort seine Sammlungen und andere Habseligkeiten aufzubewahren. Während sich seine Umgebung von Zeit zu Zeit, bedingt durch seine altersmäßige Entwicklung, verändert, bleibt dieser Raum doch während seiner gesamten Kindheit nahezu unverändert.
Das Stier-Kind legt mehr Wert auf Bequemlichkeit und Haltbarkeit als auf Stil, und seine Umgebung spiegelt dies häufig wider. Seine Möbel werden brauchbar und bequem sein, und auf vielen davon kann man einfach gut herumliegen. Der Stier bevorzugt satte Erdtöne.

Gesundheit

Wenn der Stier krank wird, braucht er eine angenehme Umgebung und heißt Aufmerksamkeit und Gespräch willkommen. Er sorgt sich

nicht gerne um sich selbst und wünscht sich jemanden, der ihm dies abnimmt und sich um ihn kümmert. Er mag es, wenn man ein wenig Wirbel um ihn macht und ihn während der Krankheit verwöhnt. Er braucht während seines Krankseins ein Höchstmaß an Bequemlichkeit und ist dankbar für saubere Laken, viele Kissen, gutes Essen und weiche Schlafanzüge.
Der kleine Stier merkt vielleicht erst, daß er krank ist, wenn er sich richtig schlecht fühlt, oder er hat solche Angst vor Unwohlsein, daß er sich über jedes Anzeichen einer Krankheit sorgt. Er ist ausgesprochen anfällig für Krankheiten, wenn er sich von Verpflichtungen erdrückt fühlt oder wenn er übermüdet ist. Eine Möglichkeit Krankheiten vorzubeugen besteht darin, den kleinen Stier von Zeit zu Zeit ein wenig zu verwöhnen, ehe er wirklich erkrankt.
Traditionell regiert der Stier die Ohr- und Hals-Region. Stier-Kinder sind anfällig für Infekte im Ohr- und Halsbereich, Kehlkopf- und Mandelentzündungen und neigen zu Problemen mit der Schilddrüse. Sie können lethargisch oder schlapp wirken, zunehmen oder ein Taubheitsgefühl in verschiedenen Teilen des Körpers haben. Frühe Symptome einer nahenden Krankheit sind u. a. Zähneknirschen und andere Zahnbeschwerden, Steifheit oder Verspannungen im Nacken- und Schulterbereich.

Kindheitsjahre

Hinweis: Die Ängste, die im folgenden aufgeführt werden, dürfen niemals zur Bestrafung eingesetzt werden. Sie dienen dazu, Wege für Bestätigung und Zuwendung aufzuzeigen.

Geburt – 6 Monate

Das Stier-Baby ist normalerweise ruhig und leicht zufriedenzustellen. Es liebt zu kuscheln, Berührungen und Zeichen herzlicher Zuwendung. Es reagiert schnell auf jede Art von Berührungen und läßt sich normalerweise mit einer liebevollen Geste oder mit einer Umarmung beruhigen. Es liebt wiegende Bewegungen und läßt sich gerne windeln. Es ist sehr reizbar bei körperlichen Mißempfindungen, und sein oftmals lautes Gebrüll läßt sich erst abstellen, wenn die

Ursache seines Unwohlseins entdeckt und beseitigt wurde. Im großen und ganzen ist der kleine Stier kein Kostverächter und findet in der Nähe der ihn nährenden Person Beruhigung und Befriedigung.

6–18 Monate

Um seine Umgebung kennenzulernen, muß das Stier-Baby Dinge anfassen, fühlen und sie auch oft schmecken dürfen. Es beginnt, Dinge auseinanderzunehmen, lange bevor es ihm Freude macht, sie wieder zusammenzusetzen. Es schätzt noch immer alle Arten körperlicher Zuwendung, und wenn es das Gefühl hat, daß man sich ihm nicht genügend widmet, sucht es selbst einen Weg, um dieses Defizit zu beheben, oft indem es ißt, manchmal indem es sich sehr stark der Natur zuwendet. Schon früh entdeckt der Stier seine Liebe zur und Verbundenheit mit der Natur, eine Beziehung, die zum größten Teil sinnlich geprägt ist. Sein Bedürfnis nach Sicherheit entsteht ebenfalls in dieser Zeit, und er kann ein vorsichtiges Baby sein, das sich oft vergewissert, ob die Mutter noch da ist und ihn noch liebhat. Erwachsene tendieren dazu, dieses vorsichtige, aber neugierige Baby übermäßig zu beschützen, und einige Eltern können diese Art, in der es sich von ihnen unterscheidet, ablehnen. Man kann jedoch darauf achten, daß der kleine Stier seine Fähigkeiten und Verschiedenheiten entdecken kann, ohne seine Sicherheit oder das Selbstvertrauen seiner Eltern zu gefährden.

Der Stier zieht es bereits in diesem Alter vor, wenn Dinge ihm gebracht werden und Leute ihn besuchen, anstatt daß er den Kontakt herstellen muß. Er fürchtet körperliches Unbehagen und körperliche Strafen und beginnt bereits zu lernen, wie man beides vermeiden kann. Gegen Ende dieser Phase fangen Stier-Kinder an, selbst Entscheidungen zu treffen. Man muß ihnen beim Auswählen der Dinge behilflich sein, besonders junge Stiere schätzen zwei »Ja's« für jedes »Nein«. (»Nein, du kannst nicht mit der Schere spielen. Möchtes du den Holzlöffel oder einen Teddy?«)

Die Entwicklung des Stier-Babys kann seinen Eltern im Vergleich mit Gleichaltrigen langsam vorkommen. Der Stier ist ein Spätentwickler; was in diesem Alter wie Langsamkeit wirkt, ist lediglich die dem Stier gemäße Art, sich den Freuden dieser Periode zu überlassen und das Beste daraus zu machen.

18 Monate – 3 Jahre

Wenngleich das Stier-Kleinkind seinen Charme und seine Anschmiegsamkeit bewahrt, beginnt es auch einige Störrigkeit zu entwickeln, die später in seinem Leben zu Zähigkeit und Ausdauer wird. »Nein« kann seine bevorzugte Reaktion auf alles sein, und selbst gelassene Eltern könnten versucht sein, sich in Machtkämpfe mit diesem kleinen Trotzkopf einzulassen. Besonders wenn es zornig ist, wird das Stier-Kleinkind zu den unpassendsten Zeiten aufbegehren. Er kann sich still auf eine passive Art widersetzen oder Wutanfälle bekommen und lautstark rebellieren. Seine Sinnlichkeit entwickelt sich weiter und läßt sich immer noch am besten durch liebevolle Berührungen befriedigen.

Das Stier-Kleinkind hat keine allzugroße geistige Vorstellungskraft und man muß ihm Ideen anhand mehrerer Beispiele ausführlichst erklären. In dieser Phase beginnt seine Sammelleidenschaft.

Sauberkeitserziehung: Ein Stier-Kleinkind trocken zu bekommen, ist ein ziemlich schwieriges Unterfangen. Wenn es aufgebracht ist (fast alle zweijährigen Kinder sind dies), findet der kleine Stier schnell heraus, daß seine Weigerung auf diesem Gebiet eine Möglichkeit ist, die Eltern zu ärgern. Der Stier läßt sich ungern zur Eile zwingen, und er kann sich genauso gegen die Sauberkeitserziehung wehren, wie später gegen Druck, wenn er Aufgaben zu Ende bringen soll. Er kann den Wunsch haben, daß andere es für ihn tun, oder er will sich nicht anstrengen, wenn ihm der Sinn nicht danach steht. Der beste Weg zum Herzen des kleinen Stiers führt über Belohnungen: Es wäre am klügsten, einen Plan zu entwickeln, durch den man mit positiver Bestärkung erreichen kann, daß er seine Sache gut macht und Unfälle dabei übersieht.

3 – 6 Jahre

Der Stier im Vorschulalter ist eine merkwürdige Mischung aus alten und neuen Verhaltensweisen. Er ist noch immer zärtlich und liebevoll, aber es wird schwieriger werden, ihn zufriedenzustellen, da er sich über Dinge beschwert und jammert, die er vorher übersehen hat. Er kann Geschehnisse, die wenig mit ihm selbst zu tun haben, persönlich nehmen, und er wird bitten oder trickreich zu erreichen versuchen, daß andere für ihn denken, eine Wahl oder Entscheidungen treffen und im großen und ganzen sein Leben lenken. Er wird mehr als zuvor Aktivitäten anregen, jedoch mürrischer reagieren, wenn er spürt, daß er das nicht erreicht hat, worum er sich bemüht hat. Er kann egoistischer erscheinen und verärgerter, und er kann mehr danach streben, seinen gerechten Anteil zu bekommen. Fairneß hat für den Vorschul-Stier eine große Bedeutung, und er achtet sehr darauf. Obwohl er immer noch weitgehend gelassen ist, hat er launenhafte und melancholische Phasen und benimmt sich eher dramatisch als gleichmütig. Zuneigung, Ausgeglichenheit, Aufmerksamkeit und Belohnungen für verantwortungsvolles Verhalten, werden bei bisweilen unglücklichen kleinen Stieren Wunder wirken.

6–12 Jahre

Der Stier im Schulalter behält die Verhaltensmuster des Vorschulalters bei. Er ist gleichzeitig liebenswürdig, fürsorglich, störrisch und rebellisch. Während er seinen Weg sucht, um sich von anderen zu unterscheiden, versucht er sich an einer Reihe unterschiedlichster Rollen, und er kann widerspenstig und herausfordernd wirken, während sich seine Persönlichkeit formt. Ironischerweise kann er unflexibel und starr wirken, während er eine Vielfalt von Verhaltensweisen ausprobiert, und so tut, als sei jeder Schritt in seiner Entwicklung oder jeder Wechsel endgültig und für immer. Eltern sollten seine wahre Natur unterstützen, ohne ihn zu bevormunden, die positiven Aspekte jeder Rolle unterstreichen und der Versuchung widerstehen, ihn jedesmal mit der Bemerkung »das ist halt so in diesem Alter« abzustempeln.

Der Stier im Schulalter kann in dieser Zeit oft das Gefühl haben, er habe sich festgefahren. Er kann der Meinung sein, daß er nicht schnell genug vorankommt oder daß seine Fortschritte geringer als die seiner Freunde sind. Er kann verdrossen oder mürrisch sein und darauf bestehen, die augenblickliche Sicherheit zu bewahren, um das Sicherheitsempfinden der frühen Kindertage wieder zu spüren. Er kann außergewöhnlich vorsichtig erscheinen und sich für etwas entscheiden, das die größte Bequemlichkeit verspricht. Er kann darauf bestehen, daß Dinge auf seine Weise gemacht werden oder gar nicht; er kann defensiv, besitzergreifend, sehr materialistisch oder sehr statusbewußt werden. Möglicherweise lehnt er Autorität gänzlich ab, oftmals hört er nicht einmal zu. Der Stier im Schulalter

bleibt ehrgeizig und wird sich vielleicht entschließen, wenn er nicht der beste sein kann, wenigstens der schlimmste zu sein.
Auf der anderen Seite ist der Stier im Schulalter oft sehr hilfsbereit, gründlich und, wenn er motiviert ist, sehr gewissenhaft. Seine Liebe zur Natur verstärkt sich, und er fährt fort, Dinge zu zählen und zu sammeln. Seine Fähigkeit Prioritäten zu setzen und zu bewerten, wird jetzt offenbar, und Talente, die bisher noch nicht zutage getreten waren, werden in diesem Alter zum Vorschein kommen. Er ist in jeder Hinsicht ausgesprochen großzügig Menschen gegenüber, die er liebt, und oft an den Vorgängen in seiner Umwelt interessiert.
Während das Bedürfnis des Stiers nach körperlicher Zuwendung bleibt, kann eine gewisse Befangenheit hinsichtlich dessen, wie er dieses Bedürfnis befriedigen kann, entstehen. Liebevolle Eltern werden auch in dieser Phase noch immer versuchen, ihm Gelegenheit zu intimen Kontakten zu geben, selbst wenn ihr Kind dies von sich aus nicht tut.

12 – 18 Jahre

Der heranwachsende Stier zeigt dasselbe Verhalten wie im Schulalter. Im Gegensatz zu Teenagern der meisten anderen Sonnenzeichen scheint er zu dieser Zeit bereits ein Sozialverhalten entwickelt zu haben und weniger unter der Launenhaftigkeit der vorangegangenen Phase zu leiden. Wichtige Vorgänge spielen sich in seinem Inneren ab, und er benötigt mehr Zurückgezogenheit. Erwachsene werden nun möglicherweise weniger erfahren, was in den Gedanken ihres heranwachsenden Stiers vorgeht, als zuvor.
Der Stier kann als Teenager Sicherheit aus künstlerischen oder handwerklichen Aktivitäten schöpfen oder aus dem Anhäufen und Zählen von Dingen, die für ihn wichtig sind. Er mag herrschsüchtig wirken, wenn er versucht, Leute und Ereignisse so zu ändern, wie es ihm nach seinen vorgefaßten Ideen richtig, sicher und fruchtbar erscheint.
Der jugendliche Stier wird Sicherheit und Vorhersagbarkeit in engen Beziehungen zu Gleichaltrigen suchen. In dieser Phase ist er sich seines Körpers bewußt und kann seine Unsicherheit zu bemänteln versuchen, indem er ißt, was zu vorübergehender Gewichtszunahme führen kann. Der Stier kann in dieser Zeit eine Reihe von Störungen erleben, was sein Eßverhalten betrifft. Eltern sollten besonders auf

Symptome von *Anorexia nervosa* (Magersucht) achten. Er kann gegen Vorstellungen der Familie hinsichtlich seines ordentlichen Aussehens rebellieren, und er oder seine Eltern könnten der Meinung sein, daß er in einigen Phasen seines Heranwachsens etwas komisch aussieht. Der junge Stier wird möglicherweise versuchen, seine Befangenheit auf verschiedenen Gebieten durch ausgefallene Kleidung zu kompensieren. Oder er kann ungewöhnlich konventionell erscheinen und sich sklavisch den Wertvorstellungen seiner Gruppe unterwerfen. Liebevolle Eltern werden ihre bedingungslose Zuneigung, Unterstützung und Billigung zeigen, unabhängig davon, wie ihr Kind aussieht und ohne ihren unbequemen kleinen Erwachsenen zu hänseln oder zu demütigen.

Der heranwachsende Stier bedarf der Zuneigung, er zieht Berührungen und Zärtlichkeit sexuellen Betätigungen vor. Unter gewissen Umständen kann er Sexualität gegen liebevolle Zuneigung austauschen, aber man kann ihm vor dieser Phase sagen, daß Zuneigung von Geburt an ein Recht jedes Menschen ist und daß er nicht dafür bezahlen muß. Respektvolle und wertfreie Diskussionen über Sexualität und Sinnlichkeit und über moralische und ethische Aspekte sexuellen Verhaltens werden dem Teenager helfen, seine eigenen Wertmaßstäbe auf diesem Gebiet aufzustellen und ihm die Gewißheit geben, daß er bekommt, was er sich wünscht.

Zwillings-Kinder

21. Mai – 20. Juni

Allgemeine Eigenschaften

Während viele der im folgenden beschriebenen Charakteristika für die meisten Zwillings-Kinder zutreffen werden, können andere, manchmal widersprüchliche Eigenschaften sehr wohl *auch* bei dem Kind, das unter diesem Zeichen geboren ist, in Erscheinung treten.

Eltern werden sich sofort angezogen fühlen, möglicherweise überrascht sein, von der Ernsthaftigkeit und der geistigen Wachheit ihres neugeborenen Zwillingskindes. Im Gegensatz zur sprachlichen Entwicklung des älteren Zwillingskindes, ist das Zwillingsbaby oft still und zurückhaltend. Das kleine Wesen gebraucht nahezu sofort seine Augen als sein wichtigstes Kontaktorgan zu seiner Umwelt und scheint vom ersten Tage an Vorkommnisse in seiner allernächsten Umgebung wahrzunehmen. Es braucht Zuwendung, insbesondere Augenkontakte, und es freut sich, wenn man mit ihm spricht! Der kleine Zwilling wird bald versuchen, mit Gurren und anderen Babylauten zu reagieren und die Sprache nachzuahmen. Er liebt Gelächter und komische Geräusche. Mit einem Spiegel alleingelassen, wird er sich angeregt mit seinem Spiegelbild beschäftigen. Eltern werden sicherlich entzückt sein über die Aktivitäten ihres Kindes und gerne auf seine Bedürfnisse reagieren.
Zwiesprache, Berührung, eigentliche Kontakte aller Art, sind insbesondere für das Zwillingskind der Schlüssel zu seiner gesunden Entwicklung. Im Kleinkindalter spielt es sehr gern mit seinen Händen, Zehen und Fingerchen. Wenn es größer wird, wird es bald geschickt, rhythmisch und verständig sein. Das Zwillingskind wird seine Umwelt zuerst mit den Augen bezaubern, später dann auch mit Worten. Der kleine Zwilling liebt es, Schwätzchen und kleine Zärtlichkeiten auszutauschen und Geräusche nachzuahmen. Aus Zwillingskindern werden oftmals gesprächige, charmante und geist-

reiche Erwachsene. Kinder dieses Zeichens beginnen oft sehr früh zu sprechen und sind durchaus in der Lage, auch bei Gesprächen mit Erwachsenen ausgezeichnet mitzuhalten. Es scheint ihnen angeboren zu sein, Erwachsene zum Lächeln zu bringen, und meist bewahren sie diese charmante Fähigkeit ein Leben lang.
Begebenheiten, Erfahrungen und Kenntnisse werden für dieses Kind erst real, wenn es anderen davon erzählen kann. Der Lernprozeß verläuft am günstigsten, wenn es ihn gemeinsam mit anderen erlebt. »Ich weiß nicht, was ich denke, bis ich es ausspreche«, ist eine übliche Äußerung eines Zwillings. Beim Kleinkind tritt dieses Verhalten deutlich zutage, lange bevor es die Ursache dafür selbst ausdrücken kann. Vor dem Zubettgehen braucht das typische Zwillingskind etwas Zeit, um den Eltern oder einem anderen freundlichen, älteren Zuhörer die Geschehnisse des Tages und deren Bedeutung für es selbst zu erzählen und eine Rückmeldung zu bekommen. Zeit, Interesse und Geduld beim Zuhören werden ein wichtiges Geschenk der Eltern für ihr Zwillingskind sein.
Da es für den kleinen Zwilling so wichtig ist, gehört und verstanden zu werden, verfügt er schon bald über einen großen Sprachschatz, ohne daß er sich seiner Fähigkeit zu kommunizieren, ebenso wie seiner Wortgewandtheit, bewußt zu sein braucht. Für ein sechsjähriges Kind war es eine große Erschütterung, am Ende des ersten Schuljahres in der schriftlichen Beurteilung durch den Lehrer zu erfahren, daß seine sprachlichen Fähigkeiten denen eines Schülers des sechsten Schuljahres vergleichbar seien. Es kann vorkommen, daß ein Zwillingskind Schwierigkeiten hat, zwischen wirklich wichtigen Angaben und unwichtigen Details zu unterscheiden, da es dazu neigt, allen Informationen gleich große Bedeutung beizumessen. Dies kann für Eltern manchmal frustrierend sein, die auf den Kern einer Geschichte warten oder herausfinden wollen, was denn nun eigentlich passiert ist, nachdem das Kätzchen auf den Apfelbaum geklettert war, bis zu dem Zeitpunkt, da ihre kleine Zwillingstochter mit schmutzverschmiertem Gesichtchen nach Hause zurückgekommen ist. Bei Schwierigkeiten dieser Art ist es gut, wenn Eltern achtsam zuhören, um herauszufinden, was für das Kind von wirklicher Bedeutung ist und was nur vorübergehendes Interesse beansprucht. Später können sie ihrem Kind helfen, Unterschiede bei der Erzählung von Einzelheiten zu machen, indem sie ihm sagen: »Siehst du, auf diese Stelle habe ich gewartet«, oder »erzähl mir

noch einmal von dem Kätzchen, denn ich muß das Essen fertigmachen und ich möchte doch genau wissen, wie es dir gelungen ist, das Kätzchen von dem Baum herunterzuholen.«
Beobachten und beachtet werden ist für das Zwillingskind ebenfalls von großer Bedeutung. Wenn es herausfinden will, wie Dinge funktionieren, wird es dies durch Beobachtung lernen oder auch, indem es einen Gegenstand einfach auseinandernimmt. Das Zwillingskind lernt vorwiegend visuell. Dieses Kind wird wissen, wie man Plätzchen bäckt, wenn es der Mutter mehrmals zugesehen hat. Der aufgeregte Ruf: »Mami, Mami, sieh doch«, ist typisch für das Zwillingskind. Genauso wie es sich über seine Gedanken klar wird, indem es sie ausspricht, braucht es manchmal jemanden, der ihm zusieht, einfach als Bestätigung seines Könnens. Der kleine Zwilling weiß ganz genau, daß er mit seinem Fahrrad ohne Stützräder fahren kann, denn Papi hat es gesehen und den Erfolg mit ihm entsprechend gefeiert. Dieses Kind wird schwer von einer Sache zu überzeugen sein, die es nicht selbst gesehen hat und deren Entstehen es nicht selbst verfolgen konnte. Wenn der Bruder sagt, er habe gerade ein Reh im Walde verschwinden sehen, wird es nicht ganz sicher sein, ob er nun ein wenig flunkert oder wirklich ehrlich ist.
Während das Kind die Wahrnehmungen anderer, die es nicht selbst gesehen hat, in Zweifel zieht, wird es sich seiner eigenen Wahrnehmungen vollkommen sicher sein, unabhängig davon, ob sie real sind oder seiner kindlichen Phantasie entspringen. Dieses visuell veranlagte Kind wird die Umrisse eines Pferdes im Schatten des Gartens wahrnehmen und darauf bestehen, daß das Pferd dort *ist*. Sein Vertrauen auf die eigene Wahrnehmung und sein Gespür für Information kann es einfältig, beeinflußbar oder spöttisch erscheinen lassen, wenn es nicht nachprüfen kann, ob das, was andere ihm sagen, auch der Wahrheit entspricht.
Zwillinge heben Fotografien oft als Erinnerung und Beweis auf, um dokumentieren zu können, daß etwas wirklich geschehen ist. Ein schönes Geschenk könnten Eltern ihm mit einem Album machen, in dem die einzelnen Stationen seiner Kindheit festgehalten sind, so daß es darin blätternd sagen kann: »Hier steige ich am ersten Schultag gerade in den Bus. Hier siehst du mich nach der Schlammschlacht mit Billy Larsen. Hier fahre ich auf meinem Rad zum ersten Mal ohne fremde Hilfe.«

Diese Faszinationsfähigkeit wird den kleinen Zwilling empfänglich machen für magische Kunststückchen und optische Illusionen. Im sprachlichen Bereich zeigt er eine Vorliebe für doppeldeutige Begriffe und Wortspielereien. Im frühen Kindesalter kann es eine Fee oder einen Engel sehen und von der Echtheit seiner Vision überzeugt sein. Ein Zwillingskind, dessen Lieblingstier, ein Hund, vor einiger Zeit tödlich überfahren worden war, wachte eines Nachts auf und »sah« seinen Hund neben seinem Bettchen stehen. Am nächsten Morgen eröffnete es seiner Familie: »Nicki geht es gut. Ich habe ihn letzte Nacht gesehen und da er glänzend aussah, brauche ich nun nicht mehr so traurig zu sein.« Während eine solche Offenbarung die Eltern überraschen oder sogar schockieren kann, wäre es sicher schwierig, ihre Tochter davon zu überzeugen, daß das, was sie gesehen hat, nicht stimmt, oder gar den Glauben an das Wohlbefinden des geliebten Hundes zu erschüttern. Da diese kleinen Visionen den Eltern wertvolle Einblicke in das Seelenleben ihres Kindes geben, wäre es gut, wenn sie sich in die Vorstellungswelt des kleinen Zwillings einfühlen könnten und es dabei gut sein ließen.

Obwohl es Beachtung braucht, hat das Zwillingskind ein ebenso heftiges Verlangen nach Ungestörtheit. Man könnte Eltern generell den Rat geben, dem Kind je nach Wunsch Aufmerksamkeit zuteil werden zu lassen und es dann die übrige Zeit sich selbst zu überlassen. Natürlich haben Zwillingsbabys und -kleinkinder genau die gleiche schützende Fürsorge nötig wie jedes andere Kind.

Das Kind in diesem Zeichen wird versuchen, Vorstellungen zu begreifen, dabei aber meist mehr an der Theorie als an der Praxis interessiert sein. So kann das Kind, das der Mutter bei der Gartenarbeit zusieht, alles über Samen und Pflanzenwuchs wissen wollen, ohne einen Gedanken darauf zu verwenden, daß es das gepflanzte Gemüse auch essen könnte. Um Informationen behalten zu können, muß es diese in einen Zusammenhang einordnen können. Man tut gut, ihm zu erklären, daß Gemüse zur Gruppe der Nahrungspflanzen gehört, welchen Wert es hat und wie viele verschiedene Gemüsesorten es gibt.

Wenn es Dinge einmal im Zusammenhang erfaßt hat, ist das Kind schöpferisch und schnell.

Der junge Zwilling liebt Kategorien und Etikettierungen. Er sucht Beschreibungen, die ihn vom Allgemeinbegriff bis zum Kern einer Sache führen. Z. B. wenn er die Rassenzugehörigkeit eines Tieres wissen will, sagen wir am besten: Familie der Katzen, dann die Zuordnung Siamkatze, ferner das Geschlecht: weiblich, der Name: Ming, 5 Jahre alt, und die Katze gehört der Nachbarin gleich nebenan als abschließende Information.

Der kleine Zwilling ist anderen gerne gefällig und sucht deren Beifall. Er erfaßt die Dinge unmittelbar und schnell und versucht, beide Seiten eines Problems zu verstehen. Sein Streben nach Beifall könnte dazu führen, daß er das, was er intuitiv erspürt, daß andere es hören wollen, ihnen sagt, oder vielleicht auch nur einen Teil der Wahrheit, wenn er annehmen kann, dadurch ihre Zustimmung zu gewinnen. Diese Tendenz, einen Teil der Informationen zurückzuhalten, kann Erwachsenen als ein Mangel an Zuverlässigkeit erscheinen. In Wirklichkeit braucht der kleine Zwilling die Erlaubnis, die ganze Wahrheit zu sagen, sein ganzes Wissen auszubreiten ohne die Angst, sich schämen zu müssen, verspottet zu werden oder sich unbeliebt zu machen. Zwillingskinder, die keine Möglichkeit haben, dieses Problem aufzuarbeiten, wirken manchmal zerstreut und zögernd und warten passiv auf die Reaktion der anderen, bevor sie ihre Äußerungen beenden. Zwillinge, die man ermuntert, aus sich herauszugehen und sich zu offenbaren, sind meist außergewöhnlich klug, kreativ und spontan in der Mitteilung ihrer Gedanken, zur großen Freude ihrer Umgebung.

Manchmal erscheinen Zwillingskinder ausgesprochen vernunftbetont und gesittet und glauben, daß alles zu erklären sei. Diese Einstellung findet man häufig bei Kindern aus Familien, in denen Gefühle zurückhaltend behandelt werden oder wenn das Zwillingskind bei sich, aus welchen Gründen auch immer, entschieden hat, seine Gefühle nicht offen zu zeigen. In diesem Fall wird der kleine Zwilling es vorziehen, seinen Gefühlen auf einer rationalen Ebene Ausdruck zu verleihen, anstatt sich ihnen zu überlassen und sie einfach zu zeigen. Dann wird er eher mit Worten Schranken zwischen sich und anderen errichten, ganz entgegen der sonstigen Gepflogenheit des Zwillings, mit der Sprache eine Brücke zum anderen zu schlagen. Das Kind wird in einem solchen Falle sein Verhalten danach einrichten und seinen Standpunkt behaupten, ohne sich gedanklich auseinandersetzen zu wollen. Eltern, die an den Zauber der Geschichten ihres Kindes gewöhnt sind und an das Gefühl des Vertrautseins, werden dann vielleicht plötzlich gegenteilige Empfindungen haben, sie sollten dies als Warnsignal betrachten. Am Ende eines Tages sollte man die Gelegenheit benützen, sich dem Kind noch einmal besonders zuzuwenden, ihm vorzuleben, wie man mit Gefühlen umgeht. Dies wird das Kind ermuntern, seine Empfindungen zu akzeptieren, und es wird sich mit sich selbst im Einklang fühlen.

Das Zwillings-Kind wird eher versuchen, Entschuldigungen und Erklärungen für ein Verhalten zu finden, als daß es sich bemüht, das Problem zu lösen oder die Meinungsverschiedenheit zu bereinigen. Es wird viel Zeit und Energie aufwenden, um zu erklären, daß es für eine Sache nicht verantwortlich ist. Vielleicht verhält es sich ausweichend und gewöhnt sich an zu sprechen, ohne wirklich etwas zu sagen. Ein Zwillingskind, das man erinnert, es habe vergessen, den Hund zu füttern, wird eine lange, umständliche, aber oft wahre Geschichte aller Geschehnisse dieses Tages erzählen, die dazu führten, daß es seine Pflicht vergessen hat. Vielleicht wird es sogar seine Vergeßlichkeit leugnen oder versuchen, jemand verantwortlich zu machen, der versäumt hat, es rechtzeitig zu erinnern. All das, anstatt die Mahnung zum Anlaß zu nehmen, jetzt den Hund zu füttern.

Der Zwilling braucht Hilfe bei der Unterscheidung der Begriffe Verpflichtung und Verantwortlichkeit. Verpflichtung bedeutet ja nur einfach, einen Auftrag, den man übertragen bekommen hat, auszuführen. Einen Tadel erhält man, wenn man einen Auftrag nicht ausgeführt hat und versucht, dem unangenehmen Gefühl zu entgehen, indem man einem anderen die Schuld gibt. Verwirrungen dieser Art sind in einer Familie mit einem Zwillingskind nicht ungewöhnlich. Die Eltern müssen den Begriff der Verantwortung deutlich erklären, und sie dürfen übernommene Pflichten nicht mit der Furcht vor Tadel oder Ermahnung belasten. Der Zwilling möchte sich anderen verbunden fühlen und sie zufriedenstellen, es bedarf keines Zwanges, damit er seinen Anteil an der täglichen Hausarbeit übernimmt.

Manchmal sind seine Erklärungen und Entscheidungen betont komisch, und eine Krise wird durch ein Lachen abgewendet. Aufgeschlossene Eltern können ihre Ansprüche an ihr Zwillingskind gefahrlos etwas zurückschrauben. Es wird dankbar auf ihm entgegenkommende Regeln eingehen und versuchen, das in es gesetzte Vertrauen nicht zu enttäuschen. Andererseits ist es wichtig für den kleinen Zwilling, eine gewisse Ordnung zu spüren, und Eltern tun gut daran, die Regeln nicht so zu lockern, daß sein Empfinden für Ordnung gestört wird. So ist zum Beispiel die Erlaubnis, am Donnerstagabend bis 21 Uhr aufzubleiben, um eine bestimmte Fernsehsendung zu sehen, eine Regel, die gerne akzeptiert wird; sein Gefühl für Ordnung wäre sicher gestört, wenn er nicht genau wüßte, wann er an normalen Tagen zu Bett gehen muß. Da der Zwilling Erklärungen braucht und liebt, werden bedachte Eltern beides, sowohl ihre Entschlossenheit als auch ihre Nachsicht, dem Kind angemessen begreiflich machen. Diese Erklärungen werden dem Kind einsichtig machen, daß gegebene Regeln ihren Sinn haben und ihm den Unterschied zwischen Wesentlichem und Unwesentlichem klarmachen. Es wird lernen, Informationen und Ereignisse zu beurteilen.

Ursprünglich reagiert der Zwilling auf Belastungen mit Humor. Wenn die Spannung wächst, wird er, oft sehr erfolgreich, versuchen, das Unbehagen durch eine Anekdote oder eine schlagfertige Erwiderung zu mildern. Es kann sein, daß die Familie sich auf seine Fähigkeit verläßt, im rechten Moment durch eine Bemerkung oder einen Witz alle zum Lachen zu bringen und die Situation in einem weniger bedrohlichen Licht erscheinen zu lassen. Rückzugsverhalten ist eine zweite Möglichkeit, sich zu schützen. Dies äußert sich beim Zwillingskind anders als bei anderen Kindern. Dieses Kind kann weiterhin freundlich und gesprächig sein, gleichzeitig jedoch unnahbar und unzugänglich wirken. Empfindungen werden zwar angemessen geäußert, aber »es ist niemand zu Hause«. Der Zwilling hat sich seelisch abgeschirmt. Sarkasmus ist eine ähnlich wirkungsvolle Methode, sich zu entziehen. Wie auch immer, wenn es dem jüngeren Zwilling nicht gelingt, sich von äußerem Druck zu befreien, wird er versuchen, die Spannung innerlich durch irgendeine Form des Rückzuges abzubauen.

Gelegentlich kann ein Zwillingskind auf Befragen antworten, ohne daß seine Worte einen Sinn ergeben, oder seine Erklärungen sind schlicht unwahr. Dieses Verhalten tritt zutage, wenn es außerordentlich in Furcht versetzt ist, und man kann davon ausgehen, daß es sich in diesem Moment in einer Krise befindet und nicht absichtlich unfolgsam ist oder lügt. Eltern, die feststellen, daß der kleine Zwilling die Wahrheit verdreht, ohne damit unterhalten zu wollen, tun gut daran, mit Güte und hilfreichen Maßnahmen zu reagieren und nicht mit Bestrafen oder Beschämen.

Seine Fähigkeit, sich aus unbequemen Situationen zu befreien, kann das Kind verträumt und unkonzentriert erscheinen lassen. Besonders in der Schule kann es durch Aktivitäten im Umfeld abgelenkt werden, es kann aber auch selbst Aktivitäten entwickeln, die zur Ablenkung der anderen beitragen. Braucht es Zurückgezogenheit oder Trost, besitzt es die Gabe, seine Umgebung selbst im dichtesten Gedränge einfach zu ignorieren. Diese Absonderung erlaubt es dem jungen Zwilling in lauten, chaotischen oder emotionsgeladenen Situationen, den Überblick zu behalten und Objektivität zu wahren. Aufgrund dessen ist er schier unverwüstlich und kann Ereignisse unversehrt durchstehen, die andere Kinder gefühlsmäßig sehr verletzen. Der Zwilling nimmt erfolgreich die Stellung eines »mittleren Kindes« ein, er ist ein zuverlässiges Mitglied einer großen Familie und wird unheilvolle Situationen besser überstehen als Kinder anderer Sonnenzeichen. Dies bedeutet aber nicht, daß er weniger Liebe oder Fürsorge braucht als andere Kinder, er hat lediglich eine angeborene Fähigkeit, im Fall des Falles selbst auf sich zu achten.

Die Fähigkeit des Zwillings, sich in bestimmten Situationen absondern zu können, kann dazu führen, daß er Signale seines Körpers verzögert wahrnimmt. Oft kann er mehr Schmerz ertragen als seine Kameraden oder weite Fußwanderungen überstehen, ohne über Müdigkeit zu klagen oder zu bemerken, daß sich Blasen an seinen Füßen gebildet haben. Er kann körperliche Schmerzen übergehen, bis sie nahezu unerträglich sind und es nicht mehr zu übersehen ist, daß eine Störung vorhanden ist. Typisch für ihn ist, daß er erst weint, wenn es blutet, daß er erst aufgibt, wenn er taumelt. Manchen Zwillingen kann es schwerfallen, sich des eigenen Körpers zu erfreuen und ihn als lustvoll zu erleben. In beiden Fällen können ihm aufmerksame Erwachsene helfen, seinen Körper auch als Quelle freudvoller Empfindungen zu erfahren. Zwillinge haben manchmal auch Schwierigkeiten, andere, die körperlich oder seelisch leiden, zu verstehen oder sich in sie einzufühlen.

Das astrologische Symbol dieses Zeichens ist ein Zwillingspaar und Sinn für Dualität ist ein fast schon legendärer Charakterzug dieser Menschen. Das Zwillingskind hat ein tiefes Gespür für Gegensätzliches. Es kann Schwierigkeiten haben, sich zu entscheiden oder zu seinen Entscheidungen zu stehen. Dadurch kann der Eindruck entstehen, daß es seine Meinung oft ändert und daß es ihm schwerfällt, eine einzige, dauerhafte, zuverlässige Wahl zu treffen oder sich festzulegen. Ein Zwillingskind zu fragen: »Möchtest du lieber Stepptanzen lernen oder Ballettstunden haben« kann eher Unschlüssigkeit hervorrufen, als zu der erwarteten Entscheidung führen. Das Kind kann lange überlegen, wie es wohl wäre, beides zu lernen, und dies nicht etwa, weil es sich für beides interessiert, sondern weil dies leichter ist, als sich für eine der beiden Möglichkeiten zu entscheiden. Dieses Verhalten mag unbescheiden wirken, tatsächlich ist es aber Unschlüssigkeit. Die Eltern sollten sich Zeit nehmen und ihm die Freiheit der Wahl lassen und auch die, Fehler zu machen und sich dabei nicht um die Meinung anderer kümmern.

Obwohl es Schwierigkeiten hat, Entscheidungen zu treffen, liebt es dieses Kind wählen zu dürfen. Der junge Zwilling ist hocherfreut über freie Wahl und die endliche Entscheidung stärkt sein Selbstbewußtsein. Ja, er sucht sogar Situationen oder führt sie herbei, die es erforderlich machen, sich zu entscheiden, so als wisse er, daß er diese Fähigkeit üben muß. Diskussionen über seine Entscheidungen und die Gedanken, die er hat, bis er dorthin gelangt ist, sind eine Möglichkeit, mit anderen in Kontakt zu kommen.

Der Zwilling verabscheut Wiederholungen ebenso wie Aktivitäten, die über einen längeren Zeitraum hinweg eintöniges Handeln erfordern. Obwohl es ihm nicht an manueller Geschicklichkeit mangelt, lehnt er sich gegen kleine regelmäßige Handbewegungen auf, es sei denn, sie dienten einem kreativen Zweck. Dieses Kind wächst nicht heran, um Fabrikarbeiter zu werden. Es strickt z. B. gerne, aber es wird nicht gerne Nadeln sortieren oder Knöpfe in kleine Schachteln füllen. Eigentlich ist es Rastlosigkeit, die den Zwilling daran hindert, längere Zeit stillzusitzen. Seine Konzentrationsfähigkeit ist generell begrenzt und der Bewegungstrieb meldet sich, wenn seine Neugier befriedigt ist. Oft wendet er sich nach einer Unterbrechung wieder derselben Aufgabe zu, und es kann vorkommen, daß er sich gleichzeitig mit mehreren Dingen in verschiedenen Ecken des Hauses beschäftigt. Er braucht Unterbrechungen und die Möglichkeit, sich frei zu bewegen. Es kann seine Unrast nur ertragen, indem er sich auf so vielfältige Weise Abwechslung verschafft. Während er Geschirr spült, hat er vielleicht den Telefonhörer zwischen Schulter und Kinn und führt eine angeregte Unterhaltung, schielt mit einem Auge auf den Fernsehschirm, beaufsichtigt ein jüngeres Geschwisterchen und hat dabei alles unter Kontrolle. Nur mit Langeweile kommt er nicht gut zurecht.

Die Dualität seiner Persönlichkeit äußert sich auch in seiner Fähigkeit zu imitieren und zu schauspielern. Es ist bemerkenswert, mit welcher Genauigkeit er Akzente, feine stimmliche Veränderungen und Gebärden wahrnimmt, und zwar unbewußt. Man könnte ihn in Richtung Schauspielkunst ermuntern, oder sein Sprachgefühl könnte ihm beim Schreiben von Theaterstücken zum Erfolg verhelfen. Das Zwillingskind wird in viele Rollen schlüpfen und in jeder von ihnen überzeugen und Anklang finden. Dieses Kind neigt dazu, sich zu verkleiden, und es entwickelt eine unerschöpfliche Phantasie und Ausdrucksweise im Spiel mit anderen Kindern. Ein Zwillingskind hatte mit seinem Bruder ein Spiel erfunden, in dem sie wie Donald Duck sprachen. Sie entwickelten einen eigenen Dialekt, Witze und Geheimwörter und spielten dieses Spiel ausdauernd jahrelang, bis der Bruder zur Universität ging.

Das Zwillingskind durchlebt Ereignisse in Gedanken, sowohl bevor sie geschehen, als auch in der Erinnerung. Es wird sich fragen: »Was soll ich sagen?« und »Was hätte ich sagen sollen?« Es wird Verhalten üben und sich Verhalten und Reaktionen der anderen ausmalen. Durch die innere Vorwegnahme glaubt es im vorhinein zu wissen, was jemand tun oder sagen wird und erwartet ungeduldig, daß andere seinen Plänen entsprechend handeln. In seinem Übereifer kann es in Gedanken vollständig eine Auseinandersetzung mit einer Person durchleben, die im Augenblick gar nicht anwesend ist! »Ich werde sagen ... dann wird er sagen ...« Rede, Gegenrede usw. Erscheint nun der Partner dieses inneren Dialoges tatsächlich, dann reagiert der Zwilling auf der Ebene, die sein innerer Dialog bereits erreicht hat und ruft damit beim anderen oft ein Gefühl des Unverständnisses und der Hilflosigkeit hervor. Obwohl es in der Natur dieses Kindes liegt, sich vorzubereiten und abzusichern, muß es ermuntert werden, sich unvorhergesehenen Situationen zu stellen und diese entsprechend zu bewältigen.

Die Veranlagung, Dinge nachzuahmen, kann dazu führen, daß das Kind etwas tut, nur weil seine Freunde es tun. Bekommt das Nachbarskind ein Kätzchen, wird es sich vielleicht auch eines wünschen. Da sein Unabhängigkeitsstreben jedoch ebenso stark ausgeprägt ist, wird es andere nur kopieren, solange sein eigenes Interesse wach ist. Es braucht eben viel Zeit, um Dinge durchzudenken. Dieses Kind läßt sich ungern vorschreiben, was es denken oder sagen darf, und es wird sich recht störrisch gebärden, wenn man es

zwingt, sich in einer bestimmten Weise zu verhalten oder eine Beschäftigung zur Seite zu legen, über deren Bedeutung es sich noch nicht im klaren ist.
Es wird sich seine Unabhängigkeit auch dadurch bewahren, daß es seine Bedürfnisse, seine Loyalität und Streben nach Information auf einen größeren Kreis von Menschen verteilt. Es wird lieber Kontakte zu mehreren Menschen pflegen, nicht nur zu ein oder zwei Personen. Dem Beobachter könnten deshalb seine Beziehungen oberflächlich erscheinen und der kleine Zwilling kann manchmal das Gefühl haben, daß ihn eigentlich niemand so ganz richtig kennt. Unterhaltsam und allgemein beliebt in einer Gruppe, ist es doch möglich, daß er sich innerhalb dieses Kreises niemand eng verbunden fühlt, und es kann vorkommen, daß er bei Aktivitäten, die eine bestimmte Vertrautheit voraussetzen, nicht miteinbezogen wird. Sicher beliebt bei jedem Klassenkameraden, wird er doch nicht in jedes Geheimnis eingeweiht werden. Unabhängig zu bleiben und doch jemand nahe zu sein, Wahlfreiheit zu haben und doch Zugeständnisse zu machen, ist sein ganzes Leben lang ein erstrebenswertes Ziel für den Zwilling. Er bedarf der Hilfe seiner Eltern, sich der Dualität seiner Bedürfnisse bewußt zu werden, wenn er alt genug ist, sich darüber Gedanken zu machen.
Seine Natur verursacht dem Zwilling auch Schwierigkeiten, wenn er in einen Parteienstreit gerät. Der Zwilling will keine Partei ergreifen, bevor er die Sachlage nicht überblickt, und es hat den Anschein, als trete er für beide Seiten ein. Selbst wenn dann jede der Parteien sich von ihm unterstützt glaubt, beläßt der beifallsabhängige Zwilling sie in dieser Annahme, während er weiterhin fröhlich Daten sammelt. Zwillingskinder billigen und schützen oft Paktsituationen innerhalb der Familie (Mami-Papi, Mami-ich, Papi-ich, Mami-Geschwister, Papi-Geschwister), ohne Vorteile daraus zu ziehen, wenn es Schwierigkeiten innerhalb dieser Zweiergruppen gibt.
Dieses Kind ist geistig aktiver, als seine Handlungen vermuten lassen, und ein wesentlicher Teil seiner Kindheit kann sich in seinen Gedanken abspielen. Manchmal wird es Taten hinausschieben, aus Angst, daß seine Vorstellungen in Wirklichkeit gar nicht zu realisieren sind. Und in der Tat zieht es aus Handlungen, die es nur in seiner Phantasie ausgeführt hat, ebensoviel Befriedigung, als wenn es sie wirklich ausgeführt hätte. Wenn in Gedanken bestimmte Abläufe zu seiner Zufriedenheit stattgefunden haben, sieht es oft keinen Grund,

sich um die äußere Realisierung zu bemühen. Das Bedürfnis nach Alternativen und freier Wahl bringt für das Zwillingskind eine Fülle lehrreicher Erfahrungen mit sich. Es wird oft kurzzeitig eine Vielfalt von Möglichkeiten ausprobieren und zu einer außergewöhnlich einfallsreichen Persönlichkeit heranwachsen. Sein Energieniveau schwankt und es braucht zwischen Phasen großer Geschäftigkeit längere Ruhezeiten. Es kann tagelang unermüdlich arbeiten oder spielen, holt dann aber am nächsten Tag Schlaf nach und verbringt ihn ruhig in seiner normalen Routine.

Das Zwillingskind ist eine unterhaltsame und charmante Bereicherung für jede Familie. Klug und aufmerksam kann es mit einem Blick oder einem Satz eine Situation erfassen. Normalerweise neigt es dazu, etwas leichtfertig zu sein, aber seine Intelligenz schimmert, auch wenn es zu Streichen aufgelegt ist, stets durch. Der kleine Zwilling scheint gleichzeitig überall zu sein und bewegt sich meist schnell und mit Grazie. Viele Eltern freuen sich ganz besonders darüber, daß er ein guter Gesellschafter ist, und der Zwilling wird manchen gespannten oder traurigen Augenblick mit Tatkraft und Witz erleichtern oder beleben.

Empfindlichkeiten
(Mögliche Quellen für Mißverständnisse)

Absonderung: Der junge Zwilling kann dem Beobachter unpersönlich oder verantwortungslos erscheinen, da er Informationen und Gefühle zuerst mit dem Verstand verarbeitet. Er muß die Dinge durchdenken, bevor er Gefühle zuläßt oder reagiert. Er wird innerlich und äußerlich eine Reihe von Verhaltensweisen und Reaktionen erproben, bis er die herausfindet, die ihm richtig erscheint. In dieser Phase kann er launisch, unberechenbar oder unverbindlich erscheinen, und ganz sicher wirken die spontanen Reaktionen des Zwillings auf andere Leute oft unzuverlässig oder widersprüchlich. In Wirklichkeit ist das Zwillingskind äußerst loyal und wird einer einmal gewonnenen Einsicht folgen, eine Aktion oder Reaktion konsequent zu Ende führen.

Das Zwillingskind tendiert eher zum verstandesmäßigen als zum gefühlsmäßigen Erfassen einer Sache. Es wird etwas, das es logisch und objektiv einordnen kann, einen höheren Wert beimessen, und zögernd auf etwas reagieren, das es emotional und subjektiv einstufen kann. Der Zwilling kann kalt oder gefühllos wirken, und tatsächlich versucht er, bei Beschreibungen oder Erklärung eines Geschehnisses Gefühle zu vermeiden, anstatt Gefühle zuzulassen. Einsichtige Eltern werden das Kind darauf hinweisen, daß Gefühle ebenso wichtig sind, und ihm versichern, daß sie willkommen sind. Sie sollten es nicht bestärken, wenn es übertrieben rationale Erklärungen abgibt.

Realität: Beim Denk- und Vorstellungsprozeß kann er dazu neigen, sich eine eigene Form von Realität zu konstruieren. Ohne diese Erklärungen für Ereignisse und Verhalten würde er sich verunsichert fühlen. Es kann auch vorkommen, daß er Geschichten ausschmückt, um unterhaltsamer zu sein, um besser anzukommen, um als gut unterrichtet zu gelten. Drängt man es zu früh, sein Verhalten zu erklären, wird das Zwillingskind alles anbieten, was ihm gerade in den Sinn kommt. Es ist ungeheuer wichtig, daß Eltern und andere Erwachsene sich die Zeit nehmen, gut zuzuhören bei dem, was der kleine Zwilling sagt, und dies entweder zu bestätigen oder zu berichtigen, und ihn lehren zu unterscheiden, was wert ist, gesagt zu werden, und wie.

Einschränkungen: Der kleine Zwilling reagiert ungemein empfindlich auf jede Form von Einschränkung und wird besonders negativ auf Hänseleien, Drohungen, Sarkasmus und andere Arten verbaler Manipulation reagieren. Mit Sarkasmus konfrontiert, wird er selbst sarkastisch reagieren und Eltern werden dann zu spät den Mißbrauch der Artikulationsfähigkeit ihres Kindes erkennen. Zwillingskinder brauchen freimütige Offenheit, Späße sollten Späße sein, sie möchten, daß ihre Fragen kurz und bündig beantwortet und Hänseleien vermieden werden, die sie nicht verstehen können. Sie müssen auch wissen, daß sie ernst genommen werden und daß die Menschen, die ihnen nahestehen, wirklich zuhören.

Rastlosigkeit: Kleine Zwillinge sind außergewöhnlich neugierig und es hat den Anschein, als wollten sie für alles und jedes eine Begründung haben. Diese Wißbegierde führt dazu, daß der Zwilling Daten sinnvoll einordnet und später über eine geradezu phänomenale geistige Wendigkeit verfügt. Durch Fragen bringt er seine Umgebung in Erfahrung und dies hilft ihm auch, die Aufmerksamkeit anderer Leute auf sich zu ziehen. Ein kleiner Zwilling möchte

sich unterhalten, lange bevor er dazu in der Lage ist, und er lernt schnell, wie befriedigend es ist, Fragen zu stellen und Menschen dazu zu bewegen, diese zu beantworten.
Ab und zu ist der kleine Zwilling auch körperlich rastlos. In diesen Phasen scheint er ständig in Bewegung zu sein. Manchmal ist dies einfach ein Überschuß an Energie, oftmals ist es ein Zeichen von Langeweile oder Spannung. Wenn diese Rastlosigkeit auf Langeweile zurückzuführen ist, wird er sich beschäftigen und dabei zur Ruhe kommen. Ist die äußere Unruhe auf innere Spannungen zurückzuführen, wird er versuchen, Erwachsene von ihren Tätigkeiten abzulenken, um die gewünschte Aufmerksamkeit und Zuwendung zu bekommen. Mit dem Grad der Spannung beim Erwachsenen wächst auch die Intensität der Rastlosigkeit des kleinen Zwillings. Eltern, die die Unruhe ihres Kindes bemerken, sollten im Hinblick auf sein Wohl schnell handeln. Sie können dem Kind versichern, daß seine Ordnung durch elterliche Probleme oder Spannungen nicht gefährdet ist und daß sie durchaus in der Lage sind, ihre Erwachsenenprobleme zu lösen.

Beziehungen

Zwillingskinder brauchen ein Gefühl von Gleichberechtigung, und sie verstehen jede Beziehung als eine gleichberechtigte, unabhängig von den tatsächlichen Umständen. Diese Einstellung kann für Erwachsene, die mit Achtung behandelt werden wollen, verwirrend sein, aber das Zwillingskind will damit lediglich seinen Respekt und seine Anerkennung deutlich machen. Junge Zwillinge fühlen sich allen verbrüdert und sind oftmals im Zweifel, ob sie jemals einen sehr guten Freund oder ganz besonderen Menschen ausschließlich für sich selbst finden werden. Diese charmanten und klugen Kinder wirken üblicherweise sehr anziehend und sehen sich von Bewunderern umgeben. Noch während des Heranwachsens sind sie verspielt und brennen darauf, Anregungen und Informationen mit anderen zu teilen. Manchmal fühlt sich der junge Zwilling jedoch isoliert und irgendwie von einer Gruppe Gleichgesinnter abgesondert. Es kann sein, daß er jedermanns Freund ist, aber niemandes bester Freund. Diese Absonderung kann anfangs dazu führen, daß er sich sicher fühlt, aber es kann ihn auch traurig stimmen, daß nicht eine einzige Person ihn wirklich zu kennen scheint. Zwillingen muß gesagt werden, daß die tiefsten Bindungen zwischen Menschen auf emotionaler Ebene entstehen. Während Worte unterhaltsam sein können und der Verständigung dienen, wird zur Festigung einer Beziehung der Ausdruck von Gefühlen notwendig sein.

Mutter: Dem jungen Zwilling wird die Mutter als tüchtig erscheinen und dies kann in gewisser Weise einschüchternd wirken. Er kann das Gefühl haben, daß die Mutter ihm insgeheim kritisch gegenübersteht oder daß er ihre hochgesteckten Erwartungen niemals erfüllen kann. Eine Mutter, die nicht haben möchte, daß ihr Kind ein solches Bild von ihr hat, sollte dem kleinen Zwilling die Gründe für ihr Verhalten erklären und mit ihm beraten, wie man eine Übereinstimmung bei der Zielsetzung erreichen kann. Mütter können bei einem Zwillingskind ihre Ansprüche ruhig ein wenig herunterschrauben. Andererseits können sie ihrem Kind oft behilflich sein, eine Aufgabe zu vollenden und sich am Resultat zu freuen. Unabhängig von solchen äußeren Beanstandungen, findet das Zwillingskind oft große Unterstützung und Sicherheit in der Nähe der Mutter und paßt sich ziemlich leicht ihren Besonderheiten an.

Vater: Häufig nimmt der kleine Zwilling nicht viel Notiz vom Vater oder hat das Gefühl, daß dieser seinerseits ihm nicht Beachtung schenkt. Er kann den Vater als distanziert empfinden oder als nicht anwesend, dem Vater wiederum mag sein Kind kühl und schwer erreichbar erscheinen.

In der Tat können die Väter von Zwillingskindern romantische Träumer oder Schwärmer sein und sie müssen sich ganz bewußt auf den ausgeprägten Wunsch ihrer Kinder nach Aufmerksamkeit einstellen, insbesondere auf das Bedürfnis des Zwillings, daß man ihm zuhört. Eine Kontaktmöglichkeit ist, seine Ideale zu teilen, und den Träumen und Visionen des Zwillings zuzuhören, ist ganz sicher eine andere. Das Zwillingskind kann den Vater entweder idealisieren oder bemitleiden. In jedem Fall sollte man ihm helfen, ihn realistisch zu sehen, mit allen Stärken und Schwächen, damit die Erwartungshaltung des Kindes ihm ermöglicht, vom Vater das zu bekommen, was es sich von ihm wünscht.

Geschwister: Der junge Zwilling neigt dazu, jeden als Bruder oder Schwester anzusehen und räumt seinen echten Geschwistern keinen besonderen Platz ein. Es kann vorkommen, daß er auf ein Geschwi-

ster besonders stolz ist oder sich von ihm angezogen fühlt, und mit diesem Liebling wird er wechselseitige Gefühle entwickeln. Kleine Tiere nehmen im Herzen des Zwillings eine ähnliche Stellung ein.
Freunde: Das Zwillingskind kann das Empfinden haben, daß Freunde kommen und gehen. Es fühlt sich oft von auffallenden, flatterhaften Leuten angezogen, die irgendwo herumschwirren und urplötzlich in sein Leben treten, um ebenso schnell wieder daraus zu verschwinden. Da es kein besonderes Talent hat, Charaktere zu beurteilen, werden die Eltern versuchen, es vor solchen Freunden zu schützen, aber diese Bemühungen sind selten erfolgreich und können Auflehnung hervorrufen. Eltern können jedoch den kleinen Zwilling lehren, wie man feststellt, wem man vertrauen kann und wie man sich solchen vertrauenswürdigen Menschen anschließt. Dadurch läßt sich das Gefühl der Isoliertheit vermeiden, das entsteht, wenn die Beziehungen nur oberflächlicher Art sind.

Verstand/Information/Schule

Das Zwillingskind braucht mehr Information als die meisten anderen Kinder, und es möchte glauben, daß die Welt in der es lebt, logisch und rational funktioniert. Es wird infolgedessen viel Zeit aufwenden, um Dinge herauszufinden und sie zu erklären. Bedachte Eltern können ihr Zwillingskind über die Fülle von Emotionen belehren und über den Reichtum, den nicht rational erklärbare Überraschungen bergen, und ihm helfen, an etwas zu glauben, das jenseits des Reiches unserer Vernunft und der Erklärbarkeit liegt.
Der junge Zwilling ist gewandt, klug und fähig, sich klar und deutlich auszudrücken. Manchmal wiederholt er sich. Er kann ungeduldig bei seinem eigenen Lernprozeß und dem anderer Leute werden, und wenn er etwas nicht sofort versteht, kann er sich weigern, überhaupt darüber nachzudenken. Er kann sich mit einer bestimmten Sache nur teilweise beschäftigen, nur die Information herauslesen, die er gerade braucht und dann denken, daß er bereits alles weiß und zu »logischen Schlußfolgerungen« neigen, die auf unvollständigen Informationen aufbauen. Er kann Schwierigkeiten haben, sich über längere Zeit zu konzentrieren, oder er denkt über mehrere Dinge auf einmal nach. Er ist voll von scheinbar zusam-

menhanglosen Fragen und kann in Gesprächen von einem zum anderen Thema überwechseln.

Aber es zieht sich ein logischer Faden durch die Gedanken des Zwillings und er kann gewöhnlich erklären, wie er von einem Einfall zum nächsten kam. Gespräche über Hunde werden das Kind daran erinnern, wann es zum letzten Mal einen Hund auf dem Schulhof gesehen hat, und, da die Schule an der Pommesstraße liegt, wird es selbstverständlich an Pommes frites erinnert und dann erzählen, wie gut das Abendessen gestern war. Da der Zwilling erfinderisch ist und auch als solcher anerkannt werden möchte, sucht und sieht er unaufhörlich Zusammenhänge und Verbindungen, bevor andere sie sehen. Manchmal versucht er einem Problem auf die Spur zu kommen, bevor andere es überhaupt als solches erkannt haben.

Das Zwillingskind langweilt sich leicht und möchte den Lernstoff interessant verpackt haben. Obwohl es am besten durch Wiederholung lernt, wird es eben diese Methode als äußerst ermüdend empfinden, es sei denn, es geschieht spielerisch, und am Ende wartet eine Belohnung. Ebenso erweckt es manchmal den Eindruck eines Tagträumers, wenn es lernen sollte, es wird nur sporadisch und selektiv aufnehmen. Selbstverständlich wird es schneller lernen, wenn es an einer Sache interessiert ist. Für die beteiligten Erwachsenen könnte es reizvoll sein, selbst langweilige Stoffe so interessant zu bringen, daß der Zwilling zum Lernen motiviert wird. Dafür zu sorgen, die Information in einem Zusammenhang zu sehen und Verbindung zu bereits Gelerntem herzustellen, ist wohl der einfachste Weg für den Lehrer, wenn er sicher gehen will, daß der Zwilling versteht, was ihm gesagt wird.

Erwachsene, die den kleinen Zwilling etwas lehren und seine Aufmerksamkeit wachhalten wollen, müssen viele verschiedene Erklärungen, Zugangswege und sinnvolle Anwendungsmöglichkeiten anbieten. Auch gegensätzliche oder widersprüchliche Fakten müssen dem Kind erklärt werden, sonst könnnte es sich etwas erdichten. Wenn man dem kleinen Zwilling Spielraum gibt und Aufgaben erteilt, die es ihm erlauben, sich auch körperlich zu betätigen, wird dieses rastlose, neugierige Kind entsprechend beschäftigt sein. Den kleinen Zwilling etwas berichten zu lassen, was er gelernt hat, gibt dem Erwachsenen die Möglichkeit der Überwachung und Berichtigung von Fehlinformationen, und das kindliche Gedächtnis wird das sich Gelernte weiter einprägen. Wenn man es

bittet, einem anderen beim Lernen behilflich zu sein, wird sich dies ebenfalls günstig auswirken. Bei angemessener Freiheit und günstigen Bedingungen für sein ganz persönliches Lernverhalten, können die Erfahrungen der Schulzeit für den kleinen Zwilling sehr lohnend sein.
Der kleine Zwilling ist oft ein eifriger Leser und wird vielleicht sogar dazu neigen, selbst etwas zu schreiben. Er liebt es, Dinge einzuordnen und kann eine Fülle von Informationen verarbeiten. Visuell orientiert, liebt er Anschauungsunterricht. Der Zwilling wird sich aus einer Reihe von Aufgaben zuerst die schwierigste heraussuchen, um sie auf kürzestem Wege auszuführen. Es macht ihm Vergnügen, aus einer Fülle von Ideen die schnellste Lernmöglichkeit herauszufinden.
Höhere Schulbildung: Heranwachsende Zwillinge suchen alternative Formen höherer Bildung oder streben ungewöhnliche Karrieren an, oftmals mit kommunikativem Hintergrund. Sie können gegen die Notwendigkeit von Zeugnissen und weitere Ausbildung rebellieren und die Tatsache beklagen, daß persönliche Erfahrung nicht als ausreichend erachtet wird, eine ihnen zusagende Position zu bekommen. Zwillinge wünschen sich im allgemeinen Kontakte zu möglichst vielen Menschen und wählen oft Karrieren und Ausbildungsgänge, die dies ermöglichen; oder, da sie über manuelle Geschicklichkeit verfügen, streben sie in Berufe, die diesem Talent Entwicklung versprechen. Der Zwilling kann seine Meinung durchaus mehrmals ändern, bevor er sich endgültig für eine Ausbildung oder Laufbahn entscheidet.

Verantwortung/Arbeit/Belohnung

Verantwortungsbewußtsein und Arbeit: Schon in jungen Jahren wird die Dualität des Zwillings in Arbeit und Verantwortung zutage treten: entweder er liebt beides oder haßt beides, wird entweder tadellos arbeiten oder gar nicht. Wenn er seinen Pflichten intensiv nachkommt, braucht er Ruhepausen und Hinweise, daß nicht alle seine Produkte und Projekte perfekt sein müssen. Ohne diesbezügliche Ermahnungen und entsprechende Ruhepausen kann er sich selbst durch sein hohes Anspruchsniveau in seinen Leistungen

beeinträchtigen. Eltern können ihren Zwillingskindern helfen, einen Arbeitsplan zu entwerfen, der umfangreiche Aufgaben in leichter zu bewältigende kleinere Arbeitsabschnitte unterteilt, und indem sie den gut zu Ende geführten Teilschritt belohnen.
Wenn dem Zwilling der Ansporn fehlt, kann er gleichgültig oder unordentlich erscheinen: eine Aufgabe auf die Seite legen, bevor sie fertig ist, oder etwas versprechen und es dann »vergessen«. Zwillingskinder »vergessen« gerne, wenn es unangenehm ist, sich zu erinnern oder wenn sie angehalten werden, sich an etwas zu erinnern, das dem widerspricht, was sie schon wissen. So etwa mag ein Kind, dem man gesagt hatte, daß es immer die Tür schließen solle, wenn die Eltern nicht da sind, »vergessen«, die rückwärtige Tür offen zu lassen, damit der Bruder nach seinem Fußball-Training ins Haus kann.
Belohnung: Für viele Zwillingskinder ist es eine Belohnung, wenn sie nach einer gut geleisteten Arbeit aus dieser Verpflichtung entlassen werden. Eine solche Verheißung beruhigt sie darüber, daß sie eine Aufgabe nicht für immer übernehmen müssen und sie freuen sich auf eine Entspannung. Ebenso lieb sind ihnen Zeichen der Anerkennung, insbesondere Lob, eine Umarmung, Geld, eine kleine Süßigkeit und sie freuen sich über kleine Aufmerksamkeiten, wenn jemand während ihrer Arbeit an sie denkt. So ist es ein beliebter Zeitvertreib, dem Vater eine besondere Gefälligkeit zu erweisen, damit er ein wenig extra Zeit hat, um mit dem kleinen Zwilling zu plaudern. Kleine Zwillinge sind im Einklang mit sich selbst, wenn ihnen etwas gut gelungen ist, und obwohl diese Selbstzufriedenheit ihnen oft schon genügt, bedeutet offizielle Anerkennung dennoch eine zusätzliche Genugtuung.

Heim

Das Aktionsfeld des Zwillingskindes ist oft unerwartet organisiert, die Art der Organisation ist jedoch ebenso einmalig wie seine geistige Fähigkeit, ungewöhnliche Verbindungen herzustellen. Dies hat nichts mit der Gründlichkeit der Jungfrau-Geborenen gemein; die Pferdebücher des jungen Zwillings können durchaus neben seiner Puppensammlung stehen, und dies weil beides ihn an Tante

Susanne erinnert. Der Zwilling umgibt sich gerne mit Dingen, die ihm informatorisch dienen, Stößen von Papier und Büchern, Rechenmaschine, Telefon, Radio und anderen Geräten, die ihm helfen, Daten abzurufen und zu sortieren. Oft dekoriert er seine Wände mit Postern, Briefen, Zeitungsausschnitten etc. Seine Umgebung ist funktionell und abwechslungsreich, und wenn er die Gelegenheit hat, seine Möbel selbst auszuwählen, dann sind sie nützlich und glänzend. Der Zwilling zieht helle Pastelltöne vor: Grautöne, helles Blau oder ein zartes Gelb.
Der Zwilling sieht in seinem Heim einen Ort, an dem er Dinge aufbewahren kann um sie, wenn er wiederkommt, neu zu ordnen und wiederzuentdecken. Er wird sich dort nicht häufig aufhalten, aber wenn, dann bewohnt er diesen Ort auch. Er genießt die Vertrautheit seines Heimes und legt Wert darauf, daß sich seine Eigenart und Persönlichkeit darin widerspiegeln.

Gesundheit

Der Gedanke an Krankheit kann den Zwilling sowohl abstoßen als auch faszinieren. Möglicherweise weiß er nicht, wie er damit umgehen soll und fürchtet Krankheit bei sich und anderen. Gewöhnlich wird er versuchen herauszufinden, was wohl schiefgelaufen ist und wird deshalb viel über bestimmte Körperteile und deren Funktion wissen. Da das Zwillingskind häufig seine körperlichen Empfindungen nicht beachtet (der Zwilling ist ein Luftzeichen und neigt daher dazu, ungestüm zu sein), kann es vorkommen, daß er sehr krank ist oder starke Schmerzen hat, ehe er es bemerkt und einem Erwachsenen sagt. Dies kann auch dazu führen, daß er sich um seine Gesundheit sorgt und, seltsamerweise, beunruhigen den jungen Zwilling Gedanken an sein Älterwerden.
Wenn es krank ist, hat es das Zwillingskind gerne, wenn jemand seine Pflege übernimmt, damit es sich, alleingelassen, in seine eigene kleine Welt zurückziehen kann. In der Tat können kleine Zwillinge krank werden, um Entscheidungen, die ihnen unerträglich erscheinen, zu vermeiden oder sich von seinem üblicherweise engen Zeitplan freizumachen.
Dem Zwilling werden traditionell Augen und Hände sowie das Nerven- und Atmungssystem zugeordnet. Zu seinen Gesundheits-

problemen zählen Erschöpfung und Nervosität. Dies kann sich in Ruhelosigkeit oder gestörtem Verhalten wie Tics, Schluckauf, Fingernägelkauen, Stottern oder Unregelmäßigkeiten im Schlafverhalten zeigen, entweder Schlafstörungen oder übertriebenem Schlafbedürfnis. Zwillinge erkälten sich leicht oder neigen zu Allergien, die sich auf die Atmung auswirken, wie z. B. Asthma unterschiedlicher Ursache. Im Kleinkindalter müssen Kinder so gelegt werden, daß sie leicht atmen können. Sowohl im Babysitz als auch im Bettchen lege man seinen Kopf seitwärts, ohne Kissen, beengende Decke oder Schlaftiere, die sein Atmen behindern könnten.

Kindheitsjahre

Hinweis: Die Ängste, die im folgenden aufgeführt werden, dürfen niemals zur Bestrafung eingesetzt werden. Sie dienen dazu, Wege für Bestätigung und Zuwendung aufzuzeigen.

Geburt – 6 Monate

Das Zwillingsbaby ist aufgeschlossen und interessiert. Es beobachtet alles genau und mit großem Ernst und reagiert schnell auf Veränderungen in seiner nächsten Umgebung. Es möchte am liebsten sofort zu sprechen beginnen und kann im Alter von sechs Monaten verstört sein darüber, daß es sich nicht leichter verständlich machen kann. Eltern werden von ihrem kleinen gurgelnden, brummelnden Unterhalter bezaubert sein und ihm geben, was es am meisten braucht: wörtliche Erwiderungen, Unterhaltung und andere lebendige Reaktionen. Der winzige Zwilling liebt Gelächter und beteiligt sich enthusiastisch daran. Er liebt Finger- und Zehenspiele, kleine Verse und Lieder und beruhigt sich unter sanften, regelmäßigen Bewegungen wie Wiegen oder auch rhythmischen Geräuschen, Musik, Singen und Schlafliedchen. Selbst Gemurmel im Hintergrund wirkt auf das Kind, das so gerne Menschen in seiner Nähe hat, beruhigend.
Das kleine Zwillingskind ist sehr auf seine Sinne eingestellt und antwortet schnell auf sensorische Reize: Flüstern, Berühren, Mobiles über seiner Wiege und ähnliches. Es kann bestimmte Gerüche, Geschmacksrichtungen oder Geräusche sehr unmißverständlich ab-

lehnen und selbst erschrecken, wenn es seine Ablehnung oft heftig überzogen zeigt. Es verabscheut Einschränkungen jeder Art und wird sich energisch zur Wehr setzen denen gegenüber, die es in Schranken halten wollen. Es kann sowohl im Wachen wie im Schlafen ausgesprochen unruhig sein. Das Kleinkind in diesem Zeichen ist anfällig für Beschwerden im Atmungsbereich, und Eltern sollten es nicht unnötigerweise Durchzug oder der Ansteckungsgefahr durch andere erkältete Kinder aussetzen.

6–18 Monate

Das Zwillingsbaby ist sehr neugierig und gesprächig und hat einen immensen Bewegungsdrang. Bereits in diesem Alter versucht es Dinge einzuordnen, und obwohl es sich nicht so lange konzentrieren kann wie andere Babys, lernt es doch letzten Endes durch Nachahmen und »kleine Gespräche«. Abweichungen im Lernverhalten werden sich bereits in dieser Phase bemerkbar machen. Eltern sollten es vielleicht in einem Kindergarten anmelden, dessen Konzept der Veranlagung des Kindes entgegenkommt. Viele Zwillinge lernen am besten durch die Praxis und Eltern sollten eine Vorschulgruppe aussuchen, die aktive Betätigung fördert.
Dieses Kind findet die Welt aufregend und herausfordernd. Selbst das Zahnen kann eine »Erfahrung« für den kleinen Zwilling sein, da er jeden Zuwachs an Möglichkeiten begrüßt, und Laufen ist eine geradezu umwerfende Erfahrung. Schon in diesem Alter entwickelt der kleine Zwilling den Humor und Charme, der später so offensichtlich ist. Das Bedürfnis nach Weite und Anregung, gefolgt von gleichlangen Phasen der Ruhe und Erholung sowie Zeiten, in denen das Bedürfnis nach Schlaf mal mehr und mal weniger ausgeprägt ist, werden sich abwechseln. Eltern werden sich schwertun, ihr Kind einzuschätzen, erleben es aber als interessant und als ständige Herausforderung. Langweilen wird man sich mit einem Zwillingskind bestimmt nicht.

18 Monate – 3 Jahre

Das Kleinkind versucht sich eifrig in unterschiedlichsten Rollen, herumkrabbelnd und die Welt erkundend. Es sitzt selten still und nimmt gern mit den Menschen und Dingen seiner Umgebung

Kontakt auf. Während es seine neuen sprachlichen Fähigkeiten testet, scheint der winzige Zwilling ununterbrochen Fragen zu stellen. Sobald er zu laufen beginnt, scheint er überall zugleich zu sein. Er kann kaum festgehalten werden und wird zur gleichen Zeit die unterschiedlichsten Dinge tun. Er erprobt die verschiedensten Rollen und legt sie wieder ab. Das Verhalten der Eltern wird durch diesen kleinen Nachahmungskünstler peinlich genau reflektiert, und sie sollten mit Humor darauf reagieren und sich wandeln, da der kleine Dynamo sowohl Negatives wie Positives reflektiert.

Das Kind reagiert empfindlich auf Heuchelei und ist immer auf der Suche nach Ehrlichkeit, Wahrheit und Fairneß. Obwohl normalerweise anpassungsfähig, kann es störrisch sein, wenn es seine neuen Fähigkeiten testet, und es nimmt die Informationen, die es laufend sammelt, sehr wörtlich. Es versucht alles herauszufinden und kann Erklärungen für die unmöglichsten Ereignisse finden. In dieser Zeit sollten die Eltern sowohl miteinander, als auch mit ihrem Kind ehrlich und achtungsvoll umgehen; sie werden ihrem Kind damit ein Beispiel geben, sich ebenso zu verhalten. Der kleine Zwilling kann recht rebellisch erscheinen, wenn er darauf besteht, Dinge auf seine Art zu erforschen und auf seine Weise zu tun. Geduldige Eltern werden ihrem Kind neue Fertigkeiten beibringen, wenn es darum bittet (und es wird dies tun), Einmischungen aber vermeiden.

Sauberkeitserziehung: Der kleine Zwilling neigt zu Unregelmäßigkeiten bei der Sauberkeitserziehung. Eltern, die glauben, es sei geschafft, werden enttäuscht oder frustriert sein, wenn ihr Kind rückfällig wird. Man kann den Druck auf das Kind mildern, indem man sich ihm besonders zuwendet, es wird einsehen, was von ihm verlangt wird, aber seine Aufmerksamkeitsspanne kann noch kurz sein und es wird seine Aufgabe ein wenig später meistern. Eine feste Ordnung kann hier helfen: Gleiche Zeit, gleicher Ort und feste Bezugspersonen (soweit möglich) werden das Kind unterstützten.

3–6 Jahre

Der Zwilling im Vorschulalter behält die Verhaltensmuster bei, die er als Kleinkind gezeigt hat und tendiert eigentlich dazu, verstärkt verschiedene Rollen zu erproben und Gefühl für Wahrheit und Beschränkungen zu entwickeln. Er möchte wissen, ob die Eltern meinen, was sie sagen. Er braucht die Gewißheit, daß Beständigkeit und Ordnung zu seinem Leben gehören. Seine Fähigkeiten, sich mimisch auszudrücken, sich zu unterhalten und Gespräche zu führen, treten schärfer hervor und, als Teil seines Rollenverhaltens, wird er kurzzeitig hilfreicher sein. Sein Experimentieren mit verschiedenen Rollen kann die Form des Imitierens annehmen (kleine Zwillinge sind manchmal sehr wortgetreu) und Mitglieder der Familie könnten aus der Fassung geraten, wenn sie feststellen, daß da ein kleines »Echo« herumläuft.

Der kleine Zwilling hat ein gewinnendes Wesen, ist charmant und weiterhin wählerisch. Es macht ihm Spaß, Dinge zu zählen, einzuordnen, mit einem »Schildchen zu versehen«, aber er wird aufbegehren, sollte man versuchen, ihm selbst ein Schild umzuhängen. Er mag nicht, wenn man ihm sagt, er sei »der Rebell«, »der Clown« oder »der Erfinder« der Familie. Er möchte auch seinen Wortschatz gebrauchen und vergrößern und er kann dabei zeitweise recht lästig werden.

Der junge Zwilling kann Perioden des Tagträumens und der Vergeßlichkeit durchlaufen. Es kann eine merkwürdige Art der Bestätigung für ihn sein, wenn er benörgelt wird und er kann glauben, daß er einfach unfähig ist, alles zu behalten, was zu behalten notwendig wäre. Der Zwilling hat das Gefühl, daß man ihn dann, wenn er sich zu tüchtig verhält, mit einer unangenehmen Aufgabe allein läßt und ihm nicht mehr hilft. Seine Reaktion darauf kann dazu führen, daß er Dinge zeitweilig vernachlässigt, daß er eine Sache schlecht oder unvollständig tut, um so die elterliche Aufmerksamkeit wachzuhalten.

In diesem Alter ist der Zwilling fasziniert von dem Wort »nein« und übt sich im Debattieren und im Widerspruch. Er kann versuchen jemand zu reizen, Gesichter zu ziehen oder Streit zu suchen, seine Geschwister in Schwierigkeiten zu bringen, nur um herauszufinden, wohin das führt, auch wenn er selbst Schwierigkeiten hat, Dinge zu beenden und er kann eine Streitfrage im Stich lassen, ehe eine Lösung gefunden wurde. Wenn er sich langweilt, sucht der Zwilling eine Veränderung um der Veränderung willen. Wenn er das Gefühl hat, daß man ihn belügt oder wenn Gefühle aufkommen, mit denen er nicht zurecht kommt, kann er sich ausgesprochen verantwortungslos und unberechenbar verhalten, nur um auf sich aufmerksam zu machen und Dinge hochspielen um andere vom eigentlichen Problem abzulenken. Gewöhnlich ist der Zwilling sanft und anziehend. Eltern, die sehen, daß ihr Kind sich so merkwürdig verhält, sollten nach der Ursache suchen und die Situation, die ihr Kind zu diesem unüblichen Verhalten treibt, ändern.

6–12 Jahre

Das Zwillingskind im Schulalter bleibt seinem Verhalten treu. Mittlerweile hat es wahrscheinlich gelernt, außerordentlich verantwortungsbewußt zu sein, obwohl es Dinge auf unerwartete Art und Weise erledigen wird. Es macht zwei Sachen zur gleichen Zeit und verpaßt ungern Gelegenheiten, es stellt umfassende Überlegungen an, ist experimentierfreudig und hat gelernt, Worte einzusetzen, um Kontakte herzustellen und Menschen für sich zu gewinnen. Es benutzt Worte als Instrument, um zu bekommen, was es wünscht, und es weiß zu überzeugen. Eltern sollten ihr Zwillingskind wissen lassen, was in der Familie vorgeht und ihre Entscheidungen erklären, insbesondere dann, wenn sie ihre Meinung in einer Sache ändern. Der junge Zwilling hat nicht wirklich die Absicht, die Erwachsenen in seiner Umgebung an der Nase herumzuführen, und Eltern sollten beharrlich ihre festen, realistischen Erwartungen in bezug auf seine schulischen Leistungen aufrechterhalten, sonst könnte der Zwilling glauben, es sei ihm gelungen, die Eltern zu täuschen, sie glauben zu machen, er sei entweder gescheit oder dumm.
Tüchtig zu sein ist wichtig für das Kind im Schulalter, es schätzt, wenn andere wissen, was es weiß. Daher kann es in diesem Alter Schwierigkeiten haben, ein Geheimnis zu behalten, oder es kann zur Plaudertasche werden, nur damit die Leute sehen, was es weiß. Schützende Eltern werden darauf hinweisen, welcher Reife es bedarf, etwas zu verschweigen und an den Wunsch des Kindes appellieren, für erwachsen zu gelten und vertrauenswürdig zu erscheinen, und sie werden ihrem Kind dann helfen, andere Möglichkeiten für intellektuelle Erfolge zu finden.
Der kleine Zwilling beschäftigt sich in diesem Alter mit Gleichberechtigung und Machtgebrauch. In einem Moment kann er herrisch erscheinen und im nächsten unterwürfig. In dieser Periode lernt er intensiv alles über Gleichberechtigung in Partnerschaften, und es entsteht jetzt das Gefühl, jedermanns Bruder oder Schwester zu sein.

In dieser Zeit ist er im Grunde genommen ziemlich indifferent und entwickelt die Fähigkeit, sich überall einzufügen. Sein Kontaktbedürfnis ist so ausgeprägt, daß er Schwierigkeiten haben kann, sich mit einer bestimmten Gruppe zusammenzutun, und er wird möglicherweise das Kräftespiel von Bindungen und die Vorteile von Zugehörigkeit nicht begreifen.

12–18 Jahre

Wieder zeigt der Zwilling das Verhalten vorangegangener Entwicklungsstufen, etwas zurückgezogener und möglicherweise angespannter, da er den Versuch unternimmt zu lernen, was er lernen muß; trotzdem bleibt sein Wesen angenehm. Sich mit anderen zusammenzutun kann mit seinem Bedürfnis nach Unabhängigkeit und zu Zeiten auch dem Wunsch nach Einsamkeit kollidieren. Seine Neugier wird ihn normalerweise in Partnerschaften treiben, in denen er gleichberechtigt ist, aber er kann Schwierigkeiten haben, sich die Zurückgezogenheit, die er braucht, zu gestatten und setzt Sarkasmus und Witz als Mittel ein, um Beziehungen mehr an der Oberfläche zu halten und sich so seine private Sphäre zu garantieren. In dieser Phase kann sich der Zwilling über Gebühr engagieren, indem er versucht, alles auszuführen, was ihm in den Sinn kommt, oder er wird Phasen der Inaktivität erleben aufgrund der Erwartungen, die er selbst an sich oder andere an ihn zu haben scheinen. Er wird überrascht oder eingeschüchtert sein von der Fülle von Möglichkeiten, die er wahrnimmt, und wird entweder alles ausprobieren oder nichts.
Das Gefesseltsein des Zwillings von Gegensatz und Widerspruch wird sich in dieser Phase in Verhalten und Denkweise zeigen. Einmal wird er sich als des Teufels Advokat fühlen oder das Gegenteil erproben, um die Widersprüche zu erforschen, oder er erscheint wankelmütig oder unloyal, während er mit unterschiedlichen Standpunkten experimentiert. Besorgte Eltern sollten ihren Zwillings-Teenager ermutigen, unterschiedliche Auffassungen zu prüfen und Entscheidungen zu treffen ohne das Gefühl, sich daran halten zu müssen, und sollten weder seine vorübergehenden Entscheidungen verlachen noch seine endgültigen, sondern sie genau bewerten.

Der heranwachsende Zwilling kann Schwierigkeiten haben, Gefühle auszudrücken und in zunehmenden Maße intellektuell oder kühl wirken, wenn er sich gestreßt fühlt. Er braucht Zurückgezogenheit, um sich über seine Gefühle klarzuwerden, und darüber, was er mit ihnen anfangen will. Liebevolle Erwachsene sollten in dieser Phase unterstützend zur Stelle sein, das Kind aber nicht zwingen, Gefühle zu erklären. So können sie z. B. zeigen, auf welche Art und Weise sie Gefühle ausdrücken und zu welchem Zweck. Den Rest sollten sie ihrem lernfreudigen Kind überlassen, das sich nehmen wird, was es braucht und das Übrige vergessen wird.

Der Zwillings-Teenager kann sich abgestoßen fühlen von den jetzt eingetretenen körperlichen Veränderungen. Bis zu diesem Zeitpunkt hat er wahrscheinlich überall hingepaßt. Nun bedeuten seine körperlichen Veränderungen für ihn eine Bindung an eine bestimmte Gruppe und möglicherweise zwingen sie ihn zu einer Lebensweise, für die er sich nicht genügend vorbereitet weiß. Er kann seinen Körper und seine Sexualität ignorieren oder versuchen, sie durch umfangreiche körperliche Bewegung und gezieltes Essen unter Kontrolle zu halten. Noch immer gestalten sich Beziehungen auf einer geschwisterlichen Ebene; und da er Kameradschaft sehr schön findet, wird er in diesen freundschaftlichen Beziehungen sehr glücklich sein. Wahrscheinlich hat er noch keine sexuellen Gefühle und wird vielleicht Anstoß an den jetzt üblichen Verabredungen in seiner Gruppe nehmen. Lieber wäre dem Zwilling ein Spielgefährte oder ein intellektuelles Gegenüber und er zieht geistige Kontakte körperlichen vor.

Der Zwilling wird jetzt auch gegen die ethische Einstellung der Familie zur Arbeit rebellieren. Er arbeitet normalerweise in der Schule nur auf den Gebieten hart, die ihn interessieren und wird auch für Geld nur so lange arbeiten, bis er das zusammen hat, was er für den Kauf einer Sache benötigt. Diese Phase seines Lebens kann er als einigermaßen unwirklich erleben, da er Möglichkeiten erforscht, mit Menschen tiefere Kontakte zu knüpfen, aber diese »Unwirklichkeit« kann sich in irgendeiner Form von Posesie oder einer anderen kreativen Betätigung niederschlagen. Er bleibt lustig, charmant und angepaßt und man kann darauf zählen, daß er seine Probleme verantwortungsbewußt löst, solange man ihm die nötige Zeit und Ungestörtheit dafür läßt.

Krebs-Kinder

21. Juni – 22. Juli

Allgemeine Eigenschaften

Während viele der im folgenden beschriebenen Charakteristika für die meisten Krebs-Kinder zutreffen werden, können andere, manchmal widersprüchliche Eigenschaften sehr wohl *auch* bei dem Kind, das unter diesem Zeichen geboren ist, in Erscheinung treten.

Liebevoll und extrem verwundbar, kann das neugeborene Krebs-Kind schnell alle Herzen für sich gewinnen. Es ist heiter und offen und schleicht sich gleichermaßen in die Herzen der Eltern und Kinder. Kleine Krebse wecken den Beschützerinstinkt in jedem von uns und scheinen wirklich dankbar über unsere Aufmerksamkeit und Dienste zu sein. Krebs-Babys sind der Inbegriff von Anmut.
Diese Sanftheit kann sich während der ganzen Kindheit des Krebses bewahren. Krebse sind sehr feinfühlig anderen gegenüber, teilnehmend, aufmerksam und aufrichtig. Sie helfen gern und werden gern gebraucht. Für beide, Buben und Mädchen, bedeutet so wie Mami sein eine positive und aufregende Erfahrung, und oftmals helfen sie im Haus. Krebs-Kinder beiderlei Geschlechtes spielen gern mit Puppen und stellen sich dabei vor, sie seien schon erwachsen. Krebs-Kinder, die bereits ihre Eltern-Anlagen üben, reflektieren genau das Verhalten und die Einstellung der Erwachsenen ihrer Umgebung. Kinder in diesem Zeichen neigen am meisten von allen dazu, das Verhalten älterer Familienmitglieder nachzuahmen.
Diese Fähigkeit, die Familiensituation so genau widerzuspiegeln, kann für ein Krebs-Kind sowohl eine Gnade als auch ein Fluch sein. Eltern, die ihre Elternschaft nicht in allen Teilen bejahen, werden sich sehr unbehaglich fühlen, wenn sie eben jene Eigenschaften durch ihr Krebs-Kind offenbart sehen. Wenn auf der anderen Seite der kleine Krebs einen positiven Zug seiner Eltern nachahmt, wird er in der Familie außerordentlich geachtet sein für diese Fähigkeit, die

seine zweite Natur ist. Das Kind, das wie Papi lächelt, wird gelobt und gedrückt werden; das Kind, das so affektiert tut wie Mami, wird nicht soviel Zuneigung erringen. Da ihr Verhalten so genau reflektiert wird, neigen Eltern dazu, sich vorsichtiger zu benehmen und sich in der Nähe des Krebses sehr verletzlich zu fühlen. Das Krebs-Kind ahmt nicht absichtlich nach. Es hat keine boshaften Motive. Es ist ein angeborener Verhaltenszug und sollte einfach als Teil seiner Einzigartigkeit gesehen werden.

Mütter werden jedoch intensiver auf ihren kleinen Krebs reagieren als auf Kinder anderer Zeichen. Die Mutter kann es entweder zu sehr beschützen oder zu viel Abstand halten, je nachdem welchen Teil ihrer Persönlichkeit sie in der Beziehung zu ihrem Krebs-Kind reflektiert sieht. Junge Krebse können sich, den Erwartungen der Mutter entsprechend, hinauf oder hinunter entwickeln. Kinder dieses Zeichens identifizieren sich sehr stark mit ihrer Mutter. Als Folge davon braucht das ältere Krebs-Kind die Möglichkeit, anders als die Mutter zu sein und getrennt von ihr zu reifen. Es muß wissen, daß es seine eigenen Entscheidungen treffen und Fehler machen kann, ohne sie damit zu kränken. Schon von früher Kindheit an kann der Krebs der Meinung sein, daß nur die Mutter ihn verstehen kann, und er bedarf wärmender und positiver Erfahrungen mit anderen Erwachsenen, um sein Zutrauen auszuweiten. Großeltern, Tanten und Onkel könnten deshalb eine besonders wichtige Rolle im Leben des Krebs-Kindes spielen. Es braucht sie, um seine Verwandtschaftsbeziehungen von der Mutter weg auch auf andere hin zu erweitern.

Krebs ist ein Wasserzeichen und alle Wasserzeichen haben mit Schützen und Nähren zu tun. Die Empfindungsfähigkeit des Krebs-Kindes wird sich in seinen Beziehungen zur Familie offenbaren. Emotional und manchmal launisch, reagiert das Krebs-Kind intuitiv auf die Gefühle der übrigen Mitglieder des Haushalts, und darauf, ob man ihm gesagt hat, was vorgeht, oder nicht.

Es ist ganz besonders verletzbar durch die Gefühle anderer und kann durch deren Emotionen erschüttert werden. Krebse neigen dazu, alle Gefühle irgendwie auf sich zu beziehen. Verunsichert durch ihre eigene Intuition, können kleine Krebse glauben, daß Gefühle aus dem Familienkreis gegen sie gerichtet sind oder daß diese Gefühle irgendwie in ihnen selbst ihren Ursprung haben und auf die anderen einwirken. So wird der kleine Krebs, wenn die Mutter ärgerlich ist, wahrscheinlich ihren Ärger spüren, ob sie ihn nun direkt ausdrückt oder nicht. Der kleine Krebs kann auf die Idee kommen, daß die Mutter immer ärgerlich ist, daß sie böse mit ihm ist oder daß er derjenige ist, der böse ist und damit ihren Ärger ausgelöst hat. Auf jeden Fall ist der kleine Krebs oft wegen Ursache und Sinn von Emotionen verunsichert.

Junge Krebse brauchen ehrliche und offene Diskussionen über Gefühle. Sie müssen sich vergewissern, daß jedermann Gefühle hat, daß sich diese nicht immer auf sie beziehen und daß jeder mit seinen Gefühlen selbst fertig werden muß. Es wird hilfreich sein, wenn ein Elternteil, der verstimmt ist, während er das Krebs-Kind auf dem Arm hält, für sich denkt: »Dies ist mein Gefühl, es hat mit dir nichts zu tun und es kann meiner Liebe zu dir nichts anhaben.« Selbst Krebs-Kleinkinder reagieren intuitiv und positiv auf die Zusicherung von Gefühlen, ob sie nun alle Worte verstehen oder nicht. Wenn Eltern von beunruhigenden Emotionen überflutet werden, können sie sich ab und zu mit diesem munteren Kind in ihrer Mitte äußerst unbehaglich fühlen.

Die Sensitivität des Krebs-Kindes hat noch andere Folgen: Seine Gefühle sind leicht verletzbar. Es neigt dazu, sich in sich selbst zurückzuziehen und braucht eine Menge Zeit und Stille, um über Dinge nachzudenken. Wenn seine Gefühle verletzt sind, wird es sich sicher zurückziehen, um selbst mit dem Schmerz fertig zu werden. Wenn ein Krebs-Kind intuitiv zu wissen glaubt, was andere von ihm erwarten, kann es sein Verhalten ändern, um sie entweder zu erfreuen oder zu irritieren oder Spannungen innerhalb der Familie zu lösen. Wenn der Vater z. B. ärgerlich ist, kann der kleine Krebs sich ängstlich oder unbehaglich fühlen. Er wird versuchen seine Beklemmung auf verschiedene Weise abzubauen, entweder wird er ganz von der Bildfläche verschwinden oder sich absichtlich schlecht benehmen, um den Vater abzulenken und zu reizen, so daß er seinen Ärger auf das Krebs-Kind ablädt.

Der Krebs ist sehr feinfühlig für die Art wie man ihn behandelt und für die Erwartung, die die Familie in ihn setzt. Er reagiert auf unausgesprochene Vermutungen und Etikettierungen und quittiert sie entweder mit Entgegenkommen oder mit Rebellion. Angenommen ein Krebs-Kind ist künstlerisch veranlagt, dann wird es entweder ein zweiter Picasso werden oder Automechaniker. In jedem Fall ist das Problem, daß der Krebs auf Erwartungen und Anregungen von außen reagiert, anstatt sich selbst zu erklären.

Die häufig genaue Einschätzung der Gefühle und Erwartungen anderer Leute können den Krebs veranlassen zu glauben, daß er die Gedanken anderer lesen kann und diese umgekehrt seine Gedanken erraten können. Wenn der junge Krebs glaubt, daß andere seine Gedanken lesen können, hat er ein Gefühl, als habe er seine Intimsphäre und Individualität verloren. Ihm kommt das Gefühl für seelische Rückzugsmöglichkeit abhanden, und er kann zu der Annahme kommen, er sei lediglich ein Anhängsel seiner Eltern. Wenn dies geschieht, ändern sich für ihn die Voraussetzungen. Da er angenommen hat, daß seine Intuition der Realität entspricht, und daß er weiß, was andere denken und fühlen, wird er nun erwarten, daß andere ebenso sensitiv sind in bezug auf das, was er braucht und fühlt. Ist dies nicht der Fall, wird das Krebs-Kind dazu neigen, sich grundlos bestraft, ignoriert und zurückgesetzt zu fühlen. Um diese Situation zu korrigieren, müssen Krebs-Kinder ermutigt werden, ihre eigenen Bedürfnisse und Gefühle auszudrücken. Man muß ihnen immer und immer wieder sagen: »Ich kann nicht erraten was du möchtest, du mußt es mir *sagen.*« Und man muß ihnen auch sagen: »Ich weiß, daß du gut nachempfinden kannst, was ich fühle, aber du hast nicht immer recht und du mußt nicht die Verantwortung für meine Gefühle übernehmen.«
Aufgrund seiner Einfühlsamkeit können alle Emotionen von gleichgroßer Bedeutung sein. Der Krebs kann Schwierigkeiten haben, Wichtiges von Unwichtigem zu unterscheiden. Seine erste Reaktion auf einen verlorenen Bleistift kann identisch sein mit der Reaktion auf ein verlorenes Lieblingsspielzeug. Er braucht Zeit, seine Gefühle herauszufinden, und auch deren Intensität. Da er entweder in sich gekehrt oder recht dramatisch wirkt, während er überlegt, kann der Eindruck entstehen, daß der Krebs Schwierigkeiten hat, seine wahren Gefühle leicht auszudrücken. In Wirklichkeit findet jedoch ein sehr persönlicher und innerer Denkprozeß statt.
Der junge Krebs trifft wichtige Entscheidungen auf dieselbe Weise wie er mit Gefühlen umgeht. Wenn er gezwungen wird, vorzeitig Erklärungen zu geben, wird er entweder irgendeine oder gar keine Antwort geben. Läßt man ihm aber genügend Zeit zum Nachdenken, dann wird er exakt sagen können, was er gedacht hat, und warum. Die Schlußfolgerungen und das Verhalten des Krebs-Kindes mögen spontan und unüberlegt wirken auf Eltern, die die langewährenden inneren Gedankengänge nicht miterlebt haben. Es kann den An-

schein haben, als ob der Krebs »plötzlich« ankündigen würde, daß er sich einen jungen Hund kaufen wird, aber im Inneren hat er sorgfältig, ruhig und ohne allzuviel besondere Aufmerksamkeit darauf zu verwenden, in den letzten zwei Jahren darüber nachgedacht, ob er sich erlauben könnte, einen Hund zu ernähren, ihn auszubilden und die Zeit und Energie hätte, für ihn zu sorgen.
Aufgrund ihres reichen Innenlebens kommen selbst kleine Krebs-Kinder mit häufigen Gemütsbewegungen überraschend gut zurecht. Sie können ruhig in einer Gruppe sitzen, in der jemand über starke Emotionen spricht, ohne daß das Krebs-Kind Unbehagen oder Verlegenheit zeigt. Eine Ausnahme hiervon ist die Schwierigkeit, seinen Ärger zu zeigen und die Furcht vor anderer Leute Ärger. Krebse wissen jedoch, wie sie traurige oder verängstigte Menschen besonders hilfreich und liebevoll unterstützen können.
Krebse beziehen jegliche Erfahrung, um sie zu verstehen, auf sich selbst. Krebs-Kinder werden andere an ihren eigenen ähnlichen Erlebnissen teilhaben lassen um zu beweisen, daß sie die Erfahrung eines anderen verstehen können. Typisch für den Krebs, Sympathie zu zeigen, ist es, wenn er einem kranken Freund gut zuspricht, indem er von der Zeit erzählt, in der er selbst krank war. Manchmal erweckt dieses Verhalten auch den Eindruck eines Wettbewerbs unter dem Motto »Wer fühlt sich am schlechtesten«, ohne daß die Sympathie, die der Krebs eigentlich ausdrücken wollte, deutlich wird. Manche Menschen werden die spontane Anteilnahme des Krebses willkommen heißen, während andere sich irritiert fühlen. Diese unterschiedlichen Reaktionen verunsichern den kleinen Krebs in all seinen freundlichen Bestrebungen. Krebs-Kindern muß gesagt werden, wann ihre Mitteilsamkeit angebracht ist und wie man Mitgefühl zeigen kann, ohne seine eigene Lebensgeschichte zu erzählen. Das Krebs-Kind wird fortfahren im Geist Vergleiche anzustellen, da ihm dies hilft, seine intuitive Veranlagung zu begründen und zu festigen. Man kann ihm jedoch beibringen, dies in Gedanken zu tun und dann erst seine Vermutungen mit anderen abzuklären. Es kann lernen, danach zu fragen, was andere Menschen möchten.
In ähnlicher Weise kann das Krebs-Kind glauben, daß die Eltern die Tiefe seiner Emotionen nicht verstehen können, wenn sie sie nicht mit ihm teilen. Wenn der kleine Krebs weint, wäre es ihm am liebsten, wenn die Mutter auch weinen würde. Ist die Mutter nicht

dazu geneigt, wird sie einen anderen Weg finden müssen, um dem kleinen Krebs ihre Anteilnahme zu zeigen, und dieser muß lernen, andere Formen des Beweises zu akzeptieren.

Kleine Krebse müssen auch lernen, daß andere ebenso individuelle Gefühle haben, die sich von den ihren unterscheiden. Da sie die natürliche Fähigkeit haben, hilfreich, liebevoll und fürsorglich zu sein, wenden Krebse häufig viel Energie auf, um anderen Menschen in ihrer Umgebung zu helfen. Aufgrund des üblichen Durcheinanders von Intuition, Gedankenlesen und wirklicher Erfahrung, glauben Krebse oft fälschlicherweise, sie könnten bei anderen erreichen, daß deren Kränkung aufhört und sie sich besser fühlen. Ein kleiner Krebs wird von Kummer zutiefst berührt und er wird oft aus Mitgefühl oder mitempfundener Enttäuschung mit anderen weinen. Dies kann manchmal sehr tröstlich sein für einen erschöpften Elternteil, dem etwas Sympathie guttut: »Mach dir keine Sorgen, Mami, alles wird wieder gut!« Kein Kind kann jedoch den Schmerz eines Erwachsenen wirklich lindern; und in welchem Umfang auch immer dies einem Kind gestattet wird, so ist dies doch eine unlösbare Aufgabe. Und wieder braucht es die Versicherung, daß jeder selbst für seine Gefühle verantwortlich ist und daß es nicht versuchen muß, die Gefühle in der Familie festzulegen.

Wenn der kleine Krebs glaubt, daß er sich erfolgreich um die Gefühle anderer Leute kümmern kann, ist es möglich, daß er später annimmt, daß sein persönlicher Wert in der Fürsorglichkeit besteht, die er anderen gewährt. Es wird schwierig für ihn sein, rechtzeitig aufzuhören, anderen zu helfen, so daß auch er etwas erhält und sich wieder erneuern kann. Wenn seine Zuwendung nicht richtig anerkannt wird und wenn er nicht ermutigt wird, ebenfalls Zuwendung von anderen anzunehmen, wird der kleine Krebs bald zu der Meinung kommen, daß da etwas Magisches oder Besonderes um seine Fähigkeit ist mitzuempfinden und sich um andere zu kümmern. Dieser Glaube wird es ihm nur noch schwerer machen, Hilfe von Menschen anzunehmen, von denen er spürt, daß sie ihn brauchen oder seine besondere Pflege, und es wird für ihn besonders schwierig sein, auch einmal jemandem nein zu sagen, der Hilfe sucht. Er wird sich nur von Menschen angezogen fühlen, die schwächer sind als er oder verwundet. Während dies ein nobler Charakterzug im Umgang mit verletzten Vögeln und jüngeren Geschwistern ist, wird es zu Schwierigkeiten bei der Gestaltung eines ausgewogenen Verhältnisses mit Freunden führen. Wenn auf der anderen Seite ein kleiner Krebs diese unmögliche Aufgabe übernommen hat, und man ihm erlaubt hat zu versuchen, es anderen leichter zu machen und er dabei fehlt, wird er sich denen zuwenden, von denen er annimmt, daß sie stärker seien, und ihm helfen und ihn beschützen werden. Er kann dann aus der Rolle des Helfers in die Rolle des Bedürftigen wechseln. In beiden Fällen führt dies zu ähnlichen Schwierigkeiten, wenn er Beziehungen zu Gleichaltrigen herstellen will, und der kleine Krebs sieht sich in der Annahme bestätigt, daß nur die Mutter oder ein anderer ausersehener Erwachsener wirklich verstehen kann und weiß, was er braucht.

Ein großer Teil dieses Hilfsbestrebens findet wortlos statt, unauffällig innerhalb des normalen Tagesablaufes der Familie und kann zu ziemlich verwirrenden und unausgesprochenen Spannungen führen. Der einfachste Weg, mit dem Drang des Krebses anderen zu helfen fertig zu werden, ist, zu beobachten wieviel er selbst in der Familie bekommt, und darauf zu achten, daß auch er es lernt, Liebe anzunehmen, Nähe zu akzeptieren und es sich gutgehen zu lassen. Auf dem Spielplatz kann sich das Krebs-Kind mit einem hilfosen Kind anfreunden, aber es braucht auch Freunde, die ihm ebenbürtig sind. Ein Krebs, der nur von einsamen Kindern umgeben ist, wird hart für wenig Anerkennung arbeiten. Er braucht Ermunterung, gleichwertige Beziehungen aufzubauen und muß die Freude des Gebens und Nehmens lernen.

Der kleine Krebs neigt dazu, von sich auf andere zu schließen und anderen genau das zu geben, was er sich selbst wünscht. Krebs-Kinder kaufen für andere Geschenke, die sie selbst heiß begehren. Wenn der kleine Krebs Schwierigkeiten hat herauszufinden was er eigentlich möchte, können Eltern ihn lehren, sich bewußt zu machen, was er anderen gibt. Während er inbrünstig an die goldene Regel: »Tue anderen, was du dir von ihnen wünschst« glaubt, dreht er das Ganze oftmals um: »Tue anderen und sie werden dir tun«. Das Krebs-Kind ist mißtrauisch. Es erwartet automatisch Vergeltung, wenn es böse war, und automatisch Belohnung, wenn es gut ist. Es wird sich daran erinnern, wie schrecklich alleingelassen es sich auf dem Spielplatz fühlte und wird annehmen, daß andere Kinder sich ebenfalls scheußlich fühlen. Es kann glauben, wenn es sich mit einem Kind anfreundet, das es als ausgestoßen betrachtet, daß es auch Freunde finden wird, wenn es deren bedarf. Während dies für

das Krebs-Kind logisch ist, schließt es hier einen Handel, dem die restliche Welt nicht zustimmt und der auf unrichtigen Voraussetzungen beruht. Sein Sinn für Gerechtigkeit und Fairneß basiert auf einem oft unerschütterlichen Einfühlungsvermögen.
Dieses Einfühlungsvermögen und diese Intuition sind Eigenschaften, die dem Krebs angeboren sind und keiner weiteren Ermunterung bedürfen. Ein Krebs-Kind wird fast immer annehmen, daß es jede Situation intuitiv versteht. Krebs-Kindern muß gesagt werden, was vorgeht und warum, damit sie nicht selbst fehlerhafte Erklärungen konstruieren und sich danach verhalten. Außerdem muß ihnen eine realistische Einschätzung ihres Drangs zu helfen beigebracht werden, damit sie erkennen, wann andere in dem beeinträchtigt werden, was sie selbst für sich tun müssen. Sie müssen ihrem Impuls zu helfen widerstehen dürfen und sollen nicht das Gefühl haben, daß sie an allem, was um sie herum vorgeht, beteiligt sind.
Die Tendenz des Krebs-Kindes, von sich auf andere zu schließen, beinhaltet auch, daß es Dinge persönlich nimmt. Wenn die Mutter weint, wird der Krebs automatisch annehmen, daß er sie traurig gemacht hat und wird etwas dagegen tun wollen. Wenn der Lehrer mit der ganzen Klasse schimpft, wird sich der kleine Krebs besonders schuldig und verantwortlich fühlen. Das Krebs-Kind kann auch Situationen dahingehend deuten, als enthielten sie einen persönlichen Anspruch oder eine verborgene Botschaft, obwohl dies nicht der Fall ist. So kann der Krebs z. B. alle seine schönen roten T-Shirts ausrangieren, wenn der Vater sagt, daß er die Farbe Blau liebt und er der Meinung ist, daß dieser ihm eine ganz persönliche Botschaft übermittelt hat. Aus diesem Grund ist es wichtig für Eltern von Krebs-Kindern, die Dinge klar auszusprechen und sie müssen versuchen, den Hintergründen merkwürdigen oder unüblichen Verhaltens auf den Grund zu gehen.
Wenn der kleine Krebs glaubt, daß die Leute ihm vorwiegend indirekte Botschaften senden oder daß sie seine Gedanken lesen können, ist es kaum wahrscheinlich, daß er seine eigenen Bedürfnisse oder Gefühle direkt ausdrückt. Er wird gewöhnlich denken: »Ich weiß was du willst, wie kommt es, daß du nicht weißt, was ich will?« Er kann befürchten, für die Vernachlässigung seiner eingebildeten oder wirklichen Hilfsverpflichtungen gerügt zu werden und oft empfindet er Kritik oder Bestrafung als Ablehnung. So kann er sich abwehrend oder verängstigt verhalten, um sich selbst ein bestimmtes

Maß an Ungestörtheit und Frieden zu sichern. Wenn es z. B. den Druck einer Verpflichtung spürt, kann das Krebs-Kind zaudern oder Alltagsarbeiten nicht zu Ende führen, um wirkliche oder eingebildete Erwartungen der Erwachsenen zu reduzieren. Auch hier müssen die Eltern ihre Anforderungen genau und deutlich aussprechen und freigebig mit Lob sein, wenn ihre Forderungen erfüllt sind. Der junge Krebs reagiert am besten auf liebevolle Führung, Unterstützung und Ermunterung und eine minimale Beachtung seiner Fehler und Mängel.

Krebs-Kinder brauchen sehr viel Liebe und Beifall sowohl von Freunden als auch von der Familie. Sie können ihr Verhalten ändern, nur um beliebt zu sein, und werden nicht verstehen, warum andere Kinder sich weigern, ihnen nachzugeben. Krebse neigen dazu, ihr Einfühlungsvermögen auf andere zu übertragen und machen diese für ihren Aberglauben verantwortlich. »Frau Mock mag mich nicht mehr. Sie hat mich in der Klasse aufgerufen, obwohl ich meine Hand nicht oben hatte und sie wußte, daß ich die Antwort nicht wissen konnte.«

Als Ergebnis solcher Übertragungen können Krebse eine Phase der Rebellion durchlaufen, sich weigern, irgend jemand zu helfen oder behaupten, daß sie sich nichts aus Freunden, Freundschaften oder Anerkennung in Gruppen machen; in Wirklichkeit liegt ihnen jedoch viel daran. Sie brauchen standhafte Eltern und Lehrer, die ihnen weiterhin Zuneigung anbieten und in dieser Phase der Rebellion an ihre innere Einstellung appellieren. Oftmals reagieren kleine Krebse auf die Freundlichkeit anderer wie Sonnenblumen, die sich der Sonne zudrehen, um ihre Wärme einzusaugen, und bleiben unauffällig in der Nähe, um mehr davon zu bekommen.

Wenn sich kleine Krebse der Anerkennung und Liebe anderer sicher sind, geben sie viel Liebe zurück und zeigen eine spontane Großzügigkeit. Eltern werden es lohnend und die Zeit wert finden, dem kleinen Krebs all die Liebe, Unterstützung und Zuneigung zu geben, die er braucht. Der junge Krebs, der sich der Grundlage seiner Zuneigung beraubt sieht, kann selbstsüchtig oder zügellos erscheinen. Er kann der Verantwortung ausweichen, ausgenommen wenn es ihm genehm ist, und er verhält sich größtenteils mürrisch und ist schwer zufriedenzustellen. Das plötzliche Auftreten eines solchen Verhaltens weist darauf hin, daß der kleine Krebs nach Anerkennung lechzt, und wenn man ihm eine halbe Stunde lang besondere

Aufmerksamkeit schenkt, wird dies wahrscheinlich seine sonnige Persönlichkeit wiederherstellen. Manchmal kann das Krebs-Kind, anstatt sich mürrisch und selbstsüchtig zu verhalten, den Clown spielen, einen Narren aus sich machen und über seine Erniedrigung lachen. Nach dem Motto »Wenn ihr mich schon nicht lieben könnt, sollt ihr mich wenigstens hassen«, kann es seine Emotionen übermäßig dramatisieren, um sicherzugehen, daß sie bemerkt werden, oder in Stimmungen verharren, übellaunig aussehen, um sicher zu sein, daß man es ernst nimmt. Es muß lernen, daß es auch ohne dieses dramatische Verhalten Aufmerksamkeit findet, einfach, indem es darum bittet.

Die Neigung des kleinen Krebses zu Humor zeigt sich ebenfalls, wenn er sich wohlfühlt. Sein Geist ist scharf und schnell und er weiß den stillen und feinsinnigen Humor anderer zu schätzen. Gekränkt und störrisch, werden Krebs-Kinder oft auf Humor ansprechen in Situationen, in denen es nicht gelungen ist, sie durch andere Methoden zu erreichen. Der Krebs muß jedoch die Gewißheit haben, daß der Humor sanft, eher bestärkend als kränkend ist.

Krebs-Kinder haben oft Schwierigkeiten, den Nutzen gewisser Regeln zu akzeptieren und zu verstehen. Sie neigen dazu, die Schutzfunktion von Grenzen zu ignorieren und empfinden Regeln als Kontrolle. Dies schafft beim Krebs-Kind eine Neigung, Beschränkungen zu umgehen, zu ignorieren, zurückzuweisen oder mißzuverstehen. Glücklicherweise ist von Natur aus im Zeichen des Krebses Vorsicht zu Hause; wäre dies nicht so, dann hätte das kleine Kind Schwierigkeiten herauszufinden, wie es sich schützen kann, da es sich den schützenden Regeln, die ihm angeboten werden, so sehr widersetzt. Krebs-Kinder zögern auch, ihre Grenzen zu bestimmen, und fühlen sich auf Gnade oder Ungnade Leuten ausgeliefert, die sich besser und bestimmter ausdrücken können. Als Folge davon empfinden sich die meisten jungen Krebse als nicht dazugehörig. Sie betrachten sich als das schwarze Schaf der Familie und glauben, daß andere Geheimnisse kennen oder einen besonderen Schlüssel zum Verständnis besitzen, der ihnen mangelt. Oft haben sie das Gefühl, daß andere irgendwie Zugang zu Informationen und Verordnungen haben, die sie, die Krebse, weder erkennen noch verstehen können.

Das Krebs-Kind kann idealistisch die Notwendigkeit von Regeln völlig ablehnen oder in einer Art Rebellion so tun, als sei eine Regel bleibend und unveränderlich und es übertreibt dies, bis die Wirkung erschöpft ist. Wenn man dem kleinen Krebs sagt, er solle die Kühlschranktür nicht auflassen, während er gemächlich den Inhalt des Schrankes inspiziert, wird er sie möglicherweise um keinen Preis jemals wieder öffnen wollen. Der Krebs braucht für jedwede Vorschrift einleuchtende Erklärungen; genauso müssen die Konsequenzen für schlechtes Betragen eindeutig festgelegt werden. Da er seiner Familie gegenüber empfindsam und loyal ist, wird ihm die hilfreiche Funktion einer Regel am einleuchtendsten sein. Die Feststellung: »Ich muß den Kühlschrank nicht so oft entfrosten, wenn du die Tür schnell wieder zumachst«, wird eine bessere Wirkung haben als eine Bloßstellung oder ein Apell an seine Sparsamkeit.

Junge Krebse sind eigentlich ein lebender Katalog von Widersprüchen, wenn sie versuchen, ihre eigenen Bedürfnisse mit den Erwartungen, die sie in ihrer Umwelt gewahr werden, in Einklang zu bringen. Sie können abwechselnd schüchtern, draufgängerisch, zurückhaltend oder auffallend, scharfsinnig oder unbestimmt großzügig oder geizig, nervös oder ruhig, vorsichtig oder unerschrocken, abhängig oder unabhängig, verschwiegen oder verletzlich, stark oder schwach sein. Häufig glauben sie, daß sie mehr Aufmerksamkeit und Zustimmung erhalten und mit weniger Verantwortung belastet werden, wenn sie sich nett, kindlich oder hilflos verhalten und sie können sorgsam ihre beträchtliche Intelligenz und Geschicklichkeit verbergen. Sie möchten, daß man sie braucht, fürchten aber, in Verpflichtungen gefangen zu werden. So kann es vorkommen, daß sie im einen Augenblick verantwortlich und im nächsten äußerst verantwortungslos handeln. Obwohl sie Voraussagbarkeit in ihrer Umgebung schätzen, und häufig Gewohnheitsmenschen sind, sind sie stolz auf ihre Unberechenbarkeit und bewahren sich ihre charakterlichen Eigenarten, um sich ihrer Einmaligkeit zu versichern.

Kleine Krebse haben oft den Wunsch nach Familie, sie wollen einem gesellschaftlichen Kreis zugehören, sich anerkannten kulturellen Normen fügen und zugleich möchten sie einmalig sein. Sie wollen in der Familie und in sozialen Gruppen hervorstechen. Der kleine Krebs kann den Wunsch haben, eigene kulturelle Normen zu schaffen auf der Basis von Intuition und Verstehen, nicht aber auf der von Wissen und Einsicht. Ähnlich widersprüchliche Kräfte bewegen den Krebs auch in seinem Verhältnis zur Autorität. Er braucht die

Anerkennung und Bestätigung durch Autoritätspersonen, fürchtet sich aber vor der Kontrolle und den Verpflichtungen, die damit einhergehen.

Krebs-Kinder mit ihren vielen Widersprüchen sind für Eltern oft eine Herausforderung. Diese Kinder brauchen angemessene Ventile für ihre verschiedenen Bedürfnisse und Gefühle und man muß ihnen diese zeigen. Sie müssen ermuntert werden, über ihre inneren Voraussetzungen zu sprechen, damit sie begreifen, daß nicht jeder die Welt so sieht wie sie Ihre. Ihre unwillkürlichen Reaktionen beruhen auf ihrer Intuition und sie werden überrascht und manchmal ärgerlich sein, wenn sie entdecken, daß Intuition nicht immer mit der Wirklichkeit der Dinge übereinstimmt.

Krebs-Kinder sind schrecklich patriotisch. Sie treten glühend für theoretische Vorstellungen von Familie und Vaterland ein und beziehen einen Teil der für sie notwendigen Sicherheit aus der offensichtlichen Unveränderlichkeit dieser Institutionen, scheinen aber ihren eigenen »Fleisch-und-Blut-Beziehungen« wenig Bedeutung beizumessen. Junge Krebse können sehr hartnäckig, zielstrebig und manchmal ziemlich erbarmungslos und störrisch sein, wenn es darum geht ein Ziel, das ihnen erstrebenswert scheint, zu erreichen. Sie können sich, wenn ihr Ziel in Sicht ist, opportunistisch oder manipulativ verhalten und des größeren Nutzens wegen alles der Vernunft unterordnen. Diese Zielorientierung zeigt sich schon im kleinsten Krebs in dem Vorsatz, das zu erreichen, was er sich vorgenommen hat. Wenn sie jedoch ihr Ziel erreicht haben, sind Krebs-Kinder wieder großzügig, hochherzig und begeistert von sich. Erreichen sie ihr Ziel nicht, können sie dies verstandesmäßig erklären und vorgeben, daß es ihnen nicht wichtig sei.

Obwohl sie nicht gerne teilen, geben Krebse gerne. Wenn du den Bleistift eines Krebses viermal nacheinander borgst, wird er ihn dir schenken oder dir einen kaufen. Kleine Krebse sind oft sehr schöpferisch, seelisch sowohl als auch geistig. Ihre tiefe Spiritualität geht oft einher mit Heilkräften, die aus ihrer außerordentlichen Fähigkeit zuhören zu können und ihrem Talent zur Zuwendung erwachsen. Schon in früher Kindheit können sie ihren Freunden als Zuhörer und Helfer dienen. Sie achten mühelos auf das emotionale Wohlbefinden derer, die in ihrer Nähe sind, und bieten freimütig Unterstützung und Hilfe an.

Empfindlichkeiten
(Mögliche Quellen für Mißverständnisse)

Abhängigkeit: Der kleine Krebs ist sich seiner eigenen, der Abhängigkeit anderer und der gegenseitigen Abhängigkeit zutiefst bewußt. Er kann darauf durch Passivität und Anpassungsfähigkeit reagieren und sich auf das Urteil anderer verlassen, oder gegen alle Formen von Abhängigkeit in sich rebellieren und seine Bedürfnisse als Zeichen von Schwäche empfinden.
Pflege/Hilfe: Manchmal kann das Krebs-Kind zögern, seine Hilfe und Zuwendung anzubieten, aus Angst vor einer möglichen Abhängigkeit der anderen. Es kann versuchen, damit fertig zu werden, indem es ganz bewußt entscheidet, wann und wie es helfen will. Es wird aber dazu neigen, seine Handlungen nicht als »richtige« Hilfe zu deklarieren, da es glaubt, daß richtige Zuwendung immer spontan zu geschehen hat, ohne den Gedanken an sich selbst und daß sie ein spirituelles Ereignis ist.
Bedingungslose Liebe: Das Krebs-Kind kann seine vorgefaßte Meinung über Zuwendung auch dazu benutzen, das Ausmaß und die Art der Liebe zu bestimmen, die es bekommt. Es kann ebenfalls äußerst schlechtes Benehmen dazu benutzen, um die Liebe seiner Eltern zu testen. Wenn er seine Vorstellung von liebevollem Verhalten seiner Umgebung nicht mitgeteilt hat, können besorgte Erwachsene das Gefühl haben, dem kleinen Krebs hinsichtlich der Liebe, die er möchte, nicht gerecht zu werden. Das Kind kann das Gefühl haben, daß seine Bedürfnisse nur zufällig befriedigt werden, daß es zuviel fordert oder daß andere nicht freundlich zu ihm sein wollen. Diese Situation kann in Ordnung gebracht werden, indem man eine heilsame und brauchbare Definition von Liebe und deren möglicher Erwartung mit dem Kind erarbeitet.
Regeln, Grenzen und Einschränkungen: Junge Krebse hassen normalerweise sowohl Regeln als auch Etikettierungen und sie werden versuchen, in jedem Fall die Ausnahme zu finden. Eltern werden durch die unerwartete Auflehnung oder Übertreibung ihres kleinen Krebses gefordert werden und sollten darauf vorbereitet sein und nicht nachgeben, insbesondere was Sicherheitsvorschriften betrifft. Höfliche Diskussionen über andere, weniger wichtige Regeln werden jedoch eine erfreuliche Erfahrung für alle Beteiligten sein.
Tadel und Verantwortung: Um Schuldgefühle und Widerwillen

gegen sich selbst zu vermeiden, können Krebs-Kinder eifrigst eine andere Person oder Sache für Irrtümer oder Versäumnisse verantwortlich machen. Im Innersten fühlen sich Krebse oft für alles verantwortlich und entwickeln ein sorgfältig ausgearbeitetes System von vernünftigen Erklärungen, um zu verhindern, daß sie von ihrer Verantwortung überwältigt werden. Eltern können hier helfen indem sie klare Maßstäbe setzen, und sie sollten sich überzeugen, daß ihre Erwartungen deutlich ausgedrückt und verstanden wurden.
Denkverhalten: Der junge Krebs zieht es scheinbar vor, aus dem Instinkt und intuitivem Denkverhalten heraus zu leben. Häufig kommt er sich dumm und unzulänglich vor. In vielen Fällen verwenden Krebs-Kinder eine Menge Energie darauf, andere in Entscheidungen zu tricksen oder dazu zu beschwatzen, die sie eigentlich selbst treffen müßten, um so die Verantwortung für den Ausgang einer Sache auf andere abzuwälzen. Oftmals wird ihnen danach klar, daß sie die Antworten gewußt hätten und sie kommen sich dann gescheiter vor als die, die sie dazu verleitet haben, für sie zu denken. Eltern, die dieses Spiel vermeiden wollen, können überzeugt davon sein, daß Krebs-Kinder ihre Probleme ihrem Alter entsprechend sinnvoll lösen werden. Kleine Krebse können anfangs dabei besonders widerstrebend sein, weil sie diese Erwartungen seitens der Eltern als einen Mangel an Zuneigung betrachten. Sie können so langsam vorgehen, daß der verunsicherte Erwachsene einspringt und alles erledigt: Wieder auf den Leim gegangen!

Beziehungen

Da kleine Krebse mit anderen vorwiegend innerhalb ihres eigenen persönlichen Rahmens verkehren, sind gemeinsame Erfahrungen der einfachste und bequemste Weg, ein Krebs-Kind kennenzulernen. Obwohl sie vorsichtigt erscheinen und Zutrauen langsam entwickeln, möchte der kleine Krebs doch ganz verzweifelt gern andere lieben und auch wiedergeliebt werden, so daß er jeder diesbezüglichen Bemühung anderer mit großer Wertschätzung und Loyalität begegnet.
Mutter: Das Krebs-Kind erwartet, daß seine Mutter gerecht, unparteiisch, rücksichtsvoll, geschmackvoll und gesellschaftlich erfahren

ist. Der junge Krebs kann in qualvolle Verlegenheit geraten, wenn er glaubt, daß die Mutter einen gesellschaftlichen Fehler gemacht hat.

Mütter, die das Gefühl haben, diesen Erwartungen nicht entsprechen zu können, sollten dem kleinen Krebs geeignete soziale Verhaltensweisen nahebringen und ihn zu einer der größten Freuden im Leben eines Krebses hinführen: zur Musik. Konzerte, Theater, Museen und andere kulturelle Ereignisse werden positive Erfahrungen für Mutter und Kind sein.

Krebs-Kinder sind in bezug auf ihre Mütter von allen Zeichen des Tierkreises am widersprüchlichsten. Vor allem muß die Mutter im Einklang mit sich selbst und kosequent sein; sie wird den kleinen Krebs nicht immer zufriedenstellen können. Das kleine Krebs-Kind wird von der Mutter Erklärungen für jene »geheimen« Regeln erwarten und kann gleichzeitig ihr Wissen übelnehmen. Es braucht ihre uneingeschränkte Liebe und Zuneigung und kann seine eigenen Bedürfnisse ihretwegen vernachlässigen. Ausgeglichenheit, ehrliche und gleichbleibende Fürsorge sind die beste Möglichkeit, mit den widersprüchlichen Forderungen des kleinen Krebses umzugehen.

Vater: Der junge Krebs erwartet, daß der Vater bestimmt, stark, zornig ist und selten »da« ist. Er sucht die Führerschaft seines Vaters und ist selten über Mißbilligung überrascht. Väter, die diesem Macho-Image ungern entsprechen wollen, können am einfachsten über gemeinsame Spiele zum Herzen des kleinen Kindes finden, Kinderspiele, keine Spiele, die den Eltern ein zu großes Übergewicht geben. Wenn Papi seiner eigenen kindhaften Verspieltheit und anderen Emotionen freien Lauf läßt, wird er einen freundlichen und entzückten Spielgefährten haben. Waldspaziergänge, Aktivitäten in der Nähe oder am Wasser, Spielen mit Puppen sind alles Wege zur Verehrung und Bewunderung des jungen Krebses für seinen Vater.

Geschwister: Dem kleinen Krebs erscheinen seine Geschwister gescheiter, sauberer, vollkommener und weniger tolerant als er selbst. Da er glaubt, daß sie mehr wissen als er, kann er ihnen Kritik entlocken und diese tolerieren. Der junge Krebs kann Schwierigkeiten haben, sich seinen Geschwistern ebenbürtig zu fühlen. Er kann sich schwächer vorkommen als sie und ihres Schutzes bedürfen, oder stärker, und sich deshalb von ihnen gebraucht fühlen und ihnen verpflichtet sein. Der kleine Krebs sorgt sich um die Gesundheit seiner Geschwister.

Freunde: Das Krebs-Kind vertraut stark, manchmal sogar blindlings, Freunden und solchen, die freundlich zu ihm waren, und er erwartet dasselbe von ihnen. Es ist unkritisch und nachsichtig Freunden gegenüber und es kann ihm schwerfallen, zwischen Loyalität, Dankbarkeit und Liebe zu unterscheiden. Es kann die mangelnde Ausschließlichkeit eines Freundes als Betrug empfinden und zutiefst verletzt sein, wenn jemand außer ihm noch andere Freunde hat. Das Krebs-Kind fühlt sich oft zu Menschen hingezogen, die schwächer oder bedürftiger sind als es selbst und es kann überrascht und gekränkt sein, wenn seine Freunde an ihm hängen, von ihm fordern, ihn vergessen oder sich auf eine Weise verhalten, die ihm unloyal erscheint. Der kleine Krebs liebt die Zuverlässigkeit und Bequemlichkeit einer seit langer Zeit bestehenden Freundschaft und er kann an einer solchen Beziehung selbst dann noch festhalten, wenn sie für ihn schon lange nicht mehr sinnvoll ist.

Verstand/Information/Schule

Vieles, was der Krebs weiß, kommt aus der Intuition und ist aus diesem Grund nicht unbedingt vertretbar. Der Krebs absorbiert Information wie ein kleiner Schwamm, geradezu aus der Luft. Dies birgt die Gefahr, daß die Informationen nicht vollständig sind und der kleine Krebs sie, sich dessen bewußt, durch seine eigenen kreativen Gedankenverbindungen ergänzt.
Nur wenn er sich fürchtet oder absolut in die Ecke getrieben sieht, wird der junge Krebs lügen, sonst kaum, aber seine phantasievollen Erklärungen können für Erwachsene wie Unwahrheiten klingen. Krebs-Kinder müssen wissen »Warum«. Wenn sie keine Erklärungen bekommen, erfinden sie welche. Der kleine Krebs neigt dazu, Details zu sehen. Nur durch das Zusammenfügen von Einzelheiten begreift er eine Situation ganz. Aber er kann sich möglicherweise auf ein Detail konzentrieren und sich weigern, den großen Rahmen zu sehen, was dazu führt, daß Erwachsene meinen, der kleine Krebs übertreibe und sei störrisch. Wenn er sich etwa daran erinnert, daß Mami Apfelsaft serviert hat, als er das letztemal krank war, kann er glauben, es sei dieses Getränk gewesen, das ihn kuriert hat, und er

fühlt sich schlecht behandelt und vernachlässigt, wenn er diesmal keinen Apfelsaft bekommt. Der junge Krebs muß alle Einzelheiten wissen und gesagt bekommen, daß er sich nicht mit dem offensichtlichsten oder vorteilhaftesten Aspekt einer Sache begnügen darf. Er muß ebenso unterscheiden lernen, welche Details wichtig sind und welche nicht. Diese Tendenz, Dinge so stark eingeengt zu sehen, mag verträumt oder belanglos erscheinen, führt aber letztendlich zur Entwicklung der außerordentlichen Konzentrationsfähigkeit und Kreativität des Krebses.

Das Erinnerungsvermögen des Krebses ist an seine Sinne gebunden. Er kann z. B. einen Geruch mit einem Gefühl in Verbindung bringen, ohne sich an das eigentliche Ereignis erinnern zu können. Die meisten kleinen Krebse haben ein gutes Gedächtnis, können aber durchaus später den Sinn des Gelernten nicht mehr wissen. Der kleine Krebs saugt Informationen erst einmal auf und entwickelt sie später weiter. Zwischen Aufnahme und Verstehen besteht eine gewisse Verzugszeit. Infolgedessen kann der Eindruck entstehen, daß der kleine Krebs unfähig sei, sich klar auszudrücken. Er benötigt eine gewisse Zeit zu denken und er kann das Vertrauen in die Fähigkeit, sich mit Worten verteidigen zu können, verlieren. Er kann ebenso der Meinung sein, daß andere klüger sind als er, und wird entweder versuchen, seinen überlegenen Verstand zu beweisen oder verzagt aufgeben. Im einen Fall wird er kritisch wirken und praktisch nie zufriedenzustellen sein, im anderen Fall kann er langsam oder dumm erscheinen. Wenn er nicht leicht lernt, kann er glauben, er sei dumm, und er wird die Anstrengungen, die notwendig wären, um sich auf Gebieten, die für ihn wichtig sind, hervorzutun, ablehnen.

Kleine Krebse sind leichtgläubig und beeinflußbar. Wenn sie dies spüren, können sie ausgesprochen skeptisch werden und Angst davor haben, gehänselt, belogen oder bloßgestellt zu werden. In ihrer Gier zu glauben, neigen kleine Krebse dazu, praktisch alles in sich aufzunehmen. Es ist sehr wichtig, daß die zuständigen Erwachsenen aufrichtig gegen den jungen Krebs sind, daß sie bis zum Schulalter keine Wortspiele benutzen und niemals sarkastisch sind. Krebse lieben jedoch Späße und reagieren auf sanften Humor, wenn er nicht auf ihre Kosten oder die anderer geht. Erwachsene sollten sich die Mühe machen, dem kleinen Krebs Witze zu erklären.

In der Schule lernt der junge Krebs am besten durch Erfahrung. Er ist manuell geschickt und übt sich, indem er Dinge auseinandernimmt. Da er hervorstechen will, kann er aufgeben, wenn es ihm nicht gelingt, seinem eigenen Maßstab zu genügen. Er kann vorgeben, daß es ihm egal ist, er kann nachlässig oder unordentlich werden oder sich erbarmungslos antreiben. Er erwartet und fürchtet gleichzeitig Kritik. Positive Akzente werden den Krebs im Schulalter überraschen und motivieren. Er ist sehr aufnahmefähig und braucht zur Arbeit eine ruhige Umgebung, wo ihn nichts ablenkt. Obwohl die Vorschule wertvoll für die sozialen Fähigkeiten des Krebses sein kann, wird er wahrscheinlich genauso davon profitieren, wenn er daheim bleibt.

Höhere Schulbildung: Die hochgespannten Erwartungen hinsichtlich des Lohnes, den der Abschluß einer höheren Schulbildung mit sich bringt, werden beim Krebs bitter enttäuscht werden. Er braucht das Gefüge und den Schutz geregelter Ausbildung, er neigt jedoch besonders in der letzten Phase des Heranwachsens dazu, sich gerade dagegen aufzulehnen. Wenn er von der Idee höherer Bildung nicht gerade überwältigt ist, wird er auf künstlerischem Gebiet, im humanitären oder sozialen Bereich am besten am Platz sein. Wenn er auch Autorität schätzt und den Sinn von Zeugnissen jeder Art respektiert, kann er doch das System ablehnen, das solche Bestätigungen verlangt oder vergibt.

Verantwortung/Arbeit/Belohnung

Verantwortung und Arbeit: Der junge Krebs wird sich in jedem Fall äußerst verantwortungsvoll verhalten. Er will entweder die volle Verantwortlichkeit oder gar keine und er will die Dinge auf seine Weise und zu einem von ihm gewählten Zeitpunkt tun. Er kann anfänglich sehr begeistert über eine Verantwortung sein, dann aber das Interesse verlieren oder er kann sich so sehr mit seinen Verantwortlichkeiten identifizieren, daß er vergißt zu spielen. Er ist mehr mit der Entwicklung als mit dem Ziel beschäftigt und er kann sich so intensiv mit dem Mechanismus einer Aufgabe beschäftigen, daß er vergißt, sie zu vollenden. Der junge Krebs, der Verantwortung umgehen will, kann einen armseligen Beruf ausfüllen.

Junge Krebse sind harte Arbeiter, die, wenn eine Beschäftigung sie interessiert, dazu neigen, mehr zu tun, als von ihnen verlangt wird. Obwohl sie rebellieren werden, wenn ihnen jemand *sagt,* wie sie eine Aufgabe ausführen sollen, werden sie Vorschläge willkommen heißen und in Erwägung ziehen. Während Krebs-Kinder oft mehrere Aufgaben auf einmal anfangen und dann Schwierigkeiten haben, auch nur eine davon zu beenden, werden sie, wenn sie Seite an Seite mit anderen arbeiten, das Gefühl brauchen, daß sie genug zu tun haben. Sie ziehen es jedoch vor, allein gelassen zu werden, während sie eine Aufgabe bewältigen, und wenn sie mit anderen zusammen arbeiten müssen, legen sie Wert darauf, die Leitung zu haben. Zwingt man sie zur Gefolgschaft, werden sie Schwierigkeiten haben, genügend Enthusiasmus für die Aufgabe aufzubringen, obwohl sie oft die Hilfe vertrauter Erwachsener schätzen. Kleine Krebse arbeiten unter Druck nicht gut.

Belohnung: Die schönste Belohnung für ein Krebs-Kind stellt ein Lob dar, ganz besonders in der Öffentlichkeit, Anerkennung, Beliebtheit, Umarmungen sind ebenfalls wichtig für den kleinen Krebs, der es gern hört, wenn die Mutter dem Vater abends sagt, was für ein gutes Kind er heute war. Die Erlaubnis, eine Entscheidung zu treffen, die normalerweise nicht gestattet ist, wird eine andere reizvolle Belohnung für das Krebs-Kind sein. Das Vertrauen und die Zustimmung, die darin liegen, wenn man den kleinen Krebs entscheiden läßt, wohin man essen gehen könnte oder welche Farbe die Blumen haben sollen, die man kauft, sind bei diesem empfänglichen Kind nicht verloren. Schon junge Krebse haben einen ausgezeichneten Geschäftssinn und werden selbstverdientes Geld als Belohnung an sich betrachten.

Heim

Das Heim ist für Krebse gleichbedeutend mit Sicherheit, und kleine Krebse investieren viel Zeit und Energie in ihrem eigenen Bereich. Für sie ist das Heim ein sicherer und bequemer Hafen, in den sie sich zurückziehen, nachdem sie die Welt erforscht haben. Selbst für erwachsene Krebse ist das Heim gefühlsmäßig ein Hafen, in den sie bei hohem Seegang zurückkehren.

Der Raum des kleinen Krebses ist bequem, behaglich, freundlich und hübsch, gewöhnlich mit besonderen Erinnerungen und schönen Gebrauchsgegenständen angefüllt. Obwohl der Wunsch nach Zurückgezogenkeit beim Krebs nicht sehr groß ist, möchte er doch bestimmen, wer kommt und wann. Gewöhnlich heißt er seine Besucher willkommen und hat gerne Freunde zum Spielen bei sich. Er wird vermutlich Poster an den Wänden haben. Krebse schätzen unerwartete kräftige Farbtupfer zwischen denzenten Farben wie Grau, Weiß, Elfenbein, Lindgründ und Türkis.

Gesundheit

Kleine Krebse kümmern sich um ihre Gesundheit und können sich wegen kleiner Störungen grundlos Gedanken machen oder klagen. Sie können gewöhnliche Krankheiten bei sich und anderen dramatisieren. Bei größeren Angelegenheiten können sie jedoch stoisch und tapfer sein und ein Maß an Beschwerden ertragen. Krankheit ist für den kleinen Krebs eine Gelegenheit, allein oder abhängig zu sein, ein Weg seine Tapferkeit zu zeigen, Sympathie zu bekommen oder die Möglichkeit eines Aufschubes seiner Fürsorge für andere. Kleine Krebse können in Krankheiten ein Mittel sehen, das ihnen mehr Vertrautheit verschafft oder Aufmerksamkeit oder die emotionale Verbindung mit jemand, der wichtig für sie ist. Wenn kleine Krebse krank sind, brauchen sie viel Aufmerksamkeit und viel zu essen.
Herkömmlicherweise regiert das Zeichen Krebs den Magen- und Verdauungsstrakt. Die Gesundheitsprobleme kleiner Krebse werden sich wahrscheinlich durch Beschwerden in diesen Körperregionen manifestieren. Ausgesprochende Krankheiten können in Form von Magenverstimmungen, Ödemen, Energieverlust, Sehproblemen, Unregelmäßigkeiten der Menstruation oder als Folge übermäßigen Genusses auftreten.

Kindheitsjahre

Hinweis: Die Ängste, die im folgenden aufgeführt werden, dürfen niemals zur Bestrafung eingesetzt werden. Sie dienen dazu, Wege für Bestätigung und Zuwendung aufzuzeigen.

Geburt – 6 Monate

Der neugeborene Krebs ist zärtlich, liebenswürdig und hungrig. Er scheint dankbar zu sein für alles was er bekommt. Er hat ein feines Gespür für seine Umgebung und ist besonders auf Gefühle und unausgesprochene Botschaften seiner Mutter eingestimmt. Er registriert selbst kleinste Veränderungen und Abweichungen in ihrer Stimmung und ihrem Verhalten. Schon als Kleinkind kann der Krebs bemüht sein, auf seine Mami zu achten, indem er seine eigenen Bedürfnisse, Verhaltensweisen und Reaktionen ändert, um es ihr recht zu machen oder sich ihrem Verhalten anzugleichen. Die Mutter ist einwandfrei die wichtigste Person in der Welt des neugeborenen Krebskindes, und es wird scheu sein und Widerstand leisten, wenn andere Familienmitglieder oder Freunde es versorgen wollen. Kleine Krebse haben oft Verdauungsschwierigkeiten oder Eßprobleme und reagieren gut, wenn sie nach Bedarf gefüttert und liebgehalten werden.

6 – 18 Monate

Das Krebs-Baby ist schüchtern, immer noch niedlich und schnuckelig. Scheu und neugierig zugleich, muß man den kleinen Krebs ermuntern, seine Umwelt aktiv zu erforschen und an dem, was um ihn herum vorgeht, teilzunehmen. Er ist kreativ und wird durch neue Informationen angeregt und freut sich, wenn er bei Aufgaben helfen darf, die gewöhnlich von der Mutter erledigt werden. Er liebt Natur und Wasser.

18 Monate – 3 Jahre

Das Krebs-Kleinkind ist unstet und voller Widersprüche. Es ist reizend, störrisch, teilnehmend, besorgt, abwehrend, rebellisch, fügsam. Es ist leicht erregbar und feinfühlig und kann innerhalb von

Minuten von fürchterlichem Zorn zu gewinnendem Charme wechseln. Immer noch scheu und vorsichtig Fremden gegenüber, kann es der Meinung sein, daß es sich schüchtern und nett verhalten müsse, um die Zustimmung zu bekommen, deren es bedarf. Es kann alles persönlich nehmen, und glauben, daß selbst die harmloseste Bemerkung gegen es gerichtet ist, oder daß selbst ein besonders schlimmes Ereignis irgendwie sein Verschulden sei. Einen Hinweis auf seine Bedüfnisse kann man, solange es sie noch nicht gut mitteilen kann, aus dem entnehmen, was es anderen gibt, es ist überlicherweise das, was es sich selbst wünscht. Intuitiv und bisweilen übersinnlich, hat das Krebs-Kind manchmal einen imaginären Spielgefährten, oder besondere Orte und Dinge, die es für seine Sicherheit braucht. Seine Sinne sind ihm in dieser Zeit außerordentlich wichtig. Er scheint mit allem Kontakt zu bekommen und lernt am besten durch Schmecken und Berühren. Es ist oft schmutzig.
Sauberkeitserziehung: Kleine Krebse brauchen lange, bis sie sauber sind, wachen aber eines morgens auf und haben ihre Aufgabe erfüllt. Sie brauchen viel Lob und Aufmerksamkeit in dieser Trainingsphase, kleine Pannen sollten übersehen oder auf beiläufige und nachsichtige Weise gehandhabt werden.

3–6 Jahre:

Der Vorschul-Krebs ist sprunghaft, leicht erregbar und manchmal defensiv. Zeitweilig immer noch sanft, liebevoll und teilnehmend, neigt er weiterhin dazu, alles persönlich zu nehmen und wird sofort zum Angriff übergehen, um sich zu schützen. Eltern werden dem sanften und liebevollen Baby nachtrauern und sich der normalen Entwicklung des Kindes widersetzen. In einem Moment tränenüberströmt, im nächsten zornig, ist der kleine Krebs dramatisch und scheint von Emotionen überwältigt. Er kann sich freuen, wenn er Erwachsene streiten sieht, und obgleich dies ein guter Weg sein kann, zu lernen wie man mit Zorn umgeht, müssen Eltern sich vergewissern, daß der kleine Krebs nicht irgendwie die Streitfrage herbeigeführt hat. Der Vorschul-Krebs kann noch immer magische Phantasien und imaginäre Spielkameraden als Vorbereitung auf seine spätere reiche Kreativität haben.

6– 12 Jahre:

Der Krebs im Schulalter ist noch immer voller Widersprüche. Vorsichtig, sensitiv und abwehrend, kann er ohne ersichtlichen Grund trotzig und launisch, dann wieder rebellisch und aufbegehrend sein und möglicherweise ein heftiges Temperament entwikkeln. Er gibt sich entweder unreif oder pseudo-erwachsen und kann zwischen extremen Gefühlszuständen hin- und hergerissen sein, »himmelhoch-jauchzend, zu Tode betrübt«, er handelt verwirrt, anstatt seine Probleme zu lösen. Er neigt dazu zu glauben, daß andere ein Geheimnis haben, von dem er nichts weiß. Gewöhnlich stellt sich heraus, daß andere Regeln kennen, die der kleine Krebs ablehnt. Er kann sich jedoch sehr streng an Vorschriften halten, mit denen er sich identifizieren kann. Der junge Krebs ist sich dessen bewußt, was andere denken, und er wird sich in diesem Alter wahrscheinlich zu einem Gefolgsmenschen entwickeln. Erwachsene tun deshalb gut daran, die Menschen, Ideen und Regeln im Auge zu behalten, denen der kleine Krebs nacheifert.
Der Krebs im Schulalter neigt dazu sowohl unterwürfig als auch unbeugsam zu sein, und hat die meiste Zeit das Gefühl, sich festgefahren zu haben und traurig zu sein. Sich zu entschuldigen, kann für ihn ein Weg sein, Bestätigung und Beifall zu erzwingen. Es ist unumgänglich für sie, daß man sie für ihre Aktionen verantwortlich hält, unabhängig von Entschuldigungen. Eine hilfreiche elterliche Reaktion auf eine Entschuldigung ist: »Es ist nicht wichtig für mich, daß es dir leid tut, für mich ist es wichtig, daß du das nächste Mal denkst, bevor zu etwas tust.« Persönliche Zurückhaltung hat dieselbe Funktion. Der kleine Krebs muß andere Wege aufgezeigt bekommen, wie er Unterstützung und Ermunterung bekommen kann.
Die Energie des kleinen Krebses schwankt sehr. In einem Moment kann er voller Tatkraft, im nächsten völlig lethargisch sein. Wenn er jedoch gerade nicht davon überwältigt wird, bleibt er sanft und voller Zärtlichkeit, Sympathie und Fürsorge.

12 –18 Jahre

Der heranwachsende Krebs hat gewöhnlich frühere Widersprüchlichkeiten in eine von zwei Verhaltensweisen verwandelt. In beiden

Fällen bleibt er launisch, defensiv, rücksichtsvoll, empfindsam, schwärmerisch und erzieherisch. Darüber hinaus kann der eine Krebs konservativ, bedachtsam, sentimental, grausam, vorsichtig, pragmatisch, verantwortungsvoll und aktions-orientiert sein, der andere Krebs mehr dramatisch, auffallend, unkonventionell, rebellisch, irritierbar, widerstrebend und unordentlich sein. Beide können widersprüchliche Gefühle im Hinblick auf ihre Familie haben, und entweder wünschen, so schnell als möglich aus dem Haus zu gehen oder für immer bleiben zu wollen. Beide Verhaltensweisen sind eine Herausforderung der Familienvorstellungen. Jeder empfindet sich einerseits völlig anders als die anderen, sich auf der anderen Seite ihnen jedoch hoffnungslos gleich. Heranwachsende Krebse neigen dazu, sich selbst zu bestrafen, bevor ein anderer die Gelegenheit dazu hat und sie können sehr streng mit sich sein. Sie brauchen einen Erwachsenen der ihnen Geduld mit sich selbst beibringt und zwar durch Belehrung und Vorbild. Teenage-Krebse leiden manchmal unnötigerweise darunter, etwas beweisen zu müssen, damit sie die Gewißheit haben, ernst genommen zu werden.
Das Einfühlungsvermögen des Krebses, seine Fürsorge und Geduld für andere bleiben jedoch erhalten. Sie rufen bei anderen leicht Vertrauen und Zutrauen hervor. Sie können sich einer Person, einer Gruppe oder einer Sache sehr verbunden fühlen. Ihre natürliche Begabung für das Dramatische und Unvermeidliche führt sie dazu, sich Gruppen anzuschließen, die sich der Verbesserung der Welt verschrieben haben oder eine Kunstrichtung unterstützen. Solche Gruppen können wirksame und gesunde Kanäle für die Tatkraft des Krebses sein, seinen Sinn für Dramatik und seinem Bedürfnis nach Zugehörigkeit, Einfluß und Zustimmung entgegenkommen.
Heranwachsende Krebse können sich vor körperlichen Veränderungen fürchten, besonders da ihre Entwicklung oft früher beginnt als die Gleichaltriger. Sie können ihre Sexualität völlig ignorieren oder ihre frühzeitige Entwicklung ausnutzen, um Liebe, Fürsorge, Macht oder Popularität zu erlangen. Es ist möglich, daß sie erst dann an ihre Reife glauben, wenn sie selbst ein Kind haben.

Löwe-Kinder

23. Juli – 22. August

Allgemeine Eigenschaften

Während viele der im folgenden beschriebenen Charakteristika für die meisten Löwe-Kinder zutreffen werden, können andere, manchmal widersprüchliche Eigenschaften sehr wohl *auch* bei dem Kind, das unter diesem Zeichen geboren ist, in Erscheinung treten.

Eltern werden schnell von ihrem aufgeweckten und heiteren Löwe-Baby gefangen sein. Es wird ihre zärtlichsten und fürsorglichsten Gefühle wecken und eine besonders ihm eigene Wärme zurückstrahlen. Es ist für jeden schwer einem Baby zu widerstehen, das so offensichtlich strahlt, wenn man den Raum betritt; und der kleine Löwe, der von der Sonne regiert wird, ist ein Baby, das gerne für die leuchten möchte, die um ihn herum sind. Der Löwe ist ein Baby, bei dem Menschen sich praktisch darum streiten, es einmal halten und drücken zu dürfen, und da dieses Kind die ihm geschenkte Aufmerksamkeit und Zuneigung genießt, wird es noch heiterer. Der neugeborene Löwe entzückt seine Umgebung und bringt Daseinsfreude in das Leben derjenigen, die mit dem seinen verknüpft sind.

Das Löwe-Kind ist normalerweise unterhaltsam und charmant. Es ist gesund, freundlich, mutig und risikofreudig, wo andere zurückscheuen. Infolgedessen verlassen sich Familien oft auf die Unterstützung und Anerkennung durch ihr Löwe-Kind und sind in schwierigen Zeiten von seiner Stärke abhängig. Häufig wird allerdings angesichts dieses offen und freimütig angebotenen Trostes und Vertrauens übersehen, daß der Löwe selbst auch ein Bedürfnis nach Unterstützung und Anerkennung hat. Für selbstverständlich genommen zu werden und nicht genug Aufmerksamkeit zu bekommen, sind die größten Befürchtungen des Löwen. Obwohl Menschen, die der Meinung sind, daß es dem Löwen gut geht und daß er sehr wohl auf sich selbst achten kann, oftmals recht haben, können sie den tiefen Wunsch dieses Kindes nach Beachtung übersehen.

Das Verlangen des Löwen nach Zustimmung und Aufmerksamkeit kann so groß sein, daß er sich schon recht früh dessen bewußt wird, daß hier seine Verwundbarkeit in bezug auf Schmeichelei liegt. Er kann sich für eine reservierte und zynische Haltung entscheiden, damit ihn die Bemerkung, daß er »ein gutes Kind« sei, nicht so leicht beeinflußt. Wenn ihm jemand zu viele Komplimente macht, wird sich der junge Löwe fragen, was man von ihm will. Wenn ihm jemand zu geringe Aufmerksamkeit zollt, kann er seine Tätigkeit unterbrechen. Der kleine Löwe kann das Kompliment: »Was für eine gute Arbeit!« als Beeinflussung deuten oder er interpretiert fehlendes Lob als Mißfallen. Liebevolle Eltern werden Lob und Aufmerksamkeit konsequent spenden, und was noch wichtiger ist, aufrichtige Eltern können außerdem viele wortlose, aber bedeutungsvolle Zeichen von Aufmerksamkeit zwischen sich und ihrem Kind entwickeln (Schulterklopfen, ein anerkennendes Lächeln, Streichen über die Haare), die ihm ein Gefühl der Unterstützung und Anerkennung ohne ständige Schmeichelei vermitteln.

Der junge Löwe ist innerlich so anfällig für Beachtung, daß er dennoch alle, selbst offensichtlich unaufrichtige Komplimente glauben möchte. Er kann Komplimente, die andere Kinder als lächerlich oder scherzhaft betrachten, ernst nehmen. Und wenn der junge Löwe durch positives Verhalten keine Aufmerksamkeit erzielen kann, wird er etwas Negatives tun, um Aufmerksamkeit auf sich zu ziehen: Der kleine Löwe will bemerkt werden, koste es was es wolle!

Wenn es sich sicher fühlen soll, muß das Löwe-Kind das Gefühl haben, daß es erhebliche Kontrollmöglichkeiten über seine Umgebung hat. Es weiß gerne, daß es Einfluß hat und daß seine Wünsche und sein Tun Veränderungen bewirken können. Es mag das Gefühl nicht, daß andere es kontrollieren wollen und wird sich derartigen Versuchen widersetzen.

Wenn etwas getan werden muß, ist der einfachste Weg, den Löwen dazu zu bewegen, daß man mit beifälligen und ermunternden Worten an seine Großzügigkeit, Reife oder seine Fähigkeiten appelliert. Der schwierigste Weg, ihn zur Mitarbeit zu bewegen, ist ihn zu zwingen. Der kleine Löwe hat es nicht gerne, wenn man ihm direkt sagt, daß er etwas tun muß. Manchmal neigen Eltern dazu, indirekt zu sagen, was getan werden muß und zählen auf den kleinen Löwen und sein Bedürfnis nach Zustimmung. Z. B. »Spülen würde diesen Tellern sicher nicht schaden«, dieser indirekte Weg hat manchmal Erfolg, kann aber auch dazu führen, daß das Kind angestrengt überlegt, was die Eltern wollen, und es kann so zornig werden, daß es zwar tut, was man ihm indirekt aufgetragen hat, aber aus Rache einen Teller zerbricht. Ein heilsamer Weg, dem Löwen etwas auf indirekte Art zu sagen wäre: »Du hast diese Woche so willig geholfen, würdest du vielleicht gerne noch eine Sache machen? Das Geschirr müßte gespült werden und ich wäre so froh, wenn du dich entschließen könntest, es zu tun.« Während der Löwe dann die Teller spült, wird er sich über ein elterliches Lächeln oder Lob für die ausgeführte Arbeit freuen.

In seiner außerordentlichen Widerspenstigkeit wird das Löwe-Kind ein beachtlicher und einschüchternder Gegner sein, der sich gewöhnlich absolut im Recht fühlt. Neben seinem Bedürfnis ein gewisses Kontrollgefühl zu erproben, kann sich der junge Löwe manchmal über Gebühr verantwortlich fühlen, oder er wird versuchen, Aktionen und Entscheidungen seiner Umgebung zu dirigieren. Wenn jemand eine andere Wahl trifft als er selbst, wird der Löwe sie verächtlich abtun (»Was für eine dumme Entscheidung das war«), oder er wird seine beträchtliche Überredungskunst einsetzen, um den anderen davon zu überzeugen, daß er seine Meinung ändern muß. (Wenn du darauf bestehst, die Dinge auf diese Weise zu erledigen, werden wir heute nicht mehr ins Kino kommen und du wirst nie »Die Reise nach Indien« sehen, oder: du wirst der einzige im dritten Schuljahr sein, der nicht weiß, wer Kapitän Hornblower ist ...).

Der junge Löwe kontrolliert ebenso gerne seinen physischen Bereich und er wird sehr böse, wenn er in der Art und Weise, wie er Dinge zu tun gewohnt ist, unterbrochen wird. Der kleine Löwe wird darauf bestehen, die Dinge auf seine Art zu tun, und er erwartet, daß andere dies respektieren. Wenn das Löwe-Kind in der einen Woche im Musikunterricht auf dem mittleren Platz in der ersten Reihe sitzt, erwartet es, daß es in der nächsten Woche auf demselben Stuhl sitzen kann und wird nicht verstehen können, wie sich jemand erdreisten kann, auf seinem Platz zu sitzen. Dies ist nicht dasselbe wie die Zwanghaftigkeit der Jungfrau, sondern eher ein Teil des Sicherheitsbedürfnisses des Löwen.

Die Überzeugung, daß er recht hat und sein Bedürfnis, andere zur Übereinstimmung mit sich zu bewegen, kann Eltern und sonstige Familienmitglieder veranlassen, sich in Machtkämpfe mit dem kleinen Löwen einzulassen. Andere werden ihn sofort unterdrücken wollen und versuchen, den Löwen in die weniger bedrohliche Position dessen, der Zustimmung sucht, zu drängen. Dies kann den kleinen Löwen mit Verzweiflung über seine Hilflosigkeit erfüllen, und andere Familienmitglieder werden über die Intensität des hervorgerufenen Streites erschrecken. Väter scheinen in der anfälligsten Position für solche Machtkämpfe mit einem Löwe-Kind zu sein und sie sollten zuerst einige Minuten darüber nachdenken, wie sie reagieren wollen, bevor sie es mit dem kleinen, störrisch gelaunten Löwen aufnehmen. Als Ausgleich für die Schwierigkeiten zwischen Vätern und einem Löwe-Kind erfreuen sich kleine Löwen eines gesunden Konkurrenzempfindens und sie werden ihre Väter als Herausforderung zur Nachahmung betrachten.

Eine Möglichkeit für den jungen Löwen, sich Anerkennung und gleichzeitig Kontrolle in Situationen zu verschaffen wäre es, wenn eine Gruppe Gleichaltriger führen würde. Der kleine Löwe glaubt, wenn Leute tun, was er sagt oder tut, dann müssen sie seiner Meinung sein. Der Löwe glaubt wirklich, daß Nachahmung die ernsthafteste Form von Schmeichelei ist und er fühlt sich selten verletzt, wenn man ihn kopiert, solange jedermann anerkennt, »wer angefangen hat«.

Löwen lieben es, Ratschläge zu erteilen und anderen Leuten zu sagen, was sie tun sollen. Bevor er das Taktgefühl entwickelt, das er im Erwachsenenalter zeigt, kann ein Löwen-Kind jedoch herrschsüchtig und anmaßend auftreten. Ohne Gefolgschaft und deren stillschweigende Bestätigung wird der junge Löwe einfach aufhören mit dem was er tut, wenn er damit keine Beachtung erregt. Anders als der Widder, der Jünger als belastend empfindet, sucht der Löwe diese und fühlt sich am wohlsten mit Publikum und unter gleichgesinnten Freunden.

Der junge Löwe erfaßt am besten, wie er ankommt, wenn er die Reaktionen anderer beobachtet und er wird automatisch sein Verhalten anpassen, wenn diese Reaktionen nicht seinen Wünschen entsprechen. Dies kann seine Erziehung in einigen Situationen sehr vereinfachen. Wenn er keine zustimmende Signale erhält, wird der kleine Löwe so lange verschiedene Verhaltensweisen ausprobieren, bis er eine findet, die ihn und die Eltern zufriedenstellt. Der junge Löwe braucht andere Menschen als Spiegel und er kann Schwierigkeiten haben, anderer Leute Vorlieben oder Verhalten zu verstehen, wenn er nicht sehen kann, daß sie seine eigenen Neigungen und sein Verhalten reflektieren. Die manchmal erstaunlichen Kreativitätsausbrüche des kleinen Löwen sind oft ein anderer Weg, seinen Einfluß auf die Umgebung zu testen, obwohl er seiner Originalität normalerweise keinen freien Lauf läßt, wenn er fürchtet, sie könne nicht akzeptiert werden.

Der kleine Löwe muß häufig der Beste, der Erste und Einzige sein. Er liebt und braucht es, im Recht zu sein. Häufig ist er ein Leistungsmensch und kann der Meinung sein, daß er sich hervortun muß, um bemerkt oder geliebt zu werden. Eltern müssen die Vortrefflichkeit ihres Kindes bestätigen, ihm aber auch versichern, daß sie die mittelmäßigen, unauffälligen Züge seiner Persönlichkeit ebenso mögen. Das Löwe-Kind muß stolz auf sich sein können und wünscht sich, daß auch die, die es liebt, genauso stolz auf es sind.

Das Löwe-Kind hat so viele positive Seiten, daß es gewöhnlich leicht für Eltern ist, stolz auf ihr Kind zu sein. Aber sie müssen Vorsicht walten lassen, damit ihr Stolz nicht in eine Forderung nach »besser und mehr« Erfolg ausartet, oder daß sie dem Kind die gebührende Aufmerksamkeit entziehen. Erklärungen wie: »Dies ist mein Kind. Ich bin Leos Vater« sind wetteifernd und verwirrend, während Erklärungen wie »ich bin stolz Leos Vater zu sein, wie tüchtig er doch ist« fördernd und eine Anerkennung für Leos Leistung sind.

Manchmal, besonders wenn Eltern durch ein anderes Kind eine Enttäuschung erfahren haben, kann der kleine Löwe das Bedürfnis haben, den Mangel eines anderen auszugleichen und der Welt zu beweisen, daß nicht alle Kinder der Müllers so sind. Er kann sogar die besondere Aufmerksamkeit auf die Unzulänglichkeiten des Geschwisters lenken, um im Vergleich dazu besser auszusehen, oder er kann sich zu immer größeren Leistungen antreiben, nicht nur zur eigenen Befriedigung, sondern um irgendwie die Familienehre wiederherzustellen. Selbst wenn eine solche Situation gar nicht existiert, neigt der junge Löwe dazu, sich selbst als Vorbild und Vertreter bestimmter Gruppen zu sehen: all die Müllers, alle Löwen, alle Rothaarigen. Er wird sein Verhalten genau beobachten, um bei der Gruppe gut anzukommen oder wenn er fehlgegangen ist, kann er sich sorgen, daß er der ganzen Gruppe Schande bereitet hat.

Sein Bedürfnis, gut auszusehen, steht in Konflikt mit dem Bedürfnis, in irgendeiner Weise außergewöhnlich zu sein, herauszuragen und als einmalig anerkannt zu werden, zumindest auf einem Gebiet. Wenn z. B. ein junger Löwe, der zu einer Minderheitsgruppe gehört, sagen wir ein australischer Austauschschüler, in der Klasse seines Gastlandes beim Nasebohren ertappt wird, wird er fürchten, daß die Kinder denken könnten, alle Australier würden in der Öffentlichkeit Nasebohren. Wenn aber derselbe Schüler einen Rechtschreibwettbewerb gewinnt, kann er befürchten, daß andere Schüler glauben könnten, er sei eine Ausnahme und nicht alle Australier so klug. Die häufige Erklärung der Löwen, sie seien zu stolz etwas zu akzeptieren, möglicherweise Hilfe oder ein Geschenk, das sie nicht auf ähnliche Weise zurückgeben können, bedeutet in Wirklichkeit, daß sie sich zu beschämt fühlen, das Angebot anzunehmen. Eltern müssen ihren Löwe-Kindern helfen, diese Verunsicherungen zu beobachten und eine realistische Einstellung in bezug auf ihren Einfluß auf eine Gruppe zu entwickeln.

Ein Teil der Löwe-Definition seiner Außergewöhnlichkeit beinhaltet für ihn, der Einzige zu sein, der etwas tun kann. Während Kinder anderer Sonnenzeichen, wie Wassermann oder Jungfrau, es belastend finden, der Einzige zu sein, der alles macht, blüht der Löwe durch seine Fähigkeit, etwas abseits der Menge zu stehen, auf. Wahrscheinlich wird er eifersüchtig die Möglichkeiten, Fähigkeiten oder sein Wissen, die es ihm ermöglichen außergewöhnlich zu sein, hüten und diese Geheimnisse mit niemanden zu teilen wünschen. Ein Löwe im Schulalter, dem gerade im Turnunterricht ein dreifacher Salto gelungen ist, wird der Klasse nicht sagen wollen, wie er das gemacht hat; er will sich in der Tatsache sonnen, daß er es getan hat und die anderen Kinder nicht.

Der kleine Löwe hat es gerne, wenn Menschen seine Informationen oder seine Dienste in Anspruch nehmen. Er ist gerne eine Autorität, der aber großzügig die Autorität anderer anerkennt, wenn er ihre Fachkenntnisse bewundert. Wenn er der Beste im Saltodrehen ist, wird er andere gerne unterrichten (nachdem er den Ruhm genossen hat) und nun den Lehrer unterstützen. Oftmals teilt er sein Wissen großzügig mit und wird durch das Gefühl, daß andere in seiner

Schuld stehen, motiviert. Solange dieses Ungleichgewicht existiert, wird der Löwe beruhigt diejenigen um Hilfe bitten, denen er geholfen hat.
Schon in ganz jungen Jahren beginnt der Löwe sorgsam geheime Strichlisten von Soll und Haben auf einem imaginären Bankkonto zu führen. Er kann z. B. einem Kindergartenfreund helfen seine Stiefel anzuziehen in der Hoffnung, daß dieser ihm beim Reißverschluß an seiner Jacke hilft. Später wird er sich sehr stark bei der Wahlkampagne eines Freundes zum Schulsprecher engagieren und erwarten, daß der Freund ebenso hart einsteigt, wenn er selbst im nächsten Jahr für das Amt des Vorsitzenden der Schülermitverwaltung nominiert werden will. Manchmal, wenn der Löwe keine Gegenleistung haben will, wünscht er Lob oder Zuneigung für seine Arbeit. Wenn er nicht für den Vorsitz kandidiert, erwartet er Dankbarkeit und Loyalität von seinem Freund und fühlt sich verletzt, selbst dann, wenn er auf äußerst behutsame Weise kritisiert wird. Wie das Krebs-Kind kann der Löwe schlecht zwischen Dankbarkeit, Liebe und Loyalität unterscheiden und er wird annehmen, daß Menschen ihm derartige Gefühle entgegenbringen, weil sie sie ihm schulden. Andererseits wird er Gesten der Zuneigung mißtrauisch begegnen, wenn er glaubt, diese würden ihm entgegengebracht, weil man sie ihm schulde. Erwachsene sollten spontan großzügig dem kleinen Löwen gegenüber sein, ihn belohnen, wenn er es verdient hat, und auch zu Zeiten, wenn er es nicht verdient hat, einfach weil ihnen danach ums Herz ist.
Der junge Löwe muß wissen, wie Dinge funktionieren und er kann seine Informationen dazu benutzen, zu versuchen, eine Situation unter Kontrolle zu behalten. Er liebt alle Arten von Werkzeug und Zubehör und wird Dinge, wann immer es ihm möglich ist, selbst richten. Wenn er die Arbeit selbst getan hat, weiß er, daß sie richtig gemacht wurde und daß er voll verantwortlich ist. Wenn sein Fahrrad kaputt ist, wird er versuchen, es selbst zu reparieren, bevor er es zu einer Werkstatt bringt. Der Löwe hat eine komische Art, wirtschaftlich und verschwenderisch zugleich zu sein. So kann er z. B. mehr Geld für Werkzeug ausgeben, das er benötigt um sein Rad zu reparieren, als er aufwenden müßte, wenn er sein Rad beim Händler in Ordnung bringen lassen würde.
Das Löwe-Kind ist normalerweise großzügig anderen Menschen gegenüber und macht durchdachte und passende Geschenke. Es

kann jedoch größere Schwierigkeiten haben, Dinge für sich selbst zu kaufen und wünscht sich häufig jemanden, der es begleitet und fachmännisch berät, ihm bei persönlichen Einkäufen hilft, sich zu entscheiden. Es liebt es, eine günstige Gelegenheit wahrzunehmen, ganz besonders, wenn es sich um Qualitätsware handelt.

Um seine Umgebung zu verstehen, muß der junge Löwe wissen, wie die Dinge heißen. Wenn etwas keinen Namen hat, wird der Löwe ihm einen geben. Häufig teilt er allen in seiner Umgebung Namen und Spitznamen zu. Sein Rad kann er Pedalen-Jule nennen, den Namen seines Freundes Roland zu Rolli abkürzen. Diese Namen scheinen häufig ein Eigenleben zu führen und können die verschiedensten Entwicklungsstufen durchlaufen. Eltern können sich schwertun, herauszufinden, wie die Katze diese Woche heißt. Der kleine Löwe liebt Geheimnamen und Codewörter und ist höchst kreativ und unterhaltsam, wenn er diesen Teil seiner Welt enthüllt. Ein Vorschul-Löwe erklärt seiner Mutter ganz ernsthaft: »Alle meine Schuhbänder haben Namen. Diese heißen Lotte und Luise weil sie auf der linken Seite sind, jene heißen Rita und Renate, weil sie in den rechten Schuh gehören. Wie sehr ich mich auch anstrenge gerecht zu sein, so vergesse ich doch immer abzuwechseln und schnüre stets den rechten Schuh zuerst und dann werden Lotte und Luise sauer und gehen ganz schnell wieder auf. Siehst du, sie sind schon wieder auf. Sie wollen Aufmerksamkeit, genau wie ich!«

Der Löwe im Schulalter ist oft ein freundlicher und gütiger Führer, enthusiastisch, dramatisch und fähig, andere zu motivieren. Dies sind oft Jahre, in denen die Löwe-Persönlichkeit leuchtend hervortritt. Wenn das größte Bedürfnis einer Person darin besteht, die Zustimmung und Gefolgschaft anderer zu haben, ist sie oft erstaunlich gut, was Führerschaft angeht. Der Löwe ist verantwortungsbewußt, engagiert, häufig lustig und unterhaltsam. Er übertrifft offensichtlich alle Erwartungen. Lehrer setzen Löwe-Schüler gerne als Führungspersonen bei Arbeitsgemeinschaften ein, da sie wissen, daß sie sich darauf verlassen können, daß die Aufgabe mit einem Minimum an Uneinigkeit innerhalb der Gruppe abgeschlossen wird. Wenn seine Führerschaft angefochten wird, kann dieser Klassenzimmer-Charmeur jedoch sehr diktatorisch und selbstgerecht sein, da er am besten zu wissen glaubt, was für alle gut ist und da alles nach seinem Kopf gehen muß. Ein herausgeforderter Löwe kann das Gefühl haben, daß seine ganze Identität in Frage gestellt sei und wird sich empört verteidigen oder schmollen. Er ist ehrgeizig und liebt die Macht, die zur Führerschaft gehört. Es ist sehr unwahrscheinlich, daß er seine Macht gutmütig aufgibt, es sei denn, er kann voraussehen, daß er später davon profitieren wird, etwa »Ich werde diesmal nicht für den Sprecherposten kandidieren, wenn ich dafür im Frühjahr wieder dabei bin«.

Ein Löwe-Kind, welches das Gefühl hat, nicht führen zu können und das aus irgendwelchen Gründen diese Eigenschaft in sich unterdrückt, wird sich sehr einsam fühlen. Es möchte dazugehören und fürchtet ausgeschlossen zu sein. Ein kleiner Löwe machte, wenn er ins Bad ging, nie die Tür zu, aus Angst, die Familie könnte das Haus verlassen, ohne daß er ihr folgen könnte. Der junge Löwe muß immer wissen, was vorgeht, und er kann sich verraten vorkommen, wenn ihm Informationen nicht mitgeteilt werden oder er glaubt dann, daß andere Geheimnisse haben. Er gehört gerne zu denen, die etwas wissen, das andere nicht wissen. Der kleine Löwe weiß gerne mehr als jeder andere, und da er glaubt, daß ihm dies besondere Macht oder Autorität verleiht, kann er verstört sein, wenn er glaubt, daß er mehr weiß als die Erwachsenen, weil er dann annimmt, daß sie nicht in der Lage seien, sich angemessen um ihn zu kümmern. Der Löwe muß darüber sprechen, wie er Situationen erlebt, um sicherzugehen, daß die Erwachsenen, von denen er abhängig ist, dasselbe Wissen haben oder mehr als er.

Der junge Löwe hat häufig eine tiefe Bindung an seine Familie. Sein Drang dazuzugehören ist so ausgeprägt, daß er Freunde und deren Familien ebenfalls als zur Familie gehörig betrachten kann. Ihm erscheint Familie als ein großer Stamm mit weitverzweigten Verbindungen. Ein junger Löwe gleich welchen Geschlechts in einer Führerposition betrachtet häufig die, die ihm folgen, als seine »Kinder«, als Menschen, für die er verantwortlich ist. Dies ist keine Arroganz, sondern eine Möglichkeit, seine Position und Identität genau zu definieren, was ihm erlaubt, in der Mitte dieser Stammesgruppierung gesondert zu stehen. Wenn er sich überlegen oder wenigstens gleichgestellt vorkommt, wird er sicher sein, nicht verschlungen zu werden oder in der Masse unterzugehen.

Während diese Vorstellung elternähnlicher Rollen für andere Kinder und manchmal sogar für Erwachsene irritierend sein kann, schafft das Löwe-Kind in dieser Rolle zeitweilig eine Umgebung, die anderen erlaubt zu spielen, sich an einer Situation zu erfreuen, ohne

sich dafür verantwortlich zu fühlen, und sich im großen und ganzen spontaner und kreativer zu verhalten.
Der junge Löwe liebt Herausforderungen, und ganz besonders liebt er es, zu gewinnen. Er liebt schwierige Aufgaben und ist oft mehr an deren Bewältigung interessiert als an dem, was folgt. Für das Löwe-Kind ist der Sieg selbst die Belohnung für seine Anstrengungen. Auf seiner intensiven Suche nach neuen Aufgaben, die er bewältigen kann, kann der Löwe hochtrabend wirken, aber seine großen Pläne und Träume verwirklichen sich zum Erstaunen der Beobachter häufig. Wenn er sich in verschiedene Aufgaben stürzt, kann der Löwe schließlich zugeben, daß er erschöpft ist, jedoch nicht lange. Dieses Kind besitzt eine Widerstandskraft und Ausdauer, mit denen es selbst größten Streß überwinden kann.
Das Löwe-Kind ist gewöhnlich gesund und zuversichtlich. Selbst wenn es Angst hat, wird es sich herausfordernd benehmen und vollbringt oft Dinge, wo andere aufgeben. Obwohl es seine Arbeit ernst nimmt, hält es sich Zeit frei zum Spielen und es spielt ebenso intensiv, wie es arbeitet. Der Löwe ist aristokratisch und großzügig, mit einem Hang zur Dramatik. Für ihn ist die Welt eine Bühne und er behandelt sie mit entsprechendem Respekt. Familien, die einen dynamischen kleinen Löwen in ihrer Mitte haben, werden in dessen aufregendes und herausforderndes Leben miteinbezogen, und da das Löwe-Kind mit dem Lob für seine Anstrengungen so großzügig umgeht, profitieren andere Familienmitglieder oft emotional und gesellschaftlich von ihm.

Empfindlichkeiten

(Mögliche Quellen für Mißverständnisse)

Dramatisches Verhalten: Da der junge Löwe gewöhnlich intensiv lebt, kann er glauben, daß seine Bedürfnisse und Gefühle unbeachtet bleiben, ehe sie nicht riesig sind. Er kann entweder warten, bis er glaubt, daß seine Gefühle enorm seien, oder er kann sie vorzeitig übertreiben, damit er sofort Hilfe bekommt. Der junge Löwe kann möglicherweise seine wichtigsten emotionalen Beziehungen zu anderen durch Klagen oder Krisen herstellen. Eltern sollten den sehr jungen Löwen beobachten, um sicher zu sein, daß seine Bedürfnisse keine bedrohlichen Ausmaße annehmen, und sie müssen dem älteren Löwen zeigen, wie er Aufmerksamkeit erreicht, ohne sich übersteigert aufzuführen. Da der junge Löwe sich ohne dramatische Vorkommnisse leicht langweilt, muß er alternative Möglichkeiten gezeigt bekommen, wie er sich selbst Abwechslung und Unterhaltung verschaffen kann und wie man Reiz und Vergnügen sowohl in Sicherheit als auch in Bequemlichkeit finden kann.

Das Löwe-Kind, das ständig übersteigert ist, läuft Gefahr, nicht ernst genommen zu werden, wenn sich eine wirkliche Krise anbahnt. Löwen, die in einer solchen Stimmung sind, haben den Hang zu stark verallgemeinernden Aussagen wie: »Ich war noch nie in meinem ganzen Leben so begeistert/ungehalten/zornig!« Während diese theatralischen Mätzchen sehr unterhaltsam sein können, sollten die Eltern doch eher entsprechend reagieren als einen Part in diesem Drama zu übernehmen. Sie müssen dem kleinen Löwen ihre Aufmerksamkeit zuwenden, bevor er in ein Krisenstadium gerät und ihm beibringen, um Hilfe zu bitten und Hilfe anzunehmen ohne vorher in Schwierigkeiten zu geraten. Es sollte nicht so weit kommen, daß Zuwendung mit der Belohnung dafür, daß man das jüngste Drama überlebt hat, assoziiert wird.

Positive Möglichkeiten, diese Löwe-Eigenschaften auszuleben, bieten sich in Theater und Politik, und der Löwe begibt sich oft spontan auf beide Gebiete, sowohl als Kind als auch als Erwachsener.

Eindruck/Wirkung: Der kleine Löwe liebt es, Eindruck zu machen und sagt und tut oft Dinge einfach aus Effekthascherei. Oftmals begreift er die Wirkung seines Verhaltens erst aus der Reaktion anderer und er rechnet damit, daß die Menschen in seiner Umgebung auf seine Anwesenheit und Aktionen reagieren. Wenn die Reaktionen der anderen jedoch negativ sind, sind seine Gefühle leicht verletzt.

Dem kleinen Löwen beizubringen, sich selbst zu beobachten und auf seine Aktionen zu reagieren, ist der erste Schritt zur Selbständigkeit und sowohl für die Eltern als auch für das Kind eine Aufgabe die ganze Jugendzeit hindurch. Er kann diese Selbstbeschränkung zuerst ablehnen, aus Angst, sie könne ihn von anderen trennen oder aus Furcht davor, sich damit begnügen zu müssen, nur der zweitbeste zu sein. Wenn er gewahr wird, welche Unabhängigkeit ihm aus dieser Fähigkeit erwächst, wird der Löwe in zunehmenden Maße erfreut sein und sich selbst vertrauen.

Besonders wenn er fühlt, daß er Teile seines Selbst verbirgt, wird der Löwe niemals ganz überzeugt sein, daß andere ihn mögen. Er wird glauben, daß sie nur seine Fassade, seine Maske mögen. Während z. B. das Waage-Kind sich wünscht, daß jedermann es gerne hat, konzentriert sich das Löwe-Kind darauf, die Zustimmung und Liebe derer zu bekommen, die es respektiert. Aber dennoch wird es, wenn es Zustimmung und Anerkennung findet, deren Aufrichtigkeit anzweifeln oder Angst haben, es könnten verborgene Verpflichtungen dahinter stehen. Der junge Löwe braucht in jeder Stimmung Beachtung, ganz besonders aber benötigt er die Bestärkung, daß er genauso begeisternd und wertvoll ist, wenn er einmal schwach und bedürftig erscheint, als wenn er stark und zuversichtlich ist.

Der junge Löwe liebt Publikum und gibt sein Bestes, wenn er beobachtet wird. Da viele Leute es nicht mögen, wenn sie beobachtet werden, können Nicht-Löwen diskret dann wegsehen, wenn der Löwe am meisten hofft, ihre Aufmerksamkeit zu erhaschen. Andere können peinlich berührt sein, wenn das Löwe-Kind sie so unverhohlen und nah beobachtet. Die Erlaubnis, zu beobachten und beobachtet zu werden, ist ein wichtiger Teil seines Lernprozesses, der zu seinem guten Selbstgefühl beitragen wird.

Vertrauen: Löwe-Kinder wirken sehr selbstsicher und zeigen ein hohes Maß an Selbstachtung besonders dann, wenn sie sich darstellen und Freude über ihre dramatische Begabung empfinden. Einige Eltern reagieren auf diesen Überschwang mit der Überzeugung, daß ihr Kind zu viel von sich hält und versuchen, seinen auf sich bezogenen Enthusiasmus zu zügeln. Dies ist völlig unnötig und überdies verletzend. Sie sollten nicht befürchten, daß sie ihrem Löwe-Kind zuviel Unterstützung, Aufmerksamkeit oder Beifall widmen. Nicht das Kind mit hoher Selbstachtung reagiert überlegen oder verwöhnt, sondern das Kind mit einem schwachen Selbstwertgefühl, das verzweifelt versucht, Unwürdigkeitsgefühle zu kompensieren.

Kontrolle: Kleine Löwen fühlen sich gerne für etwas verantwortlich und erscheinen oft sehr herrschsüchtig, wenn sie versuchen, die Dinge nach ihrer Vorstellung zu gestalten. Löwen werden ihre Führungsqualitäten ihre gesamte Kindheit hindurch verfeinern, aber sie werden verschiedene Phasen durchlaufen, während denen sie sich überheblich oder arrogant verhalten, weil sie mit diesen Fähigkeiten experimentieren. Wenn er nicht weiß, wie er sich verhalten

soll, wird er sich wie das Ebenbild seines Vaters oder einer anderen Vaterfigur verhalten.
Ein herrschsüchtiges Löwe-Kind ist wahrscheinlich verängstigt. Es kann denken, daß niemand außer ihm Verantwortung übernimmt oder daß die anderen nicht so klug sind wie es und es in unsichere Situationen führen werden. Eltern sollten ihrem Löwe-Kind versichern, daß sie wissen was sie tun und daß sie fähig sind, für sich und es zu sorgen. Wenn Eltern dies dem kleinen Löwen versichert haben und dann doch einen Fehler machen, wird das Kind sicher ungehalten sein. Man muß ihm sagen, daß jeder Fehler macht, daß Fehler machen nicht dasselbe ist wie mangelnde Kontrolle, und daß es auch unterstützt wird, wenn es Fehler macht. Diese Erlaubnis wird dem kleinen Löwen einen Teil seiner Angst vor Verantwortung nehmen und ihm erlauben, seine wilden Pläne und Herausforderungen weiterzuverfolgen.

Beziehungen

Da der junge Löwe oft nicht weiß, wie er sich benimmt, bis jemand reagiert, sind Beziehungen mit anderen Leuten lebensnotwendig für ihn. Er ist sich der Erwartungen und der Reaktionen anderer außerordentlich bewußt und wird gewöhnlich ihre Meinungen in Betracht ziehen, wenn er Entscheidungen für sich selbst trifft. Er möchte bemerkt und einbezogen werden und kann sein Verhalten ändern, um die für ihn notwendige Aufmerksamkeit zu erzielen. Ständig verändert und verbessert er sein Verhalten und seine Erscheinung, bis er sich einer gefälligen Darstellung sicher ist. Der Effekt beruht nicht auf der Änderung von Verhaltensmustern, sondern vielmehr auf einer Verfeinerung derselben, so als füge er einem Kunstwerk die letzte Vollendung hinzu. Der kleine Löwe wird dramatische Geschehnisse, Launen, Klagen oder Krisen dazu benutzen, vertraute Beziehungen mit anderen Menschen zu beginnen oder aufrechtzuerhalten.
Das Löwe-Kind fühlt sich von Macht angezogen und neigt dazu, Menschen und Systeme in Rangordnungen zu sehen. Es wird sich normalerweise entweder mit dem Mächtigsten verbinden oder mit dem, der die größte Leistungsfähigkeit besitzt. Es schätzt das

mögliche Gleichgewicht in solchen Beziehungen und glaubt, daß etwas von dieser Macht auch auf es abfärbt. Die Anziehung, die Macht auf das Löwe-Kind ausübt, kann dazu führen, daß es sonstige wichtige Merkmale an Personen übersieht, und der kleine Löwe muß darauf aufmerksam gemacht werden, daß auch andere Dinge Beachtung verdienen.

Der kleine Löwe wird seine uneingeschränkte Loyalität als Gegenwert für Aufmerksamkeit und wirksame Unterstützung anbieten. Er wird in jedem Fall eisern zu einem Freund stehen. Wenn er einmal jemandem seine Treue geschenkt hat, ist dies gewöhnlich für immer und unbestritten und er ist bereit, jemanden, den er liebt, lautstark und energisch zu verteidigen. Wenn er sich jedoch einmal betrogen fühlt, wird er dem Missetäter niemals vergeben. Da er manchmal andere selbst für kleine Gefälligkeiten oder geringen Beistand mit seiner Treue belohnt, kann es geschehen, daß sich der kleine Löwe plötzlich in einer Beziehung findet, die seine Kräfte verzehrt oder gefährlich für ihn ist. Eltern müssen darauf hinweisen, daß es unterschiedliche Stufen von Treue gibt und ihrem Löwe-Kind dabei helfen, von Zeit zu Zeit seine Gefühle und verschiedenen Verpflichtungen anderen Menschen gegenüber neu zu überdenken. »Glaubst du nicht, daß du Willi angemessen zurückgezahlt hast?« ist ein Weg, das Absolutheitsgefühl des Löwe-Kindes zu hinterfragen, ohne sein Wertempfinden zu schmälern.

Mutter: Während sich das Löwe-Kind bei seiner Mutter oft sehr sicher und gut aufgehoben fühlt, weil es ihre Reaktionen so leicht voraussehen kann, kann ihm die Mutter aber auch als einsam, geheimnisvoll und möglicherweise unerreichbar vorkommen. Wenn sich die Mutter ihm nähert, kann sich das Kind bedrängt oder gestört fühlen. Das eigene Bedürfnise der Mutter nach Ungestörtheit sollte dem kleinen Löwen erlauben, seinen eigenen Weg zu gehen, andernfalls erscheint es ihm als Vernachlässigung.

Mütter, denen diese Art der Kommunikation nicht genügt, werden auf Fingerzeige ihres Löwe-Kindes achten. Da der kleine Löwe sehr empfindlich auf Kontrolle, auf Antreiben und in Fragen des Stolzes reagiert, müssen Löwe-Mütter sehr genau abwägen und diesem Kind die notwendige Zustimmung geben, ohne daß es wie Forderung oder Einmischung aussieht. »Ich bin so stolz auf dich«, kann je nachdem wie ein Lob oder wie eine Forderung klingen, und es ist wichtig, daß die Mutter sich zuerst selbst im klaren darüber ist, damit sie es dann dem kleinen Löwen erklären kann. Der kleine Löwe ist ebenfalls bei allem, was ihm mechanisch vorkommt, mißtrauisch; und er wird skeptisch und auf der Hut sein, wenn die Mutter ihn ständig lobt oder ständig seine Arbeit rügt, insbesondere wenn sie stets dieselben Worte benützt.

Vater: Dem jungen Löwen erscheint sein Vater gewöhnlich als liebevoll, energisch, unerschütterlich, verläßlich und stark. Er kann ihm unbeweglich und starr vorkommen und er kann ihn als launisch und defensiv empfinden, als jemand, den man bezaubern und dem man um den Bart gehen muß. Der Löwe wird in Machtkämpfe mit dem Vater geraten, wenn er sich klüger als dieser vorkommt oder wenn er das Gefühl hat, daß der Vater sein Leben unbillig kontrolliert.

Väter, die keinen derartigen Eindruck bei ihrem Kind erwecken wollen, sollten ihrem Löwe-Kind unbefangen gegenübertreten. Sie sollten ihm aufmerksam zuhören und besondere Beachtung schenken, ohne es zu ermuntern, sich schlau oder unaufrichtig zu betragen. Das Löwe-Kind reagiert gut auf Einfühlungsvermögen, Aufmerksamkeit und die Bereitschaft zur Zusammenarbeit und wird dem Vater gewöhnlich seine Bewunderung und Loyalität entgegenbringen, wenn es fühlt, daß dieser beides »verdient«.

Geschwister: Selbst eigensinnig und auffallend, wird der kleine Löwe seine Geschwister als schwächer, saft- und kraftloser und weniger aufregend als sich selbst empfinden. Er fühlt sich jedoch gewöhnlich verpflichtet, sich um sie zu kümmern und sie zu beschützen. Oft entwickelt sich eine starke Bindung zwischen dem Löwen und wenigstens einem seiner Geschwister, d. h. wenn beide einverstanden sind, daß der Löwe der Chef ist. Während das Löwe-Kind oft sehr kreativ ist, wird man häufig eines seiner Geschwister den »Künstler« der Familie nennen.

Freunde: Der junge Löwe hat es gern, wenn alles so geht, wie er meint, und wählt sich oft Freunde, die er führen kann oder solche, die sich nicht um Machtverhältnisse kümmern oder diese nicht bemerken. Er kann zwei sehr unterschiedlichen Cliquen angehören, von denen eine oft aus Kindern besteht, die ebenso mächtig oder noch mächtiger sind als er. Der kleine Löwe ist loyal und großzügig seinen Freunden gegenüber und gewöhnlich ein anregender Kamerad, mit dem man gerne zusammen ist. Er ist häufig beliebt und gesucht, besonders dann, wenn es ihm gelingt, Abwechslung in das

Leben seiner Freunde zu bringen. Wenn er z.B. Sprecher der Studentenschaft ist, werden noch mehr Menschen seine Nähe suchen.

Verstand/Information/Schule

Der junge Löwe betrachtet die Schule gewöhnlich als einen Ort, an dem es gilt etwas zu leisten, Anerkennung zu finden und anerkannt zu werden. Er kann in der Schule ein großes Konkurrenzstreben entwickeln und ein starkes Bedürfnis zeigen, einer der Besten zu sein, und zwar wenigstens in einem Fach. Da er häufig visuell veranlagt ist, lernt er sehr gut durch Lesen und reagiert positiv auf Anschauungsunterricht, lebendige Erfahrung und lernt viel aus Gesprächen. Wie die junge Waage und der Zwilling lernt er am besten, indem er Vergleiche anstellt und Gegensätzlichkeiten untersucht. Im besten Falle vermischen sich Schule und Spiel für den jungen Löwen, und er lernt beim Spielen, und Lernen erscheint ihm als Spiel.

Appelle an das Herz des kleinen Löwen werden erfolgreicher sein als Appelle an seinen Verstand. Wenn er einen emotionalen Zugang zu einer Information hat, wird er sie besser verstehen und behalten. Der kleine Löwe kann sich auch sehr gut die Ideen anderer zurechtmachen, sei es zur Unterhaltung oder als Teil seiner eigenen Kreativität. Er kann höchst eigensinnig sein, wenn er einmal etwas von allen Seiten beleuchtet und eine Entscheidung getroffen hat. Er ist Ideen und Sachen gegenüber genauso treu wie Menschen gegenüber und wird eine Idee genauso schnell verteidigen wie einen Freund.

Höhere Schulbildung: Der junge Löwe wird anfänglich von weiterer Ausbildung sehr angetan sein, kann sich dann aber langweilen und anderweitig orientieren, wenn der Reiz des Neuen nachgelassen hat. In Dingen, die ihn interessieren, zeichnet er sich aus und schließt sich häufig Zielgruppen an oder solchen, die im Sozialbereich aktiv sind. Er beschreitet gerne neue Wege, nimmt gerne an Kursen mit neuartigen Themen teil und freut sich, wenn er der Erste auf einem besonderen Gebiet ist oder dort gar einen Abschluß machen kann.

Verantwortung/Arbeit/Belohnung

Verantwortung/Arbeit: Kleine Löwen nehmen Verantwortung sehr ernst und werden hart arbeiten, besonders dann, wenn Menschen in ihrer Nähe davon beeindruckt sind. Sie müssen zwischendurch gelobt werden oder sie werden die Aufgabe nicht zu Ende führen, und wie der Stier brauchen sie ihren eigenen Bereich. Der Löwe ist geduldig und wird gewöhnlich die Dinge zu Ende führen und obwohl er ganz entschieden seine eigene Art hat, eine Sache anzufassen, respektiert er Ziele und Grenzen, die man ihm setzt.
Wenn ihm jedoch niemand zusieht oder er das Gefühl hat, daß er einen niedrigen Dienst tut oder unterfordert ist, wird der junge Löwe gerne nachlässig. In diesem Falle wird er versuchen, die Arbeit weiterzureichen und regt andere an, seine Zäune zu streichen und delegiert Verantwortung wie ein Profi.
Belohnung: Das Löwe-Kind ist normalerweise bereit hart zu arbeiten, um Dinge, und was für es wichtiger ist, Anerkennung und Geld zu bekommen. Öffentliches Lob erfreut ihn. Er möchte bezahlt werden für das, was er tut, und wenn er Arbeiten delegiert, wird er sogar seine Angestellten bezahlen. Er sieht die Tatsache, daß ihm jemand bei seiner Arbeit hilft, oft als Belohnung an und nimmt Zuneigung, Sonderrechte und Spielsachen als Entsprechung für gut ausgeführte Jobs eifrig entgegen. Ebenso gerne ißt er außer Haus und freut sich, wenn er während der Arbeit an die Erfüllung eines solchen Versprechens denken kann.

Heim

Sein Heim ist sein Schloß. Oft ist es ein Ausstellungsplatz für die Schätze, die ihm am wichtigsten sind. Es ist geschmackvoll und wenn möglich einfallsreich und kostbar dekoriert. Der junge Löwe liebt kleine Ecken und Winkel und wird Dinge an unerwarteten Orten unterbringen. Das Löwe-Kind muß seine Privatheit und sein Umfeld respektiert sehen, und es wird oft auf einem Schloß an der Tür oder einer festen Abgrenzung seines Raumanteils bestehen.
Das Löwe-Kind wird einen großen Teil seiner Zeit glücklich allein in seinem Zimmer verbringen, manchmal am Telefon. Wenngleich es

auch besondere Freunde einlädt, so wählt es doch sorgfältig aus, wen es unterhalten möchte und warum. Es wird sein Zimmer mit Dingen aus dem Theater- oder Sportleben dekorieren und gewöhnlich helle, sonnige Farben für die Ausstattung wählen.

Gesundheit

Der junge Löwe erfreut sich gewöhnlich einer guten Gesundheit. Er ist robust und stark und kann unglaublich lange Zeit Dinge ertragen. Er ist oft nüchtern, was seine Gesundheit angeht, und in seinen Angewohnheiten verantwortungsbewußt. Obwohl er gerne auf den meisten Gebieten wie ein Erwachsener behandelt werden möchte, kann er sich davor fürchten alt zu werden und achtet sorgsam auf diesbezügliche Symptome.

Wenn das Löwe-Kind krank wird, kommt dies gewöhnlich daher, daß es sich überfordert hat und sich ausruhen muß. Krankheit kann für es ein Zeitgewinn sein oder Lampenfieber mildern oder seine oder die Aufmerksamkeit der Familie von unangenehmen Problemen ablenken. Wenn er krank ist, braucht der Löwe einen Namen für seine Krankheit und einen verständigen und vertrauenswürdigen Erwachsenen, der seine Pflege übernimmt. Er schläft viel, wenn er krank ist, er liest und möchte all die erfreulichen und beschaulichen Dinge, die er vernachlässigt hat, nachholen.

Traditionell regiert der Löwe den Rücken, die Knochen und die Brust. Gesundheitsprobleme bei ihm können Ohnmachtsanfälle sein, Schwächegefühle oder Seitenstechen. Sein Herzschlag kann unregelmäßig sein und er könnte Fieber oder Probleme mit den Augen oder dem Sehvermögen haben. Löwe-Kinder sind besonders durch Sonnenstich und Hitzschlag gefährdet.

Kindheitsjahre

Hinweis: Die Ängste, die im folgenden aufgeführt werden, dürfen niemals zur Bestrafung eingesetzt werden. Sie dienen dazu, Wege für Bestätigung und Zuwendung aufzuzeigen.

Geburt – 6 Monate

Das Löwe-Kleinkind ist heiter, liebevoll und oft unglaublich gesund. Es ist amüsant und charmant und steht gerne im Mittelpunkt. Es kann von Anfang an seinen Bedürfnissen Ausdruck geben. Wenn diese nicht innerhalb der Zeit, die es für angemessen hält (gewöhnlich sofort), befriedigt werden, wird der kleine Löwe noch lauter und fordernder. Da er emotional und körperlich stark ist, kann der kleine Löwe seine Eltern von Anfang an herausfordern, ihn zu maßregeln.

Das Löwe-Kind liebt Spiele, die Lachen und Aufmerksamkeit hervorrufen. Er macht gerne Hoppe-Reiter und Kuckuck-Spiele. Sanftes Kitzeln macht diesem normalerweise vergnügten Baby Spaß. Das Löwe-Baby ist ein gutes Vorführkind, um anderen Kindern etwas über Babys beizubringen.

6 – 18 Monate

Das Löwe-Baby ist munter und neugierig. Seine Erregung über Entdeckungen teilt es gerne mit anderen Leuten und wird sich für seine Zuschauer mächtig ins Zeug legen. Es braucht viel Kontakt zu allen möglichen Leuten und scheint Applaus und Zustimmung geradezu aufzusaugen. Schon in diesem Alter ruft es gerne Reaktionen in seiner Umgebung hervor und beginnt, sein Verhalten auf die Reaktionen der anderen abzustimmen. Es kann zum lustigen Clown oder zum zornigen Tyrannen werden, ist sich aber der Natur der Reaktionen, die es hervorruft, immer bewußt.

18 Monate – 3 Jahre

Das Löwe-Kleinkind ist klug, unterhaltsam, reizend und großzügig. Es ist zärtlich und man kann es oft dabei beobachten, wie es bei seinen Puppen die elterliche Pflege nachahmt und dabei lernt, für sich und andere zu sorgen. Der kleine Löwe ist oft sehr überschwänglich und neigt dazu, die Bedeutung von Menschen oder Ereignissen zu übertreiben. Er muß angeleitet werden, zu entscheiden, wann er zum Nutzen einer guten Erzählung ein wenig übertreiben kann und wenn er sich an die genauen Fakten halten muß. Er braucht weiterhin viel Aufmerksamkeit und Zustimmung

und fängt an, unaufrichtigem Lob gegenüber skeptisch zu werden. Kleine Löwen-Mädchen wären in diesem Alter häufig lieber Buben.
Obwohl der Löwe normalerweise freundlich ist, kann er außergewöhnlich einschränkend und reizbar erscheinen, wenn etwas nicht so geht, wie er es will. Er wird rebellisch sein oder zum Widerspruch neigen, wenn es um von den Eltern gezogene Grenzen geht, und er kann sehr herrschsüchtig mit anderen Kindern umgehen, wenn er sich in der Familie hilflos fühlt. Trotzdem kann man den kleinen Löwen gewöhnlich selbst in diesem Alter schon mit sanftem Humor erreichen und ihn mit kleinen Späßen aus einer schlechten Stimmung herausholen.
Sauberkeitserziehung: Der kleine Löwe reagiert in dieser Zeit besser auf die Mutter als auf den Vater. Während er sehr eigen ist und solche Dinge gerne privat erledigt, gefällt es ihm doch, daß sich jetzt alles um ihn dreht und er wird auf erfreute Ausrufe seiner Mutter und anderer ansprechen. Wenn die Reaktion stark und konsequent genug ist, kann der kleine Löwe sich selbst innerhalb eines Tages ans Ziel bringen, nur um immer wieder die Zustimmung derer zu bekommen, die er liebt.

3–6 Jahre

Obwohl der Vorschul-Löwe sich gerne wie ein Erwachsener benimmt, reif und verantwortlich, kann er sich plötzlich klein fühlen und achtsame Eltern werden sowohl den reifen wie den unreifen Zügen des Kindes die gleiche Aufmerksamkeit schenken. Der kleine Löwe liebt weiterhin dramatische Situationen und beginnt, Übertreibungen als Unterhaltungsmöglichkeit und zum Erzielen von Aufmerksamkeit einzusetzen. Er kann das Verhalten der Eltern nachahmen und übertreiben; und Erwachsene, die den Spiegel, den der kleine Löwe ihnen vorhält, nicht mögen, sollten ihr eigenes Verhalten ändern, nicht das des kleinen Löwen.
Wenn der Löwe glaubt, er sei wertvoller, wenn er fröhlich und zuverlässig ist, kann es sein, daß er solange wartet, bis seine Gefühle und Bedürfnisse bedrohliche Ausmaße annehmen, bevor er darüber spricht. Er kann Gefühlen lange Zeit nachhängen und sein Verhalten kann sehr sprunghaft wirken, bis er herausgefunden hat, wie er mit seinen Gefühlen umgehen kann. Besorgte Eltern werden den Löwen

fragen, was mit ihm vorgeht und geduldig darauf warten, bis er seinen Emotionen Ausdruck geben kann.
In diesem Alter ist der Löwe oft sehr liebenswert und großzügig und seine soziale und nach außen gerichtete Veranlagung tritt deutlich zutage. Während er zu fast jedem freundlich ist, wird er auf der ernsthaften Suche nach einer ihm zusagenden Identität auch Phasen haben, in deren Verlauf er, besonders in Gruppen mit Gleichaltrigen, arrogant, snobistisch und herablassend ist. Der Löwe kann andere Kinder hänseln oder herumkommandieren, um seine Führungsfähigkeiten zu testen, und er kann Streitigkeiten zwischen Gleichaltrigen schüren. Er vergleicht sich gern mit anderen und »schneidet besser ab«. Löwe-Mädchen wollen in diesem Fall oft in typisch männlichen Sportarten so gut wie die Jungen sein.

6–12 Jahre

Der Löwe im Schulalter ist oft verantwortungsbewußt und tüchtig. Er befindet sich im Konflikt zwischen seinem Führungsanspruch und seinem Wunsch nach Gleichberechtigung und erlernt sehr schnell die Fähigkeit, zu führen und zu leiten. Wenn er in dieser Zeit übertrieben stark dazu neigt, die Führungsrolle zu übernehmen, kann der junge Löwe ziemlich rebellisch und unflexibel sein und Schwierigkeiten haben, sich in die anderen um ihn herum, die er als seine »Kinder« sieht, einzufühlen. Der Löwe kann eine gespielte Freundlichkeit an den Tag legen, die ihm Unterstützung bringen soll, oder er gibt sich sehr überlegen oder defensiv, um andere zu überzeugen, daß er fähig ist, den von ihm erstrebten Job zu übernehmen. Während er sich über seine eigenen Werte und seine Ethik klar werden muß, kann er sehr streitlustig sein. Wenn er sehr geschäftig ist, werden die Arbeiten, die er macht, schlampig ausfallen. Eltern müssen ihrem jungen Löwen zeigen, wie er seine Aktivitäten nach ihrer Wichtigkeit einteilen und wie er bewältigen kann, was er zugesagt hat.
Diese Kind kann laut, lärmend und körperlich stark sein. Freunden gegenüber ist es extrem loyal und wird sehr aggressiv sowohl für ihre und als auch für seine eigene Verteidigung eintreten. Gleichzeitig lernt er charmant zu sein, und Eltern, die die Experimente ihres Löwe-Kindes beobachten, werden bei seinen abrupten taktischen

Wechseln ein Lächeln unterdrücken müssen. Besonders in dieser Periode braucht der Löwe das Gefühl, daß er eine Art Kontrolle über seine Umgebung hat, um sich sicher zu fühlen. Er wird bis zur Erreichung dieses Ziels mit sich und anderen herumjonglieren.
Zu diesem Zeitpunkt können Eltern das Gefühl bekommen, daß der kleine Löwe ihre Träume erfüllen könnte. Sie werden geradezu aufdringlich oder fordernd hoffen, daß ihr Löwe sich so verhält oder für Dinge entscheidet, wie es ihr eigener Wunsch gewesen wäre. Der Löwe in diesem Alter ist sehr sensitiv in bezug auf Forderungen, selbst wenn sie nicht offen ausgesprochen werden, und während er tatsächlich versucht, diese Erwartungen zu erfüllen, opfert er einen Teil seiner Identität und Spontaneität. Eltern müssen in dieser Zeit besonders vorsichtig sein, um zu gewährleisten, daß der junge Löwe die Möglichkeit hat, seine Identität, seine Ziele und Vorlieben selbst zu bestimmen.

12 – 18 Jahre

Der heranwachsende Löwe ist sehr individualistisch und oft sehr mutig. Er ist sich der Reaktionen anderer auf seine Person außerordentlich bewußt und kann barsch, laut, bombastisch oder auch zügellos sein, um seine Wirkung zu testen. Weil er überschwenglich ist und oft Mittelpunkt sein will, kann sein Verhalten eingebildet, großspurig, egoistisch oder beherrschend erscheinen. In Wirklichkeit reflektiert er eine Vielzahl von Verhaltensweisen, die er in seinem kurzen Leben beobachtet hat. Sein Bedürfnis nach Unterstützung dauert an und er kann seine Gefühle hinter einem Lachen verstecken, um Zustimmung zu erhalten, oder er ändert seine Haltung in einer Sache, die nicht so ausgegangen ist, wie er es erhofft hatte. Wenn er die Wahl zum Schulsprecher verliert, wird er darauf bestehen, daß er dies auch niemals richtig angestrebt hat. Wenn er einer ihm wichtigen Person gegenüber eine Meinung äußert, die diese nicht teilt, wird er behaupten, er habe nur gescherzt. In diesem Zeitabschnitt ist es schwierig herauszufinden, wann es dem jungen Löwen ernst ist und wann er einen Spaß macht, und er wird es wahrscheinlich nicht sagen. Theater ist für den heranwachsenden Löwen ein wunderbares Ventil.
Der Teenage-Löwe kann das Gefühl haben, daß er führen *muß,* daß jeder auf einen Fingerzeig von ihm wartet. Er kann sich wie ein

Rollenmuster vorkommen und außergewöhnliches Selbstbewußtsein entwickeln, wenn er versucht, die Erwartungen anderer zu erfüllen, besonders dann, wenn diese ihn in einen Konflikt mit seinen eigenen inneren Werten bringen. Er ist loyal und eigensinnig und kann eine bestimmte Richtung einschlagen, um den Druck, jeden zufriedenstellen zu müssen, zu mildern, oder er kann darauf bestehen, daß diese persönliche Art, mit Konflikten umzugehen, ganz einfach »seine Art« ist. Er ist stolz, doch dieser Stolz ist häufig ein Deckmantel, hinter dem sich tiefe Unsicherheit und das Gefühl, ein Schwindler zu sein, den niemand so richtig kennt, verbirgt. Eltern müssen häufig hinter diese stolze und selbstsichere Fassade des Löwen schauen, um das kleine Kind zu erreichen, das dahintersteckt. Er wird genau gegen die Dinge rebellieren, auf die die Familie stolz ist. Eltern sollten sich bewußt sein, daß sich hier ein neuer, wirklicher Stolz entwickelt, der es dem Löwe-Sprößling erlaubt, selbst seine Wahl und Entscheidungen zu treffen.
Beziehungen sind für den Teenage-Löwen sehr wichtig und er scheint in jedermanns Angelegenheiten verwickelt zu sein. Obwohl loyal, ist er auch Klatsch nicht abgeneigt, wenn er glaubt, damit Zustimmung ernten zu können. Er wird versuchen, Freundschaften mit Komplimenten, Geschenken und Gefälligkeiten zu erhalten, und er kann sich betrogen und verloren fühlen, wenn seine Geschenke zurückgewiesen werden. Er möchte von jedermann bewundert und geliebt werden. Er kann sich stundenlang grämen, wenn er glaubt, daß jemand, der ihm wichtig ist, ihn nicht mag, oder er wird vorgeben, daß ihm diese Person gleichgültig ist. Für den Löwen ist ein fester Partner oft das äußere Merkmal für Erfolg und Erwünschtsein, entweder ein guter Freund oder Anbeter oder vorzugsweise beides. Er kann mit unglaublich vielen Menschen flirten und scheint eine Menge anzubieten, aber sexuell ist der Löwe scheu und romantisch und vermutlich nicht so unverschämt, wie andere glauben oder fürchten. Der junge Löwe begrüßt gewöhnlich körperliche Veränderungen als Zeichen wachsender Reife und Kompetenz. Beide Geschlechter freuen sich über ihren Körper und schmücken ihn sorgfältig.

Jungfrau-Kinder

23. August – 22. September

Allgemeine Eigenschaften

Während viele der im folgenden beschriebenen Charakteristika für die meisten Jungfrau-Kinder zutreffen werden, können andere, manchmal widersprüchliche Eigenschaften sehr wohl *auch* bei dem Kind, das unter diesem Zeichen geboren ist, in Erscheinung treten.

Eltern werden ihr neugeborenes Jungfrau-Baby als eines der niedlichsten und sanftesten Babys ansehen. Das Jungfrau-Baby ist aufmerksam und still, schüchtern und sensitiv für seine Umgebung. Es liebt Zuneigung und Zärtlichkeit und reagiert auf ausschließliche Aufmerksamkeit mit einem intensiven Blick und einem langsamen Lächeln. Da sich der Jungfrau-Geborene später sehr unabhängig gibt und meint, er müsse Demonstrationen von Liebe und Zuneigung zurückweisen um seine Unabhängigkeit zu bewahren, ist seine liebesuchende Art in der Kindheit eine gute Zeit für Eltern, ein Fundament aus Liebe, Wärme und Vertrauen in der Beziehung zu ihrem Kind aufzubauen. Die kleine Jungfrau liebt, wenn man mit ihr spricht, gurrt und spielt. Sie wird selbst als ganz kleines Kerlchen auf eine erstaunlich weise Art reagieren.
Zuneigung und spielerische Berührungen helfen dem Jungfrau-Kind jeden Alters Verbindung zu seinem Körper zu haben. Mehr als Kinder anderer Zeichen schätzt die kleine Jungfrau die Unversehrtheit ihres Körpers. Sie hat ein konkretes Gefühl für körperliche Grenzen und fürchtet Störungen oder Verletzungen. Unnötige Untersuchungen ihres Körpers, und sei es nur um festzustellen, ob neue Zähnchen da sind oder das Beobachten seiner täglichen Verrichtungen, können dem Jungfrau-Kind besonders lästig sein. Eltern, die übermäßig besorgt um die Gesundheit und das Wachstum des Jungfrau-Kindes sind, können ihm unabsichtlich beibringen, seinen Körper als zerbrechlich wahrzunehmen oder den Verdacht nähren, daß mit ihm körperlich etwas nicht stimmt.

Im gegenteiligen Fall wird elterliche Vernachlässigung seiner Gesundheit oder seiner körperlichen Bedürfnisse unrealistische Erwartungen in bezug auf körperliche Widerstandsfähigkeit oder Mißachtung körperlicher Funktionen unterstützen. Von sich aus neigt das Jungfrau-Kind dazu, sich entweder für körperlich unüberwindlich oder schwach zu halten. Entweder wird es am ersten Frühlingstag auf sein Rad springen und eine 20-km-Tour machen, oder es hat Angst, ohne Stützräder um den Häuserblock zu fahren.

Ein Jungfrau-Kind braucht infolgedessen Zeit und Ungestörtheit, um seinen Körper kennenzulernen, um realistische Erwartungen bezüglich seiner körperlichen Grenzen zu entwickeln. Es braucht die sorgfältige Anleitung seiner Eltern um zu lernen, was es von seinem Körper erwarten kann und wie es Zeichen von Müdigkeit und Krankheit deuten kann. Während seines ganzen Heranwachsens wird es Hilfe brauchen um zu begreifen, was genug ist, was zuviel ist und was es vernünftigerweise physisch von sich verlangen kann.

Wenn es diese Anleitung von Erwachsenen nicht bekommt, wird das Jungfrau-Kind eigene Wege ersinnen, um sich zu schützen und seine körperliche Unversehrtheit zu bewahren. Es kann Muster entwickeln wie zorniges oder einschüchterndes Verhalten nur, um Menschen weit von sich entfernt zu halten, damit sie es nicht verletzen können. Oder es kann fügsam und teilnahmslos werden, um die Möglichkeit zu verringern, daß andere Menschen sich aggressiv ihm gegenüber verhalten.

Jungfrau-Geborene streben in allen Dingen nach Perfektion. Jungfrau-Kinder werden sich mächig anstrengen, perfekte Kinder zu sein und sich oftmals unzulänglich fühlen, wenn ihnen bei schwierigen Aufgaben oder in ihrer Selbsterwartung Fehler unterlaufen. Menschen, die Jungfrau-Geborene lieben, müssen empfindsam für diese innere Enttäuschung und Versagensangst sein. Niemand ist perfekt, aber es scheint für das Jungfrau-Kind härter zu sein, seine Unvollkommenheit zu akzeptieren als für Kinder der meisten anderen Zeichen. Eltern, die ihrem Kind helfen wollen, das Gefühl der Unzulänglichkeit zu reduzieren, können ihm versichern, daß keine Perfektion erwartet wird und ihm helfen, sich realistischere und leichter zu erreichende Ziele zu setzen. So wie man die Jungfrau bei der Festlegung realistischer Erwartungen an ihren Körper unterstützen muß, benötigt sie auch Hilfe, um verstehen zu können, was genug ist, was zuviel und was sie vernünftigerweise von sich im allgemeinen erwarten kann. Wenn die Jungfrau mit dieser Entscheidung alleingelassen wird, neigt sie zu der Annahme, alles tun zu können, was ihr durch den Kopf geht, oder sie nimmt an, daß alles was sie unternehmen könnte, fehlschlägt.

Es gibt mehrere Hinweise in seinem Verhalten, auf die die Eltern achten können, um zu erkennen, wann ihr Kind sich mit Perfektionsansprüchen an sich selbst quält. Eine typische Reaktion auf sein Unzulänglichkeitsgefühl ist, aufzugeben ehe es etwas versucht hat. Es kann Schwierigkeiten haben, Dinge zu beginnen oder zu beenden: Aufgaben, die man nicht anfängt, können nicht fehlschlagen, Aufgaben, die man nicht beendet, können nicht negativ beurteilt werden. Jungfrauen nehmen oft an, daß sie eine Sache praktisch nicht so gut ausführen können, wie sie es sich in Gedanken vorgestellt haben. Sie können sich deshalb weigern, intensiv an Dinge heranzugehen oder sich zu etwas zu entschließen, nur um sich nicht mit ihren vorhergesehenen Enttäuschungen befassen zu müssen.

Andererseits kann sich die Jungfrau-Geborene gnadenlos antreiben, sich zerfleischen und mit Aufgaben so lange quälen, bis sie ihren eigenen Standardvorstellungen genügen (oder den vermeintlichen anderer). Es ist sehr schwierig, eine Jungfrau in dieser Stimmung davon zu überzeugen, daß das, was sie tut, schon jetzt gut genug ist. Sie kann kurz vor der Vollendung eines Projektes stehen und durch diesen inneren Druck so in Schrecken versetzt werden, daß sie in letzter Minute alles verdirbt und darauf besteht, noch einmal von vorne zu beginnen. Sie wird leicht nervös oder mitten in einer normalen Routinearbeit plötzlich in Verwirrung geraten. Gleichzeitig können widersprüchliche Impulse auftreten. So kann dasselbe Jungfrau-Kind, das seine Hausaufgabe mit außergewöhnlicher Sorgfalt beendet, diese dann in seine Brotbox stopfen, wenn es zur Schule geht.

Eltern müssen ihre Vorschriften und Erwartungen deutlich umreißen und mit Zustimmung, Feedback und Bestätigung bei jeder wichtigen Aufgabe unterstützen. Wenn sie ihr Zimmer saubermachen soll, kann die Jungfrau eine tagesfüllende Beschäftigung daraus machen, sich von Kleinigkeiten ablenken lassen und die Übersicht verlieren. Die Mutter kann sie dabei antreffen, daß sie

mit der Zahnbürste sorgfältig den oberen Schnitt aller Bücher säubert, während der übrige Raum noch nicht abgestaubt ist.
Eltern können für ihr kleines Jungfrau-Kind sowohl durch Erziehung als auch durch die realistische Einschätzung einer Sache, die es tut und dessen, was dabei verbessert werden kann, sorgen. Bereits als kleines Kind prüft sich die Jungfrau auf Mängel und Fehler und wünscht sich überlegtes und respektvolles Feedback von Erwachsenen. Man muß ihr sagen, daß nicht jeder die gleichen Maßstäbe hat und ihr den Blick dafür öffnen, wie sie ihre eigenen Maßstäbe modifizieren kann. Sie glaubt hingegen, daß sie Erwachsene zum Narren halten kann, daß diese Dinge akzeptieren, die ihren Maßstäben nicht entsprechen.
Kleine Jungfrauen haben gerne, wenn man ihnen zeigt, wie etwas gemacht wird und wie sie befriedigende Ergebnisse erreichen können. Sie akzeptieren lieber vorsichtig angebotene Hilfe als Zeit durch Fehler zu verschwenden und alles auf mühselige Weise zu lernen. Das Schlüsselwort, um einer kleinen Jungfrau mitten in einer Arbeit zu helfen, heißt: Respekt. Eltern, denen auffällt, daß ihr Kind verwirrt aussieht, und die sagen: »So wird es nicht gehen, aber so«, wird die Dankbarkeit, der Respekt und die Loyalität des Jungfraukindes sicher sein. Die kleine Jungfrau hat jedoch häufig ganz bestimmte Vorstellungen davon, wie sie etwas tun möchte und man sollte ihr so oft als möglich gestatten, den von ihr eingeschlagenen Weg zu verfolgen. Es macht Jungfrau-Kindern nichts aus, wenn man ihnen sagt, was sie tun sollen oder wenn man ihnen Ziele setzt, sie mögen es jedoch nicht, wenn man ihnen sagt, wie sie etwas tun sollen, es sei denn, sie bitten ausdrücklich um diese Information.
Jungfrau ist das tüchtigste Zeichen des Tierkreises. Wenn jemand den am wenigsten aufwendigen Weg etwas zu tun oder die kürzeste Entfernung von hier nach dort herausfindet, ist es die kleine Jungfrau. Die Frühreife des Jungfrau-Kindes auf diesem Gebiet kann selbst sehr tüchtige Erwachsene überraschen.
Da kleine Jungfrauen gewöhnlich sehr bescheiden sind, können Erwachsene dazu neigen, ihre Fähigkeiten zu unterschätzen. Gelegentlich kann das Jungfrau-Kind übermäßig anspruchslos erscheinen und durch falsche Bescheidenheit Erwachsenen Bestätigung entlocken. Wieder wird realistische Einschätzung dem Kind ein Gefühl für Sicherheit und richtige Perspektive geben. Einfühlsame Darlegungen und konstruktive Kritik werden die kleine Jungfrau

lehren, Situationen realistisch anzugehen und brauchbare Ziele zu setzen. Eltern müssen darauf vorbereitet sein, Informationen für ihr Kind zu haben und Stellungnahmen, hänselnde Bemerkungen und hohles Lob vermeiden.

Obwohl es hohe Maßstäbe setzt, kann das Jungfrau-Kind gewöhnlich sehr genau einschätzen, was es kann und was nicht, und es wird aufrichtig auf elterliche Erkundigungen reagieren. Eltern brauchen einfach nur zu fragen: »Möchtest du das allein machen oder möchtest du, daß ich dir helfe?« Ein ernsthaftes dreijähriges Jungfrau-Kind, dem man aufgetragen hatte, etwas aus dem Keller zu holen, sagte zu seinem Vater: »Ich bin groß genug, um den Lichtschalter zu erreichen und hinunterzugehen, aber ich bin nicht groß genug, um an den Hammer zu kommen.« Als Vater und Sohn zusammen in den Keller gingen, stellte sich heraus, daß der Junge recht hatte. Er war 6 cm zu klein, um das gewünschte Werkzeug zu erreichen. Die erfolgreichste und bequemste Art der Erziehung ist, es seine eigene Gangart entwickeln zu lassen. Ein Jungfrau-Kind wird aufmerksamen Eltern zeigen oder sagen, was es von ihnen braucht. Nur das Selbstverständnis seines Körpers und sein Drang nach Perfektion sind Gebiete, bei denen es nicht gut wäre, wenn Eltern auf einen Fingerzeig des Kindes warten würden.

Das Jungfrau-Kind ist aufmerksam, wachsam und verständig. Kaum etwas bleibt unbemerkt. Es sieht Mängel, die andere übersehen haben, aber es sieht auch Möglichkeiten, sie zu beheben, die andere nicht wahrgenommen haben. Es ist ein Erfinder und Neuerer und wird diese Talente oft nutzen, um sich selbst oder andere zu heilen oder um Dinge sicherer zu machen oder besser zu organisieren. Seine Kritik wird eher im Dienste der Tüchtigkeit und Schönheit, aber selten als Waffe eingesetzt. Es ist nicht grausam.

Da das Jungfrau-Kind nach Vollkommenheit strebt, wird es sehr enttäuscht sein, wenn Menschen und Ereignisse nicht seinen Vorstellungen entsprechen. Ein Jungfrau-Kind, das mit seiner Großmutter einen Tag im Zoo geplant hat, wird eine genaue Vorstellung davon haben, wie dieser Tag sich gestalten soll, was ihn perfekt machen und was es zum Gelingen des Tages beitragen könnte. Wenn es dann nicht sein Lieblings-T-Shirt anziehen kann, schlechtes Wetter wäre oder die Großmutter eine Erkältung hätte, wären dies Makel, die seine Idealvorstellung trüben. Um die Gefahr einer Enttäuschung zu verringern, neigt das Jungfrau-Kind dazu, sich zynisch zu geben oder es gibt vor, niedrigere Erwartungen zu haben, wenn es Vorhaben plant. Es versucht einfach nur mit dem Unterschied zwischen seiner Phantasie und der Wirklichkeit fertig zu werden. »Großmutter sagt, daß sie am Dienstag gehen kann. Es wird wahrscheinlich regnen.« »Was willst du damit sagen, daß es in der Wäsche ist. Ich habe dir *gesagt,* daß ich dieses Shirt anziehen will . . . Jetzt ist mir gleich, was ich anziehe.«

Erwachsene, die abwehrend auf diesen Zynismus und die kritische Einstellung des Jungfrau-Kindes reagieren, sollten daran denken, daß diese Aussagen die verhüllte Kritik reflektieren, die die kleine Jungfrau an sich selbst übt. Anstatt das Kind zu einer Änderung seiner Ansichten zu zwingen, tun Eltern besser daran, es mit geduldigen und liebevollen Beispielen zu belehren. Eltern, die die kleinen Enttäuschungen des Lebens mit Gelassenheit hinnehmen, werden erreichen, daß ihr Kind sich ebenso verhält. Eltern, die die positiven Seiten an Menschen wahrnehmen, besonders an sich selbst, werden ihr Kind lehren, sich selbst anzunehmen, auch wenn es nicht perfekt ist.

Es ist nicht leicht, das Jungfrau-Kind anzulügen. Es macht Falschheit an Menschen und in ihren Reaktionen ihm gegenüber ausfindig. Das Jungfrau-Kind ist besonders hellhörig in bezug auf Vereinfachungen und Verweigerungen bei Menschen und es wird in Beziehungen, die ihm wertvoll sind, Ehrlichkeit und aufrichtige Bewertung verlangen. Die Jungfrau ist unbarmherzig auf der Jagd nach genauen Angaben und sucht ein Leben lang ehrliche Information.

Der Bedarf des Jungfrau-Kindes an Daten und sein Drang, Informationen anderer Leute zu hinterfragen, wird nur die stören, die mit Tatsachen und Begründungen sorgloser umgehen. So wird z .B. ein Elternteil, der versucht, den bei seiner letzten Angeltour erbeuteten Fisch größer zu machen, als er in Wirklichkeit war, bei seinem Jungfrau-Kind auf Schwierigkeiten stoßen. Eine kleine Jungfrau, der man eine falsche Information gibt, wird annehmen, daß man sie absichtlich angelogen hat und mit großer Zielstrebigkeit fortfahren, die Wahrheit von den Lügen zu trennen.

Jungfrauen sind von Details und Kategorien fasziniert und brauchen eine Flut von präzisen Informationen. Sie legen ebenso großen Wert auf ein umfassendes Verständnis des Gesamtbildes einer Sache. Dies ist nicht nur die Art der Jungfrau zu denken, sondern auch ihre Art zu sprechen. Fragen Sie eine Jungfrau, gleich welchen Alters, wie ihre Woche verlaufen ist und beobachten Sie, wie es ihr gelingt, Information in Aktion umzusetzen. Während die endlos erscheinende Analyse und Synthese von Informationen weniger geduldigen Erwachsenen und Kindern trivial oder unproduktiv erscheint, ist dies dennoch eine außerordentlich brauchbare und notwendige Fähigkeit in unserer hochtechnisierten Gesellschaft, die nicht leichtfertig abgetan werden darf, Leute wählen oft selbst jüngere Jungfrauen aus, die ihnen helfen sollen, Informationen zu überprüfen, oder ihnen die genauen Details eines Ereignisses wiederholen sollen. Kleine Jungfrauen haben es gern, wenn sie nach ihrem gesammelten Wissen gefragt werden und sie werden weit mehr Information anbieten, als gefragt ist. Jungfrau-Kindern muß gesagt werden, daß sie nur auf die Fragen antworten sollen, die gestellt werden. Erwachsene sollten daran denken, daß sie die kleine Jungfrau nicht strafen für das, was sie weiß oder dafür, daß sie die gewünschte Information ehrlich und peinlich genau übermittelt.

Eine ähnliche Dynamik zeigt sich bei der rationellen Arbeitsweise und Aufgabenorientierung des Kindes. Wenn Sie etwas erledigt haben wollen, bitten Sie eine Jungfrau. Jungfrauen werden oft zu Partys und Clubtreffen eingeladen, wenn es gilt eine Aufgabe zu Ende zu führen. Das Jungfrau-Kind wird gewöhnlich zuerst die anliegenden Aufgaben erledigen und sich danach beim Spielen entspannen. Menschen in seiner Umgebung sollten nicht vergessen, daß einer der Gründe für die Einladung der kleinen Jungfrau der war, daß die Arbeit getan wird. Es wäre deshalb unfair, das Kind als Partymuffel zu kritisieren oder in anderer Weise wegen seines Arbeitstalents in Verlegenheit zu bringen.

Die kleine Jungfrau braucht oft die Erlaubnis spielen zu dürfen und Befriedigung daraus zu gewinnen. Sie neigt dazu, Vergnügen hinauszuschieben, bis »dies getan ist« oder »wenn ich mit den Hausaufgaben fertig bin«. Sie kann Spiel in Arbeit verwandeln oder glauben, daß selbst rein zufällig gebastelte Dinge perfekt sein müssen. Umgekehrt kann sich ein Jungfrau-Kind entschließen, auf das Spielen zu verzichten, wenn es nicht richtig daran teilnehmen kann. Eine Jungfrau, die Mitglied im Handball-Team ist, erwartet von sich, daß sie ein wertvolles und angesehenes Team-Mitglied ist und sie wird Einzeltraining haben wollen, um ihre Fähigkeiten zu steigern, ehe sie an Spielen teilnimmt, für die sie sich ursprünglich nicht qualifiziert hielt.

Jungfrauen müssen produktiv sein und möchten für ihre Bemühungen etwas vorzeigen können. Arbeit ist schon im frühen Alter wichtig für die Jungfrau. Oft findet man sie in der Nähe der Eltern herumlungern, weil sie diesen ganz ernsthaft bei ihren Aufgaben helfen wollen. Hilfreich sein zu wollen, scheint die Lebensmission der Jungfrau zu sein und oftmals ist sie am glücklichsten, wenn sie eine wichtige Sache gut erledigt. Sie ist eher gewillt, Arbeiten, die sich wiederholen, zu tun als Kinder anderer Zeichen und sie wird ausdauernd und hart arbeiten, wenn sie davon überzeugt ist, daß die Tätigkeit in irgendeiner Weise sinnvoll ist und zur Qualität ihres Lebens oder dem der Menschen in ihrer Umgebung beiträgt. Junge Menschen dieses Zeichens werden oft Hausarbeiten verrichten, die niemand sonst in der Familie tun will. Eltern müssen sorgfältig darauf achten, daß sie keinen Vorteil aus der Willigkeit ihres Kindes auf diesem Gebiet ziehen, sondern dafür sorgen, daß die täglichen Pflichten gerecht unter den Kindern oder anderen Familienmitgliedern aufgeteilt werden.

Das Jungfrau-Kind ist gewissenhaft, methodisch und zuverlässig. Es wird Dinge und Menschen organisieren, bis sie »genau richtig« sind. Es wird von seinem Teller immer nur eine Speise auf einmal essen und gewöhnlich zuerst das, was es weniger mag. Sein Sinn für Schicklichkeit ist nahezu makellos und, in Kombination mit seinem Sinn für Perfektion, dürfte es selten einen Irrtum begehen. Eltern können sicher sein, daß sich ihr Jungfrau-Kind im sozialen Gefüge wohl verhält, Familientreffen durch Arbeit hinter den Kulissen reibungsloser zu gestalten hilft. Es weiß sich im Umgang mit Erwachsenen und Autorität zu benehmen. Dennoch erscheint die Jungfrau pedantisch und langsam, wenn sie Dinge auf ihre Weise und in ihrer Gangart tut.

Obwohl sauber und organisiert, sind kleine Jungfrauen nicht unbedingt ordentlich. Ihre Zimmer scheinen mit allem Möglichen vollgestopft und ein einziges Durcheinander zu sein. Die kleine Jungfrau wird jedoch innerhalb von Augenblicken in ihrer chaotischen Umgebung alles finden. Dies liegt an ihrer Art, Dinge nach einem System zu tun, das für Erwachsene nicht ohne weiteres verständlich sein kann. Die Jungfrau liebt Klassifizierungen und Listen und sie wird immer wieder irgendwie wissen, wo Dinge hingehören und wo sie zu finden sind. Obwohl sie die Freiheit genießt, ihren Raum in kreativem Durcheinander zu belassen, respektiert die Jungfrau die

Umgebung anderer Leute und wird gewöhnlich den Raum eines anderen genauso verlassen, wie sie ihn vorgefunden hat – oder ein wenig ordentlicher.
Die Denkweise des Jungfrau-Kindes ist intensiv entwicklungsorientiert. Es richtet seine Aufmerksamkeit sowohl auf die Mittel als auch auf das Ziel. In anderen Worten: Für die Jungfrau ist es ebenso wichtig, wie sie etwas erreicht, als auch mit welchem Ziel. Den Garten sorgfältig zu bepflanzen ist genauso wichtig wie die spätere Ernte des Gemüses. Sie neigt dazu, gründlich zu sein, sorgsam einen Schritt nach dem anderen zu tun. Sie ist fasziniert davon, wie alles funktioniert. Jungfrauen beiderlei Geschlechts zeigen oftmals schon früh handwerkliche und technische Fähigkeiten. Sie sind genauso davon fasziniert, wie Menschen denken und fühlen. Sie sind sowohl an emotionalen Prozessen als auch an Gefühlen interessiert. Es genügt einer Jungfrau nicht, wenn man sagt: »Ich bin ärgerlich.« Sie möchte eine Erklärung dessen haben, was geschehen ist, was den Ärger verursacht hat, was getan werden muß, um das Problem zu lösen und wie man mit dem Ärger fertig werden kann.
Als Teil dieses Interesses an allem, was vorgeht, sind kleine Jungfrauen oft fasziniert von Veränderung und Wachstum und sie fühlen sich wohl in der Nähe kleiner Lebewesen. Sie wissen, wie man mit kleinen Katzen, Pflanzen, kleinen Geschwistern oder Schmetterlingen umgeht. Jungfrau-Kinder begreifen intuitiv den Kreislauf des Lebens und beobachten geduldig Veränderungen und Wiederholungen von Ereignissen. Sie können jeden Geburtstag mit dem vorangegangenen vergleichen oder aufzählen, wie die Familie in den letzten fünf Jahren Weihnachten oder Silvester gefeiert hat. Sie wollen vier Jahreszeiten und fünf Wochentage haben und fühlen sich besonders von rhythmischen Dingen angezogen: Musik, Verse, die sich reimen, Kirchenlieder.
Da es Kreisläufe so gut akzeptiert, ist das Jungfrau-Kind sehr anpassungsfähig und den Wechselfällen des Lebens gegenüber gelassen. Obwohl es Überraschungen, die sich nachteilig auswirken, nicht mag (Regen an dem Tag, an dem es mit Omi in den Zoo will), wird es sich im großen und ganzen selbst mit Ereignissen, die katastrophal zu sein scheinen, gut abfinden. Wenn z. B. die Garage abbrennt, wird es außerordentlich an der Schuttbeseitigung, dem Wiederaufbau und dem Entwurf der neuen Garage interessiert sein.
Trotz ihrer angeborenen Anpassungsfähigkeit wird die kleine Jung-

frau bereitwilliger auf Ereignisse reagieren, wenn sie vorher durch genaue Erklärungen vorbereitet wird. Dieses Kind, sollte man nicht mit einem überraschenden Besuch beim Zahnarzt hereinlegen, es wird aber die Notwendigkeit zahnärztlicher Versorgung einsehen, wenn man ihm dies einmal erklärt.

Bei eigenen Entscheidungen neigt die Jungfrau dazu, konservativ zu sein. Sie ist vorsichtig und praktisch und wird eine Situation realistisch angehen und wenn möglich Risiken vermeiden. Die Jungfrau ist sehr scharfsinnig und findet winzige Abweichungen bei Dingen, die anderen gleich zu sein scheinen, sie will Entscheidungen durchdenken, überlegen, in Erwägung ziehen und dann ihr Urteilsvermögen konkret anwenden. Da sie Zeit braucht um Informationen zu verarbeiten, bevor sie handelt, kann sie verschiedentlich ihre Meinung ändern, bevor sie eine endgültige Entscheidung trifft. Das Jungfrau-Kind hält es mit Dingen, die erprobt und für gut befunden wurden. Es ist skeptisch und buchstabengläubig. Es schätzt Beweise. Es testet und experimentiert gerne. Häufig wird es sich am liebsten auf seine eigene Erfahrung verlassen und glaubt, daß etwas, das es nicht berühren kann, auch nicht existiert.

Jungfrauen probieren Neues nur in ihrer gewohnten Umgebung aus. Es wird Erwachsenen schwerfallen, ein Jungfrau-Kind davon zu überzeugen, daß eine Fahrt auf dem Riesenrad Spaß macht, aber beim nächsten Besuch des Vergnügungsparkes können sie an seiner Aufgeschlossenheit für dieses Erlebnis und der Freude an seinem Mut teilnehmen.

Abgesehen von seiner offensichtlichen Skepsis, bleibt das Jungfraukind wißbegierig und ungemein an der Welt interessiert. Seine Suche nach Perfektion ist letztlich eine spirituelle Reise, die es zu einem intensiven Interesse an der Natur, den schönen Künsten oder der Heilkunst hinführen kann. Die Jungfrau ist an Dingen interessiert, die andere übersehen und an Menschen, die von anderen als uninteressiert abgetan werden. Das Jungfrau-Kind kann sich mit demselben Vergnügen mit einem autistischen Kind, einem alten Verwandten, einem Frosch oder einer Kiefer unterhalten.

Die Jungfrau ist vom Fortbestand des Lebens überzeugt und fühlt sich diesem verpflichtet. Sie möchte helfen und heilen, wann immer sie kann. Die kleine Jungfrau wird den verletzten Flügel eines Vogels schienen oder versuchen, ein verlassenes Ei auszubrüten. Sie kann früh an der heilenden (oder giftigen) Wirkung der Pflanzen interessiert sein oder Informationen über Kräuter oder deren Gebrauch herunterleiern. Später kann sie sich für formale Aspekte der Gesundheitspflege interessieren und aufgrund ihrer angeborenen Achtung für den menschlichen Körper Gutes in medizinischen Berufen leisten. Die kleine Jungfrau bringt gern Dinge in Ordnung. Obwohl sich der Humor des Kindes früh zeigt, ist dies oft ein so trockener Witz, der so über den Humor eines Kindes hinaus anspruchsvoll ist, daß Eltern ihn nicht verstehen und sich grämen, daß ihr Kind humorlos sei. Jungfrau-Kinder lieben gewöhnlich das Wort als solches und ihr Humor äußert sich oft in Form von Wortspielen oder vereinzelt auch als Sarkasmus. Sie sind klug und können sich klar ausdrücken und suchen oft Tätigkeiten, bei denen sie diese Fähigkeiten einsetzen können. Sie schreiben vielleicht Gedichte, nehmen an Debatten teil, machen Reportagen oder kritische Analysen. Im großen und ganzen freuen sich Eltern darüber, ein kluges, hilfsbereites, rücksichtsvolles Kind um sich zu haben. Jungfrau-Kinder scheinen einen gewissen Sinn für Ordnung in die Familie zu bringen, ein Gefühl, welches das Leben etwas leichter und lohnender macht. Es sind wohlerzogene, verantwortungsvolle und verläßliche Kinder, die gerne gefällig sind und sofort auf Freundlichkeit reagieren. Ihre angeborene Tüchtigkeit und ihr Organisationstalent machen sie anziehend für Menschen, die Einzelheiten weniger Aufmerksamkeit schenken. Die Jungfrau wird sehr bald das Familienmitglied sein, auf das man zählt, wenn es um die Erledigung der täglichen häuslichen Aufgaben oder die Führung von Listen geht. Der scharfsinnige Humor der kleinen Jungfrau, ihre Fürsorge und ihre Flexibilität sind in jeder Situation erfreulich und besonders in schwierigen Zeiten sehr geschätzt. Wenngleich normalerweise ruhig und sanft, ist die kleine Jungfrau allzeit bereit und gewillt zu helfen und Dinge in Ordnung zu bringen.

Empfindlichkeiten

(Mögliche Quellen für Mißverständnisse)

Gesundheit: Wenn die Jungfrau mit einem verzerrten Bild ihres Körpers aufwächst, kann sie unfähig sein, genau festzustellen, wann sie besonderer Aufmerksamkeit und Pflege bedarf. Sie kann daher entweder mit offensichtlichem Desinteresse auf ihre Körperfunktionen reagieren oder mit besonderer Sorge Signale, die sie für mögliche Krankheitssymptome hält, beobachten. Die Jungfrau fürchtet sich oft vor dem Kontrollverlust, der mit Krankheit einhergehen kann, und sie wird entweder passiv oder sehr heftig auf eigene oder die Krankheit und Verletzungen anderer reagieren. Kleine Jungfrauen lernen schon früh ein einwandfreies Hygieneverhalten und werden sich freiwillig eine gesunde Ernährung und Körperertüchtigung aneignen. Kenntnisse des Körpers und seiner Funktionen geben ihr oft Sicherheit. Die Beteiligung an der Pflege jüngerer Geschwister oder von Tieren hilft ihr, körperliche Fehlfunktionen zu erkennen und ihren eigenen Körper im Blick zu behalten.

Kritik von anderen: Obwohl Jungfrauen extrem empfindlich auf Kritik derer reagieren, die sie achten, ziehen sie doch ehrliche Beurteilung jeder vernunftgemäßen Erklärung oder Lügen vor. Die Jungfrau weiß gewöhnlich, wann etwas nicht in Ordnung ist und sie wird auch meist wissen, was. Sie trachtet bei anderen nach Bestätigung für die Gültigkeit der eigenen Wahrnehmungen und Hilfe beim Verbessern der Situation. Erwachsene, die das Verhalten und die Leistungen der kleinen Jungfrau beurteilen sollen, tun gut daran, wenn sie sowohl Hinweise geben als auch Kritik üben, oder der Jungfrau helfen, ihren eigenen, besseren Weg zu finden.

Selbstkritik: Kritik erfüllt für die Jungfrau eine ganze Reihe von Funktionen. Sie setzt Selbstkritik ein, um ihren ruhelosen Verstand zu trainieren und herauszufordern. Kritik spiegelt die Suche der Jungfrau nach Perfektion wider und die nachfolgende Enttäuschung über die Entdeckung, daß in Wirklichkeit nicht alles so perfekt ist. Kritik befriedigt ebenso ihr Bedürfnis nach Tüchtigkeit: sie wird meist das kritisieren, was überflüssig, unwirksam oder ungehörig ist. In ihrem Streben nach geeigneten und wirksamen Entscheidungen kann die Jungfrau ein ausgezeichneter Friedensstifter oder Kunstkritiker sein, und sie ist meist gesellschaftlich erfahren.

Die Jungfrau kann ihre Kritikfähigkeit ebenso dazu benutzen, um sich zu beruhigen, daß andere ebenso menschlich sind wie sie selbst. Sie kann einen Fehler entdecken, ohne ihn wirklich beheben zu wollen. Erwachsene, die sich gegen ihre Aufzählung von Mängeln wehren, müssen die kleine Jungfrau fragen, welche Bestätigung sie sucht. Das Jungfrau-Kind benutzt Kritik selten, um Überlegenheitsgefühle aufrechtzuerhalten, öfter beruhigt sie damit ihr Unzulänglichkeitsempfinden. Erwachsene, die die Jungfrau lehren, zu akzeptieren, was zu akzeptieren ist und zu ändern, was geändert werden kann, werden ihrem Kind einen einfacheren und lohnenderen Weg zeigen.

Ordnung: Mehr als Kinder anderer Sonnenzeichen brauchen Jungfrau-Kinder Ordnung in ihrem Leben. Sie sind methodisch, gründlich und unberechenbar anspruchsvoll. Obwohl sie sich den meisten Situationen gut anpassen, schätzen sie es, wenn sie im vorhinein wissen, was geschieht, wie und warum.

Die Jungfrau ist von Natur aus ein Friedensstifter, der selbst im Chaos Ordnung sieht und inmitten von Wechsel nach einem geistigen Sinn für Perfektion sucht. Sie kann Politik und Religion mit einem Scharfblick erklären, der ihrem Alter weit voraus ist. Sie wird den Menschen in ihrer Umgebung eine Vision davon entwickeln, wie die Welt eines Tages sein könnte und arbeitet, im Großen wie im Kleinen, auf diese Vision hin.

Jungfrau-Kinder ersinnen oft ein eigenes Organisationssystem sowohl für ihr Leben, als auch für ihre Besitztümer und werden recht ungehalten, wenn sich andere in ihre Angelegenheiten oder Belange einmischen. Sie erweisen sich den weniger sorgfältigen Anordnungen anderer gegenüber recht intolerant. Sie verabscheuen gewöhnlich Lärm; sie betrachten dies als weiteres Zeichen einer unordentlichen Umgebung.

Realität: Praktisch, pragmatisch und manchmal nachgerade buchstabengläubig, weigert sich die kleine Jungfrau oft, sich Phantasien hinzugeben. Enttäuschung kann eine niederschmetternde Erfahrung für das Jungfrau-Kind sein. Wenn es einmal erfahren hat, daß die Wirklichkeit ihren Erwartungen nicht entsprochen hat, wird sie versuchen, weitere Enttäuschungen zu vermeiden, indem sie es ablehnt, für die Zukunft etwas Besseres zu erhoffen. Sie kann verbittert, sarkastisch oder skeptisch handeln. Sie wird versuchen, alle Erwartungen auszumerzen und vorgeben, sie sei zufrieden und dankbar für alles, was sie bekommt. Erwachsene in der Nähe einer unglücklichen kleinen Jungfrau müssen ihr andere Möglichkeiten anbieten, mit ihrem Kummer fertig zu werden, alternative Pläne, einen nochmaligen Versuch oder manchmal einfach der Enttäuschung freien Lauf zu lassen und ihr mit liebevoller Fürsorge zur Seite stehen.

Kleine Jungfrauen sind oft außerordentlich spirituell veranlagt, erleiden jedoch die gleiche Art von Enttäuschung, wenn ihre Vorstellung von Gott sie im Stich läßt oder wenn Dinge geschehen, die ihnen unbegreiflich erscheinen. Besorgte Eltern müssen in diesem Fall ihrer Enttäuschung zustimmen und der kleinen Jungfrau verstehen helfen, daß kein Mensch jemals alles was geschieht, erklären oder begreifen kann. Die Jungfrau muß auch wissen, daß ihre unerfüllten Erwartungen nicht töricht waren und daß die ausgebliebene Erfüllung nichts mit dem Wert ihrer Person zu tun hat. Sie muß verstehen, daß dies nicht eine Strafe des Schicksals war und daß sie berechtigt ist, weitherhin zu hoffen.

Überleben: Jungfrauen aller Alterstufen sind sich der Anforderungen des täglichen Überlebens sehr bewußt. Kleine Jungfrauen bemerken häufig Wechsel, ungewöhnliche Ereignisse oder Verhaltensänderungen, die andere übersehen. Sie können überempfindlich, überreaktionsempfänglich oder einfach reizbar sein. Sie erwekken den Eindruck, sich mehr oder früher als andere über etwas zu beunruhigen. Das Jungfrau-Kind wird als erstes bemerken, daß keine Milch mehr da ist oder daß es im Keller nach Rauch riecht. Es ist wichtig, daß Erwachsene auf diese Wahrnehmungen reagieren und es lehren, was es mit diesen Sinneswahrnehmungen anfangen kann. Da das Jungfrau-Kind gewöhnlich schnell Verantwortung übernimmt, braucht es den Kontakt mit einem interessierten Erwachsenen, der es ernst nimmt und die Verantwortung für seine Handlungen übernimmt.

Vergnügen/Spiel: Die kleine Jungfrau meint sich das Recht auf Entspannung und Spiel verdienen zu müssen, und da sie sich nie gut genug vorkommt, kann sie sich von Vergnügungen fernhalten oder sich in Situationen bringen, in denen Entspannung unmöglich ist. Die Jungfrau neigt dazu, Vergnügen als Belohnung anzusehen, und sie wird darauf verzichten, wenn sie glaubt, diese nicht verdient zu haben. Wie schon erwähnt, wird die Jungfrau Vergnügungen verschieben, bis sie glaubt, ein Recht darauf zu haben oder sie macht aus Spiel Arbeit, um diese offensichtliche Leichtsinnigkeit durch verminderte Qualität auszugleichen. Jungfrau-Kinder sollten häufig zu Entspannung ermuntert werden und dazu, Zeit außer Haus zu verbringen. Man sollte ihnen auch helfen, sich bereits auf dem Weg zu ihrem Ziel zu belohnen (nicht nur, nachdem sie dieses erreicht haben), und sich selbst dann zu freuen, wenn sie nicht perfekt waren. Mit anderen Worten, kleine Jungfrauen müssen lernen, auch einmal den Nachtisch zuerst zu essen.

Beziehungen

Gesellschaftlich sind kleine Jungfrauen oft sehr vorsichtig und suchen lieber die Gemeinschaft anderer Lebewesen als die der Menschen. Sie werden soziale Fähigkeiten zuerst an Haustieren und Puppen ausprobieren, ehe sie sich in die Welt hinauswagen. Während sie witzig, charmant und sehr unnachgiebig denen gegenüber sein können, die sie kennen und denen sie vertrauen, sind Jungfrau-Kinder bei Fremden scheu und kühl und geben sich gefällig besonders in der Nähe derer, die sie zu beeindrucken wünschen. Sie werden ihre hohen Anforderungen auf die Menschen in ihrer Nähe ausdehnen und entweder chronische Enttäuschungen erfahren oder immerwährende Dankbarkeit, welcherart Aufmerksamkeit auch immer sie bekommen. Wenn Erwachsene ihre eigene Unvollkommenheit annehmen und erklären (anstatt sich zu verteidigen), geben sie dem Kind dadurch die Möglichkeit, sich selbst weniger perfekt sehen zu müssen. Kleine Jungfrauen brauchen jedoch ein Gefühl der Sicherheit, und wenn Unzulänglichkeit auf seiten der Erwachsenen ihre Sicherheit zu gefährden scheint, können sie das Gefühl haben, selbst noch vollkommener werden zu müssen, um diesen Mangel auszugleichen. Freimütige Auseinandersetzungen über die Beziehung zwischen Sicherheit und Perfektion werden die Sache für alle Beteiligten vereinfachen.

Mutter: Jungfrau-Kinder sehen ihre Mutter ähnlich dem Vater: kenntnisreich, rastlos und unbeschwert. Jungfrau-Kinder werden vermutlich auch den Humor der Mutter, ihre Wärme und ihre Ehrlichkeit schätzen und sicher sein, daß sie von ihr angenommen sind. Andererseits haben Mütter von Jungfrau-Kindern wahrscheinlich feste und unerschütterliche Vorstellungen und Ansichten über den Lauf der Dinge und über Kinder. Diese Mütter werden deshalb auf Probleme stoßen, wenn ihr Kind diese Auffassung hinterfragt und in Frage stellt. Mütter, die in sich nicht die Wärme, die

Annahme und den Humor spüren, die ihr Kind schätzt, wollen vielleicht ihr Selbstbild neu beurteilen und sich in der Nähe ihres Abkömmlings entspannen. Wenn sie ihrem Kind die Gründe für ihr zeitweilig kühles und humorloses Verhalten erklären, helfen sie dem Kind seine Erwartungen der Realität anzupassen. Mütter kleiner Jungfrauen neigen dazu, den Instinkten und dem Verhalten ihres Kindes zu vertrauen, sollten aber vorsichtig sein und vermeiden, dem Kind zuviel oder zu wenig Verantwortung zu übertragen. Diese Mütter haben vielleicht nicht allzuviel Geduld mit dem Lernprozeß ihres Kindes und müssen in Abständen daran erinnert werden, daß ihr liebenswürdiges, wißbegieriges und hilfsbereites Kind tatsächlich immer noch ein Kind ist.

Vater: Die kleine Jungfrau hat – oder braucht – häufig zwei Vaterfiguren und fühlt sich oft zwischen dem Widersprüchlichen beider gefangen. Nichtsdestoweniger erwartet das Jungfrau-Kind vom Vater, daß er kenntnisreich, witzig, lustig, charmant und unbeschwert ist. Manchmal kann das Kind einen innigeren Kontakt zum Vater suchen, als dieser herzustellen fähig ist, und gelegentlich scheint das Kind gegen die offensichtliche Überlegenheit oder den Mangel an Genaugigkeit der väterlichen Informationen einen gewissen Widerwillen zu entwickeln.

Väter von Jungfrau-Kindern können in Gegenwart ihres kleinen Sprößlings, der sie genau beobachtet, sehr nervös oder albern werden. Es wird beiden helfen, wenn sie dieses Unbehagen eingestehen und darüber diskutieren. Dies kann auch dazu beitragen, die väterliche Besorgnis teilweise zu lindern. Väter werden ihrem Kind die größte Freude machen und ihm am leichtesten das Gefühl von Sicherheit geben, das es braucht, wenn sie einfach mit dem Kind sprechen oder mit ihm zusammen etwas tun. Jungfrau-Kinder respektieren Väter, die die Grenzen ihres Wissens eingestehen und bereit sind, Antworten auf die endlosen Fragen des Kindes zu suchen. Kleine Jungfrauen wollen wissen, daß der Vater klug ist und weiß was er tut, und/oder daß er aber auch nach der erforderlichen Information in einer bestimmten Situation trachten wird.

Geschwister: Jungfrau-Kinder sind oft Einzelkinder oder das einzige Kind ihres Geschlechtes. Irgendwie fühlt sich die Jungfrau einmalig und von ihren Geschwistern unterschieden. Wenn jemand in der Familie ein Problem hat, wird die Jungfrau versuchen, dies mit beispielhaftem Verhalten zu kompensieren, und auf diese Weise der Favorit oder der Sündenbock (oder beides) zu werden. Die Jungfrau muß darauf aufmerksam gemacht werden, daß sie für die wirklichen oder eingebildeten Unzulänglichkeiten anderer nicht zuständig ist und daß jede Person auf ihre ganz besondere Weise wertvoll ist. Das Jungfrau-Kind verbinden gewöhnlich intensive Gefühle zumindest mit einem Geschwister, und häufig ist die Atmosphäre sehr auf Wettbewerb eingestellt.

Freunde: Die Jungfrau sucht sich gewöhnlich Freunde, die ungefähr den gleichen sozialen Status haben wie sie selbst und bevorzugt diese mehr als solche, die gleichaltrig sind. So kann die Jungfrau Freunde haben, die entweder viel älter oder viel jünger sind. Oft sind ihre Freunde, obwohl häufig lärmender als sie, ebenso selbstkritisch wie sie. Sie haben dieselben Wertvorstellungen und oft gemeinsame Interessen beim Lernen oder an der Natur. Gemeinsame Kritik an einer äußeren Sache genügt oft, ihn an seine Freunde zu binden. Jungfrau-Kinder und ihre Freunde neigen häufig dazu, einander gegenseitig in großem Umfang zu erziehen und zu informieren. Gemeinsam scheinen sie kritischer und rebellischer zu sein als jeder für sich allein. Da der Anspruch, den die Jungfrau an ihre Freunde stellt, fast genau so hoch ist wie der, den sie an sich selbst stellt, kann sie von Zeit zu Zeit Schwierigkeiten haben, Freunde zu gewinnen oder Spielgefährten zu behalten.

Verstand/Information/Schule

Jungfrau-Kinder analysieren und untersuchen höchst gerne. Die wißbegierige kleine Jungfrau ist pragmatisch und praktisch und wird sich oft nur an nützliche und interessante Informationen erinnern. Ihre Art zu denken verläuft recht geradlinig und sie braucht Information, die logisch geordnet ist. Obwohl sie die Fähigkeit hat, grundverschiedene Teilinformationen zu einem zusammenhängenden und sinnvollen Ganzen zusammenzufügen, neigt sie doch dazu, sich primär an Details, die manchmal den größeren Rahmen außer acht lassen, zu erinnern. Sie ist eine zuverlässige Datenbank und man kann darauf zählen, daß sie genaue Informationen gibt.

Das Jungfrau-Kind mag Routine, lehnt aber, wenn es eine Aufgabe einmal gelernt hat, Wiederholungen ab. Es lernt ungleichmäßig, in großen Schüben und oft zu unpassenden und überraschenden Zeiten. Es kann sich recht leidenschaftlich auf ein neues Interessengebiet stürzen, und diese Intensität hält auch gewöhnlich an, bis es diesen Bereich zu seiner Zufriedenheit gemeistert hat. Vieles weiß die Jungfrau intuitiv und kann Angaben und Listen sammeln, um zu beweisen, was sie schon weiß. Sie liebt Kategorien und hat oft bereits in ganz jungen Jahren Sammelalben und ein behagliches Kämmerchen, das mit allerhand Dingen gefüllt ist.

Die Jungfrau reagiert am besten auf praxisbezogenes Lernen und verabscheut es, stillzusitzen und zuzuhören. Gewöhnlich ist sie in manuellen und technischen Dingen geschickt und meistert, wenn sie körperlich reif ist, Techniken mit beachtlicher Geschicklichkeit. Ihre Urteilsfähigkeit wird sich in der Schule als Vorteil erweisen, da sie eine Unmenge von Angaben behalten und auswerten kann, wird sie jedoch bei Lehrern und Klassenkameraden, die ihr eigenes Wissen nicht angefochten sehen wollen, unbeliebt machen.

Die kleine Jungfrau lernt gerne nützliche Dinge, geht im allgemeinen gerne zur Schule und ist sehr stolz auf ihre Fähigkeiten und Erfolge. Wenn allerdings die Schule der einzige Ort ist, wo sie sich tüchtig und sicher fühlt, kann dies einen Druck verursachen, weil sie das hohe Niveau ihrer Erfolge halten will. Sie liest vielleicht etwas, bevor es durchgenommen wird, versucht ihre Aufgaben vorzeitig fertigzustellen und macht sich Sorgen über die Menge Arbeit, die sie sich zu tun gezwungen sieht. Sie kann in der Schule ein heftiges Konkurrenzstreben entwickeln und sich durch gleichwertige Fähigkeiten anderer bedroht fühlen. Oder sie kann in dem Gefühl der Aussichtslosigkeit, jemals ihren eigenen Erwartungen entsprechen zu können, aufgeben und beschließen nur soviel zu tun, daß es gerade langt. Eltern und Lehrer werden gleichermaßen über die daraus resultierenden »Mißerfolge« verwundert sein. Indem man sie auf anderen Gebieten ihres jungen Lebens bestärkt, wird man ihr helfen, etwas von dem Druck, den sie in der Schule spürt, abzubauen und ihr Mut machen, Fehler zu begehen. Kleine Jungfrauen glauben oft, daß Fehler gleichbedeutend mit Versagen sind und sie werden vermeiden, Irrtümer zu riskieren, wenn dies ihre Selbstachtung bedroht. Die Versicherung, daß auch erfolgreiche Leute Fehler machen und aus ihnen lernen, wird das Kind beruhigen und belehren.

Höhere Schulbildung: Die Einstellung der Jungfrau zu höherer

Schulbildung hängt gewöhnlich von den Wertvorstellung der Familie auf diesem Gebiet ab. Oft wird eine zusätzliche Ausbildung der Jungfrau unterbrochen. Wenn sie sich aber entschließt weiterzumachen, beißt sie sich gewöhnlich durch. Sie schätzt die Aussicht auf höheres Einkommen und Sicherheit. Sie hat noch immer erfahrungsorientierte Aktivitäten gerne und eignet sich am besten für Lehrstellen und ähnliche Ausbildungsgänge.
Da sie immer noch das Bedürfnis hat, sich auszuzeichnen, ist sie hier gewöhnlich ebenso übergenau, wie sie es in den vorangegangenen Jahren war.

Verantwortung/Arbeit/Belohnung

Verantwortung/Arbeit: Jungfrauen nehmen ihre Verpflichtungen ernst und führen ihnen übertragene Arbeiten normalerweise gewissenhaft aus. Ihre Liebe zum Detail kann dazu führen, daß sie ein Übermaß an Zeit für Gebiete aufwenden, die beobachtenden Erwachsenen unerheblich erscheinen und es ist nötig, sie zu den ursprünglichen Zielen zurückzuführen. In ihren Bemühungen, Dinge »genau richtig« haben zu wollen, können Jungfrauen Schwierigkeiten haben, Aufgaben in Angriff zu nehmen oder zu beenden. Abgesehen von diesen Ausnahmen kann man sich darauf verlassen, daß die kleine Jungfrau die von ihr erwarteten Aufgaben mit einem Minimum an Aufsicht seitens der Eltern ausführt.
Da es Jungfrau-Kindern oft nichts ausmacht, Aufgaben auszuführen, die niemand sonst übernehmen möchte, können sie sich ausgenutzt, unbeachtet und manchmal verspottet fühlen. Belohnungen sind für dieses kleine Kind, das unbekümmert weitermacht, besonders wichtig. Wie der junge Wassermann, so will auch das Jungfrau-Kind nicht der einzige sein, der weiß wie etwas geht und wird seine Informationen oder Fähigkeiten freundlich mit anderen teilen.
Jungfrau-Kinder helfen gern und es verursacht ihnen große Befriedigung, wenn sie eine Aufgabe gut erledigt haben. Möglicherweise bieten sie anderen Hilfen an, wenn diese gar nicht erwünscht ist und man muß sie daran erinnern, daß die Menschen in ihrer Umgebung um Hilfe bitten werden, wenn sie diese brauchen und daß man fragen kann, bevor man sich ins Zeug legt.

Kleine Jungfrauen haben oft Freude an ihren Aufgaben, arbeiten spielerisch und kommen sich stolz und nützlich vor, wenn sie etwas vollendet haben. Ihre Neigung, Arbeit manchmal wichtiger zu nehmen als das Spiel, kann dazu führen, daß ihre Kindheit ziemlich unausgewogen ist. Besorgte Erwachsene sollten die kleine Jungfrau ermuntern, sich Zeit für »Nichtigkeiten« zu nehmen. Die kleine Jungfrau zieht es auch gewöhnlich vor, zwei Aufgaben auf einmal in Angriff zu nehmen. Da sie wahrscheinlich beide gleich gut erledigen wird, brauchen Erwachsene sich keine Sorgen darüber zu machen, daß die Ausführung einer Aufgabe darunter leiden könnte und sie sollten das Kind ermutigen, seinen eigenen Stil zu entwikkeln.

Belohnungen: Das Jungfrau-Kind hat manchmal das Gefühl, daß entweder es selbst oder seine Umgebung außer Kontrolle gerät, wenn es sich zuviel Zeit zum Spielen oder zur Entspannung gestattet. Eine wunderbare Belohnung ist deshalb für die Jungfrau die Erlaubnis, die Ermunterung oder manchmal auch einfach nur die Möglichkeit für Entspannung und Spiel. Die kleine Jungfrau muß manchmal daran erinnert werden, daß sie sich das Recht zu spielen oder auf Liebe nicht verdienen muß. Spontane Liebesbeweise und überschwengliche Zustimmung und Anerkennung sind Belohnungen, die die kleine Jungfrau geradezu aufsaugt. Ebenso schätzen Jungfrau-Kinder Geld, Kleidung und Dinge, die sich auf ihre derzeitigen Interessen beziehen.

Heim

Das Jungfrau-Kind liebt in dem es umgebenden Raum Ordnung, Bequemlichkeit und Tradition. Während die Ordnung in seinen Sachen für interessierte Beobachter nicht sofort zu erkennen ist, kann die kleine Jungfrau gewöhnlich jedes ihrer Besitztümer innerhalb kurzer Zeit ausfindig machen und wird sehr unwirsch, wenn etwas ohne ihre Genehmigung oder ihr Wissen umgeräumt wird. Die kleine Jungfrau hat bestimmte Plätze für bestimmte Dinge und sie umgibt sich oft mit Gegenständen und Bildern aus der Natur. In der späteren Kindheit kann sie Sammlungen von mechanischen Dingen, die ihr Interesse erweitern, hinzufügen. Jungfrau-Kinder ziehen oft

Erdtöne und dunkle Blautöne vor. Sie schätzen Haltbarkeit und können sehr ungeduldig werden, wenn Möbel primitiv sind und leicht auseinanderfallen.
Obwohl Jungfrau-Kinder ausgezeichnete und anpassungsfähige Reisende sind, erscheint ihnen häufig das Heimkommen das beste an einer Reise zu sein.

Gesundheit

Jungfrau-Kinder sind sehr wißbegierig in bezug auf Gesundheit und Krankheit. Sie sind gewöhnlich an den Leiden anderer interessiert und suchen soviel Information über das Körpersystem und dessen Störungen zu bekommen als möglich. Obwohl sie sich vielleicht entschließen, ihr Wissen nicht zu nutzen, haben sie gewöhnlich eine ausgezeichnete Vorstellung davon, wie man gesundbleiben kann und von Hygiene im allgemeinen.
Ein krankes oder verletztes Jungfrau-Kind braucht sofortige Beachtung und Beruhigung. In gewissem Sinne ist Krankheit das Schlimmste, das sich die kleine Jungfrau vorstellen kann und sie umgeht dies entweder völlig oder sie nimmt das, was sie am meisten fürchtet, völlig in sich auf, um damit »fertig zu werden«.
Jungfrau-Kinder werden daher ihren Körper entweder ignorieren oder jedem Symptom besondere Aufmerksamkeit schenken. Die kleine Jungfrau kann Krankheit dazu benutzen, dem Verantwortungsdruck zu entgehen und die Erlaubnis zu erhalten, sich in acht zu nehmen, oder sie erkrankt als Reaktion auf Streß und Chaos. Wenn sie krank ist, schätzt sie einige Betriebsamkeit und die besondere Aufmerksamkeit von Freunden. Sie schätzt Zurückgezogenheit, fürchtet sich aber davor, völlig alleingelassen zu werden.
Astrologisch gesehen regiert dieses Zeichen den Dünndarm und das Nervensystem. Gesundheitsprobleme bei Jungfrau-Kindern können Rastlosigkeit und Reizbarkeit sein. Sie können kleinere Unfälle infolge Unachtsamkeit haben. Sie werden mit kleinen Wehwehchen und Schmerzen nicht gut zurechtkommen, können jedoch heftiges Unwohlsein mit stoischer Ruhe ertragen. Die Jungfrau ist anfällig für Verdauungsprobleme, Choliken, Geschwüre und Allergien.

Kindheitsjahre

Hinweis: Die Ängste, die im folgenden aufgeführt werden, dürfen niemals zur Bestrafung eingesetzt werden. Sie dienen dazu, Wege für Bestätigung und Zuwendung aufzuzeigen.

Geburt – 6 Monate

Eltern wird es schwerfallen, der liebenswürdigen und ernsthaften neugeborenen Jungfrau zu widerstehen. Dieses sanfte Kind ist gewöhnlich bescheiden und anpassungsfähig. Es wird gerne gehalten und gedrückt und braucht das Gefühl, daß das Streicheln ausschließlich seiner Person gilt und nicht Belohnung für gutes Benehmen ist. Die kleine Jungfrau schreit nur bei körperlichem Unbehagen. Sie ist gerne sauber und bei einer nassen Windel oder nassem Laken wird sie schneller protestieren als andere Kinder. Wenn seine Umgebung voller Spannung ist, kann das kleine Jungfrau-Kind Bauchschmerzen bekommen oder schwierig werden. Eltern, die die Quelle des Unbehagens beseitigen, werden feststellen, daß das Kind schnell wieder zu seinem ruhigen Selbst zurückkehrt. Kleine Jungfrauen bemerken Veränderungen in ihrer Umgebung schnell und reagieren bereits in diesem Alter gut auf Erklärungen und Vorbereitungen. Wenn sie älter werden, ist diese Veranlagung noch ausgeprägter, aber selbst neugeborene Jungfrauen sind aufmerksam und aufgeweckt.

6 – 18 Monate

Das Jungfrau-Baby ist methodisch und nimmt Dinge gerne auseinander, um sie wieder zusammenzusetzen. Es macht gerne Steckspiele und mag Spielsachen, die ineinander- und zusammenpassen. Wachsam und neugierig, bemerkt es alles, was in seiner Umgebung vorgeht und entdeckt schnell Abweichungen von Mustern. Häufig beginnt es früh zu sprechen und ist von genauen Bezeichnungen fasziniert. »Blau« ist oft nicht genau genug, es möchte die Schattierungen von Blau wissen, wie »Türkis« und »Kobalt«. Das Jungfrau-Kind liebt die Natur und beginnt schon in diesem Alter eine tiefe Zärtlichkeit und Achtung für Pflanzen und Tiere zu zeigen. Obwohl es gerne im Freien ist, reagiert es intensiv auf extreme Temperaturen. Körperlich ist das Jungfrau-Baby bei seinen Entdeckungen vorsichtig. Es fürchtet, sich zu verletzen und wird meist sehr gewissenhaft und achtsam sein.

18 Monate – 3 Jahre

Das Jungfrau-Kind ist scheu aber wißbergierig, unauffällig auf der Suche nach den Informationen, die es braucht. Es ist intelligent und lebhaft, stellt Fragen, fügt Informationen zusammen, testet was es weiß. Noch vorsichtig, schätzt es Ordnung und kann kunstvolle Systeme und Rituale für sich selbst und andere ersinnen. Diese kleine Jungfrau kann beinahe zwanghaft reinlich und übergenau sein, oder sie kann rebellieren und versucht sich in Chaos und Unordnung. Sie ist in jedem Fall ein Perfektionist, kann aber neue Aufgaben hinauszögern, bis sie sicher ist, daß sie sie gut bewältigen kann. Wenn sie nicht bereits früh zu sprechen begonnen hat, wird sie warten, bis sie ganze Sätze sagen kann. Das Kleinkind ist gerne hilfsbereit, zufrieden mit und eigentlich auch dankbar für Routineaufgaben. Seine Konzentrationsspanne ist kurz, deshalb wäre es ein Fehler, mit seiner Hilfe bis zur Vollendung einer Sache zu rechnen. Die kleine Jungfrau ist ebenso wißbegierig, was Gesundheit und Krankheit betrifft, und wird von ihrem eigenen Körper, dem anderer Menschen und dessen Funktionen fasziniert sein.
Sauberkeitserziehung: Das Jungfrau-Kleinkind reagiert gut auf Erklärungen und Begründungen. Es ist gewöhnlich sehr begierig, die Sauberkeitserziehung erfolgreich zu beenden, um sich sauber und bequem zu fühlen. Wenn also keine körperlichen Schwierigkeiten bestehen, gestaltet sich die Sauberkeitserziehung bei der kleinen Jungfrau einfach und schnell. Es kann jedoch auch nach dieser Phase hin und wieder noch zu Pannen kommen, da die kleine Jungfrau dazu neigt, sich so intensiv zu beschäftigen, daß sie ihre körperlichen Bedürfnisse vergißt. Solche kleinen Unfälle werden am besten ohne großes Aufheben übergangen. Wenn die kleine Jungfrau selbst saubermachen muß, wird sie schnell lernen, zeitlich besser auf ihre körperlichen Bedürfnisse zu achten.

Die Vorschul-Jungfrau ist gewöhnlich bescheiden und vorsichtig, wenn sie sich aber wohlfühlt, kann sie arrogant, überheblich und kritisch erscheinen. Sie findet gerne etwas heraus, legt etwas fest und ist gewillt, ihre Vorstellungen mit jedem zu teilen. Ihre Ideen sind oft ausgezeichnet. Eltern, die mehr recht haben wollen als ihr Kind, können durch dieses Sprudeln von Informationen und Vorschlägen in Verlegenheit gebracht werden. Meist ist das Vorschulkind ziemlich ruhig und zieht es vor, Gedanken anstatt Gefühle mitzuteilen. Da es irritierbar oder zappelig erscheint, wenn es verängstigt oder nervös ist, muß es lernen, seine Gefühle auszudrücken und sich mit seinen kindlichen Bedürfnissen wohlzufühlen. In diesem Alter ist es leicht, die Jungfrau durch Drohungen zum Folgen zu bringen, so daß sie besonders ordentlich erscheint, sich anständig benimmt usw. Diese Handlungsweise ist nicht sehr klug. Die Jungfrau muß sich eine solide Erfahrung ihrer selbst innerhalb der Familie und in der Welt aufbauen. Die Jungfrau im Vorschulalter verkörpert viele offensichtliche Widersprüche, wenn sie verschiedene Rollen testet. Sie ist fürsorglich und zärtlich besonders mit Kranken oder Verwundeten, sie kann sich jedoch bei emotionalen Leiden unwohl fühlen oder ihnen kritisch gegenüberstehen. Sie kann im einen Moment laut sein, sich im nächsten zurückziehen, zwanghaft sauber, dann schmutzig, weinerlich, dann freundlich angepaßt sein. Sie kann übertrieben genau erscheinen, nicht leicht zufriedenzustellen, dann wiederum dankbar für die Beachtung, die sie bekommt. Sie kann erst nichts erwarten und dann alles, zwischen Zufriedenheit und tiefer Unzufriedenheit schwanken. Sie kann einen Moment lang kühl wirken, anschmiegsam im nächsten, überlegt, dann kritisch, sehr konzentriert, dann sichtlich zerstreut, hilfreich, dann verstimmt; eine kleine Erwachsene, ein großes Baby. Die kleine Jungfrau weiß oft nicht genau, wie sie bekommen kann, was sie sich wünscht oder wie sie sich in der Welt geben soll. Sie bleibt trotzdem freundlich und sanft und muß nur an die wertvollen Anlagen ihres Selbst erinnert werden, wenn sie in eine derartige Verfassung gerät. Erwachsene, die die Vorschul-Jungfrau im Grunde genommen als nett und rücksichtsvoll kennen, werden keine Probleme haben, das verwirrte Kind zu seinem normalen Verhalten zurückzuführen, das für alle Beteiligten am lohnendsten und beruhigendsten ist.

6 – 12 Jahre

Die Jungfrau im Schulalter behält die Verhaltensmuster aus der Vorschulzeit bei. Immer noch vorsichtig und sorgfältig, kann sie durch ihre emotionalen Aufs und Abs verwirrt sein, Erwachsene um sich herum herausfordern und so die Grenzen ihres Verhaltens testen. Im einen Moment fügsam, im nächsten selbständig oder rebellisch, behält die Jungfrau im Schulalter dieses widersprüchliche Verhalten bei. Sie ist ausgesprochen hartnäckig, kann jedoch frustriert sein, wenn ihr Auftreten nicht ihren Vorstellungen entspricht. Als Einzelkind kann sich die Jungfrau unterlegen fühlen und sie wird versuchen dies zu kompensieren, indem sie entweder Wunder in bezug auf Perfektion von sich erwartet oder völlig aufgibt. Sie kann wählerisch in bezug auf ihre Aktivitäten und Freunde erscheinen und übermäßig befaßt mit Vorschriften und Einzelheiten. In diesem Alter tritt ihre Fähigkeit, Informationen zu erfragen, zu testen, zu verbinden und zu bewerten hervor und dies erscheint besonders den Eltern störend, die bislang bequem mit ihrem anpassungsfähigen und willfährigen Kind gelebt haben. Sie übt sich im Denken, Widerspruch und Unterhalten.
Stets praktisch und pragmatisch, lenkt die tüchtige kleine Jungfrau gerne Dinge und wird selbst die unmöglichsten Dinge systematisieren. Obwohl die Jungfrau bei scheinbar sinnlosen Aktivitäten ungeduldig wird, ist sie ein harter Arbeiter, wenn ihr Interesse geweckt ist, und ihr Mitleid erlaubt ihr ein ungewöhnliches Verständnis für die Besonderheiten anderer Leute. Da sie häufig eine Lektion auf Anhieb zu lernen imstande ist, wird sie ebensolche Leistungen von anderern erwarten und sich überlegen fühlen oder ungeduldig werden über die wiederholten Irrtümer anderer. Buben und Mädchen in diesem Zeichen können gegen sexuelle Normen rebellieren, ihre eigenen Ideen und Ansichten über ihr Aussehen entwickeln und selbst entscheiden wollen, ob sie sich männlich oder weiblich verhalten. In diesem Alter beginnt sich ihr Humor zu zeigen und oft kann man sie mit einem Scherz aus einer Verunsicherung befreien. Lachend, hilfreich und pragmatisch bleibt die kleine Jungfrau die meiste Zeit ein angenehmer und zurückhaltender Kamerad.

Die Teenage-Jungfrau kann erstaunlich scheu und unsicher sein. Sie achtet sehr auf die Aktivitäten Gleichaltriger und reagiert auf deren Druck. Entweder folgt sie deren Führung, ohne daß es so aussieht, oder sie ist offensichtlich »überlegen« und sehr kritisch demgegenüber, was ihre Klassenkameraden tun. Sie kann sich von den Gruppen Gleichaltriger trennen oder fernhalten oder ein unauffälliger Führer in pflichtorientierten Aktivitäten werden – oder beides. Sie kann sich einverstanden erklären, die Schulzeitung herauszugeben, und während sie nach außen über die außerordentliche Bedeutungslosigkeit dieser Aufgabe murrt, wird sie doch im stillen sehr von der Anerkennung und Autorität, die damit verbunden ist, angetan sein. Im Herzen idealistisch, wird sie vielleicht diese Position auch dazu benutzen, um irgend etwas auf ziemlich hergebrachte und erprobte Weise zu verbessern: Sie wird z. B. einen Artikel über den offenkundigen Mißbrauch schreiben, den einige Lehrer mit Zensuren treiben.

Jungfrauen reagieren im allgemeinen auf Streß, indem sie versuchen, Dinge methodischer zu gestalten. Wenn die heranwachsende Jungfrau die anstrengende Schwelle zwischen Kindheit und Erwachsensein passiert hat, wird sie oft besonders gründlich, vorsichtig und organisiert und sie kann den großen Rahmen übersehen, während sie hinter obskuren Einzelheiten her ist. Einige Jungfrauen werden in dieser Periode mit Rebellion und Chaos experimentieren, ihren eigenen Körper und fremde Autorität herausfordern, aber meistens werden sie die konservative Richtung einschlagen und sich die Rebellion für später aufheben. Diese Vorsicht kann dazu beitragen, daß die Jungfrau sich isoliert und nicht dazugehörig vorkommt. Obwohl sie oft sehr populär ist, genauer gesagt aufgrund ihres Ordnungssinns, ihrer Arbeitswilligkeit, ihres Humors und ihrer Bescheidenheit, so übersieht sie doch häufig die Zuneigung anderer Leute, da sie ihre eigenen kleinen Unzulänglichkeiten untersucht. Eltern, die ernsthafte Rückversicherung und keine Platitüden anbieten, können das Unbehagen der Jungfrau weitgehend abbauen.

Während des Heranwachsens erreicht die Kritiksucht der Jungfrauen sowohl bei sich selbst als auch bei anderen einen Höhepunkt. Sie treffen möglicherweise Entscheidungen in bezug auf ihre Hoffnungen und Wünsche, die den Rest ihres Lebens beeinflussen. Sie

können irritierbar, kritisch, nörgelig, pedantisch, zwanghaft und sarkastisch erscheinen und den Eindruck erwecken, als könne nichts sie zufriedenstellen. Sie werden bei anderen nach Mängeln suchen, nur um sich selbst zu versichern, daß niemand perfekt ist, sich aber enttäuscht und betrogen fühlen, wenn sie erkennen, daß die, die sie lieben, auch Fehler machen. Jungfrauen kritisieren sich oft selbst, bevor andere es tun, was den Eindruck von Bescheidenheit erweckt. Eltern und andere Erwachsene sollten die Jungfrau mit diesem kritischen Verhalten konfrontieren und ihr zeigen, wie sie auf andere Weise Bestätigung erhalten und mit einer unvollkommenen Realität fertig werden kann. Die heranwachsende Jungfrau braucht von ihren Eltern die Erlaubnis, idealistisch zu sein, Enttäuschungen akzeptieren zu können, und Hilfe bei der Bewältigung von Erwartungen.
Ihre gesteigerte Bewußtheit für die Fehler dieser Welt führt oft zu wiederholten Versuchen, Dinge zu verbessern. Während der Phase des Heranwachsens entdecken Jungfrauen oft idealistische Aktivitäten oder Anlässe, für die sie sich einsetzen wollen. Eltern müssen für ein angemessenes Ventil für diesen Idealismus sorgen und sollten die Ernsthaftigkeit anerkennen, die hinter dem Verlangen ihres Kindes nach der Verbesserung von Dingen steht.
Die heranwachsende Jungfrau ist ebenso ein Realist und häufig ein Zyniker, der sich weigert, etwas zu glauben oder zu hoffen, bevor er Beweise und Garantien hat. Die Jungfrau ist analytisch und hält sich für extrem vernünftig. Während es so aussieht, als ob sie keinen Kompromiß mit erzürnten Erwachsenen eingehen wolle, ist sie in Wirklichkeit jedoch zu Auseinandersetzungen bereit, man muß ihr nur sagen, wie. Ihr außerordentliches Gefühl für praktische Dinge kann dazu führen, daß sie ihre eigenen und die emotionalen Bedürfnisse anderer in ihrer Nähe übersieht. Sie muß lernen, daß emotionale Bedürfnisse die gleiche Bedeutung und Wichtigkeit haben wie praktische Notwendigkeiten. In der Familie können emotionaler veranlagte Mitglieder die Annahme der Jungfrau, daß Gefühle nicht so real sind wie greifbare Aufgaben, hinterfragen und ihr zu Bewußtheit über ihre eigenen Empfindungen verhelfen, selbst dann, wenn sie eifrig an der Arbeit ist.
Trotz ihrer Akzeptierung der körperlichen Bedürfnisse und Funktionen anderer können der Jungfrau die körperlichen Veränderungen in der Phase des Heranwachsens besonders unbehaglich vorkommen.

Sie kann die Tatsache der herannahenden Reife zugleich fürchten und begrüßen. Sittsame Jungfrauen können unter großen Selbstzweifeln leiden, wenn sie in dieser Phase gezwungen werden, ihren Körper zu zeigen, und besonders wenn sie unvorbereitet sind und nicht begreifen, was vor sich geht, können sie von Pubertätserscheinungen angeekelt sein. Eltern müssen an den Wunsch der kleinen Jungfrau nach Information denken und ihrem Kind alles erklären, damit es seinen »neuen« Körper akzeptieren kann.

Enge Beziehungen können für die Jungfrau besonders bedrohlich sein. Sie werden eine mütterliche oder freundschaftliche Rolle einer romantischen Beziehung vorziehen. Sexuelle Aktivitäten und Umarmungen können beängstigend für sie sein, obwohl sie Zuneigung und Zärtlichkeit liebt. Heranwachsende Jungfrauen achten ebenso besonders auf Gesundheitsdinge und können enge Beziehungen echter oder eingebildeter Gesundheitsprobleme wegen hinauszögern. Sie können sich in ein zynisches Verhalten flüchten, um eine grundlegend idealistische Haltung zu bemänteln, und die Teenage-Jungfrau kann Arbeit einer engen romantischen Bindung vorziehen.

Auf den Gebieten von Gesundheit und Sauberkeit kann die Jungfrau jedoch rebellieren, Eltern, die in punkto Sauberkeit etwas nachlässiger sind, wird auffallen, daß ihr Sprößling mehrmals am Tag die Hände wäscht. Eltern, die sich nur mit gesunden Lebensmitteln ernähren, werden verstört sein, wenn sie die Tochter Schokolade und Kartoffel-Chips ins Haus schmuggeln sehen, die sie natürlich von ihrem eigenen Geld gekauft hat.

Handwerkliche Arbeiten sind in dieser Zeit häufig ein annehmbares Ventil für die Energie der emsigen Jungfrau. Da Jungfrauen jeden Alters oft die Gesellschaft nichtmenschlicher Lebewesen vorziehen, ist die Zuneigung zu einem Haustier oder die Bindung an Pflanzen von großer Bedeutung, weil sie dem Kind Belohnung bringt. Wenn die Jungfrau adäquate Möglichkeiten erhält, ihrem Hang nach Perfektion zu frönen, bleibt sie auch in dieser Altersphase ein erfreulicher Gefährte. Ihr Humor und ihr Wille mitzumachen sind wertvolle Vorzüge für Familien und andere Gruppen. Ebenso profitieren andere oft vom Ordnungssinn der Jungfrau.

Waage-Kinder

23. September – 22. Oktober

Allgemeine Eigenschaften

Während viele der im folgenden beschriebenen Charakteristika für die meisten Waage-Kinder zutreffen werden, können andere, manchmal widersprüchliche Eigenschaften sehr wohl *auch* bei dem Kind, das unter diesem Zeichen geboren ist, in Erscheinung treten.

Von Anbeginn werden Eltern wahrscheinlich über ihr umgängliches Waage-Baby erfreut sein. Es ist einfach, für dieses Kind zu sorgen, und es scheint von Natur aus zu wissen, was »angemessenes« Verhalten (selbst in diesem Alter!) ist. Die Waage ist freundlich, offen und großzügig mit ihrem Lächeln und kleinen Babylauten. Eltern und andere Familienmitglieder können ab und zu ihre Tätigkeit unterbrechen, nur um diesem freundlichen Kind ein »Hallo« zu sagen.
Anpassungsfähigkeit an die Gemeinschaft und soziale Fähigkeiten sind die größten Vorzüge des Waage-Kindes. Es hat einen ausgeprägten Sinn für schickliches Verhalten und wird immer einen Weg finden, sich überall einzufügen, und es wird erreichen, daß auch andere sich wohl fühlen. Die Waage hat wunderbar ausdrucksvolle Augen, und es besteht kein Zweifel, daß sie schon allein mit ihrem Blick kommunizieren kann. Die kleine Waage lebt für Beziehungen und wird sobald als möglich anfangen zu sprechen. Bevor sie sich verständlich ausdrücken kann, wird sie sich selbst und andere mit einer melodischen Babysprache unterhalten, und sobald es richtig sprechen kann, wird das Waage-Kind eine Menge zu sagen haben.
Ein dreijähriges Waage-Kind bemerkte am Abendbrottisch zu seinen Eltern: »Ich wünschte, ich hätte zwei Münder, einen um zu essen und einen nur um zu sprechen!«
Dies ist ein Kind, mit dem es auch in der Öffentlichkeit, und wenn es

seine gesellschaftlichen Fähigkeiten erprobt, keine Schwierigkeiten gibt, und es wird die Gesellschaft Erwachsener, die ihm Beifall spenden, mehr genießen als den Kontakt zu anderen Kindern, denen die Ausgeglichenheit der Waage mehr oder weniger gleichgültig ist.

Die junge Waage hat einen ähnlichen Sinn für Dualität wie Kinder der Zeichen Zwilling, Fisch und Skorpion. Auch sie muß beide Seiten einer Sache kennen und wird dazu neigen, sich über Polaritäten Gedanken zu machen. Es wird eine große Hilfe für die junge Waage sein, wenn sie Dinge in einem bestimmten Kontext lernen kann. Sie wird X nur lernen, wenn sie es mit Y vergleicht, ohne X kann sie Y nicht erfassen. Wenn Tante Liese z. B. über große Hunde spricht, beschwört die Waage das Bild des kleinsten Hundes, den sie je gesehen hat herauf, und versucht sich in Gedanken einen anderen Hund vorzustellen, der im Vergleich zu dem kleinen Hund viel größer ist. Wenn die kleine Waage gesagt bekommt, sie solle niemals alleine in den Wald gehen, wird sie sich durchaus vorstellen, daß sie sich vielleicht im Wald verläuft und nicht mehr herausfindet. In anderen Worten: Die Waage pendelt von einer ausgefallenen Idee zur anderen, bevor sie zum Kern einer Sache kommt oder bis sie begreift, wovon andere sprechen. Der Waage-Verstand bietet natürliche Voraussetzungen für das Verständnis physikalischer Gesetze: »Für jede Aktion gibt es eine gleiche und eine gegensätzliche Reaktion.« Die Waage braucht Zeit für ihre Reaktion, ehe sie Entscheidungen trifft oder ihre Meinung äußert.

Die junge Waage kann feststellen, wer sie ist, indem sie zuerst bestimmt, wer sie nicht ist. Sie kann auch Entscheidungen treffen, indem sie zuerst beschließt, was sie nicht tun will. Wenn sie z. B. gefragt wird, was sie jetzt tun möchte, kann die kleine Waage anfänglich antworten: »Nun, ich will kein Schläfchen machen und ich will auch nicht baden.« Als Resultat dieser Methode inneren Denkens ist sich die Waage sehr oft bewußt, wer sie nicht ist und was sie nicht tun will. Sie kann eine Menge Zeit und Energie darauf verwenden, Dinge zu tun, die sie eigentlich gar nicht interessieren, einfach weil diese nicht auf ihrer Liste des »Nicht erwünscht« stehen und sie noch keine Liste mit »Erwünscht« fertig hat.

Das Waage-Kind tut sich durch Vergleich und Unterscheidung hervor. Es weiß immer, was größer, besser, stärker ist. Als Heranwachsender und Erwachsener wird es auch wissen, was teurer, begehrenswerter, exklusiver, wertvoller oder moderner ist. Dieses Wissen bedeutet nicht unbedingt, daß es abhängig von diesen Werten ist oder daß es das Gefühl hat, unbedingt ein Extrem oder etwas Einmaliges darstellen zu müssen, aber es nimmt Notiz von diesen Dingen. Manchmal interpretieren Beobachter die Fähigkeit der kleinen Waage als Wettbewerbsstreben, und manchmal ist dies auch so, aber meistens ist es einfach ihre Art, Dinge zurechtzurükken.

Nur auf dem Weg über Vergleich und Gegensatz wird die kleine Waage ein Kompliment als Kompliment auffassen, es sei denn, man fügt hinzu, wie schlimm eine Sache hätte sein können. Eine Mutter, die sagt: »Ich bin stolz darauf, wie gut du dich bei Großmama benommen hast«, wird der Waage keine Anerkennung übermitteln. Die Mutter müßte sagen: »Du hättest lauter sein können oder darauf bestehen, mehr Plätzchen zu essen, nachdem ich dir gesagt hatte, daß du aufhören sollst. Ich wußte aber, daß ich mich auf dich verlassen kann, daß du still sein und meine Bitte befolgen würdest. Danke!« Ein Waage-Kind wird im Gegenteil seine Einzigartigkeit oder sein Talent auf einem bestimmten Gebiet gar nicht erkennen, ehe es nicht jemanden trifft, der gänzlich anders ist. Es kann der Meinung sein, daß alle sechsjährigen Kinder Chopin auf dem Klavier spielen können, bis es hört, daß ein Freund Fehler macht, wenn er sich durch »Fuchs, du hast die Gans gestohlen« kämpft.

Manchmal leidet die Waage unter diesem Talent, Vergleiche ziehen zu können, oder es führt dazu, daß sie Situationen unter Kontrolle bekommen möchte. Sie kann sich beschweren, daß ihre Schwester das größere Kuchenstück bekommen hat. Sie kann das Kompliment dafür, daß sie das Geschirr ordentlich gespült hat, als Aufforderung verstehen, das Geschirr immer spülen oder es jeden Abend gleich gut machen zu müssen. Wenn sie nicht die beste Note bei einer Arbeit erzielt, kann es sein, daß sie sich antreibt, es besser zu machen, oder sie wird die Tatsache einfach hinnehmen und mit ihrer Leistung zufrieden sein. Waage ist das Zeichen der Ausgewogenheit, und die Waage ist am meisten zum Ausgleich fähig. Trotz ihres inneren Gespürs für Extreme fühlt sie sich weniger geneigt, diesen nachzugehen, sondern sie wird naturgemäß zur Mäßigung in allen Dingen neigen.

Ungeachtet der Sanftmut eines Zeichens, das Ausgeglichenheit anstrebt, wird das Waage-Kind, das sich ständig mit anderen vergleicht und dabei den Normen, die es selbst aufgestellt hat, nicht zu genügen glaubt, unnötig unter einem Gefühl von Unterlegenheit und Unsicherheit leiden. Die kleine Waage wird zu Rechtfertigungen neigen, sowohl um sich von Schuldgefühlen und einem inneren Druck, den sie spürt, zu befreien, aber auch, um Lob und Bestätigung von denen zu erhalten, die ihm wichtig sind. Eltern, die ihrem Waage-Kind zu einem besseren Einverständnis mit sich selbst verhelfen wollen, tun gut daran, es auf seine guten und unvergleichlichen Anlagen hinzuweisen und ihm zu sagen, daß es keine Vermutungen über die Meinungen und Erwartungen, die andere von ihm haben, anstellen soll.

Das Waage-Kind glaubt, daß es überall dort schöner ist, wo es nicht sein kann, und es wird intensiv alle Vorgänge beobachten, um nur ja nichts zu versäumen. Es wird versuchen, überall zugleich zu sein, und zum Teil können seine vielseitigen Interessen auf der Angst beruhen, daß es eine Erfahrung oder eine Beziehung versäumen könnte. Es wird der wiederholten Versicherung bedürfen, daß es genügt, wenn es zur gleichen Zeit nur an einem Ort ist. »Manchmal«, lachte der Vater einer zehnjährigen Waage, »verspüre ich den heftigen Wunsch, ihre Schuhe am Boden festzunageln, einfach nur um einmal sicher sein zu können, daß sie lange genug stehenbleibt, um zu wissen, wo sie überhaupt ist«.

Waage-Menschen möchten beliebt sein, dies ist ein Teil ihrer sozialen Anpassungsfähigkeit. Diese Anpassungsfähigkeit führt selbst bei ganz jungen Waage-Kindern zu einem frühzeitig entwikkelten Sozialverhalten. Charme und Ausgeglichenheit sind ihre zweite Natur. Sie sind durchweg beliebt, werden von Erwachsenen akzeptiert und vertragen sich sehr gut mit anderen Kindern. Teilweise kann das Bedürfnis, beliebt zu sein, dazu führen, daß die Waage Meinungen oder Verhalten ändert, nur um akzeptiert zu werden. Diese Geschmeidigkeit kann auf die, die sich auf sie verlassen, wankelmütig wirken und Probleme verursachen, besonders in der Schulzeit, wenn Waage-Kinder ihre sozialen Bedürfnisse mit einem Gefühl für Zuverlässigkeit in Einklang bringen müssen.

Eine junge Waage fühlt sich am wohlsten, wenn sie sich mit anderen identifizieren kann, wenn sie feststellt, was sie mit anderen gemeinsam hat. Während sie oft das Recht auf Individualität anderer akzeptiert, ja sich sogar dafür einsetzt, mag sie im Grunde genommen Menschen, die mit ihr und sich im Einklang sind. Die Waage neigt dazu, sich mit Menschen zu umgeben, die ihre Wertschätzungen und Auffassungen teilen, und sie kann Abweichungen in dieser Haltung als persönliche Zurückweisung oder Unwillen empfinden. Wenn ein Freund auf einem ihr wichtigen Gebiet nicht mit ihr übereinstimmt, sind ihre Gefühle wahrscheinlich verletzt, und sie kann sich persönlich kritisiert fühlen. Wenn eine Hundeliebhaberin unter den Waagen feststellt, daß ihr bester Freund Katzen vorzieht, kann sie sich persönlich enttäuscht und zurückgestoßen fühlen. Da die kleine Waage Mißhelligkeiten nicht mag und solche Unstimmigkeiten sicher als unerfreulich einstuft, lernt sie häufig, ihre Meinung für sich zu behalten, bestimmte Themen zu vermeiden und in extremen Fällen eine Beziehung eher zu beenden, als sie mit einem Mißton weiterzuführen.

Waage ist ein Kardinalzeichen, was bedeutet, daß es aktionsorientiert ist. Einige Waage-Kinder wirken trotz ihres großen Bedürfnisses nach sozialer Annahme und der offensichtlichen Fähigkeiten auf diesem Gebiet überhaupt nicht gefügig. Sie haben das Bedürfnis, etwas zu »tun«, einen Standpunkt einzunehmen. Es genügt ihnen nicht, sich neutral zu verhalten, und sie fürchten ihre eigene Unentschlossenheit oder haben das Gefühl, daß jede Handlung besser als gar keine ist. Dies sind Kinder, die unangenehme Themen zuerst aufgreifen, um es »hinter sich zu bringen«, und mit stoischer Ruhe die Konsequenzen ertragen, anstatt in Ungewißheit zu leben. Diese Kinder werden offen für ihre Einstellung kämpfen und können sich sehr von ihren ruhigen Waage-Brüdern und -Schwestern unterscheiden.

Für diesen zweiten Waage-Typ ist es weniger bedeutsam, beliebt, als fair und respektiert zu sein, und ihre Identität zu wahren ist für sie wichiger, als gesellschaftlich versiert zu sein. Unterschwellig bleibt die Motivation für beide Waage-Typen gleich: Sie möchten aufgrund ihres Wissens und ihrer Rücksichtnahme und wegen ihres vorsichtigen Umgangs mit Menschen und Situationen geschätzt werden. In diesem Falle wird sich die Rücksichtnahme gewöhnlich auf Menschengruppen beziehen, während der erste Typ seine Rücksicht auf einzelne Menschen konzentriert. Der auffallendere Waage-Typ B hat oft Bindungen an bestimmte Ideen oder Sachen, ähnlich den Wassermann-Kindern, und ist entschlossen, seine Popularität und soziale Zugehörigkeit aus einer sorgfältig ausgesuchten Gruppe zu beziehen – im Gegensatz zu dem nachgiebigeren A-Typ der Waagen. In jedem Fall besteht ein Bedürfnis nach Interaktion und Zustimmung, und sie haben mehr Gemeinsames als Verschiedenes. Junge Waagen glauben, daß nahezu jedes Problem durch vernünftige Kommunikation sinnvoll gelöst werden kann. Oftmals begegnet man ihnen vermittelnd und verhandelnd, bereits vom Vorschulalter an bis später ins große Management hinein. Die meisten Waagen haben eine große Sehnsucht nach Ruhe und Annehmlichkeit und tun alles, um Szenen zu vermeiden; daß sie dafür auch sehr geeignet sind, ist ein zusätzlicher Bonus. Manchmal sorgt der auffallendere Waage-Typ dafür, daß unterschwellige Spannungen an die Oberfläche kommen, damit sie aufgegriffen und gelöst werden können, aber die meisten Waagen werden ein öffentliches Zurschaustellen von Gemütsbewegungen vermeiden und fühlen sich bei dramatischen emotionalen Reaktionen anderer unbehaglich.

Das Waage-Kind hat oft einen ausgeprägten Sinn für Gerechtigkeit. Wenn dieses Gefühl mit Verantwortung, Geduld und Einfühlungsvermögen gepaart ist, wird die junge Waage einen beträchtlichen Grad an Gewissenhaftigkeit an den Tag legen. So viel Verantwortlichkeit kann sie bis hin zu Schuldgefühlen verwirren, und die kleine Waage kann sich persönlich verantwortlich fühlen, wenn etwas schief läuft, selbst dann, wenn sie nicht dabei war. Wenn keine Butter mehr vorhanden ist, kann die Waage dies als ihren Fehler ansehen und sich schlecht fühlen, weil sie niemand von der Familie daran erinnert hat, mehr Butter zu kaufen. Eltern sollten darauf achten, daß sich ihr Waage-Kind für solche Vorfälle nicht verantwortlich fühlt und daß es in einem solchen Falle die Rückversicherung bekommt, daß es nicht seine Schuld war.

Ausgewogenheit und Harmonie sind Schlüsselworte im Leben der jungen Waage. Sie hat es nicht gerne, wenn Dinge aus dem Gleichgewicht geraten und wird bereitwillig jeden Versuch unternehmen, Harmonie in der Familie und später in der Schule und sonstwo aufrechtzuerhalten. Sie braucht Ebenmaß sowohl im Leben als auch in ihrer Umgebung, möchte für diese Veranlagung geschätzt werden und außerdem zu Hause blaue Pyjamas und in Großmutters Haus rote Pyjamas haben. Sie kann ihre Wünsche auf die Bedürfnisse und die Wünsche anderer abstimmen. Wenn Familienentscheidungen getroffen werden, braucht die Waage einen besonderen, ungestörten Augenblick, um zu entscheiden, was sie will, bevor andere Familienmitglieder einstimmen und die Waage sich einfach ihrer Meinung anschließt.

Der Wunsch nach Frieden ist im Waage-Kind so ausgeprägt, daß es manchmal in Situationen eingreift, die es persönlich nicht betreffen, einfach um zu versuchen, die Harmonie wiederherzustellen. Wenn sich zwei Freunde streiten, wird die Waage versuchen, den Streit zu beenden, auch wenn sie nichts damit zu tun hat und niemand sie gebeten hat zu schlichten. Unglücklicherweise kann sich bei solchen Einmischungen der Ärger beider Freunde gegen das verblüffte und lautere kleine Waage-Kind richten. Sie können in der Tat ihren Ärger aufarbeiten, indem sie ihn auf die Waage lenken, was zu Lasten der Freundschaft geht. Das Waage-Kind braucht elterliche Führung beim Umgang mit seinen Vermittlungsfähigkeiten, Richtlinien, wann Interventionen angebracht sind und wann nicht. Es werden Diskussionen nötig sein über die Natur ihrer eigenen Verantwortlichkeit und wie sie ihr Empfinden für Harmonie in ihrer Umgebung einsetzen kann. Wenn sie erlebt hat, daß eine Intervention erfolglos war, braucht sie Trost, Befreiung von Schuldgefühlen und vorurteilsfreie Gespräche über das, was sie da lernen muß.

Kleine Waagen können sich ebenso schuldig fühlen, wenn sie nicht eingreifen und helfen, ein Problem zu lösen, denn in ihrem tiefsten Inneren sind sie davon überzeugt, daß sie etwas verändern können und dies versuchen müssen. Mitten in einem Familienstreit werden Eltern über die Beharrlichkeit ihres Waage-Kindes, den Streit schlichten zu wollen, überrascht sein, und sie sollten dem Kind nicht gestatten, Probleme lösen zu wollen, die sein Alter und Verständnis überfordern. Durch ihr starkes Bedürfnis nach Ausgeglichenheit können kleine Waagen in die Lage kommen, ihre eigenen Wünsche zu opfern, um Gleichgewicht und Frieden zu erhalten. So kann z. B. ein Waage-Kind zu seinem kranken Bruder sagen: »Wenn du nicht laufen kannst, werde ich auch nicht laufen.« Oder wenn ihr bester Freund nicht hungrig ist, kann die kleine Waage sich entschließen, auch nichts zu essen.

Gelegentlich verlassen sich Erwachsene allzusehr darauf, daß ihre kleine Waage Frieden und Harmonie innerhalb des Hauses bewahrt. Manchmal übernimmt die kleine Waage diese Rolle, ohne daß jemand bemerkt, was da eigentlich vor sich geht. Das Kind wird sich in wachsendem Maß vorsichtig und ausgleichend verhalten und an Familienproblemen und deren Lösungen beteiligen, aber immer zurückhaltender seine eigenen Probleme einbringen. Ohne daß jemand diese Rolle ausdrücklich plant oder unterstützt, kann die kleine Waage zusehends mehr an ein Mitglied der UNO-Friedenstruppe erinnern denn an ein lebhaftes Kind. Diese Situation muß von den Eltern geändert werden, durch die Versicherung, daß sie ihren Anteil an den Pflichten zur Erhaltung der Harmonie in der Familie übernehmen, während die kleine Waage ihren vielen Interessen nachgehen kann. Kinder haben ein Recht darauf, leidenschaftlich, unvernünftig, eigensinnig zu sein und manchmal ihre eigenen Wege zu gehen, diejenigen zu sein, nach denen sich die Familie richtet, und die Waage kann ihr ganzes übriges Leben lang ausgleichend, verständnisvoll und geschickt vermittelnd wirken. Wenn es an der Zeit ist, wird in jungen Jahren ein gewisses Übermaß eine notwendige Lektion für die Waage sein: drei Eiswaffeln mit recht viel Sahne, ein Tag auf der Kirmes und Fahrten überall, wo dies möglich ist, ein flottes Kostüm mit Streifen und großen Punkten in abstechenden Farben!

Das Waage-Kind wird sich meist in der Mitte finden. Diese Neigung hat möglicherweise ihren Ursprung in ihren vermittelnden Fähigkeiten und greift auf andere Gebiete ihres Lebens über. Die junge Waage wird kleinen Gruppen und Dreierbeziehungen angehören, in denen ihre Vermittlung und ihre soziale Ausgleichsfähigkeit gefragt und geschätzt sind. Später kann sie Schwierigkeiten haben, daran zu glauben, daß sie ganz allein Anspruch auf eine Person haben oder daß sie eine Zweierbeziehung aufrechterhalten kann, deren Gleichgewicht oder Ungleichgewicht nur durch die beiden daran beteiligten Menschen entsteht. Waage-Kinder sind oft zweitgeborene Kinder oder verhalten sich so, oder sie sind das zweitgeborene desselben Geschlechts.

Das Bemühen der jungen Waage, zu tun, was sich gehört, führt oft zu schicklichem und angemessenem Verhalten. Sie wirkt so angepaßt, daß sich Eltern und andere Familienmitglieder gar nicht fragen werden, wie sich diese Angepaßtheit auf das Kind auswirkt. Das Hauptproblem, dem das Kind, das gesellschaftlich und in der Unterhaltung seinem Alter weit voraus ist durch seine Fähigkeit, die Bedürfnisse und Erwartungen anderer vorauszuahnen, begegnet, ist, daß vieles in seinem Verhalten eine Reaktion auf äußere Reize ist, anstatt den inneren Bedürfnissen des Kindes selbst zu entspringen. Die Waage wird sich unnötig darum sorgen, was andere von ihr denken und sich selbst in überflüssiger Weise behindern. Sie wird Dinge tun, weil sie glaubt, daß sie dies sollte und nicht, weil sie sie tun möchte. Wenn sie rebellisch wird, kann sie das Gegenteil von dem tun, was sie glaubt, tun zu müssen; aber das Problem bleibt dasselbe, da sie reagiert anstatt aus sich heraus initiativ zu werden.

Die junge Waage muß ihre eigene Wahl treffen dürfen, unabhängig von dem, was andere denken. Eltern werden in diesem Prozeß für besondere Ermunterung sorgen müssen, um ihr zu helfen zu unterscheiden und ebenso sorgfältig auf ihre eigene innere Stimme zu hören, wie sie auf die Stimmen anderer hört. Im Grunde genommen muß sie gelehrt werden, ein wenig selbstsüchtig zu sein, auch sich selbst wichtig zu nehmen. Die Waage besitzt genug Gefühl für Ausgewogenheit, daß sie diese Erlaubnis nicht mißbrauchen wird, aber sie muß ein bestimmtes Maß an Eigennutz entwickeln, den viele Leute für selbstverständlich halten. Die Waage muß lernen, sich auf sich selbst zu konzentrieren, damit äußere Umstände keinen so gewaltigen Einfluß auf ihr Denken und Verhalten ausüben können, damit sie weniger empfindsam für die Ereignisse in ihrem Umfeld wird. Eltern kleiner Waage-Kinder können diese Entwicklung fördern, indem sie zuerst nach der Meinung des Kindes fragen und ein Spiel daraus machen, und weder sich selbst noch anderen ein Urteil darüber erlauben, wenn die kleine Waage ihre eigenen Wünsche, Bedürfnisse und Entscheidungen äußert.

Ein Weg für das Waage-Kind, sein Gefühl für Frieden und Ausgleich zu bewahren, gleichgültig was sich in seiner Umgebung zuträgt, ist sein Kunstverständnis. In den Künsten findet die Waage einen fühlbaren Ausdruck der Harmonie, die sie auf das höchste schätzt. Auch wenn sie nicht daran interessiert ist, sich selbst künstlerisch zu betätigen, ist sie doch fast immer von Dingen, die graziös, elegant, schön und geschmackvoll sind, gefesselt. Es bedeutet eine Freude für die Waage, wenn sie schon früh mit Kunst in Berührung kommt. Sich selbst, entweder musikalisch oder in der bildenden Kunst zu betätigen, ist häufig ein außergewöhnliches Geschenk für dieses Kind. Wahrscheinlich wird es mehr an Ausflügen zu Kunstmuseen, Konzerten, Tanzveranstaltungen usw. interessiert sein als andere Kinder. Die Waage ist eine brauchbare Anwärterin für eine derartige Ausbildung, entweder privat oder innerhalb des Schulprogramms. Gewöhnlich wird sie sich bemühen, ihre

Umgebung so hübsch wie möglich zu gestalten, selbst dann, wenn die übrige Familie ihren künstlerischen Bestrebungen nicht folgt. Während ihre Geschwister möglicherweise Comic-Poster an den Wänden haben, wird sie vielleicht Poster aus dem Museum mitbringen, eine schön geordnete Sammlung besitzen oder diese zur Schau stellen und sich für klassische Musik interessieren.

Die Waage findet Rituale, die mit Kunst und traditioneller Religion verbunden sind, häufig beruhigend und harmonisch. Sie liebt den Pomp und die näheren Umstände solcher Rituale und fühlt alle ihre Sinne davon angesprochen. Die kleine Waage kann selbst kleine Rituale in ihrem Heim entwickeln, beim Zubettgehen und ebenso eine bestimmte Routine beim Ankleiden am Morgen. Um z. B. ihre Hausaufgaben am effektivsten zu erledigen, wird sie vielleicht zuerst eine besondere Musik einstellen, sich in der Arbeitsecke etablieren und eine Kerze anzünden. In Zeiten der Anstrengung kann sie sich selbst kleine Codewörter zuflüstern, und weit mehr als Kinder anderer Zeichen achtet das Waage-Kind darauf, nicht auf die Rillen im Bürgersteig zu treten.

Das Waage-Kind braucht ein großes Maß an Ungestörtheit, und da es sich so sorgfältig auf andere einstellt, fällt es ihm oft schwer, genügend Zeit und Raum für sich selbst zu finden. Wie alle Luftzeichen, kann die Waage ihre Bewußtheit rational steuern und sich in sich selbst zurückziehen, wenn sie das Gefühl der Reizüberflutung hat. Die Vielfalt dieser Rückzugsmaßnahmen der Waage kann einfach wie ein Mangel an Aufmerksamkeit wirken (bemerkenswert bei jemanden, der üblicherweise so aufmerksam anderen gegenüber ist), oder sie trägt eine gleichmäßige Höflichkeit zur Schau, die auf ihre Umgebung unpersönlich wirkt. »Sie fährt fort zu lächeln und mit den Verwandten zu sprechen«, sagte die Mutter eines Waage-Kindes, »aber auf einmal habe ich das Gefühl, daß da im Inneren gar niemand daheim ist. Wenn ich dieses Signal bemerke, entschuldige ich sie und achte darauf, daß sie irgendwo ungestört allein sein kann. Wenn sie zurückkommt, habe ich meine liebe, charmante Tochter wieder.«

Lesen ist gewöhnlich eine wichtige Quelle der Freude, der Information und selbstakzeptierten Losgelöstseins für das Waage-Kind. Seine Liebe zu Büchern erlaubt es ihm, ein Phantasieleben zu entwickeln und trägt zu seiner Kreativität bei. Angefangen mit den Zubettgeh-Geschichten der Kindertage, saugt dieses Kind Informa-

tionen ein, ob es nun selbst liest oder vorgelesen bekommt. Es hat eine ungeheure Aufnahme- und Speicherfähigkeit für Informationen, besonders durch das gedruckte Wort, und es lernt leichter durch Lesen als durch Erfahrung. Die Waage ist eine Informationsquelle, und man kann sich darauf verlassen, daß sie ihr Wissen auf äußerst taktvolle Weise mit anderen teilt. Sie gibt gerne Ratschläge und ist oft besonders hilfreich, indem sie Anlässe für Mißverständnisse beseitigt oder falsche Informationen berichtigt.
Durch diese große Fähigkeit, Information zu sammeln und weiterzugeben, nimmt Kommunikation eine Schlüsselstellung beim Waage-Kind ein. Es filtert nahezu alles, was wissenswert ist, durch das Gehör. Es hört gut zu und wird möglicherweise laut lesen, wenn es etwas lernt. Es nimmt das, was es hört, äußerst ernst. Die Waage bedarf verbaler Aufmerksamkeit und zieht diese Lob und Zuneigung vor. Eltern, denen es schwerfällt, ihre guten Gefühle für andere auszudrücken, tun gut daran, diese Eigenschaften zu entwickeln, um ihrem Waage-Kind zu helfen. Die Waage kann an körperlicher Zuneigung uninteressiert scheinen, wird aber mündliches Lob gerne entgegennehmen und Gefallen daran haben.
Die gesamte Familie profitiert vom Takt der kleinen Waage, ihrem diplomatischen Geschick, ihrer Freude an Schönheit und Eintracht. Es ist das Waage-Kind, das darauf achtet, daß Dinge nicht extrem ausarten und daß alles fair bleibt. Oft verficht das Waage-Kind die Rechte anderer und wird seine Worte in die Tat umsetzen. Die Waage arbeitet gern mit anderen zusammen, teilt bereitwillig und ist gerne Mitglied eines Teams. Sowohl Eltern als auch Geschwister können auf dieses bescheidene und verantwortungsvolle Kind zählen und werden seine Vorstellung von der Welt befriedigend, beruhigend und voller beobachteter Schönheit finden.

Empfindlichkeiten
(Häufige Quellen für Mißverständnisse)

Ärger: Die junge Waage kann sich mit zornigen Gefühlen recht unbehaglich fühlen, sowohl mit ihren eigenen wie mit denen anderer. Sie schätzt Freundlichkeit und kann sich ihres Zorns schämen, es vorziehen, das Problem liegenzulassen, anstatt ihrem Unbehagen ins Auge zu sehen. Die kleine Waage läßt es u. U. zu einer Krise kommen, ehe sie sich mit einer Sache auseinandersetzt. Sie kann der Meinung sein, daß sie, wenn sie den Standpunkt der anderen Personen versteht, kein Recht habe, ärgerlich zu werden, oder sie kann sich sagen, daß ihre eigenen Bedürfnisse nicht so wichtig sind wie die anderer Personen. Nachdem sie ihre Gefühle lange genug verdrängt hat, ist die kleine Waage oft sehr erschreckt über die Intensität ihres aufbrechenden Zorns. Sie kann Schuldgefühle haben, daß diese Situation, wenn sie alles richtig gemacht hätte, nicht hätte entstehen können. Eltern werden dieses Verhaltensmuster der kleinen Waage in Form von langen Perioden offensichtlicher Ruhe, im Wechsel mit plötzlichen Ausbrüchen, gefolgt von reumütigen Entschuldigungen und Rückzug, erleben.

Junge Waagen glauben oft, daß Zorn sowie andere Emotionen gerechtfertigt und erklärt werden müssen. Da kleine Kinder üblicherweise nicht die Fähigkeit haben, sich zu erklären, kann das Waage-Kind meinen, daß sein Zorn nicht wichtig oder überhaupt nicht vorhanden ist. In dieser Verwirrung zwischen Gefühlen und deren verstandesmäßiger Verarbeitung kann die kleine Waage befürchten, daß sie selbst oder andere außer Kontrolle geraten können, wenn sie ihrem Ärger freien Lauf lassen. Die Waage verfügt über genügend Ausgeglichenheit und Kontrolle, um diese Ängste unbegründet erscheinen zu lassen, nichtsdestoweniger empfindet sie oft so.

Die kleine Waage setzt Zorn oft mit Haß gleich, sie schlußfolgert: Wenn sie zornig auf jemanden ist, muß sie ihn hassen, und wenn sie jemand haßt, muß sie ihn verlassen. Da sie nicht bereit ist, ein derartiges Risiko auf sich zu nehmen, wird sie ihrem Zorn nicht freien Lauf lassen. Sie wird ebenfalls denken, daß, wenn jemand zornig über sie ist, er sie ebenfalls hassen und verlassen muß. Sie wird zusätzlich Bestätigung benötigen, und sie muß von zornigen Eltern lernen, wenn unvermeidlicher Familienstreit entsteht.

Dem Waage-Kind muß die Funktion des Zorns erklärt werden, und es muß lernen, zornige Gefühle von zornigem Verhalten zu trennen. Man muß ihm buchstäblich beibringen, daß es ärgerlich sein kann und wie es eben diesen Ärger dazu benutzen kann, ein Problem zu lösen. Ein typisches Problem ist, daß die Waage mit einem Lächeln im Gesicht zornig sein kann und dann nicht ernstgenommen wird, oder daß sie annimmt, daß sich ihr Ärger mitteilt, obwohl sie keinerlei dementsprechende Signale gibt. Die junge Waage braucht die Versicherung, daß Gefühle weder ihr noch anderen wehtun und daß sie diesen auf eine Weise Ausdruck geben kann, die es ihr und anderen ermöglicht, das Problem zu lösen. Vor allem jedoch braucht sie die Bestätigung, daß die Gefühle anderer nicht wichtiger sind als ihre eigenen, daß es ihr zusteht, daß Eltern ihre Bedürfnisse befriedigen und daß sie sich nicht wie ein Elternteil verhalten muß.

Für das rebellische Waage-Kind kann es leichter sein, zornig zu sein, aber es wird immer noch die Schwierigkeit haben, das Grundproblem zu lösen. Es scheint zu wissen, daß etwas mit diesen Gefühlen geschehen muß, aber es weiß nicht genau wie. Dieses Kind braucht Führung bei Problemlösungsversuchen und Anleitung, wie es auf alternative Weise die Aufmerksamkeit anderer auf sich lenken kann.

Vergleichsmöglichkeiten: Das Waage-Kind, das sich selbst mit anderen vergleicht und deren Standardvorstellungen als gültig ansieht, wird sich eher in einer »Gewinner-Verlierer-Position« finden, als das Gefühl der Ausgeglichenheit haben, das so wichtig für es wäre. Während es sich eifrig mit anderen vergleicht, verwechselt die kleine Waage ihre eigenen Ziele und Träume mit denen der anderen. Wenn die kleine Waage beschließt, im Spitzentanz so gut zu werden wie ihre Freundin Marion, und ihr Ziel auch erreicht, kann sie sich in der grotesken Situation befinden, ein Ziel erreicht zu haben, an dem sie überhaupt nicht interessiert war. Kommt Marion ihr zuvor, wird die Waage ihr Ziel möglicherweise niemals erreichen und all ihre Energie auf ihre Enttäuschung in diesen Prozeß einbringen, anstatt herauszufinden, was für sie so wichtig ist wie der Spitzentanz für Marion. Etwas zusätzliche Führung während des Beginns von Zielsetzungen könnte es der Waage ermöglichen, ihre eigenen Träume zu definieren und ihre eigenen Wünsche von denen der anderen zu trennen.

Das Waage-Kind braucht die Bestätigung seiner Einzigartigkeit, und Eltern sollten dem Wunsch widerstehen, es mit anderen Kindern zu vergleichen. Da das Waage-Kind so außergewöhnlich empfindlich auf Vergleiche reagiert, ist die Anerkennung einer vorzüglichen Leistung, ohne einen Vergleich mit anderen anzustellen, der wirksamste Weg, dieses Kind zu loben.

Erscheinung/Äußerlichkeiten: Für die junge Waage ist das Auftreten wichtig, nicht nur was ihre äußere Erscheinung angeht, sondern auch in bezug auf ihr Benehmen. Sie möchte »gut ankommen«, sowohl mit ihrer Erscheinung als auch mit ihrem Verhalten und ist auf diesen Gebieten sehr leicht verwundbar. Sie sollte in dieser Beziehung nicht gehänselt oder bloßgestellt werden; dies gehört einfach zu ihrem Wesen und ist oftmals ein Teil ihrer Persönlichkeit, an dem andere Gefallen finden und von dem sie auch lernen können. Waage-Kinder dienen oft anderen Kindern als Vorbilder, was Bekleidungsstil, Sauberkeit, persönliche Hygiene, Manieren und künstlerische Interessen angeht. Herstelleretiketten bei Jeanshosen sind für ein Waage-Kind besonders wichtig, und es wird keine Ballons für eine Party aufblasen, wenn es glaubt, daß sein Gesicht für die anderen dabei komisch wirkt.

Oft glaubt die kleine Waage, daß etwas gut ist, wenn es nur gut aussieht. Sie wird sich durch die Erscheinung irreführen lassen oder dazu neigen, dem äußeren Schein eher zu erliegen als andere Kinder. Sie kann Freunde vorziehen, die gut gekleidet sind oder einen Lehrer, weil er so gut aussieht. Selbst das Waage-Kind, daß sich an sozialen Fragen orientiert, wird wenigstens insgeheim wissen, wie gut es wirkt, wenn es sich auf diese Weise engagiert. Während diese Beschäftigung mit ihrer Erscheinung zum sozialen Gleichgewicht und Zugehörigkeitsgefühl der jungen Waage beiträgt, braucht sie dennoch Denkanstöße, um hinter die Dinge zu sehen.

Beziehungen

Beziehungen sind für die kleine Waage besonders wichtig, nicht nur zwischenmenschliche Beziehungen, sondern auch gedankliche Beziehungen. Zwischenmenschliche Beziehungen sind jedoch von ganz besonderer Bedeutung für das Waage-Kind, und es wendet viel Zeit für Freundschaften und andere Beziehungen auf. Es ist entgegenkommend und bereit, sein Verhalten zu ändern, um sich einen Platz in einer Gruppe zu sichern. Es nimmt dankbar an, was immer ihm an Liebe und Aufmerksamkeit zuteil wird.

Mutter: In gewisser Weise sieht die junge Waage ihre Eltern so, als hätten diese die Rollen getauscht. Sie kann in der Mutter so etwas wie die Hauptvorgesetzte sehen oder glauben, daß sie die Stärkere und diejenige ist, die die Familienregeln aufstellt. In jedem Fall erwartet die Waage, daß ihre Mutter dem traditionellen Mutterbild entspricht, konservativ und vorhersagbar. Während sie erwartet, daß sie Mutter ihre Bedürfnisse wirksam erfüllt, wird sie überrascht sein, wenn dabei Zuneigung zutage tritt.

Die Mutter muß bei ihrem Waage-Kind die sanftere Seite hervorkehren, damit sie für die junge Waage ein Vorbild an emotionaler Wärme, verbunden mit Tüchtigkeit und Verstand ist. Mütter von kleinen Waagen können zusätzliche Zeit mit ihrer Jüngsten verbringen wollen, einfach nur um zu sprechen und gemeinsam an einer Sache zu arbeiten. Die kleine Waage möchte, obwohl sie Zuwendung und Schutz wie jedes andere Kind braucht, wie eine Gleichberechtigte behandelt werden und freut sich besonders über Zeiten, die es mit der Mutter gemeinsam bei »Große-Leute«-Aktivitäten verbringen kann, z. B. beim Einkaufen oder mit der ernsthaften Diskussion vom Kind gewählter wichtiger Themen.

Vater: Die junge Waage erwartet die meiste Fürsorge vom Vater und sieht in ihm oft den Familienmenschen, unabhängig von seinem wirklichen Verhalten. Sie kann annehmen, Papi sei emotionaler als Mami und kann sich besonders zu ihm hingezogen oder von ihm abgestoßen fühlen, je nachdem, wie sie im jeweiligen Fall ihre eigenen Emotionen wahrnimmt.

Das Waage-Kind erwartet, daß der Vater freizügig und liebevoll ist. Väter von kleinen Waagen können ihr Kind unbekümmert drücken, mit ihm spielen und ein liebevolles Fundament schaffen, auf dem später auch Zärtlichkeit in Worten ausgetauscht werden kann. Es ist sehr wichtig, daß die Waage nicht glaubt, *nur* der Vater könne warm und unterstützend sein, sondern daß beide Eltern sich Mühe geben, ihre Zuneigung zu zeigen und, wenn nötig, ihrem Kind die unterschiedlichen Arten von Besorgnis und den Wert jeden Elternteils in der ganz persönlichen Art seines Verhaltens ihrem Kind gegenüber zu erklären.

Geschwister: Das Waage-Kind wird, außer dem Spiel, keine besondere Beziehung zu seinen Geschwistern spüren. Die kleine Waage ist oft der Vermittler in der Familie, und Geschwister, gleich welchen Alters, werden sich bei ihm Rat holen hinsichtlich Gerechtigkeit und Fairneß. Diese Aufmerksamkeit wird die junge Waage überraschen, die davon ausgeht, daß ihre Geschwister klüger sind als sie.

Freunde: Die junge Waage schätzt Zweierbeziehungen und hat oftmals einen sehr guten Freund, dem sie ergeben und treu ist. Sie neigt ebenfalls dazu, viele Bekannte zu haben und ist als Gruppenmitglied sehr hilfsbereit. Sie mag ziemlich auffallende Menschen, solange sie noch unter der Rubrik »gutaussehend« einzustufen sind, und sie wird sich oft in dem Aufsehen sonnen, das die Freunde durch ihren Mut zum Ausgefallenen überall erregen und im stillen ihr Wagnis noch unterstützen. Wegen ihres Bedürfnisses, sich anzupassen, kann man den Eindruck haben, daß die Waage ziemlich leicht zu beeinflussen ist, und daß der Druck Gleichaltriger sie leicht umstimmen kann. Sobald aber die Aufmerksamkeit verschwunden ist, geht sie einfach ihren eigenen Weg. Die Waage ist großzügig ihren Freunden gegenüber und bekommt häufig ebensoviel zurück.

Verstand/Information/Schule

Die junge Waage besitzt einen vernunftorientierten und logischen Verstand. Sie beschäftigt sich mit Gegensätzen und sieht die Dinge wenigstens teilweise, wenn nicht völlig, in Beziehung zu anderen Dingen. Das bedeutet, daß sie viel Information braucht, um ein Konzept zu verstehen, und sie wird alles heraussuchen, das in Zusammenhang mit dieser Sache steht, um klug daraus zu werden. So wird es ihr z. B. nicht genügen, italienische Malerei zu studieren, ohne sich für italienische Geschichte, Politik, Religion und Geographie zu interessieren. Wenn sie dann noch italienisch essen darf und einige italienische Lieder lernen kann, wird sie sehr zufrieden mit sich sein. Je umfangreicher ihr Wissen ist, um so größer wird ihr Interesse. Eine junge Waage, die eine einfache Schularbeit machen soll, kommt möglicherweise mit einem Dutzend Bücher aus der Bücherei, die nur entfernt mit ihrem Thema zu tun haben. Übergreifende Studien wurden wohl für die kleine Waage erfunden, und auf der Suche nach zusätzlicher Information und nach Zusammenhängen liebt sie es, akademische Schranken zu überwinden.
Die junge Waage wägt die Dinge ab und braucht Zeit, die Fülle der gesammelten Informationen zu sichten. Sie kann eine Menge Informationen aufnehmen und sie später aussortieren. Sie erkennt gerne die Muster und Beziehungen der Dinge, mit denen sie sich beschäftigt. Ihr Lernstil ist oft politisch und kulturell ausgerichtet, und sie wird erlernte Prinzipien auf Menschengruppen beziehen und ein

klares Bewußtsein entwickeln dafür, was in ihrer Umwelt gerecht und ungerecht ist.
Die junge Waage lernt und liest sehr gern, wird jedoch die Schule nicht allzu ernst nehmen. Der richtige Lehrer kann für einen Waage-Studenten sehr viel bedeuten. Die Waage braucht einen Lehrer, der ihr erlaubt, Linien zu folgen, der ihr zuhört und ihren Eifer, Informationen zu sammeln, schätzt. Dafür wird die Waage einem solchen Lehrer sehr ergeben sein und sich zum Studium motivieren lassen. Die Waage ist sehr neugierig bezüglich dessen, was geschieht und warum. Besonders als Kleinkind scheint sie schier endlos »Warum« zu fragen. Sie orientiert sich visuell und muß Information gedruckt sehen, um sie gut zu behalten. Die junge Waage bringt anderen gerne etwas bei und wird sich ihres eigenen Wissens sicherer, wenn sie es mit anderen teilt. Man kann sie gut motivieren, wenn man sie in bestimmten Fächern zur Gruppenleiterin macht.
Höhere Schulbildung: Die junge Waage ist an der Universität sowohl an Soziologie als auch an anderen geisteswissenschaftlichen Fächern interessiert. Sie kann sich einer Schwesternschaft oder einer politischen Gruppe anschließen und dafür interessieren, wie Menschen auf verschiedenen Ebenen miteinander umgehen; aber ebenso für die Wechselwirkung in Beziehungen. Ihre Orientierung zeigt sich an der Wahl ihrer Fächer, und sie wird wahrscheinlich Studienfächer wählen, die ihr den Umgang mit Menschen oder Kunst ermöglichen. Die meisten Waagen besuchen mindestens zwei Schulen und werden mehrere Hauptfächer haben, ehe sie sich fest für eine Sache entscheiden. Sie sammeln einfach Daten und werden durch ständige Schwerpunktveränderungen bei ihren Informationen häufig ihre Einstellung ändern.

Verantwortung/Arbeit/Belohnung

Verantwortung/Arbeit: Die kleine Waage nimmt Verantwortung und Arbeit sehr ernst. Sie findet Sicherheit in der Gewißheit, etwas gut gemacht zu haben und tut oft mehr, als verlangt wird, besonders wenn die Aufgabe Hilfe für andere einschließt. Sie fühlt sich gerne nützlich und gebraucht und erledigt am liebsten Aufgaben, bei denen sie sich um Dinge kümmern und mit anderen Beziehungen anknüpfen kann.

Manchmal fürchtet das Waage-Kind, daß man es für hochmütig hält und ihm nicht mehr helfen will, wenn es seine Arbeit zu gut macht. Es hat Angst, sich anderen durch allzu große Perfektion zu entfremden, und fürchtet, Zielscheibe für Konkurrenz oder Empörung zu werden oder auch einfach verlassen zu werden, wenn es aussieht, als »brauche« es niemanden. Eltern sollten daran denken, daß sie diesem tüchtigen Waage-Kind dieselbe Pflege, Zuwendung und Aufmerksamkeit geben müssen, die alle Kinder brauchen. Man muß vorsichtig darauf bedacht sein, daß man ihm nicht mehr aufbürdet, als es bewältigen kann, denn die kleine Waage wird eher versuchen, den in sie gesetzten Erwartungen gerecht zu werden, anstatt sich zu beklagen.

Die junge Waage erklärt gerne und gibt gerne Ratschläge. Sie arbeitet am besten in Gesellschaft anderer. Sie ist gern bereit, mit anderen zusammenzuarbeiten und teilt bereitwillig Aufgaben und Belohnungen mit ihnen. Bei ihrer Neigung, sich mit anderen zu vergleichen, muß die Waage vielleicht angeleitet werden, ihr eigenes Arbeitstempo herauszufinden und sich selbst zu motivieren, anstatt sich von den Zielen anderer motivieren zu lassen.

Auf Kritik an ihrer Arbeit reagiert die Waage sehr empfindlich und kann sich heftig zur Wehr setzen, wenn sie das Gefühl hat, beurteilt oder kritisiert zu werden. Der beste Weg, die kleine Waage konstruktiv zu kritisieren, ist für Eltern und andere betroffene Erwachsene immer noch, das Positive zu betonen, mit den guten Seiten zu beginnen und dann sehr taktvoll die weniger positiven Aspekte einer Sache zu erwähnen.

Belohnung: Die Waage reagiert am besten auf Beifall, Anerkennung und Verständnis. Sie schätzt freie Zeit, die sie nach ihrem Belieben einteilen kann, und natürlich hübsche Geschenke und Geld. Obwohl sie offensichtlich nicht besonders zu Gemütsbewegungen neigt, wird sie sich von zärtlichen Berührungen, Streicheln und Umarmungen doch innerlich erwärmt fühlen.

Heim

Junge Waagen schätzen ein geschmackvolles und schönes Heim. Wenn sie nicht die Möglichkeit haben, sorgfältig zu wählen, oder wenn sie sich die Dinge, mit denen sie sich umgeben möchten, nicht leisten können, werden sie sich möglicherweise gleichgültig verhalten. Ein Gebiet, auf dem die kleine Waage Aufwand betreibt, ist die Dekoration ihres Zimmers, und wenn dies nicht möglich ist, wird sie sich häufig für gar nichts entscheiden. Unabhängig von ihrem Taschengeld, wird ihr Zimmer aber meist schön in Pastelltönen geschmückt sein. Da es häufig ein Ort ist, an dem sie sowohl an ihren Aufgaben arbeitet als auch ihre Freunde trifft, wird das Zimmer wahrscheinlich zweckmäßig und schön sein.
Waage-Kinder erwarten, daß ihr Heim ein sicherer Platz ist – ein Hafen –, und sie werden genaue Vorstellungen haben, wie sich jemand dort benehmen sollte. Sie reisen gerne und bringen gerne Dinge mit, die sie gesammelt oder gelernt haben, und werden sich danach wieder in der häuslichen Geborgenheit wohl fühlen.

Gesundheit

Wenn die Waage krank wird, ist sie ein anspruchsvoller Patient und erwartet viel Zuwendung, Geduld und besondere Behandlung. Sie kann vor dem Krankenhaus Angst haben, unabhängig von ihrem Leiden, und sie braucht die Zusicherung, daß ihre Krankheit nicht ernsthafter Natur ist (obwohl sie wünscht, daß die Erwachsenen ihren Zustand ernst nehmen). Wenn das Waage-Kind einmal davon überzeugt ist, daß jeder sich genügend besorgt zeigt, ist es eigentlich zufrieden, wenn es alleingelassen wird, wenn es lesen oder telefonieren kann und vereinzelte kurze Besuche erhält.
Es gibt eine Menge Gründe, warum kleine Waagen krank werden können. Krankheit kann Aufmerksamkeit und Interesse verschaffen, wenn die Waage sich langweilt, oder sie bietet die Möglichkeit, sich auszuruhen oder gar die der Pflege. Manchmal, wenn die junge Waage ein Problem in der Familie vorausahnt, kann sie krank werden, um eine Krise auszulösen, von der sie glaubt, sie könne die Familie vereinen und vom ursprünglichen Problem ablenken.

Ein Waage-Kind kann recht unbekümmert mit seiner Gesundheit umgehen und neigt dazu, seine Empfindlichkeit für oder seine Abwehrkraft gegen ein gesundheitliches Problem romantisch zu verbrämen. Die Waage kann sich entweder zerbrechlich vorkommen oder übermäßig stark fühlen. Sie kann ihrer Unpäßlichkeit ausweichen oder unfähig sein, dem Problem auf den Grund zu gehen. Während einige Waagen intensiv an Belangen körperlicher Gesundheit interessiert sind, ist dies bei den meisten Waagen nicht der Fall, oder sie beschränken ihr Interesse auf seelische oder geistige Gesundheit.
Traditionell ordnet man dem Zeichen Waage Infektionen, Blut, Blase und Niere zu. Gesundheitsprobleme bei kleinen Waagen werden eine Anfälligkeit für Blutvergiftung, Gleichgewichtsstörungen oder Zuckerkrankheit darstellen, oder sie haben Blasenprobleme, einschließlich des Problems des Bettnässens. Waagen sind notorisch naschhaft, und es kann ihnen infolgedessen schwerfallen, ihr Gewicht zu halten.

Kindheitsjahre

Die Ängste, die im folgenden aufgeführt werden, dürfen niemals zur Bestrafung eingesetzt werden. Sie dienen dazu, Wege zur Bestätigung und Zuwendung aufzuzeigen.

Geburt – 6 Monate

Das kleine Waage-Baby ist angenehm zu haben und leicht zufriedenzustellen. Es ist aufmerksam, unterhaltsam und reagiert spontan auf Zuwendung. Es ist gewöhnlich ein hübsches Kind, das sich über Kontakt mit anderen Menschen freut und bereits in diesem Alter selbst schon ein erfreulicher kleiner Gefährte ist. Das Waage-Kleinkind liebt Rituale und findet Wohlbefinden und Sicherheit im gleichmäßigen Tagesablauf, wenn dieselben Dinge zur selben Zeit geschehen. Es wird sein Lieblingsschlaflied selten leid werden und zufrieden sein, wenn es stundenlang gewiegt wird. Es wird schon früh Vorlieben entwickeln und kann bereits, noch bevor es sechs Monate alt ist, ein Lieblingskleidungsstück haben.

6–18 Monate

Das Waage-Baby sucht weiterhin Kontakte, braucht die Anwesenheit von Spielgefährten und freut sich darüber. Es ist neugierig und braucht Freiheit, Dinge erkunden und sich umsehen zu können. Es kann früh zu sprechen beginnen und Dinge benennen. Die Waage in diesem Alter liebt Entscheidungen und ist am glücklichsten, wenn sie darüber nachgrübeln kann, auf welcher Rassel sie jetzt herumbeißen, mit welchem Spielzeug sie spielen und was als nächstes geschehen soll.

18 Monate–3 Jahre

Das Waage-Kleinkind ist noch immer darauf aus, Freude zu bereiten. Es ist gesellig und wißbegierig und wendet sich bereitwillig anderen Leuten zu, selbst in der Phase, in der Kinder anderer Zeichen »fremdeln«. Es schätzt auch weiterhin Rituale, liebt Festlichkeiten, »Weißt-du-noch«-Geschichten und Märchen. Wahrscheinlich treibt es seine Eltern zur Verzweiflung, weil es die gleichen Geschichten und Lieder immer und immer wieder hören möchte. Bereits in diesem Alter kümmert es sich um Äußerlichkeiten, um sein Aussehen, und es kann leicht durch andere beeindruckt werden: Es beginnt auch, sich mit anderen zu vergleichen. Während dies für die Eltern ein einfacher Weg zu sein scheint, das Verhalten ihres Kindes zu kontrollieren, wird man aber später die Folgen zu tragen haben, wenn man Vergleiche angestellt hat. Aus »Iß deinen Teller leer, Hans tut es auch«, wird später »Ich werde meinen Teller nicht leer essen, weil Hans dies auch nicht muß«.
Die junge Waage beginnt, sich ihrer künstlerischen Anlagen bewußt zu werden und einiges über Konkurrenzverhalten und Fairneß zu lernen. Sie ist an allen Beziehungen interessiert, fühlt sich aber besonders von der Vorstellung der Heirat angezogen und fängt an, gezielte und manchmal unbequeme Fragen über die Beziehung der Eltern zu stellen.
Sauberkeitserziehung: Da die kleine Waage Zustimmung sucht, gut dastehen möchte und anerkannt sein will, ist sie oft leicht zu trainieren. Sie reagiert gut auf kleine Bestechungen und Belohnungen: das Versprechen eines besonders ersehnten Kleidungsstückes oder Ausfluges kann genügen, sie zu motivieren. Bettnässen sollte,

wenn es bei der kleinen Waage einmal vorkommt, nicht als fehlgeschlagenes Sauberkeitstraining gewertet werden; es ist oftmals ein Gesundheitsproblem, das sich im Laufe der Zeit ganz von selbst verliert.

3–6 Jahre

Die Waage im Vorschulalter ist freundlich und kokett, eigensinnig und tonangebend. Sie kann im einen Moment rücksichtsvoll und liebevoll, im nächsten Moment tadelnd und sarkastisch sein. Da sie verschiedene soziale Rollen ausprobiert, kann ihr Verhalten von scheu bis rebellisch reichen, und sie kann sehr unbeständig und flatterhaft wirken. Sie zeichnet sich in dieser Periode durch das Vergleichen von Dingen aus und kann sehr auf Wettbewerb eingestellt oder unentschlossen sein, wenn sie versucht, ihre Wertvorstellungen angesichts der Gegensätze, die sie wahrnimmt, zu definieren. Sie kann in diesem Alter dazu neigen, die Menschen »besser als« oder »schlechter als« einzustufen und daher Schwierigkeiten haben, ihren Gleichmut zu bewahren, den sie so dringend braucht.

Die Waage wird sich in diesem Alter der Möglichkeit zu wählen bewußter und fühlt sich manchmal unbehaglich, wenn sie Entscheidungen trifft. Sie kann versuchen, andere Menschen dahin zu bringen, daß sie die Entscheidungen für sie treffen, oder sie wird versuchen, jemandem die Schuld zuzuschieben, wenn sie eine falsche Wahl getroffen hat. Sie ist sich der zwischenmenschlichen Beziehungen innewohnenden Dynamik mehr und mehr bewußt und kann Streitigkeiten provozieren (um zu sehen, was geschieht), oder sie versucht auf verschiedene Weise, Hänseln und Stänkern eingeschlossen, Menschen zu veranlassen, das zu tun, was sie will. Während sie Erfahrungen mit ihrem Taktgefühl und ihrer Intelligenz sammelt, kann sie besonders ausweichend erscheinen, die Echtheit oder Wirklichkeit einer Situation leugnen oder übertreiben. Eltern sollten für die Kreativität der kleinen Waage akzeptable Auswege schaffen und in dieser Zeit feste Grenzen für angemessenes Verhalten setzen.

Waage-Kinder im Vorschulalter sind auch sehr an vorgeschriebenen Regeln interessiert und werden begierig Verhaltensweisen studieren, die man traditionell ihrem Geschlecht zuschreibt. Sie sind für

Papi und Mami in dieser Zeit wunderbare Helfer, und es amüsiert, wenn sie genau das Sexrollenverhalten imitieren, das sie in ihrer Umgebung beobachten. Eltern sollten ihr Amüsement darüber verbergen und ihrem Kind weiterhin die Möglichkeit von Diskussionen und Beispielen bieten, damit diese außer Nachahmung auch andere Fähigkeiten entwickeln können.

6–12 Jahre

Die Waage im Schulalter behält die Verhaltensmuster, die sie im Alter von drei bis sechs Jahren entwickelt hat, bei. Sie ist noch bewußter, was Gleichaltrige angeht, und kann außergewöhnlich auf Status und Erscheinung bedacht sein. Es kann den Anschein haben, als träfe sie ihre Entscheidungen langsam, abwartend, wie andere sich entscheiden. Ihre Neigung, sich mit anderen zu vergleichen, manifestiert sich jetzt, ebenso die äußeren Normen, die damit einhergehen. Eltern werden feststellen, daß sie in den Schuljahren nahezu keinen Einfluß auf ihre kleine Waage haben, und sie werden beunruhigt darüber sein, daß das Kind von seinen Freunden ungünstig beeinflußt wird. Da die kleine Waage mit unterschiedlichen Verhaltensweisen experimentieren muß, können Eltern sicher sein, daß sie wahrscheinlich bald genug ein anderes Verhalten zeigen wird. Die eigentliche Aufgabe ist nicht, zu kontrollieren, wer die Freunde des Kindes sind, sondern das Kind zu lehren, auf seine innere Stimme zu hören. Das Waage-Kind sucht die elterliche Einmischung, weist sie aber auch zurück. Es verläßt sich darauf, daß die Eltern für realistische Grenzen sorgen, wird aber heftig aufbegehren, wenn dies tatsächlich geschieht. Eltern müssen diese Grenzen entschlossen festlegen und überzeugt von der Richtigkeit ihrer Entscheidungen für ihr Kind sein.
In diesem Alter ist die junge Waage um angemessenes Verhalten bemüht, und da sie Vergleiche anstellt, kann sie das Empfinden haben, daß sich andere leichter tun als sie oder etwas wissen, das sie nicht weiß. Sie wird eine Menge Zeit aufwenden, Gleichaltrige auszustechen, ob sie sich nun entscheidet, ihnen zu folgen oder gegen sie aufzubegehren. Die jugendliche Waage beschäftigt sich mit Regeln, sowohl den gesellschaftlichen als auch den verborgenen Regeln befreundeter Gruppen. Sie ist gewöhnlich sehr geschickt, diese Regeln zu erkennen und zu befolgen. Sie kann sehr verunsi-

chert sein, wenn die gesellschaftlichen Regeln den internen Regeln ihrer Gruppe widersprechen. Normalerweise ist sie jedoch ziemlich konservativ und wird meist an den üblichen Regeln und einem traditionellen Geschlechtsrollenverhalten festhalten.
Die Waage wird sich im Schulalter der Vorstellungen von Fairneß und Gleichberechtigung deutlich bewußt. Sie hat einen scharfen Blick für Ungerechtigkeit und kann zeitweilig in einem Konflikt zwischen diesem wachsenden Bedarf an Gleichberechtigung und ihrer Neigung, sich positiv oder negativ mit anderen zu vergleichen, geraten. Sie ist gerne mit Menschen zusammen und legt besonders in diesem Alter Wert auf enge, persönliche Kontakte. In den Jahren davor genügte es der Waage, neben jemandem zu sitzen und eine eigene Arbeit zu verrichten, jetzt lernt sie wirklich zusammenzuarbeiten und Teil eines leistungsfähigen Teams zu sein.

12 – 18 Jahre

Aus der Vorstellung heraus, »du bist niemand, bis jemand dich liebt«, stürzt sich der Waage-Teenager gewöhnlich in Beziehungen und bringt in dieser Zeit des Heranwachsens die meiste Energie in dieses Gebiet ein. Alles andere kann zweitrangig werden neben Beziehungen, an denen die Waage interessiert ist. Sie kann sich sowohl in eine Zweierbeziehung einlassen, aber auch zur gleichen Zeit in Gruppen engagieren. Die junge Waage kann plötzlich scheu oder distanziert wirken. Da ihr Beziehungen sehr viel bedeuten, kann sie sich unbeteiligt geben, wenn sie spürt, daß sie Beziehungen zu intensiv wünscht und Enttäuschungen voraussieht. Die Waage ist überzeugend, bindungsfähig und gewöhnlich anziehend, ob sie diese Anlagen nun selbst erkennt oder nicht. Sie bleibt weiterhin an Erscheinung und Status interessiert.
Die intensive Beschäftigung der heranwachsenden Waage mit Gegensätzlichkeiten kann ihr Entscheidungen recht schwierig gestalten, und sie kann unloyal auf Freunde wirken, wenn sie versucht, alle Seiten zu hören und zugunsten der Fairneß alle Informationen zu sammeln. Sie fordert häufig die Familie auf, zu erklären, was fair bedeutet. Die junge Waage ist nun an dem Punkt angelangt, wo sie sich identifizieren will, und möchte nach altbewährter Weise zuerst feststellen, wer sie nicht ist, und es ist für sie von zentraler Bedeutung, daß sie sich mit Menschen zusammentut, die ihr gleichen oder

die das repräsentieren, was sie sein möchte. Da sie weiterhin die »andere Seite« kennen will, um etwas zu haben, wogegen sie sich zur Wehr setzen, wogegen sie anrennen kann, wird sie ihren Eltern die Rolle der Widersacher zuschieben. Verantwortungsvolle Eltern sollten darauf vorbereitet sein, ihre Grenzen und Regeln klar und vernünftig zu erklären und zu verteidigen.

Die Waage im Teenage-Alter sucht sich bei denen, die sie mag, unentbehrlich zu machen, und sie wendet eine Menge Energie auf, anderen zu helfen, was manchmal auch auf ihre Kosten geht. Sie kann Opfer bringen, um sich ihre Auffassung von Gleichberechtigung zu bewahren. Sie kann annehmen, daß sie nicht liebenswert ist, wenn sie nicht gebraucht wird, und sie wird oft all ihre vermittelnden Fähigkeiten einsetzen, um Zustimmung und Anerkennung, die für sie gleichbedeutend mit Liebe sind, zu erhalten. Manchmal benutzt die Waage ihre Teilnahme an den Problemen anderer dazu, ihre eigenen Probleme zu verdrängen, oder sie schaltet sich in Mißhelligkeiten oder Beziehungen anderer ein, um bemerkt und geschätzt zu werden. Eltern, die die Basis seiner Selbstachtung festigen wollen, können ihrem Kind helfen, indem sie seine Neigungen für Kunst unterstützen oder seine starken Helferinstinkte in die Richtung einer Volontärstätigkeit an einem nahegelegenen Krankenhaus oder Pflegeheim lenken.

Die Suche der heranwachsenden Waage nach Beziehungen kann ungewöhnliche Formen annehmen. Normalerweise kommt man mit der Waage gut aus, selbst den Eltern mag sie in schwierigen Phasen wenig Probleme bereiten. Bei Gleichaltrigen schätzt sie intellektuelle Vertrautheit und körperliche Zuneigung, kann jedoch derartige Bedürfnisse mit sexuellem Verhalten verwechseln. Sie sucht einen Gefährten und Herzensfreund, kann aber möglicherweise in sexuelle Handlungen einwilligen, wenn sie glaubt, dies entspräche ihrer Rolle oder sei der Preis. Liebevolle und anteilnehmende Eltern werden der Waage ihre Auffassung von angemessenem sexuellem Verhalten und den Möglichkeiten, Grenzen zu setzen, deutlich machen. Die junge Waage wird sich dennoch ausgeschlossen vorkommen, wenn sie nicht in einer Zweierbeziehung steht, oder sie kann befürchten, daß irgend etwas mit ihr nicht stimmt. Um es noch einmal zu betonen, Aktivitäten, die dazu führen, ihre Selbstachtung zu festigen, ohne daß andere Personen daran beteiligt sind, werden sich am ehesten lohnen.

Skorpion-Kinder

23. Oktober – 21. November

Allgemeine Eigenschaften

Während viele der im folgenden beschriebenen Charakteristika für die meisten Skorpion-Kinder zutreffen werden, können andere, manchmal widersprüchliche Eigenschaften sehr wohl *auch* bei dem Kind, das unter diesem Zeichen geboren ist, in Erscheinung treten.

Eltern werden von ihrem ruhigen, aufmerksamen und aufgeschlossenen Skorpion-Kind fasziniert sein. Obwohl das Kind viel schläft, ist ein intensives Interesse an allem, was es umgibt, charakteristisch für seine Wachphasen. Es lächelt selten, aber das Warten auf ein solches Lächeln ist der Mühe wert. Das strahlende Lächeln eines Skorpion-Babys kann gar nicht hoch genug bewertet werden, und der Empfänger weiß, daß es nur für ihn oder sie bestimmt ist. Offen und verwundbar, empfindet das Skorpion-Kleinkind die leisesten Gefühlsveränderungen derer, die um es sind. Diese Sensitivität ist eine Freude, wenn Eltern sich an ihrem Kind und an ihrem eigenen Leben freuen, wird sie aber in Perioden elterlicher Zerstreutheit und Überforderung in Verwirrung stürzen. Die angeborene Intuition des Skorpions, die man von Kindheit an beobachten kann, macht ihn zu einem der besonnensten Kinder des Tierkreises. Eltern müssen jedoch vorsichtig sein, um aus der Bereitwilligkeit des Kindes, seine Bedürfnisse denen anderer hintanzustellen, keine Vorteile ziehen.
Skorpione werden oft mit dem Glauben geboren, etwas wiedergutmachen zu müssen, das Eltern während, kurz nach oder vor der Schwangerschaft verloren haben. Wenn die Geburt schwierig war, können sie möglicherweise versuchen, besonders lieb zu sein, um zu beweisen, daß sich der Schmerz gelohnt hat. Wenn Onkel Karl gerade aus der Stadt weggezogen ist, kann der junge Skorpion versuchen, die Lücke zu füllen, die durch den Wegzug des Onkels entstanden ist. Während diese Überzeugung sicher aus dem Unter-

bewußtsein des Kindes kommt, ist die Neigung zu kompensatorischem Verhalten sehr wirklich in jungen Skorpionen. Eltern werden ebenfalls bemerken, daß ihr kleiner Skorpion bisweilen ausgefallenes Verhalten zeigt. Es besteht die Möglichkeit, daß das Kind versucht, das gegensätzliche Verhalten eines Menschen in seiner Umgebung auszugleichen. Ein Skorpion-Kind mit redegewandten Eltern wird sich weitestgehend ohne Worte verständigen. Wenn sein Bruder im Sportverein ist, wird sich der Skorpion in Kunst oder Musik hervortun. Skorpione verstehen ausgesprochene und unausgesprochene Botschaften sehr schnell und neigen zu der Annahme, daß der augenblickliche Stand unveränderbare Wirklichkeit ist. Wenn heute etwas schlecht ist, dann wird es auch morgen schlecht sein.

Extreme sind ein wesentlicher Bestandteil des jungen Skorpionlebens. Er ist das komplizierteste Zeichen des Tierkreises. Der Skorpion hat kein Hauptthema – oder alle seine Themen können als wichtig angesehen werden. Er ist ein Wasserzeichen wie Fische und Krebs, seine Handlungen sind deshalb eher emotional als intellektuell gesteuert. Diese Komplexität zeigt sich gerade bei Skorpionen oft nicht an der Oberfläche. Skorpion-Kinder neigen dazu, angespannt, freundlich, achtsam zu sein. In ihre Komplexität verfallen sie nur, wenn sie sich fürchten. Eltern sollten mit Skorpion-Kindern besonders sanft umgehen. Viele der in diesem Kapitel genannten Informationen sollen ein Führer für Nichtskorpione sein, damit sie auf behutsame Weise diese komplizierten Kinder verstehen und mit ihnen umgehen können.

Oft weiß ein Skorpion-Kind bereits, wer es *nicht* ist, bevor es weiß, wer es ist. Es weiß auch nahezu immer zuerst, was es nicht will, bevor es weiß, was es will. Eltern sollten ihrem Skorpion-Kind mehr Möglichkeiten freier Wahl bieten, als sie dies bei ihren anderen Kindern getan haben. Die Zurückweisung eines Angebotes nach dem anderen seitens des Kindes ist kein persönlicher Affront gegen die Eltern oder boshafte Rebellion, sondern seine Art, das, was es nicht will, auszusortieren, bis es gefunden hat, was es will. Das unglückliche Skorpion-Kind kann weiter schreien, nachdem es frisch gemacht und gefüttert wurde, und erst, wenn es von einer bestimmten und geliebten Person auf den Arm genommen wird, spürt es, daß es das ist, was es die ganze Zeit gewollt hat. Fürsorgliche Eltern werden ihrem Skorpion-Kind auch dann noch freie Wahl lassen, wenn ihre Geduld bereits strapaziert ist. In den ersten Jahren, in denen sie ihr Skorpion-Kind erziehen, müssen die Eltern einander abwechseln, während sie den Auswahlprozeß des Kindes unterstützen.

Skorpion-Kinder neigen dazu, in Extremen oder Gegensätzen zu denken. Wenn ein Erwachsener »heiß« zu dem Kind sagt, denkt der kleine Skorpion »kalt«. Wenn der junge Skorpion wegen seines tollen neuen T-Shirts ein Kompliment hört, wird er sich den Kopf darüber zerbrechen, was mit seiner Hose nicht in Ordnung ist. Falls der junge Skorpion glaubt, daß jeder in solchen Gegensätzlichkeiten denkt, wird er Komplimente als versteckte Kritik verstehen. Er kann dann eine freundliche Bemerkung über sein Lächeln als Aufforderung verstehen, seine Haare zu kämmen. Wenn dieser Überzeugung nicht entgegengetreten wird, gewöhnt sich das Skorpion-Kind dieses Verhalten selbst an, und es hat dann oft den Anschein, als sage es das Gegenteil dessen, was es denkt. Ein Elternteil, der sagt, »du hast ein liebes Lächeln«, kann bemerken, daß sich das Kind auffällig mit seinem Rockzipfel beschäftigt. Der Skorpion muß ein Kompliment immer und immer wieder hören, bis ihm klar ist, daß es sich nicht um eine Anspielung oder um das Gegenteil dessen handelt, was gemeint war.

Aus dieser Neigung, in gegensätzlichem Denken verhaftet zu sein, kann selbst wohlgemeintes »Aufziehen« der Familie den Skorpion zutiefst verwirren. Auf einer emotionalen Ebene kann er lernen, seine wahren Bedürfnisse und Gefühle abzustreiten oder ihnen zu widersprechen und es deshalb Erwachsenen schwermachen, ihn zufriedenzustellen. Von Anfang an muß das Skorpion-Kind lernen, seine Bedürfnisse klar und direkt auszusprechen. Eltern sollten es ablehnen, sich auf Ratespiele einzulassen, gleichgültig wie gewinnend sein Verhalten auch sein mag. Das ältere Skorpion-Kind wird verschiedentlich »Nachlaufen« spielen wollen, wobei Eltern und andere Erwachsene die Gründe für seinen Kummer erraten und das Kind beruhigen sollen, bis es seine Bedürfnisse erfüllt sieht. Dieses Verhalten bringt Eltern und andere in extrem verwirrende Situationen: sie können gegen die innere Kompliziertheit des Skorpions nicht ankommen, es sei denn, der Skorpion ist bereit, sie gewinnen zu lassen. Anstatt dem Kind bei diesem Verwirrspiel zu folgen, ist es einfacher, das kleine Skorpion-Kind ständig aufzufordern, sich anders zu verhalten, indem man sagt: »Ich kann nicht erraten, was du von mir möchtest, ich werde aber versuchen, es dir zu geben, wenn du mir sagst, was es ist.« Wenn auch einige Skorpion-Kinder dieses Verhalten bis zum äußersten treiben können und nur noch wollen, was sie nicht haben können, werden die meisten Skorpione jedoch ihre Wünsche und Bedürfnisse mitteilen, wenn sie sicher sind, daß man ihnen zuhört und sie ernst nimmt.

Die Fähigkeit und das Bedürfnis des Skorpions, Gegensätze in Betracht zu ziehen, macht ihn zu einem ausgezeichneten Advokaten des Teufels, Debattierer und Planer von Strategien. Dieser Wunsch ist auch teilweisse der Grund für seine Vorliebe, sich in die Lage eines anderen zu versetzen. Das Bedürfnis, beide Seiten in Betracht zu ziehen, kann jedoch Entscheidungen erschweren. Der junge Skorpion wird viel Zeit benötigen, um sich über seine Gefühle klarzuwerden, da er zuerst alle Möglichkeiten durchspielt. Während dieser Überlegungen wirkt das Skorpion-Kind unbeteiligt oder verschlossen. In Wirklichkeit muß es alle Möglichkeiten untersuchen, ehe es feststellt, welche es wählen wird. Da dies Zeit und Ungestörtheit braucht, sollten Eltern dem Skorpion eine richtungweisende Frage stellen und ihn dann allein aussondern lassen.

Dieses unwillkürliche Wissen um Gegensätze macht ihn anfällig für Manipulationen. Wenn Eltern wissen, daß sie damit Erfolg haben, können sie dazu neigen, einen Erziehungsstil zu wählen, der dieses Prinzip der Gegensätze anwendet. Um ihr Kind ins Bett zu bekommen, werden sie ihm einfach verbieten, ins Bett zu gehen. Die automatisch kompensatorische Haltung in bezug auf das Verhalten anderer ist eine weitere Gefahr möglicher Manipulation. Geschwister, die befürchten, daß der kleine Skorpion beliebter ist als sie, brauchen nur besonders redefreudig und charmant zu sein, und der Skorpion wird automatisch weniger sprechen oder weniger charmant sein. Skorpione, die auf diese Weise manipuliert worden sind, werden später oft zu berechnenden und ränkeschmiedenden Erwachsenen, die sehr genau mit Machtpotentialen umgehen können. Nach einer gewissen Zeit werden sich Skorpione dafür entscheiden, lieber die Kontrolle über diese Manipulationen zu erlangen, als daß sie deren Opfer sind, und dann wird sich die Familiendynamik verändern. Man kann einen Skorpion nicht ausboten, nicht einmal ein Skorpion-Kind, wenn seine Bereitwilligkeit, die Schachfigur anderer zu sein, vorbei ist.

Der Skorpion scheint ein angeborenes Gefühl für den richtigen

Zeitpunkt zu haben. Dies ist eine weitere Äußerung seiner Fähigkeit, jede Unausgewogenheit in seiner Umgebung auszugleichen. Das Skorpion-Kind wird damit warten, sich ein neues Rad zu wünschen, wenn die Schwester gerade eine Puppe bekommen hat. Es wird ganz still die Reaktionen der Eltern auf die Krankheit des Bruders abwarten, bis es zugibt, daß es sich selbst nicht sehr gut fühlt.

Da der junge Skorpion selten direkt ist, wird er auf Fingerzeige aus dem Verhalten anderer über deren Vorlieben warten und dann sein eigenes Verhalten ihren vermuteten Wünschen entsprechend ändern. Wenn die beste Freundin des Skorpions verkündet, daß sie bald eine turnerische Ausbildung beginnen wird, kann sich der kleine Skorpion gezwungen sehen, ebenfalls Stunden zu nehmen, weil er annimmt, daß er an Wert für seine Freundin verliert, wenn er deren Aufregung über den Salto rückwärts nicht teilen kann. Da der junge Skorpion sich hervortun muß, wird er letztlich ein besserer Turner als seine Freundin sein. Seine Begründung dafür ist: »Wenn sie jemanden mag, der ein guter Turner ist, wird sie jemanden, der darin ausgezeichnet ist, lieben!« Dem Beobachter kann es scheinen, als sei der Skorpion getrieben oder bestrebt zu konkurrieren. Er selbst denkt, daß er nur versucht, den Maßstäben zu entsprechen, die andere seiner Meinung nach haben.

Alle Kinder sehen sich selbst als den Mittelpunkt der Welt und nehmen an, daß die Welt so ist, wie sie meinen. Dieses Realitätsempfinden zu erweitern, ist ein langer Lernprozeß, der von der Kindheit bis ins spätere Leben hinein stattfindet. Für ein so komplexes Zeichen wie den Skorpion besteht die Hauptaufgabe der Erziehung darin, ihm zu helfen, sich seiner Vermutungen und Meinungen bewußt zu werden. Da Komplexität diesem Zeichen angeboren ist, erkennt sie der Skorpion auch nicht als Unterscheidung und bittet infolgedessen nicht um Hilfe, sie zu verstehen. Ruhige, erzieherische Unterhaltungen über die Angelegenheiten des Tages, über Freundschaft und Gefühle, werden Eltern und Kind helfen, diesen Prozeß gemeinsam durchzustehen.

Der junge Skorpion braucht und liebt Zustimmung. Er mag Lob, besonders in der Öffentlichkeit, kann jedoch freundlichen Worten gegenüber Mißtrauen entwickeln. Der junge Skorpion kann glauben, daß andere sein Bedürfnis nach Lob kennen und nur versuchen, ihn zu manipulieren anstatt wirklich zu meinen, was sie sagen. Da das Skorpion-Kind Aufrichtigkeit normalerweise nicht gut beurteilen kann, wird es letztlich auf jedes Lob mißtrauisch reagieren und sich fragen, was wohl dahintersteckt. Genauso wie Komplimente, muß auch Lob angemessen sein, exakt, maßvoll und beständig wiederholt werden.

Das Skorpion-Kind kann sehr selbstkritisch sein und hat normalerweise eine recht gute Vorstellung über die Qualität seiner Leistungen. Eltern müssen sich um eine ausgesprochen ehrliche Einschätzung der Arbeit oder des Verhaltens ihres Skorpion-Kindes bemühen und dementsprechend reagieren. Eltern, die dieselbe Begeisterung für eine Kritzelei an den Tag legen, die in nur wenigen Sekunden entstanden ist, wie für ein Bild, das drei Stunden beansprucht hat, werden sich lediglich die Verachtung und das Mißtrauen des Skorpion-Kindes einhandeln.

Der junge Skorpion rühmt sich oft seiner Loyalität und kann an einem Besitz oder einer Beziehung festhalten, lange nachdem beide keinen Sinn mehr für ihn haben und oft sogar dann noch, wenn er verletzt worden oder es ihm abträglich ist. Es kann für Eltern schwierig werden, ihr Skorpion-Kind zu überzeugen, Dinge wegzuwerfen oder von einem aussichtslosen Ziel abzulassen. Seine Auffassung von Loyalität kann selbst die Überzeugung, Schmerz und Verzweiflung ertragen zu müssen, beinhalten. Fürsorgliche Eltern werden diesem loyalen Kind Wege zeigen, wie es helfen kann, ohne persönliche Opfer zu bringen, oder wann es loslassen muß.

Der junge Skorpion ist gewöhnlich tüchtig und einfallsreich. Er ist überzeugt davon, daß er fast immer etwas mit Dingen anfangen kann, die andere Leute ausrangieren. Aus diesem Grunde wird er ein ziemlicher »Hamster« sein. Während dies andere Familienmitglieder irritieren kann, besitzt er eine Fähigkeit, diese gesammelten Schätze in Gold zu verwandeln: Er hat dann plötzlich das fehlende Teil für ein Fischer-Technik-Projekt seines Bruders oder das richtige Geschenkpapier, wenn die Familie ganz schnell zu Omis Geburtstag muß.

Die Tüchtigkeit des Skorpions kann auf andere wie Kritik wirken, aber sein Einfallsreichtum wird immer hilfreich sein. Oft jedoch kann das Skorpion-Kind nur eine Möglichkeit in Erwägung ziehen, wie eine Sache angefaßt werden muß, und es wird ihm schwerfallen, andere Menschen Dinge auf ihre Weise erledigen zu lassen, wenn er diese nicht für ebenso wirksam hält wie die seine. Eltern, die ihrem Skorpion-Kind die Möglichkeit aufzeigen, Kompromisse zu schließen, werden mit erweiterter Kreativität und Sanftheit belohnt werden. Wie das Jungfrau-Kind, so kann auch das Skorpion-Kind Zynismus und Kritik benutzen, um Enttäuschungen zu verbergen, und es kann zornig erscheinen, wenn seine Gefühle verletzt sind. Der junge Skorpion liebt das Überschaubare und wird selbst wundervolle Ereignisse ablehnen, wenn sie unerwartet kommen.

Skorpion-Kinder sind oft vorsichtig und methodisch. Sie schätzen Selbstbeherrschung bei sich und anderen und fürchten Kontrollverlust auf jeder Ebene. Man muß ihnen niemals sagen, daß sie sich selbst im Zaum halten sollen, Selbstbeherrschung ist etwas völlig Natürliches für sie. Dagegen muß man ihnen zeigen, wie sie sich entspannen können. Skorpion-Kinder werden sich oft selbst testen, besonders was ihre Selbstdisziplin angeht. Sportarten, die Ausdauer verlangen, und Kunstprojekte, die intensive Koordination und Konzentration voraussetzen, scheinen für das Skorpion-Kind wie gemacht zu sein. Da die Fähigkeit des Kindes, zwischen Selbstkontrolle und Selbstbestrafung zu unterscheiden, oft nicht ausgeprägt ist, braucht das Skorpion-Kind Anleitung, seine unglaublich konzentrierte Energie in positive Bahnen zu leiten. Es muß ermuntert werden, sich zu entspannen und die Früchte seiner intensiven Bemühungen genießen.

Einen jungen Skorpion seine Strafe selbst festlegen zu lassen, ist ein gefährliches Unterfangen. Er wird wesentlich härter gegen sich sein, als ein Erwachsener es wäre. Locker gehandhabte Disziplin und das Eingeständnis und Diskussionen der Übertretung werden bei diesem Kind genügen. Wenn es zu hart bestraft wird, wird es lernen, der Verantwortung auszuweichen, und wenn ihn Erwachsene nicht bestrafen, wird es selbst ein Disziplinarverfahren gegen sich in die Wege leiten, und zwar wesentlich härter, als jeder Erwachsene es tun oder erwarten würde.

Das Skorpion-Kind ist sich des Kräftespiels in jeder Situation außerordentlich bewußt. In Situationen, die ihm fremd sind, etwa ein neuer Schulanfang oder eine Versammlung, wird der kleine Skorpion zuerst feststellen, wo die Macht liegt, wer die Kommandos gibt. Obwohl die Person, in deren Händen die Macht liegt, oftmals nach außen hin nicht so erscheint, weiß das Skorpion-Kind, an wen es sich wenden muß, wenn es einen Wunsch hat. Es wird intuitiv den Klassensprecher nach Kreide fragen und mit einer Handvoll an seinen Platz zurückkehren, während die anderen Schüler beim

Lehrer anstehen, um diesen um Kreide zu bitten. Obwohl dieses Verhalten gelegentlich kriecherisch oder manipulativ wirken kann, können Skorpion-Kinder den Kindern anderer Zeichen eine Menge Hinweise geben, wie sie erreichen können, was sie wollen.

Skorpion ist ein sehr emotional besetztes Zeichen. Skorpion-Kinder spüren meist ihre Emotionen bis in die Zehenspitzen. Wenn diese Intensität mit ihrem Wissen um Macht verbunden ist, können Skorpion-Kinder besondere Vorstellungen über die Macht emotionalen Ausdrucks entwickeln. Sie können Angst haben, daß andere Gewalt über sie bekommen können, wenn sie ihre Emotionen zeigen oder daß sie sich etwas vergeben. So kann sich z. B. ein Skorpion-Kind, das man gehänselt hat, weigern, seinen Ärger zu zeigen. Es will seinen Gegnern nicht die Genugtuung geben, zu sehen, daß sie es verletzt haben. Unglücklicherweise kann ein Kind, das seine Gefühle vorsichtig schützt, möglicherweise so behandelt werden, als wären seine Gefühle nicht echt. Menschen werden nur das sehen, was der Skorpion ihnen zugesteht, während seine wirklichen Gefühle unbeachtet und unerkannt bleiben.

Der junge Skorpion fühlt sich oft zwei Gefühlsregungen gleichzeitig unterworfen, und da er sehr feinfühlig für die Erwartungen anderer ist, kann er das passende Gefühl zeigen und das andere verbergen. Er wird davon ausgehen, daß sich andere ebenso verhalten und wird infolgedessen auch die Emotionen anderer anzweifeln oder annehmen, daß sie etwas verbergen. Auf diese Weise ist das Skorpion-Kind fähig, feinste Nuancen in den Worten und Gesten anderer Menschen wahrzunehmen. Man muß den Skorpion zur Vorsicht mahnen, damit er nicht unverrückbar davon überzeugt ist, daß andere sich ebenso dessen bewußt sind, was sie einbringen, wie er in der Lage ist, diese Botschaften zu deuten. Man sollte ihn ebenfalls ermuntern, die Gefühle auszudrücken, die er zu verbergen sucht. Es kann lange dauern, bis er dazu in der Lage ist, und es kann sein, daß er dies zuerst außerhalb der Familie ausprobiert und erst dann in der häuslichen Umgebung versucht.

Obwohl der kleine Skorpion sehr zurückhaltend zeigt, was er wirklich empfindet, fehlt es ihm nicht an Überschwang oder Lebhaftigkeit. Bemerkt und geliebt werden ist ihm ein großes Bedürfnis, und er kann Ereignisse in seinem Leben übertreiben, um sich Aufmerksamkeit zu sichern. Seine Reaktionen auf eine verlorene Socke oder ein verlorenes Kätzchen mögen sich äußerlich gleichen, obwohl die Gefühle, die er beim Verlust der kleinen Katze hat, länger andauern werden. Es kann für Eltern schwierig sein, herauszufinden, was für ihr Kind wirklich wichtig ist. Wir wiederholen, daß ruhige, bewußtmachende Unterhaltungen dem Skorpion-Kind helfen werden, Aufmerksamkeit ohne Übertreibung akzeptieren und Nähe zulassen zu können, ohne die Gefühle des Partners in Rechnung zu ziehen.

Das Skorpion-Kind will sehen, was unter der Oberfläche ist, tief drinnen und verborgen, und es wird keine Ruhe geben, ehe es eine Antwort erhalten hat. Es nimmt Dinge liebend gerne auseinander oder schneidet sie auf. Körper und deren Funktionen faszinieren ihn, und er kann unterschiedlich auf körperliche Funktionen reagieren. Dinge, vor denen andere sich manchmal fürchten, faszinieren den Skorpion oftmals. So wird er etwa einen Mäusekadaver untersuchen, vermoderte Blätter umdrehen und sich zu behinderten Klassenkameraden hingezogen fühlen. Dieses Interesse ist nicht frei von Gefühlen und hat oft eine heilende Komponente. Der junge Skorpion wird wahrscheinlich versuchen, das, was er oder andere falsch gemacht haben, wiedergutzumachen. Da er fähig ist, Dinge geschickt und kreativ wieder in Ordnung zu bringen und stolz auf seine Arbeit ist, werden sich Menschen auf diesem Gebiet oft auf ihn verlassen. In der Tat wird dies ein Bereich sein, in dem er seine größten Erfolge erzielt.

Krisen spielen im Leben des jungen Skorpions eine große Rolle, da er dann seine Talente voll entfalten kann. Das Skorpion-Kind braucht Intensität und Nähe, kann aber Überwachung nicht ausstehen. In einer Krisensituation oder wenn er arbeitet und unter Druck steht, hat der kleine Skorpion die Möglichkeit, von allen seinen Fähigkeiten und dem Talent zu organisieren Gebrauch zu machen, auf begrenzte und strukturierte Weise angespannt zu sein und das Maß an Zustimmung zu bekommen, das er braucht. Das ist eine Zeit, in der er sich am lebendigsten fühlt. Als Folge davon wird ihm oft viel Verantwortung übertragen, und Gleichaltrige und Erwachsene gleichermaßen suchen ihn in Zeiten der Anspannung auf.

Auch Schmerz nimmt im Leben des jungen Skorpions einen bedeutenden Platz ein. Oft hat er bessere Beziehungen zu Menschen, die sich in kummervollen Situationen befinden, da er sich gebraucht, nützlich oder auch irgendwie überlegen oder erleichtert fühlt, daß nicht er es ist, der leidet. Auch die Nähe, die durch gemeinsam durchlittenen Schmerz entsteht, kann attraktiv für den Skorpion sein, obwohl andere verwirrt über die Abwendung des Kindes sein mögen, wenn ihr Schmerz vorbei ist. So kann z. B. der kleine Skorpion einem Kind Freundschaft erzeigen, das ein Bein gebrochen hat, diese Freundschaft verliert jedoch an Bedeutung, wenn der Gips ab ist. Der Skorpion muß lernen, glückliche Perioden ebenso zu schätzen wie Krisen und mit glücklichen Menschen genauso umzugehen wie mit solchen, die Kummer haben.

Durch das Unglück anderer kann der kleine Skorpion sich gestatten, selbst Schmerz zu empfinden, oder er wird erleben, daß seine Bedürfnisse ebenfalls im Bereich dessen liegen, was annehmbar ist. Er glaubt oft, daß er mit Unbehagen fertig werden kann und rühmt sich manchmal, die Bedürfnisse anderer ahnen und befriedigen zu können. Obgleich diese Sanftheit und Besorgnis bewundernswert sind, sollte der junge Skorpion dennoch darauf aufmerksam gemacht werden, daß er ebenso willkommen ist, wenn er nicht »gebraucht« wird.

Der Stolz des Skorpions über seine Fähigkeit, die Bedürfnisse anderer voraussehen zu können, kann letztlich seine Beziehungen beeinträchtigen. Wenn das Skorpion-Kind das Gefühl hat, es hätte die Bedürfnisse seiner Mutter erraten müssen, kann es ihren Wunsch, ihr zu helfen, die Einkäufe wegzuräumen, als demütigende Kritik empfinden. Der Skorpion liebt es, andere zu überraschen und wird zutiefst verletzt sein, wenn seine Überraschung nicht gut aufgenommen wird, so daß der Empfänger sich eher kontrolliert als geliebt vorkommt. So kann z. B. der Vater das Bad, das ihm der kleine Skorpion gerichtet hat, gar nicht nehmen wollen und sieht sich ärgerlich vor die Entscheidung gestellt, die Gefühle des Kindes zu verletzen oder seinen Zeitplan unterbrechen zu müssen. Ironischerweise verabscheut der Skorpion gewöhnlich selbst Überraschungen.

Da ihm die Fähigkeit, auf unausgesprochene Bedürfnisse anderer zu reagieren, angeboren ist, ist das Kind oft unsicher darüber, wie es diese Fähigkeit geschickt anwenden kann. Wenn die Leute sagen: »Ich möchte nicht, daß du ein Ratespiel veranstaltest, ich werde dir sagen, was ich möchte«, betrachtet der kleine Skorpion dies als Tadel. Eltern können ihrem Kind erklären, daß Intuition eine Fähigkeit ist, getrennt von der Person des Kindes.

In der Zeit des Heranwachsens ist es für den Skorpion-Teenager

und seine Familie leichter, intuitive Fähigkeiten vom Selbstbild zu trennen, und der Skorpion wird erkennen, daß er, nur weil er abschätzen kann, was ein anderer möchte, nicht verpflichtet ist, dafür zu sorgen, daß der andere es auch bekommt. Eine Familienstruktur, bei der sowohl Eltern und Kinder auf eine gesunde Weise äußern können, was sie möchten und was nicht, wird sich hilfreich auf die Entwicklung des Skorpion-Kindes auswirken.
Während sich der Skorpion bereitwillig mit den Wünschen anderer auseinandersetzt, steht er seinen eigenen Bedürfnissen zwiespältiger gegenüber. Er kann seine eigenen körperlichen und seelischen Bedürfnisse als Zeichen von Schwäche deuten und sich dafür verachten. Er kann beschämt reagieren oder sich ausgeliefert fühlen, wenn jemand seine unausgesprochenen Bedürfnisse erkennt und Hilfe anbietet. Er wird warten, bis seine Wünsche oder Gefühle ein riesiges Ausmaß annehmen, bevor er sie sich eingesteht. Wenn er sich seine Gefühle nicht eingesteht und sich zurückzieht oder rebelliert, wenn jemand sie errät, ist er in der merkwürdigen Situation, daß er sicher sein kann, daß seine Bedürfnisse nicht befriedigt werden. Dies ist hart für Eltern, die sich verantwortlich für ihr Skorpion-Kind fühlen. Sie sollten offen für diese Abläufe sein und ihr widerspenstiges Kind daran erinnern, daß es genau wie andere Menschen ist, und daß jedermann es verdient, daß man seinen Bedürfnissen liebevoll begegnet. Mit anderen Worten, es ist genauso beseligend zu nehmen wie zu geben. Es wird jedoch geraume Zeit dauern, bis der Skorpion dies herausfindet und es dabei gut sein läßt.
Im allgemeinen wirkt sich die Empfindsamkeit des Skorpion-Kindes für jeden positiv aus. Liebenswürdig und rücksichtsvoll setzt es seine heilenden Energien ein, um seine Umgebung zu verbessern. Der junge Skorpion kann Dinge mit erstaunlichem Geschick organisieren und regeln, und er wird an einem Vorhaben solange festhalten, bis es vollendet ist. Obwohl er nach innen gekehrt und manchmal bequem ist, ist er leidenschaftlich gegenüber denen, die er liebt, und loyal und hingebungsvoll den Dingen und Menschen gegenüber, die er mag. Seine Erkenntnis natürlicher Kreisläufe, sein ausgeprägter Scharfblick und sein Einfallsreichtum schaffen für ihn die Verpflichtung, mindestens soviel an das Leben zurückzugeben, wie er nimmt. Er verläßt jede Umgebung verändert und oftmals in besserer Verfassung, als er sie vorgefunden hat. Er ist kreativ und

aufmerksam. Eltern werden sich gerne auf die starke Konzentration ihres Skorpions und auf seinen Sinn für Verantwortung verlassen, und die gesamte Familie wird Freude an seinen seltenen, aber gezielten Geistesblitzen haben.

Empfindlichkeiten

(Häufige Quellen für Mißverständnisse)

Befürchtungen: Angst ist vermutlich das Gefühl, zu dem der Skorpion sich nur sehr schwer bekennt. Er fühlt sich geradezu von dem besonders fasziniert, was ihn ängstigt. Wenn es ihm gelingt, den Mechanismus dessen herauszufinden und unter Kontrolle zu bekommen, was ihn ängstigt, glaubt er, diese Angst in den Griff bekommen zu können. Er ist auch sehr stolz auf seinen Mut. Man muß dem kleinen Skorpion bewußt machen, was Angst bezweckt. Sie ist ein notwendiges Signal, das Überleben sichert. Wenn er seine Angewohnheit, von schrecklichen Dingen angezogen zu werden, beibehält, wird er sich in ziemlich gefährliche Situationen bringen und nur schwer in der Lage sein, Gefahr abschätzen zu können.

Teilen: Der junge Skorpion wird feststellen, daß es ihm schwerfällt, zu teilen. Obwohl er oft großzügig ist, zeigt er Territorialverhalten und zieht es vor, Dinge für sich allein zu haben. Wenn er anbietet, bei der Autowäsche zu helfen, ist er sowohl großzügig mit der Zeit als auch mit seiner Energie. Er wird aber besser arbeiten, wenn man eine Seite des Autos seiner Verantwortung überläßt und ihn ganz allein waschen läßt. Auf einer abstrakten Ebene, wenn es um Schuld und Verantwortung geht, fühlt sich der Skorpion oft verunsichert. Er kann nichts halb machen und neigt dazu, alles oder nichts zu wollen. Eltern, die mit Schuldzuweisung behutsam umgehen, tun dem Kind einen großen Dienst. Wenn man das Kind lehrt, wie es Verantwortung teilen kann und daß es nicht für das Verhalten anderer verantwortlich ist, einschließlich dem seiner Geschwister, trägt dies dazu bei, seine Bedrängnis zu lindern.

Scham: Der junge Skorpion ist besonders verletzlich, was Schamgefühle betrifft. Da er in seinem Inneren ein Perfektionist ist, der Dinge einfach auf seine Weise und seinen Vorstellungen entsprechend tun muß, wird sich das Skorpion-Kind sehr beschämt fühlen, wenn

Ereignisse nicht wie geplant verlaufen, ob es nun direkt für den Ausgang verantwortlich war oder nicht. Der kleine Skorpion kann Dinge zwanghaft organisieren, um die Beschämung der Verwirrung zu vermeiden. Er kann sich ebenso seines Körpers, seiner Bedürfnisse und Gefühle schämen. Fürsorgliche Eltern werden besondere Anstrengungen unternehmen, um ihrem in Furcht versetzten Kind zu versichern, daß es gut und liebenswert ist, so wie es ist, daß sich jedermann gelegentlich einmal irrt und daß sein Verhalten nichts mit seinem Wert zu tun hat.

Aufgrund seines intensiven Bedürfnisses, Dinge recht zu machen, strebt das Skorpion-Kind in der Familie oft entweder die Position des Lieblingskindes oder die des Schwarzen Schafes an. In beiden Fällen fühlt es sich isoliert und ist in zunehmendem Maße ängstlich, was seine Darstellung angeht. Ob die Eltern nun sagen: »Verhalte dich wie ein Skorpion« oder »Verhalte dich um Himmelswillen nicht wie ein Skorpion«, so ist doch jedermann eingeladen, seine Frustrationen an diesem Kind auszulassen. Eltern müssen die wesensimmanente Menschenfreundlichkeit und Identität ihres Skorpion-Kindes anerkennen und vermeiden, es mit anderen zu vergleichen. Wie jedes Kind, ist es manchmal liebenswürdig und manchmal unangenehm, und es soll sich weder in der einen noch in der anderen Rolle gefangen fühlen.

Beziehungen

Beziehungen sind das wichtigste für das Skorpion-Kind. Es definiert sich selbst, indem es sich mit anderen vergleicht und Ähnlichkeiten und Unterschiede feststellt. Um diese Vergleiche anstellen zu können, drängt es intensiv danach, sich mit Nahestehenden zu unterhalten, und aus diesem Grund hat der kleine Skorpion wenig Sinn für Geplauder. Hat es jedoch einmal auf einer höheren Ebene Kontakt aufgenommen, fühlt sich das Skorpion-Kind einer Beziehung verpflichtet und kann Schwierigkeiten haben, diese Person mit anderen zu teilen. Der kleine Skorpion, der gerade eine intensive Unterhaltung mit seinem Lehrer gehabt hat, kann sich betrogen fühlen oder erschreckt sein, wenn der Lehrer fünf Minuten später mit einem anderen Schüler spricht. Daher kann das Skorpion-Kind eifersüchtig und besitzergreifend erscheinen und braucht Zusicherungen über Fortdauer und Bedeutung seiner Beziehungen und die Anteilnahme des Partners.

Der kleine Skorpion neigt sowohl zu Loyalität als auch zu Exklusivität. Seine Aufmerksamkeit richtet sich gewöhnlich immer nur auf eine Person, und er erwartet vom Partner dasselbe. Andere finden diese ausschließliche Aufmerksamkeit manchmal entnervend. Ein junger Skorpion, der gezwungen ist, die Aufmerksamkeit eines Menschen mit anderen zu teilen, wird sich betrogen oder beschämt fühlen und diesen Vorfall nicht vergessen. Als Ausgleich kann er versuchen, die Person, die ihn beleidigt hat, genauso zu verletzen, wie sie ihn. Er hat das Gefühl, daß er erst nachdem die Situation ausgeglichen ist, den vertrauten Umgang wieder aufnehmen kann.

Auf der anderen Seite wird der kleine Skorpion, anstatt dem anderen die Hölle heiß zu machen, es nicht wahrhaben wollen, wenn er sich gekränkt fühlt. In diesem Fall nimmt der kleine Skorpion an, daß die andere Person weiß, was er wünscht, und er benimmt sich absichtlich im Widerspruch zu seinen Gefühlen. Letztlich wird das Skorpion-Kind zwar sein äußeres Verhalten nicht ändern, seine Offenheit dieser Person gegenüber jedoch aufgeben und den Status der Beziehung ändern, indem es sein Engagement zurückzieht. Eltern müssen ihrem kleinen Skorpion sagen, daß er seine Bedürfnisse aussprechen muß, wenn ihm eine Beziehung wichtig ist und diese nicht mangels Einsicht scheitern soll. Der junge Skorpion kann geduldig auf den Beweis der Anteilnahme eines anderen warten, und er wird die Nichtbeachtung seiner Bedürfnisse oder seines Privatlebens als Desinteresse oder Bestrafung deuten.

Es ist das skorpionische Prinzip in uns allen, das unser Konkurrenzstreben verursacht oder nicht. Der junge Skorpion kann ein ausgeprägtes Konkurrenzstreben an den Tag legen, und er braucht positive Ventile für diese Energien. Kleine Skorpione können die Vergleichsmöglichkeiten mit den Bestrebungen, dem Verhalten, den Entscheidungen oder den Errungenschaften anderer einsetzen, um sich selbst für schwierigere Ziele zu motivieren oder aber um sich schlecht zu fühlen. Dieses Konkurrenzverhalten in einer engen Beziehung verhindert jedoch die Intimität, die sie so dringend suchen. Der junge Skorpion kann dieses Verhalten auch dazu benutzen, sich bedeutender vorzukommen (wenn er gewinnt) oder sich selbst in Schrecken zu versetzen (wenn er verliert). In beiden Fällen beraubt er sich ebenbürtiger Partnerschaft. Wenn der junge Skorpion annimmt, daß andere ihm in diesem Punkt gleichen, wird es ihm schwerfallen, anderen zu vertrauen oder an ihren bedingungslosen guten Willen zu glauben.

Das Skorpion-Kind kann auch glauben, daß jede Beziehung einen Zweck haben muß. Es wird ihm schwerfallen, den Bestand einer Beziehung zu rechtfertigen, wenn es nicht etwas bekommt oder gibt. Zu lernen, Menschen so zu akzeptieren, wie sie sind, sie (oder sich selbst) nicht ändern zu wollen, wird eine wertvolle Lektion für dieses Kind sein.

Die Ansprüche des Skorpion-Kindes an sich selbst sind so hoch, daß es oftmals jemanden sucht, den es für etwas verantwortlich machen kann, nur um den inneren Druck zu reduzieren. Es kann das Wort »Du« benutzen, wenn es eigentlich »Ich« meint, so etwa: »Du kannst richtig mürrisch werden, wenn es heißt ist.« Es kann sich seiner selbst schrecklich schämen und sehr defensiv werden, wenn es niemanden findet, den es für eine eingebildete oder echte Übertretung verantwortlich machen kann, oder wenn es dabei ertappt wird, wie es dies versucht. Eltern sollten ihrem Kind ganz eindeutig klarmachen, wer wofür verantwortlich ist, und daß Schwierigkeiten als Probleme zu sehen sind, die gelöst werden müssen, daß sie aber nicht als Ereignisse zu betrachten sind, bei denen Schuldzuweisung stattfinden muß. Ein Vater, der schreit: »Wer hat es versäumt, zu tanken?« lehrt seine Kinder, wie man Schuld zuweist anstatt ein Problem zu lösen.

Wenn es sich einmal zu einer Beziehung bekannt hat, ist das Skorpion-Kind loyal und bestimmt. Es steht zu anderen in allen Situationen und ist oft dasjenige mit dem größten Stehvermögen und der größten Ausdauer. Seine Fähigkeit, Krisen gut durchzustehen, und seine Art, Menschen in ihrem Kummer zu unterstützen, sichern einen tiefen und beständigen Kontakt, wenn man einmal sein Vertrauen erworben hat.

Mutter: Skorpion-Kinder erwarten, daß die Mutter intellektueller ist als der Vater, sprunghafter und weniger umgänglich. Sie werden die Mutter eher wie einen Freund und nicht wie einen Elternteil behandeln.

Mütter, die ihre Skorpion-Kinder direkter erziehen wollen, werden versuchen müssen, konsequent und voraussehbar zu handeln, und sie werden in allen Belangen zu ihrem Wort stehen müssen. Wenn sich Mütter auch persönlich durch die Intensität der kindlichen Gefühle eingeschüchtert fühlen mögen, so werden sie das Kind auf alle Fälle gewinnen, indem sie aufmerksam auf seine Emotionen achten, nicht zu viele Fragen stellen und nicht versuchen, die Probleme des Kindes zu lösen. Während der Vater und das Skorpion-Kind ähnlich stark sind und um ihre Stellung wetteifern können, haben die Mutter und der kleine Skorpion die Möglichkeit, gleichberechtigt miteinander umzugehen, ohne Beweis und Kampf. Es ist wichtig, daß Mütter sich dessen bewußt sind, daß sie als Elternteil fungieren müssen und nicht zu früh erwarten dürfen, daß das Kind auf der gleichen Stufe mit ihnen steht.

Vater: Dem jungen Skorpion erscheint der Vater als zuverlässig, stark, autoritär und meist gut einschätzbar. Er mag gewöhnlich den Humor des Vaters und fühlt sich in dessen Nähe sicher.

Da Väter von Skorpionen dazu neigen, stark zu sein, und da kleine Skorpione selbst sehr energisch sind, werden diese beiden Mitglieder einer Familie entweder eine bemerkenswert gute Einheit bilden, oder sie werden sich in einen subtilen Machtkampf verwickelt finden. Beide werden das Bedürfnis haben, recht zu behalten, und beide lehnen es energisch ab, sich drangsalieren zu lassen. Der junge Skorpion wird vermutlich die Stärke, Ausdauer und den Intellekt des Vaters testen. Der Vater sollte sich klar sein darüber, daß er mit einem Kind kämpft und auch weiterhin sein übliches großzügiges und hochherziges Selbst sein, ohne herablassend zu werden.

Der junge Skorpion wird besondere Anstrengungen unternehmen, um eine auseinanderstrebende Familie zusammenzuhalten, er kann aber auch Unstimmigkeiten ausnutzen, um die Eltern gegeneinander auszuspielen. Eltern müssen sehr vorsichtig sein und vermeiden, daß sie von ihrem kleinen Skorpion manipuliert werden. Sie müssen sich aber auf der anderen Seite sein Zutrauen in ihre Reife und Fähigkeiten erhalten.

Geschwister: Der junge Skorpion wird oft versuchen, mit seinen Geschwistern mitzuhalten, besonders mit älteren. Das, was er für ihre Privilegien oder ihr besonderes Können hält, kann ihn frustrieren, oder er wird sich besonders eng an einen Favoriten anschließen. Da Skorpion-Kinder Hänseleien nicht ertragen können und sehr empfindlich auf Vorwürfe reagieren, müssen die Eltern mit viel Umsicht die Beziehung des Skorpions zu seinen Geschwistern beobachten.

Freunde: Der kleine Skorpion ist ein loyaler und bleibender Freund. Er ist hilfsbereit und zuverlässig und wird noch immer geduldig bei einem Freund ausharren, wenn alles bereits verloren scheint. Er schätzt Menschen, die seine Wertvorstellungen und seine Ansichten teilen und wird oft einen engen Bund mit jemandem schließen, der seine ziemlich zynische Weltsicht teilt und seinen trockenen Humor und seinen Sarkasmus würdigt. Der junge Skorpion kann populär sein, hat gewöhnlich aber immer nur ein oder zwei enge Freunde, mit denen er intensiv und ausschließlich verkehrt.

Verstand/Information/Schule

Junge Skorpione sind wißbegierig und beharrlich und haben häufig Nerven wie Stahl. Die meisten Skorpion-Kinder haben ein recht gutes Gedächtnis, oft ziehen sie es jedoch vor, sich nur das zu merken, was nützlich ist oder nützlich sein könnte. Sie sind praktisch veranlagte und ernsthafte Lernende, die häufig schon frühzeitig manuelle Geschicklichkeit und bemerkenswerte Fähigkeiten für Metaphern zeigen. Während Skorpion-Schüler oft den Eindruck erwecken, als seien sie von Autorität eingeschüchtert, werden sie beträchtliche Zeit aufwenden, um Wege zu finden, Menschen in Machtpositionen zu meiden oder zu stürzen.

Der junge Skorpion ist intuitiv und wahrnehmungsfähig und vielleicht nicht immer in der Lage, die Quelle seiner Informationen zu identifizieren. Er lernt an entgegengesetzten Dingen und braucht oft eine widersprüchliche Idee oder Person, um dagegen aufzutreten. Er wird häufig, um ein Konzept besser verstehen zu können, den Advokaten des Teufels spielen, aber auch um andere zu irritieren oder zu verpflichten oder um seine wirklichen Überzeugungen zu verbergen. Obwohl der junge Skorpion ausgesprochen schonungslos und schneidend sein kann, wird er selten alles sagen, was er weiß. Er kann wunderbar Geheimnisse für sich behalten.

Der junge Skorpion interessiert sich vornehmlich für menschliches Verhalten. Er möchte herausfinden, was Menschen motiviert und warum sie sich auf diese oder jene Weise verhalten. Er lehnt

Oberflächlichkeit ab und versucht hinter die Kulissen zu sehen. Er liest gerne zwischen den Zeilen, sieht hinter die Dinge und hört, was nicht ausgesprochen wird. Es besteht daher die Gefahr, daß das Skorpion-Kind Ereignissen oder Beziehungen eine nicht vorhandene Bedeutung beimißt, und es muß Sinn und Anwendung all dessen verstehen, was es lernt.
Höhere Schulbildung: Der junge Skorpion schätzt die Sicherheit von Zertifikaten und wird gewöhnlich danach streben, eine wie auch immer geartete Bescheinigung, die für das von ihm gewählte Gebiet benötigt wird, zu bekommen. Er kann eine Karriere wählen, die es ihm ermöglicht, Dinge, Menschen oder Geld zu manipulieren, und er glaubt oft, daß Bildung ihm dazu verhelfen wird, erfolgreicher und produktiver zu sein.

Verantwortung/Arbeit/Belohnung

Verantwortung und Arbeit: Schon der junge Skorpion ist zu intensiver Konzentration fähig. Diese Energie, die er bei jeder Aufgabe einsetzt, gewährleistet, daß diese getan, und zwar gut getan wird. Während das Skorpion-Kind gewöhnlich jede Aufgabe, die es in Angriff nimmt, auch vollendet, kann es jedoch unwillig werden, wenn die Arbeit zu zeitaufwendig, zu mühsam oder nicht lohnenswert ist. Wenn es von vornherein feststellt, daß es die Aufgabe nicht mag, wird es sich schon beizeiten beschweren, so daß Erwachsene in seiner Nähe bereits darauf vorbereitet sind, wenn es dann wirklich genug hat. Oder es wird zum stillen Märtyrer, der seinen Ärger über die Bürde lange Zeit ohne zu murren trägt. Skorpion-Kinder sind sehr geschickt darin, andere ihre Arbeit tun zu lassen. Nichtsdestoweniger werden sie, wenn sie eine Arbeit richtig getan haben wollen, darauf bestehen, sie selbst zu tun, oder sie werden andere aufmerksam überwachen.
Skorpion-Kinder haben ein äußerst ausgeprägtes Gefühl für Verantwortung, und ihre Bestrebungen sind sehr ernsthaft. Sie fühlen sich sicher, wenn sie etwas unter sich haben. Skorpione erwarten von anderen, daß sie sich ebenso ernsthaft bemühen, und sie werden sehr verletzt sein, wenn ihre eigenen Leistungen übersehen werden. Manchmal nehmen junge Skorpione Verantwortung auf sich, die

nicht eigentlich die ihre ist, oder sie fühlen sich für Ereignisse schuldig, von denen sie annehmen, daß sie sie verursacht haben oder verhindern hätten sollen, oder sie können sehr beharrlich sein hinsichtlich der Art und Weise, wie andere ihre Arbeit tun sollen.
Belohnung: Der kleine Skorpion braucht Zustimmung und Anerkennung für seine Anstrengungen. Immer umsichtig, ist sich der junge Skorpion der entsprechenden Bedeutung verschiedener Aufgaben sehr bewußt, und er ist empfindlich für die jeweilige Größenordnung der Belohnung. Er mißtraut großen Belohnungen für kleine Anstrengungen und fühlt sich von kleinen Belohnungen für große Bemühungen verletzt. Er schätzt Dankbarkeit und Belohnung in Natura und akzeptiert Geld oder Vorrechte für Aufgaben, die er beendet hat. Besonders für den Teenager-Skorpion ist es wichtig, vor Beginn einer Aufgabe über die Belohnung zu verhandeln.

Heim

Das Skorpion-Kind bevorzugt ein eigenes Zimmer oder zumindest einen eigenen Bereich für sich. Es schätzt Zurückgezogenheit und unterhält nur Menschen, die es ausdrücklich einlädt. Es liebt dunkle und dezente Farben und schöne Markenmöbel. Es wird von Zeit zu Zeit plötzlich alles völlig umdekorieren. Gewöhnlich ist es stolz auf seinen Lebensraum und geht mit seinen ausgewählten Besitztümern sorgsam um. Oftmals zieht es der kleine Skorpion vor, daheim zu bleiben anstatt zu reisen, und er braucht das Heim als Sicherheitsbasis. Obwohl er gern zweimal an denselben Ort reist (er ist dann bekannt), liebt er es am meisten, heimzukommen.

Gesundheit

Wenn der junge Skorpion krank wird, schätzt er viel respektvolle und unaufdringliche Aufmerksamkeit. Er kann Krankheiten als eine Möglichkeit sehen, Aufmerksamkeit oder Zuwendung zu bekommen, oder er benutzt sie als Mittel Ärger zu vermeiden oder auszudrücken. Der kleine Skorpion kann Krankheit auch als Vorwand

benutzen, die Wahrheit zu sagen oder möglicherweise, um anderen den Mut zu nehmen, die Wahrheit zu sagen.
Das Skorpion-Kind interessiert sich für die Funktionen des Körpers und nimmt lebhaft an seiner eigenen Behandlung teil. Es braucht Erklärungen für alle Vorgänge und kann in Furcht versetzt werden oder es übelnehmen, wenn ihm Informationen vorenthalten werden.
Traditionell regiert der Skorpion über die Ausscheidungs- und Sexualorgane. Kleine Skorpione, die gesundheitliche Probleme haben, werden wahrscheinlich an Darmbeschwerden oder Unregelmäßigkeiten während der Menstruation leiden oder an Erschöpfung, weil sie sich selbst zu stark angetrieben haben.

Kindheitsjahre

Die Ängste, die im folgenden aufgeführt werden, dürfen niemals zur Bestrafung eingesetzt werden. Sie dienen dazu, Wege zur Bestätigung und Zuwendung aufzuzeigen.

Geburt – 6 Monate

Der neugeborene Skorpion ist ernsthaft und empfindsam. Er ist vorsichtig und verschlossen, bis er sicher ist, daß er gut aufgehoben ist und seine Bedürfnisse erfüllt werden. Wenn er spürt, daß er es behaglich hat, öffnet er sich wie eine Blume, und sein außergewöhnliches Lächeln und seine Aufmerksamkeit erhellen seine gesamte Umgebung.
Dies ist ein zurückgezogenes Baby, das besonders empfindlich auf Verletzungen seiner Person reagiert. Es braucht nie gekitzelt, geneckt oder durch Beschämung bloßgestellt zu werden. Schon in diesem zarten Alter muß der kleine Skorpion auf Veränderungen jeglicher Art wenn möglich vorbereitet werden. Probleme mit Darm und Verdauung zeigen gewöhnlich an, daß das Skorpion-Kind sich unsicher und schutzlos vorkommt und deshalb sollte seinem Wohlbefinden und seiner Sicherheit mehr Aufmerksamkeit geschenkt werden. Schnuckelig und liebevoll, wenn er sich behaglich fühlt, gewöhnt der kleine Skorpion feinfühlige Eltern schnell daran, auf

einen Fingerzeig zu reagieren, und er belohnt sie reichlich mit seinem Lächeln und seiner Treue.

6–18 Monate

Das Skorpion-Baby bleibt empfindsam und ernsthaft. Intuitiv und bereits in diesem Alter zu großer Aufmerksamkeit und Konzentration fähig, nimmt der kleine Skorpion seine Umwelt ganz bewußt wahr und ist schon daran interessiert, Dinge auseinanderzunehmen, um zum Kern einer Sache vorzustoßen. In diesem Alter beginnt das Skorpion-Baby sich seiner Wirkung auf andere bewußt zu werden und Verhaltensformen zu entwickeln, die dazu dienen, vorhersagbare Haltungen der Erwachsenen in seiner Nähe ans Licht zu bringen. Ebenso zeigt es eine Bewußtheit für die Dynamik von Gegensätzen und liebt Spiele, die elementare Konzepte von Gegensätzen beinhalten, sowie Steckspiele, bei denen ein passendes Teil in ein dafür vorgesehenes Loch gesteckt wird, oder später entgegengesetzte Farben zu bestimmen usw. Das Skorpion-Baby kann auch frühzeitig an sexuellen Dingen interessiert sein und Fragen über Tod und Sexualität stellen, sobald es sprechen kann.
Der kleine Skorpion liebt Wasser und feuchte Dinge und beginnt in diesem Alter, eine von Haßliebe bestimmte Beziehung zu gewissen Dingen zu entwickeln, die andere Menschen als schmutzig oder unanständig bezeichnen. Er liebt Matsch und Fingermalerei und sollte von dieser Art der Betätigung nicht abgehalten werden, da beides seiner Kreativität und seinem späteren körperlichen Wohlbefinden zuträglich ist.

18 Monate–3 Jahre

Das Skorpion-Kleinkind ist empfindsam, emotional und verschlossen bis an den Rand der Verdrießlichkeit. Es kann sich mit dem Sprechen Zeit lassen, bis es das Gefühl hat, daß es etwas zu sagen hat. Kreativ und sprunghaft, reagiert dieser kleine Skorpion auf unterschiedliche Reize auf sehr ursprüngliche, unerwartete und manchmal sehr entzückende Weise. Die Familie wird mit vielen Anekdoten über das Verhalten und die Reaktionen des kleinen Skorpions versorgt werden. Solche Freuden sind ein ergötzlicher Ausgleich für die Familie von Skorpionen, da das Kleinkind in

diesen Jahren zu Wettbewerbsstreben, Kontrolle und Selbstzwang neigt. Das Skorpion-Kind will seine Macht testen, und Eltern werden gelegentlich durch dieses manchmal eigensinnige, rebellische, übelnehmerische und widerspenstige Kind erschöpft sein, denn oftmals schließt dessen Interesse für Widersprüchliches die Antwort »Nein« auf alle Vorschläge und Befehle ein. Das Skorpion-Kleinkind war zweifelsohne die Gießform für das Engelchen mit dem »B« davor.
Die intensive Neugier, die dem Skorpion eigen ist, bleibt erhalten und schließt nun ein Interesse an Sexualität und Gedanken an den Tod mit ein. Das Kleinkind beschäftigt sich nun auch mit seinen Ängsten, gewöhnlich indem es sich selbst solchen aussetzt. Es untersucht Ursache und Wirkung, und besonders gegen Ende dieser Periode möchte es selbst seine Grenzen setzen und seine Strafe bemessen. Beides, Grenzen und Strafen, werden zu hart ausfallen, und achtsame Eltern werden streng darauf achten, in welchem Ausmaß der junge Skorpion seine Begrenzungen und Strafen selbst bestimmen darf.
Sauberkeitserziehung: Der kleine Skorpion ist besonders verletzlich, was Entscheidungen, die seinen Körper betreffen, angeht, und er gewinnt in dieser Phase die entsprechende Einstellung zu seinem körperlichen Selbst, entweder sich seiner zu schämen oder stolz darauf zu sein. Er ist sehr an seinen körperlichen Funktionen interessiert und wird gewöhnlich auf sinnvolle Erklärungen oder Appelle an seinen Stolz, seine Selbstdisziplin und Selbstkontrolle reagieren. Wenn diese Annäherung erfolgreich ist, kann er sich tatsächlich selbst zur Sauberkeit trainieren. Ist er jedoch rebellisch oder von dem fasziniert, was andere abstößt, kann er sich diesem Training auf das heftigste widersetzen. Da der Skorpion nicht zu irgendeinem Verhalten gezwungen oder genötigt werden kann, vermeidet man Mächtkämpfe am besten durch Geduld von seiten der Eltern und indem man der Sache wenig Aufmerksamkeit schenkt.

3–6 Jahre

Der Vorschul-Skorpion ist weiterhin empfindsam, überschwenglich, sprunghaft und oft furchtsam. Er ist damit beschäftigt, alles mit allem zu vergleichen und treibt sich oftmals an, der Beste und der Größte zu sein. Er kann sich das Größte, das Neueste oder das Teuerste wünschen, jedoch selten das Auffallendste. Der kleine

Skorpion kann Krisen heraufbeschwören, nur um zu sehen, was geschieht, wenn er Kämpfe anstiftet, oder sich unkontrolliert oder depressiv verhalten, um seine Macht und seinen Einfluß auf andere zu testen. Indem er verschiedene Verhaltensweisen ausprobiert, einige kopiert und andere ablehnt, kann er zu gegebener Zeit Rollen, die er gerade nicht spielt, kritisch gegenüberstehen. In dieser Phase wird er die Wirksamkeit seines Sarkasmus testen, besonders dann, wenn er früher gehänselt wurde, und zu diesem Zeitpunkt wird er sich auch ein Grinsen angewöhnen. Er liebt Geheimnisse.
Der Vorschul-Skorpion muß wissen, daß Erwachsene keine Angst vor ihm haben und daß sie nicht zulassen, daß er sich selbst verletzt. Seine natürliche Liebenswürdigkeit, Kreativität und Empfindsamkeit tritt nur zutage, wenn der junge Skorpion das Gefühl hat, daß die Erwachsenen in seiner Nähe klüger und stärker sind als er. Erwachsene müssen ihre Reaktionen auf die emotionale Ausdrucksweise ihres Skorpion-Kindes beobachten und fest entschlossen sein, dramatischem Verhalten des Kindes nicht ebenso zu begegnen.

6–12 Jahre

Der Skorpion im Schulalter ist verschlossen, manchmal verschwiegen und vorsichtig. Er ist sich der Meinung anderer Menschen über sich bewußt und wird oft sein Verhalten ändern, um ein gewünschtes Resultat zu erzielen, sei es um Menschen zu schockieren oder um ihre Zustimmung zu gewinnen. Er kann des Glaubens sein, daß er und sein Verhalten die Familie repräsentieren, ethnische Gruppen oder andere Gruppen, zu denen er gehört, und er wird sich deshalb immer härter antreiben, etwas zu leisten. Seine Sensitivität und intuitive Erkenntnis können ihn davon abhalten, die Anerkennung zu akzeptieren, nach der er sich so sehr sehnt. Da er sich seiner Anfälligkeit für Manipulation durch Schmeicheleien bewußt ist, kann er Zustimmung einfach als den Versuch anderer, sein Verhalten zu kontrollieren, abtun. Ob er rebelliert oder versucht sich zu fügen, er ist in jedem Fall sehr statusbewußt.
Seine Angst davor, daß man ihm Schuld zuweist oder sonst für Handlungen, mit denen er nichts zu tun hat, verantwortlich macht, kann dazu führen, daß sein Verhalten defensiv oder unbeugsam wirkt. Der junge Skorpion kann insgeheim glauben, daß andere magische Verhaltensweisen kennen, von denen er nichts weiß; er

kann sich herablassend oder überlegen verhalten, so als ob er es sei, der magische Kräfte kenne, und nicht die anderen. Er kann darauf bestehen, daß Dinge entweder so gemacht werden, wie er es will oder gar nicht. Er kann vorgeben, daß es für ihn bedeutungslos ist, ob er eine bestimmte Sache bekommt oder nicht, obwohl er den heftigen Wunsch danach hat. Der junge Skorpion kann ab und zu Erwachsenen, die ihre eigenen Vorstellungen haben, besonders manipulativ und kontrollierend vorkommen.

Der junge Skorpion kann sich selbst in gewisse Dinge hineintreiben. Er neigt dazu, Drohungen zu hören, wo keine sind, Dinge, die andere für sich wollen, als Forderungen an sich zu betrachten. Dies kann ihn motivieren, nach Führungspositionen zu streben, wo er die Regeln und Anforderungen festlegen kann, oder er kann den Entschlüssen und dem Verhalten derer, die um ihn sind, sehr kritisch gegenüberstehen. Während seine Kritik auf Gleichaltrige überheblich und arrogant wirkt (und sehr naiv auf Erwachsene), kann sich der Skorpion blitzschnell wandeln und im selben Augenblick außerordentlich mitleidig sein, wenn er spürt, daß die Situation dies rechtfertigt.

Jetzt kann der Skorpion sich dahingehend entwickeln, daß er das Gegenteil von dem sagt, was er meint. In diesem Zeitabschnitt lernt er jedoch auch durch einen Aussonderungsprozeß herauszufinden, was er will und braucht. Er experimentiert mit der Macht, lernt stark zu sein, ohne einzuschüchtern, zu verhandeln, ohne sich schwach zu fühlen. Er ergötzt sich an seinem scharfen Verstand und guten Gedächtnis und erprobt verschlungene Gedankengänge.

12 – 18 Jahre

Der Teenage-Skorpion ist nach innen gekehrt, empfindsam und scharfsinnig. Er scheint mit seinem Körper beschäftigt zu sein, von dessen Reaktionen fasziniert oder geängstigt, und seine Grenzen, seine Leistungsfähigkeit und Ausdauer endlos zu testen. Wenn er seinen Körper geringschätzt, können seine Versuche die Form von Selbstbestrafung annehmen, oder er kann anderen gestatten, gemein zu ihm zu sein. Fürsorgliche Eltern müssen hier feste und unverrückbare Grenzen setzen. Der junge Skorpion schätzt nichtsdestoweniger Selbstkontrolle und Selbstdisziplin, ob er nun dieses Verhalten selbst an den Tag legt oder nicht, und er kann von einem Extrem ins andere fallen, von Selbstbefriedigung (Onanie) bis zur Zügellosigkeit. Heranwachsende Skorpione neigen dazu, den schwierigen Weg zu wählen und treiben sich und andere bis an die äußerste Grenze.

Der Teenage-Skorpion ist sofort von seiner Sexualität fasziniert und abgestoßen und sucht Wege, wie er seine Bedürfnisse und Reaktionen verbergen, ausnutzen oder kontrollieren kann. Er kann kokettes und verführerisches Verhalten erproben oder sehr asketisch werden. Sein Bedürfnis nach Ungestörtheit bedeutet nicht, daß er etwas Unrechtes tut; er braucht ein großes Maß an persönlichem Freiraum, um alle seine Möglichkeiten erforschen zu können.

Gemäß den früheren Verhaltensmustern bleibt der heranwachsende Skorpion zurückhaltend, ernsthaft, empfindsam und verschwiegen. Er neigt dazu, Dinge persönlich zu nehmen, eher auf Aktivität zu reagieren als sie zu initiieren und fürchtet noch immer, getadelt zu werden. Er ist furchtlos und sucht oft den Reiz von Situationen, die er als Herausforderung ansieht und zumindest emotional gefährlich findet. Er erwartet von anderen ebensoviel wie von sich selbst (oder so wenig) und kann ausgesprochen sarkastisch, ungehalten und kritisch werden, wenn andere seinen Vorstellungen nicht entsprechen. Er ist eifrig auf der Suche nach Menschen, die so stark und schlau sind wie er, kann aber in Schrecken versetzt, wetteifernd oder in sich gekehrt werden, wenn er sie findet, oder er wird verzweifelt sein, wenn er sie nicht findet. Der junge Skorpion wünscht sich sehr, daß er genauso eifrig gesucht wird, gestaltet diese Aufgabe aber für den Suchenden ungewöhnlich schwierig oder nicht lohnend. Wenn der junge Skorpion jedoch jemanden findet, den er seiner Aufmerksamkeit für wert hält, kann er gefällig, charmant, loyal und romantisch sein. Er kann aber ebenso eifersüchtig, besitzergreifend und besessen sein. Während er es gewöhnlich ablehnt, die Freundschaft anderer durch Bestechung mit Geschenken und Gefälligkeiten zu erringen (er wird gegen einen solchen Vorschlag rebellieren), ist er großzügig und freigebig denen gegenüber, die er liebt.

Der heranwachsende Skorpion kann der Meinung sein, daß Emotionen, die nicht auf dramatische Weise geäußert werden, nicht ernst genommen werden. Oder er wartet, bis ein Gefühl oder ein Bedürfnis kritische Ausmaße angenommen hat, ehe er ihm Aufmerksamkeit schenkt. Teenage-Skorpione unterschätzen anfänglich oft ihre Bedürfnisse und Gefühle, dies hat zur Folge, daß dieselben Gefühle dann dramatisch übertrieben werden. Besorgte Erwachsene sollten wissen, daß diese Gefühle, obwohl sie überschwenglich und großartig erscheinen, echt sind und beachtet werden müssen.

Der Skorpion-Teenager liebt oft den Wettstreit und schätzt Eroberungen. Die Jagd ist dabei häufig der aufregendste Teil für ihn, und er kann das Interesse verlieren, wenn er die Trophäe gewonnen hat. Er neigt zu der Annahme, daß das Gras überall dort grüner sei, wo er nicht ist, und er neidet gelegentlich anderen ihr Glück, wobei er jedoch gewöhnlich zu anständig ist, dies auszusprechen. Er kann gegen die Regeln und Standardvorstellungen der Familie rebellieren oder sich ganz und gar so verhalten, wie man es von ihm erwartet. Seine Auflehnung ist oft subtil und versteckt und kann sich unter Umständen erst ab seinem dreißigsten oder vierzigsten Lebensjahr offenbaren.

Der junge Skorpion liebt weiterhin Geheimnisse und kann selbst da geheimnisvoll wirken, wo es nichts zu verbergen gibt, oder er erscheint ungeschliffen oder taktlos, alles im Namen der ungeschminkten Wahrheit »herausschreiend«, obwohl er in Wirklichkeit sehr vorsichtig ist mit dem, was er enthüllt.

Der heranwachsende Skorpion entwickelt besondere künstlerische Fähigkeiten dort, wo manuelle Geschicklichkeit erforderlich ist, wie bei Töpferei und Bildhauerei. Er tut sich gemeinhin in der Wissenschaft hervor und kommt gewöhnlich auf Gebieten, die handwerklich Fähigkeiten erfordern, gut zurecht. Er ist ein verantwortungsbewußter, gewissenhafter, ausdauernder Arbeiter, der gewöhnlich mehr oder weniger das tut, was er versprochen hat. Sich seiner Umgebung immer bewußt, kann der junge Skorpion stets berichten, was vorgeht und ist normalerweise in der Lage, Verbesserungsvorschläge zu machen. Eltern begrüßen die große Intelligenz und den Eifer des Skorpions und zählen häufig auf den zurückhaltenden, trockenen Humor, der völlig unerwartet hervorbricht.

Schütze-Kinder

22. November – 21. Dezember

Allgemeine Eigenschaften

Während viele der im folgenden beschriebenen Charakteristika für die meisten Schütze-Kinder zutreffen werden, können andere, manchmal widersprüchliche Eigenschaften sehr wohl *auch* bei dem Kind, das unter dem Zeichen geboren ist, in Erscheinung treten.

Eltern werden ihr neugeborenes Schütze-Baby sofort anbeten. Es ist aufgeweckt, freundlich und liebenswert. Es ist unruhig und es hat den Anschein, als ob das Schütze-Baby entweder schläft oder ständig in Bewegung ist; ruhig kann man den Schütze-Knirps nicht nennen! Kleine Schützen scheinen voll unendlicher Energie und Neugier zu sein. Ihre Augen sind wachsam und glitzern vor unaufhörlichem Vergnügen. Man kann oft sehen, wie sie ihr Haar aus der Stirn streichen, um diesen leuchtenden Augen eine bessere Sicht zu verschaffen. Von Kindheit an strebt der Schütze danach, Dinge zu verstehen, Informationen zu sammeln, die Wahrheit herauszufinden und Unabhängigkeit zu definieren. Von allen Zeichen des Tierkreises läßt sich der Schütze am wenigsten auf ein einziges Konzept oder Thema festlegen. Ein beständiges Motiv ist die Vielgestaltigkeit des Schützen, seine Geschäftigkeit und Ruhelosigkeit; dieses Motiv tritt offen zutage, wenn das Schütze-Kind anfängt, die Welt neugierig zu betrachten und nach allem greift, das erreichbar ist.
Interessiert und interessant, strebt der kleine Schütze nach Information, als sei sie eine Lebenskraft. Er muß selbst die geringfügigste Information verstehen und braucht Begründungen dafür. Bestenfalls behält er die Hälfte dessen, was er gelernt hat, aber er sortiert sorgfältig aus und nimmt die Verbindungen und übergeordneten Muster innerhalb seiner Umgebung zur Kenntnis. Da seine Informationen weit gespannt sind und umfassend dazu, kann es dem Schüt-

zen an der nötigen Konzentrationsfähigkeit mangeln, um sich all das zunutze zu machen, was er weiß. Die Schützen sind jedoch einfallsreiche Leute, die mit ungewöhnlich vielen Informationen jonglieren können. Schützen neigen dazu, Informationen in großen Bissen zu schlucken. Sie suchen Muster und ordnen Dingen eine Bedeutung zu, die anderen alltäglich erscheinen. Sie sind das Gegenteil von nüchtern und suchen nach bildhaften, symbolischen, mythischen und ironischen Aspekten in Informationen. Schützen sind aus diesem Grunde bemerkenswerte Erzähler, Mythen- und Fabeldichter. Eine Fabel ist schließlich nur eine gewöhnliche Geschichte, der jemand Bedeutung gegeben hat, und es ist eine große Fähigkeit des kleinen Schützen, Informationen, die er zusammenträgt, Bedeutung beizulegen. So machte etwa ein fünfjähriger Schütze mit seiner Familie in Frankreich Urlaub. Als die Familie ihren Platz am Meer gefunden hatte und ein Picknick veranstaltete, sammelte der kleine Schütze jede Menge Informationen über das Leben der Fische, warum das Wasser salzig war, über Ebbe und Flut und erklärte seinen Eltern nach einer Weile: »Nun weiß ich, daß Gott das Meer erschaffen hat, damit Menschen Fragen stellen wie ich.«

Dem kleinen Schützen gelingt es, die abstraktesten Informationen zu personalisieren und Bezüge herzustellen, und er wird seine Informationen geradezu zwanghaft, sei er dazu aufgefordert oder nicht, selbst zu seinem eigenen Schaden mitteilen wollen. Er wird allen anderen Kindern beibringen, wie man Zahlen subtrahiert, selbst wenn er danach auf ein »sehr gut« in der nächsten Mathematik-Arbeit verzichten muß. Seine wahrhaft buchstabengetreue Auslegung von Ehrlichkeit kann ebenfalls störend sein; er kann seinem Lehrer frank und frei sagen, daß er Mundgeruch hat, und das genau vor der Zensurenverteilung.

Da er sich im Sinnbildlichen wohl fühlt und die pedantische Wiedergabe von Ereignissen schlecht verträgt, sucht der junge Schütze nach Bildern und denkt in weitschweifigen Parabeln. Seine Einbildungskraft ist großartig, und er wird durch ungewöhnliche Geschichten, die über das gewöhnliche Leben hinausgehen, fasziniert, einschließlich Elfenmärchen, Rittersagen und Traumgebilden. Geschichten über die Auswanderung des Großvaters nach Amerika werden ihn ebenfalls faszinieren, obwohl sich in das übliche Vergnügen auch etwas Skepsis mischt. Er mag nicht,

wenn man über ihn lacht, von oben herab mit ihm spricht oder über ihn sagt, er sähe die Welt nur in mythischer Gestalt.
Junge Schützen sehen über das Augenfällige hinaus, haben Phantasie und sind zukunftsorientiert. Mögliches zieht sie mehr an als das, was wirklich existiert, sei es ein funkelndes Juwel, das in einem rauhen Felsbrocken verborgen sein könnte oder die versteckten Anlagen eines zurückhaltenden Freundes. In vieler Hinsicht ist das Leben des Schützen eine Suche nach etwas, woran er glauben kann, eine absolute Wahrheit oder wie auch immer geartete Perfektion. Schützen haben ein angeborenes Gefühl für Prinzipien und können nur um des Vergnügens willen streiten. Gedankenvoll und philosophisch, suchen Schützen eine Ethik und Moral, mit der sie leben können. Aus diesem Grunde sind sie oft außergewöhnlich an anderen Kulturen und Religionen interessiert. Sie werden vorsichtig diese alternativen Wege, das Leben zu erfahren und zu sehen, untersuchen und sich ein Körnchen Wahrheit für sich persönlich heraussuchen. Sie haben oft eine Begabung für Sprachen, Mathematik und Computerprogramme und zeigen mehr als nur technische Fertigkeiten auf diesem Gebiet. Ihre Tüchtigkeit basiert auf der Einbeziehung anderer Standpunkte und ihrer Fähigkeit, ein breit angelegtes Verständnis für menschliche Erfahrung in sinnvolle Konzepte ihrer eigenen Kultur zu übertragen. Erwachsene Schützen sind ausgezeichnete und einfühlsame Diplomaten, Missionare, Geschäftsleute in Positionen im Ausland. »Reisen« nimmt für den Schützen bei seiner Vorliebe dafür oft buchstäbliche Formen an, oder es kann in Gestalt einer Lehrtätigkeit oder eines lebenslangen Bedürfnisses zu lernen, abstrahiert werden.
All dies mag einem Elternteil, der über den Rand eines Buches ins Gesicht seines zweijährigen Schützen sieht, verwunderlich und futuristisch vorkommen, aber es ist wichtig für Menschen, die während seiner Entwicklung um den Schützen herum sind, damit sie das breitere Spektrum seines Denkens und Lebens verstehen können. Eltern müssen wenig dazutun, um derartige Anlagen in ihrem Schütze-Kind zu fördern, sie sind angeboren, aber sie müssen empfindsam für diese mystischen und suchenden Aspekte sein und ihrem Kind genügend Spielraum zugestehen, damit es die Welt auf seine eigene Weise sehen kann. Als Belohnung wird Eltern oder anderen vertrauten Menschen gelegentlich ein Blick in die mystische Welt des kleinen Schützen gewährt.

Das temperamentvolle Schütze-Kind ist sowohl geistig als auch körperlich ruhelos. Er fürchtet und verabscheut Langeweile und wird so ziemlich alles tun, um diesen Zustand zu vermeiden. Dieser Drang, Langeweile zu vermeiden, macht das Leben mit einem Schützen sehr interessant, manchmal ist es allerdings schwierig, ihm zu folgen. In ihrem ursprünglichen Enthusiasmus scheinen sich Schütze-Kinder nahezu fanatisch neue Konzepte oder Aktivitäten zu eigen zu machen. Besonders in diesem enthusiastischen Zustand kann der Schütze sehr wortreich, charmant und überzeugend sein. Wenn es einen aufregenden neuen Club entdeckt, kann das Schütze-Kind die meisten seiner Freunde überreden, diesem Club ebenfalls beizutreten, sich dann aber einer anderen Sache zuwenden und die Freunde verwirrt zurücklassen.

Aberglauben kann wesentliche Bedeutung im Denken des Schützen gewinnen, da er auf seiner Suche nach Sinn vielleicht auch trivialen Ereignissen Bedeutung beimißt. Z. B.: »Es hat geregnet, es sollte nicht sein, daß ich ins Kino gehe.« Ein Teil dieses Aberglaubens fußt sicher auf dem Gefühl des Schützen, daß er wirklich im Mittelpunkt des Universums steht. Schützen neigen zu der Annahme, die Umgebung existiere zu ihrem Vergnügen.

Schütze ist ein Feuerzeichen, und alle Feuerzeichen befassen sich mit der Beziehung des Selbst zur Welt. In diesem Licht gesehen, kann sich das Schütze-Kind eine Wichtigkeit oder Macht anmaßen, die völlig unrealistisch und überzogen ist und glauben, es oder andere hätten Kontrolle über bestimmte Aspekte des Lebens, die durchaus neutral sind. Der kleine Schütze kann glauben, wenn das Auto an dem Tag, an dem er nicht zum Zahnarzt wollte, kaputt ging, daß er es war, der das Auto zum Streiken gebracht hat. Dieses magische Denken kann dazu führen, daß der Schütze von sich oder anderen übermenschliche Dinge erwartet. Er kann befremdliche Rituale oder abergläubisches Verhalten entwickeln, um Vorgänge des täglichen Lebens zu kontrollieren. Ein Schütze-Teenager, der versäumt hatte, für seinen Mathe-Test zu lernen, legte sich nachts das Buch unter sein Kopfkissen und hoffte, er würde sich so magisch die nötigen Informationen für den morgigen Tag aneignen können. Der junge Schütze muß in Betracht ziehen lernen, daß die meisten Ereignisse im Leben einfach nur geschehen, daß sie keine tiefere Bedeutung haben und daß die Beziehung von Ursache und Wirkung keinen magischen Aspekt hat.

Das Schütze-Kind ist optimistisch und idealistisch. Es erwartet das beste von Menschen und Situationen, und oft ist dies auch der Fall. Das Kind scheint glückbringend und opportunistisch zu sein. Es ist erfinderisch und kann aus allem das Beste machen und übersieht oft resolut unerwartete und unglückverheißende Begebenheiten, die nicht zu seiner optimistischen Einstellung passen. Wenngleich dies eine bewundernswerte Gabe ist, kann es doch den Glauben des Schützen an das Magische von Ereignissen erschüttern. So kann z. B. ein Schütze seinen Sitzplatz im Bus einer alten Frau überlassen in der Überzeugung, daß jemand seiner Großmutter seinen Platz geben wird. Der Schütze ist auch anpassungsfähig und versöhnlich, fähig, sich den Umständen zu überlassen und aus seinen Erfahrungen aufregende Informationen zu gewinnen. So wird er, in einem Schneesturm festgehalten, Überlebensfähigkeiten entwickeln und vielleicht aufregende gesellschaftliche Erfahrungen machen. Es ist tatsächlich so, daß der kleine Schütze sich sofort nach etwas Neuem umsieht, wenn eine Person oder Situation keine weitere Informationsmöglichkeit bietet.

Das Schütze-Kind fühlt sich herausgefordert, aus Unterschieden zu lernen. Es will nicht wissen, wie wir uns alle gleichen, es will wissen, wie wir uns unterscheiden und was uns verbindet. Es interessiert sich für Berührungspunkte. Erwachsene Schützen werden oft bemerkenswerte Anthropologen, Lehrer, Journalisten und Studenten vergleichbarer Kulturen und Religionen. Erwachsene Schützen können auch überheblich oder unloyal wirken, da sie, sobald sie das, was ihnen an einer Erfahrung, Situation oder einem Menschen wichtig ist, erkannt zu haben meinen, sofort zum nächsten übergehen. Junge Schützen müssen viele Interessengebiete erforschen, bevor sie ein oder zwei Gebiete herausfinden, die zusätzliche Aufmerksamkeit verdienen. Sie müssen auf die Gefühle anderer Rücksicht nehmen und lernen, ihr Streben nach neuen Erfahrungen zu befriedigen, ohne langjährige Freunde im Stich zu lassen.

Der Glaube an das Positive kann so unerschütterlich sein, daß sie sich weigern, negative Aspekte der Realität zu sehen. Sie können auf eine Weise reagieren, die unangebracht scheint, weil sie nicht glauben wollen, daß dies Wirklichkeit ist. Ein kleiner Schüler, der Hundebabys liebt, war so überrascht über einen zähnefletschenden Hund, daß er auf diesen zuging und einfach nicht glauben wollte, daß dieser ihn verletzen würde. Er geriet mit dem Hund aneinander und dies passierte noch wiederholte Male, bis er bereit war, sich einzugestehen, daß nicht alle Hundebabys nett sind. Zuschauer werden erstaunt sein, daß diese Kinder anscheinend nicht durch Erfahrung lernen und ihnen immer und immer wieder Irrtümer in der Beurteilung unterlaufen. Bei genauerem Hinsehen kann man die Wege erkennen, die der Schütze geht, um negative Situationen nicht akzeptieren zu müssen.

Schütze-Kinder werden deshalb wiederholt den gleichen symbolischen Berg besteigen. Während der dafür erforderliche Mut und das Durchhaltevermögen beim Schützen ganz offensichtlich vorhanden sind, ist das eigentlich Erstaunliche daran, wie oft sie tatsächlich erfolgreich sind. Da sie nicht an das Unmögliche glauben, erreichen Schützen oftmals das, wovon andere nur träumen. Für den kleinen Schützen ist das Leben einfach eine Reihe aufregender Herausforderungen, und Niederlagen erschrecken ihn nicht. Er scheint Gefahr zu verachten und wird wahrscheinlich selbst dann eine Situation nicht meiden, wenn sie ihn in Furcht versetzt. Manchmal jedoch hat es den Anschein, als kämpften Schütze-Kinder lediglich gegen Windmühlen, und sie können eine Menge Energie fehlleiten, bevor sie letztlich aufgeben. Schließlich müssen sich Schützen, genau wie wir alle, mit Enttäuschungen auseinandersetzen.

Zum Pessimismus wäre zu sagen, daß er uns auf die schwierigeren Augenblicke des Lebens vorbereitet. Der Schütze ist durch seinen Hang zum Optimismus manchmal nicht gut darauf vorbereitet, sich mit Enttäuschungen oder Niederlagen auseinanderzusetzen. Die Gefahr liegt darin, daß das Schütze-Kind sein magisches Denken ebenso sicher mit Enttäuschungen wie mit Glück in Verbindung bringt. Es kann zwischen dem Glauben, daß das Leben ihm etwas zudenkt oder ihm etwas nicht zugesteht, hin und her pendeln. Die Schwierigkeit bei diesem magischen Denken ist, daß es leicht zu Zynismus und Fatalismus führt. Der enttäuschte junge Schütze muß daran erinnert werden, daß Konsequenzen nichts mit Magie zu tun haben. Wenn er sich dem Schulchor anschließen will und zurückgewiesen wird, weil er den Ton nicht halten kann, so bedeutet dies, daß ihm eine wichtige Fähigkeit mangelt, nicht aber, daß die Zurückweisung seiner Person vorherbestimmt ist.

Wird seinem Idealismus über lange Zeitspannen ein Strich durch die Rechnung gemacht, kann dies zu chronischer Enttäuschung, Zynis-

mus und Rationalisierungen darüber führen, warum er nicht bekommt, was er sich wünscht. Eltern, die einen pessimistischen oder enttäuschten Schützen in ihrer Familie haben, müssen nach Möglichkeiten suchen, um ihm zu helfen, daß der Wunsch zu forschen in ihm wieder erwacht. Dieses Suchen nach etwas bringt Freude in das Dasein des Schützen. Er braucht dies und wird Hilfe benötigen, wieder zu sich selbst zu finden, wenn er eine unvermeidliche Zeit der Mühsal durchlaufen hat. Eltern müssen auch darauf achten, wie ein Schütze-Kind mit derartigen Ereignissen umgeht, und sie müssen sich vergewissern, daß es nicht meint, daß sich magische Kräfte wider es stellen. Die wieder erwachende Spannkraft des Schützen belohnt die Bemühungen der Familie.
Schütze-Kinder sind der Inbegriff von Fairneß und äußerst empfindlich für unausgeglichene Situationen. Der kleine Schütze wird als erster in der Sandkiste »unfair« schreien. Er glaubt aufrichtig an Chancengleichheit und wird viel Energie und Mühe aufwenden, um gleiche Behandlung und Verteilung zu erreichen. Dieser Zug des kleinen Schützen wird im Umgang mit Gleichaltrigen offenbar. Er wird darauf achten, daß jeder Gelegenheit hat, mit dem neuen Spielzeug zu spielen oder daß die Bonbons gezählt und gerecht verteilt werden. Schütze-Kinder werden oft von anderen Kindern ausgewählt, um Dinge zu regeln, die mit Gleichheit oder Verteilung zu tun haben. Kinder spüren diese angeborene Fairneß.
Schütze-Kinder haben manchmal Schwierigkeiten, ihre Fairneß-über-alles-Philosphie von ihrer Auffassung, daß jeder die gleichen Bedürfnisse hat wie sie, zu trennen. Sie werden einem bekümmerten Freund eine Rad-Tour anbieten, obwohl dieser lieber umarmt werden möchte. Trotz ihrer Bemühungen um Unterschiede, haben Schützen oft Schwierigkeiten wahrzunehmen, auf welche Weise andere sich unterscheiden. Sie nehmen an, daß andere genauso reagieren wie sie selbst. Man muß ihnen beibringen, daß sie nach den Wünschen anderer fragen müssen und danach was deren Verhalten bedeutet.
Diese Verunsicherung basiert auf der Auslegung der goldenen Regel: »Tu anderen das, was du dir wünscht, daß sie dir tun.« Der kleine Schütze wird dies so hören: »Tu anderen etwas und sie werden dir Gleiches tun.« Wenn der kleine Schütze also jemanden mag und dies zeigt, nimmt er an, daß die andere Person ihn automatisch ebenfalls mag. Wenn er insgeheim jemanden mißtraut, nimmt er an,

daß der andere dies weiß und ihm gleichfalls mißtraut. Der kleine Schütze muß lernen, daß er keine derartige Kontrolle über andere Menschen hat, daß Menschen sich eine eigene Meinung darüber bilden, ob sie ihn mögen oder ihm vertrauen, manchmal ungeachtet dessen, was er tut.

Beweis und Vertrauen sind Angelpunkte beim Schützen. Ein Schütze wird gewöhnlich nach einem Beweis dafür suchen, daß man ihm vertraut und ist zutiefst verletzt, wenn man ihm nicht traut. Er wird z. B. annehmen, daß er der einzige Mensch ist, dem man ein wichtiges Geheimnis anvertraut. Der Schütze nimmt seine Vertrauenswürdigkeit als gegeben an und kann sehr ungehalten sein, wenn andere dies nicht ebenso sehen. Nun ist Vertrauen für ihn aber so wichtig, daß er auch bereitwilligst anderen Leuten seinen Wert beweisen will und manchmal dadurch in Schwierigkeiten geraten kann. Er wird seinem Freund möglicherweise sein ganzes Taschengeld leihen, nur um ihm zu beweisen, daß er ihm vertraut, in der Annahme, daß er und der Freund gleiche Auffassungen von Fairneß haben. Manchmal wirkt er aber letztlich eher töricht als vertrauenswürdig.

Der Humor des Schützen ist offen, häufig sanft und leicht ironisch. Er kann sehr komisch und empfänglich für den Witz anderer sein. Er ist ein munterer und unterhaltsamer Begleiter, der auch der gespanntesten Situation noch Humor abgewinnen kann. Der Schütze ist der Joker. Der dramatische und witzige kleine Schütze ist auch ein ausgezeichneter Schauspieler, der ab und zu daran erinnert werden muß, daß er nicht ständig auf der Bühne steht. Der kleine Schütze kann seine Emotionen hinter einer Maske von Fröhlichkeit und Humor verbergen und dazu neigen, über schwierige oder schmerzliche Gefühle mit einem Scherz hinwegzugehen. Er kann glauben, daß die Leute ihn nur mögen, wenn er unterhaltsam und charmant ist.

Der junge Schütze kann lachen, während sein Herz bricht, und es ist deshalb schwierig für andere, sich zu vergewissern, was er fühlt. Es kann für das Schütze-Kind genauso schwierig sein, anderen mitzuteilen, was es unter diesem Humor fühlt. Als Folge davon wird der kleine Schütze seine wahren Bedürfnisse und Gefühle möglicherweise selbst nicht erkennen können, genausowenig wie andere, und es wird eine schwere Zeit für ihn werden, wenn er erkennt, daß sein Humor innigere Kommunikation verhindert. Ein heranwachsender

Schütze, der gerade schreckliche Erfahrungen in der ersten Tanzstunde gemacht hat, kann heimkommen und die Erfahrungen so witzig erzählen, daß die ganze Familie schallend lacht, anstatt ihn zu trösten. Er wird sich wiederholt enttäuscht fühlen oder so vorkommen, als würde er fallengelassen und glauben, daß die Leute ihn nicht ernst nehmen oder nicht bereit sind, seine wahren Gefühle zur Kenntnis zu nehmen. Am Ende wird er sich durch seine Bereitschaft zu geben ausgehöhlt vorkommen, unausgefüllt, unfähig, die mitfühlenden Reaktionen auszulösen, die er sich wünscht. Dies ist das typische Verhalten eines Erzkomödianten, wohl ist der Schmerz in dem, was er sagt zu spüren, aber die Art, wie er es sagt, ist so komisch, daß jeder lacht, anstatt zu weinen.

Etwas anderes, das zu dieser Situation des Schützen beiträgt, ist seine innere Einstellung. Seine Freiheit ist ihm letzten Endes wichtiger als Beziehungen, und er wird zögern, anderen zu helfen, wenn er glaubt, daß ihn dies dazu verpflichtet, es immer zu tun. Ein junger Schütze wird zögern, beim Geschwirrabwaschen zu helfen, wenn er sich vorstellt, daß er dies dann jeden Tag tun muß, oder er wird eine auffallend unordentliche Arbeit leisten, wenn ihm diese Arbeit nicht paßt. In seiner Entschlossenheit, frei zu bleiben, kann der Schütze Menschen von sich stoßen oder sie auf Distanz halten. Ein junger Schütze wird im wahrsten Sinne des Wortes Menschen, Dinge und Spielsachen aus dem Weg stoßen. Er weiß ganz genau, wann er genug geschmust hat und wieder tun möchte, was er will. Er wird auf erdrückende Liebe, gleich welcher Art, mit äußerstem Trotz oder Gewundenheit reagieren. In späteren Jahren kann er Humor ganz bewußt einsetzen, um Aufmerksamkeit und Zuneigung zu bekommen, ohne zuviel Vertraulichkeit zu riskieren. Wenn der Schütze im Mittelpunkt steht, hat er das Gefühl, besser kontrollieren zu können, wie nahe andere Leute an ihn herankommen.

Trotzdem ist da noch immer eine Element von Zwiespältigkeit vorhanden, besonders bei dem kleinen Schützen, der Liebe und Anerkennung für seine stilleren, verletzlicheren Seiten braucht. Ganz gleich, wie lustig eine Geschichte auch sein mag, so sollten Eltern doch nicht immer nur lachen, sondern die Gefühle erkennen, die hinter der Anekdote versteckt sind. »Oh, das klingt aber schmerzlich . . .« »Wie hast du dich gefühlt, als das geschah?« »Weißt du, wenn dir innerlich nach Weinen zumute ist, dann kannst du auch einfach weinen, anstatt zu lachen . . .« Diese und andere

entsprechende Bemerkungen, die unterdrückte Gefühle herauslokken, werden den kleinen Schützen lehren, sich selbst bewußter wahrzunehmen.
Das Schütze-Kind kann auch Schwierigkeiten haben, die Gefühle anderer Menschen nachzuempfinden, obwohl er sie warm, wenn auch ein wenig unpersönlich unterstützen kann. Er wird sich in der Nähe eines weinenden Freundes unbehaglich fühlen, zwar in der Lage sein, mitfühlende Worte zu finden, sich innerlich aber unzulänglich und hilflos vorkommen. Das Schütze-Kind versteht nur schwer, wie andere mit traurigen, ärgerlichen oder verletzten Gefühlen fertig werden, ohne sich Humor oder Ironie zunutze zu machen.
Leidenschaftlich, enthusiastisch und spontan, neigen kleine Schützen gern dazu, sich zu übernehmen und fühlen sich dann übermannt und festgelegt. Zeiteinteilung sieht bei Schützen etwas anders aus als bei einigen anderen Sonnenzeichen. Sie tun sich schwer, die Zeit so einzuteilen, daß sie all das in ihren Zeitplan einfügen können, was sie tun möchten. Schütze-Kinder müssen grundsätzlich mehrere Dinge auf einmal tun, und obwohl dies für sie Aufregung und Abwechslung bedeutet, kann es auf Beobachter chaotisch wirken. Der kleine Schütze kann zögern oder Schwierigkeiten haben, Dinge zu beginnen oder zu beenden. Er erwartet von sich, daß er viele Dinge zustande bringt und daß er sie auch gut macht. Manchmal entspringt das Zögern, Dinge zu beenden, der Furcht, nicht perfekt zu sein. Schützen sind oft ungeduldig mit sich (und anderen) und erwarten, sofort Experten in allem zu sein, was immer sie tun. Sie sehen nicht unbedingt einen Zusammenhang zwischen Praxis und fachmännischem Können und erwarten durch Zauberei oder Wunder in allem bewandert zu werden, was sie anstreben. Sie langweilen sich schnell mit jeder sich in die Länge ziehenden und mühsamen Aufgabe und möchten sich etwas anderem zuwenden, das leichter, aufregender und schneller befriedigend ist. Schützen werden gerade soviel tun, daß es eben genügt, oder sie werden gehetzt sein oder nachlässig in ihrem Bemühen, eine langweilige Sache zu beenden. Wenn sie jedoch beschließen, daß eine Aufgabe perfekt zu sein hat, werden sie diese so lange probieren, bis sie zufrieden sind. Ihre Bestrebungen können bei solchen Angelegenheiten in zweierlei Richtung gehen. Schularbeiten können entweder schnell erledigt oder qualvoll überlegt werden. Ungeachtet ihrer Unduldsamkeit

sind Schützen großzügig und höflich und beneiden andere selten um Anerkennung und Leistung.
Kleine Schützen brauchen sehr viel Freiheit, sowohl körperlich als auch geistig. Besonders wenn sie noch sehr klein sind, kann ihr natürliches Sicherheitsbedürfnis mit ihrem Schütze-Bedürfnis nach Freiheit in Konflikt geraten. Sie können zwischen gewagtem und vorsichtigem Verhalten schwanken. So können sie z. B. daheim aus sich herausgehen und gesellig sein, Fremden gegenüber aber extrem scheu. Wenn sie erst einmal der ihnen gebotenen Sicherheit vertrauen, wird Freundlichkeit und Anpassungsfähigkeit zu einem dauerhaften und grundlegenden Zug ihres Verhaltens während des Heranwachsens und als Erwachsene.
Die Rastlosigkeit der Schützen ist ein typischer Ausdruck ihres Bedürfnisses nach Unabhängigkeit. Sie erwecken immer den Eindruck irgendwohin auf dem Weg, in Bewegung zu sein. Diese Ruhelosigkeit baut sich am besten bei Aktivitäten im Freien ab, und das Schütze-Kind besitzt eine Neigung, sich sportlich und körperlich zu betätigen und intensiv für Natur und Tiere zu interessieren. Es fühlt sich zu individuellem sportlichem Reisen hingezogen wie Rucksack-Wandern, Rad-Touren, Skilaufen usw. Junge Schützen lieben Geschwindigkeit, und ihr Bedürfnis nach Schnelligkeit und Herausforderung wird am besten bei Wettrennen und ähnlichen Beschäftigungen in die richtigen Bahnen gelenkt.
Wahrhaftigkeit ist für den kleinen Schützen wichtig. Er wird sofort bitter oder zynisch, wenn er entdeckt, daß er belogen wurde. Generell ist der junge Schütze gesprächig und aufrichtig, manchmal bis hin zu Grobheit oder Taktlosigkeit; aufgrund harter Erfahrungen sind Schützen als Erwachsene jedoch gute Diplomaten und Anwälte. Frage ein Schütze-Kind nie nach seiner Meinung, wenn du nicht darauf vorbereitet bist, die ungeschminkte Wahrheit zu hören.
Die Direktheit des Schützen geht jedoch nicht so weit, daß er weiß, wie er um etwas bitten muß, das er sich wünscht und braucht. Wenn es persönliche Bitten äußert, gibt das Schütze-Kind oft nur eine Information, ohne zu fragen, ob auch etwas im Zusammenhang mit dieser Information getan wird. Z. B. betrachtet ein Schütze die Äußerung: »Mein Rücken tut weh« als Bitte, ihm den Rücken zu massieren. Natürlich gibt dies keinen genauen Anhaltspunkt für das, was das Kind möchte, und man sollte ihm beibringen, einfach: »Bitte massiere mir den Rücken« hinzuzufügen.

Wenn ein Schütze Schwierigkeiten hat, gerade heraus zu sagen, was er möchte, und infolgedessen nicht bekommt, was er will, kann er sich selbst die Schuld geben und zu dem Schluß kommen, daß er zuviel erwartet. Um es noch einmal zu sagen, die Denkweise des Schützen verbindet nicht automatisch Ursache und Wirkung. Er versteht nicht, wie es zu Mißverständnissen und falschen Aussagen kommen kann und wird deshalb zu einer falschen Schlußfolgerung kommen. Ein ähnlicher Zug des Schützen ist es, wenn er etwas wünscht, dies eher durch Versprechungen denn durch Verpflichtungen erreichen zu wollen. Da ein Versprechen für ihn etwas Heiliges ist, kann er nicht verstehen, daß andere Leute Versprechen selten so ernst nehmen wie Verpflichtungen. Eltern sollten besonderen Wert darauf legen, daß ihr kleiner Schütze lernt, wie er nach Dingen fragen muß, und sie müssen ihm genauso die Gewährung oder Ablehnung einer Bitte erklären. Da Unabhängigkeit ein Angelpunkt ist (kann ich um etwas bitten und trotzdem meine Freiheit behalten?), sollten Eltern sorgsam darauf achten, daß sie ihrem Schützen genau das geben, worum er bittet; ein Zuviel, selbst bei einer guten Sache, kann das Kind überwältigen, einschränken oder davon abhalten, wieder zu bitten.

Schütze-Kinder erteilen gerne Erlaubnis und werden generell jedes Bestreben unterstützen, das nicht gegen das Territorium oder die Freiheit anderer Menschen verstößt. Sie wollen die Wale retten, den Hunger beenden und etwas gegen die Ungerechtigkeit tun, die sie in ihrer Umgebung sehen. Schützen im Schulalter oder in der Phase des Heranwachsens sind oft bereit, für eine Vielzahl von Angelegenheiten einen Kreuzzug zu unternehmen. Obgleich sie gewarnt werden müssen, ihre Energien nicht überzustrapazieren, sind die Anlässe, für die sie sich einsetzen, normalerweise ungefährlich, oft spiritueller Art und zur Unterstützung der Erhaltung der Unversehrtheit der Menschen geeignet.

Schütze-Kinder haben eine natürliche Veranlagung zum Spiel und lehren häufig andere, sich zu freuen. Es macht Spaß, mit ihnen zu spielen oder einzukaufen, da sie andere enthusiastisch ermuntern, sich selbst mit Freundlichkeit, Respekt und ein wenig gesunder Nachsicht zu behandeln. Die Menschen werden von seinem Mutwillen und seiner lebhaften Energie angezogen, können jedoch ängstlich werden, wenn sie das Gefühl haben, das Kind könnte die Kontrolle verlieren. Das Kichern des kleinen Schützen kann unbeherrscht wirken, und Erwachsene in der Nähe können sich nervös und unbehaglich fühlen. Der junge Schütze muß lernen, daß er sich beherrschen und trotzdem Freude haben kann. Man kann ihn lehren, sein Verhalten zu beobachten, sich selbst und andere darüber zu beruhigen, daß er nicht vom Stuhl fallen wird, die Milch verschütten oder die Katze in Angst versetzen, und das alles zu seinem Vergnügen.

Schützen glauben, daß das Leben aus natürlichem Überfluß besteht. Kleine Schützen sind großzügig, geben gern und möchten ihr Gefühl für Freigebigkeit mit anderen teilen. Dies ist eine ihrer besten Möglichkeiten, Zuneigung zu zeigen. Sie sind von Natur aus nachsichtig und werden ein Verhalten, das ihren Idealen nicht entspricht, vernunftmäßig erklären und Entschuldigungen dafür suchen. Aufrichtig und an das Gute im Menschen glaubend, werden Schützen einem Konflikt eher ausweichen, anstatt zu kämpfen. Sie sind jedoch nicht feige, denn ihr Mut beruht auf dem Glauben an die angeborene Güte, und ihre Erfahrungen bestätigen häufig diese Erwartung.

Was ihnen auch immer widerfährt, kleine Schützen glauben, daß alles gutgeht. Ihre Spannkraft ist oft ein wichtiger Beitrag zum Familienleben, und es ist erfreulich, ihr Streben und ihren Mutwillen zu beobachten und daran teilzunehmen. Durch seine Anwesenheit provoziert der kleine Schütze den Zynismus in anderen Zeichen und verhilft uns allen zu der Hoffnung: »Vielleicht haben sie recht, vielleicht wird alles gut werden.« Die Eltern müssen darauf achten, daß dieser Schwung nicht mißbraucht wird und ihrem Kind zu soliden, sicheren Erfahrungen verhelfen, auf denen sein Optimismus und seine Hoffnungen basieren können und es dann fliegen lassen . . .

Empfindlichkeiten

(Häufige Quellen für Mißverständnisse)

Freiheit: Der kleine Schütze reagiert sehr sensitiv auf jegliche Einschränkung seiner Freiheit. Er wird kaum rebellieren, sondern so tun, als ob er sich fügen würde und dann fortfahren, genau das zu tun, was er vorgehabt hat.

Wahrheit und Ehrlichkeit: Die meisten Schützen reagieren empfindlich auf Heuchelei und ziehen jede wie auch immer geartete Wahrheit einer Lüge vor. Wenn sie jedoch einmal zu einer Überzeugung gelangt sind, ist es sehr schwer, ihre Meinung zu ändern, und sie können die Wirklichkeit übertreiben oder verdrehen, um ihre Ansicht aus Prinzip zu betonen.

Information: Je mehr Schützen wissen, um so sicherer fühlen sie sich. Sie stellen Fragen nicht nur, um Erwachsene zu irritieren, sie wollen wirklich alle Informationen.

»Negative« Emotionen: Kleine Schützen ziehen es vor, nicht mit Traurigkeit, Angst oder Ärger in Kontakt zu kommen und werden bei Streß Witze machen oder anfangen zu kichern. Sie müssen durch Beispiele gezeigt und mit liebevollen Worten gesagt bekommen, wie sie der ganzen Palette ihrer Emotionen Ausdruck geben können und dadurch ihre Bedürfnisse auf angemessene Art erfüllt werden.

Kontrolle: Während Schütze-Kinder selten außer Kontrolle geraten, können sie häufig gereizt wirken. Erwachsene werden versucht sein, den kleinen Schützen zu ermahnen, sich zu beherrschen. Den kleinen Schützen in Atem- und Konzentrationsübungen zu unterweisen, wird sowohl die Erwachsenen wie das Kind entlasten.

Eigene Energie: Kleine Schützen scheinen vor Energie schier zu bersten und werden am glücklichsten sein, wenn sie mehrere Dinge gleichzeitig tun. Wenn man sie unterstützt, werden sie sich, wenn sie älter werden, der Vorteile dieses ständigen Energieflusses bewußt werden und wenn nicht, werden sie nichtsdestoweniger ihr Ziel erreichen.

Zaudern und Ablenkung: Die Welt ist für den jungen Schützen so interessant, daß es für ihn schwierig sein kann, sich längere Zeit auf eine einzige Aufgabe zu konzentrieren. Er braucht deshalb Pausen oder andere Tätigkeiten zwischendurch oder vielleicht selbst während anstrengender geistiger Aktivitäten. Zaudern wird der kleine Schütze, wenn er meint, er müsse eine Aufgabe perfekt erledigen und glaubt, sich keine Pause gönnen zu können, oder wenn er die Sache widerwärtig findet. Einige Kinder essen das, was ihnen nicht schmeckt, zuerst oder erledigen die schlimmste Arbeit sofort, nicht so der Schütze, der sich mit widerwärtigen Dingen erst beschäftigt, wenn ihm nichts anderes mehr übrigbleibt. Frühzeitige Zusicherungen und Planungen aller Eventualitäten werden rastlose Schützen beruhigen.

Beziehungen

Junge Schützen sind gewöhnlich freundlich und gehen, nachdem sie ihre anfängliche Scheu abgelegt haben, aus sich heraus. Sie sind unterhaltsam, oft sehr lustig, und man kann sich auf ihre gute Laune verlassen. Schütze-Kinder sind gerne unter Menschen und fühlen sich besonders von denen angezogen, die anders sind als sie selbst. Sie brauchen ebenfalls genügend Zeit für sich und werden ihre Zeit so einteilen, daß ihnen diese Zeit auch bleibt.

Mutter: Schütze-Kinder sind in bezug auf die Mutter, die Idee von Mutterschaft und Familie sehr idealistisch. Sie erwarten, daß die Mutter künstlerisch, romantisch, ein wenig weise, annehmend und verständnisvoll ist. Sie können ihre Mütter idealisieren und sentimental betrachten, sie entweder auf einen Sockel stellen oder bitter und zynisch reagieren, wenn sie sich als eben nur menschlich erweist.

Als Antwort auf diesen Idealismus, den ihr Kind in sie hineinprojiziert, gehen Schütze-Mütter oft in die Falle und versuchen perfekt zu sein und beginnen bei ihren Kindern fordernd und kritisch zu werden, die ja nun, als Folge davon, ebenso versuchen müssen, perfekt zu sein. Beide, Mutter und Kind, können ihre Phantasievorstellungen der Realität ihrer Beziehung vorziehen. Wenn Schütze-Kinder überzeugt sind, daß ihr Liebreiz und ihre schwärmerische Natur in der Familie akzeptiert werden und die Mutter es lernt, sich zu entspannen und mit ihrem Schütze-Kobold spielt, wird der Druck, perfekt sein zu müssen, auf beiden Seiten weichen.

In ihren Bemühungen, makellos zu sein, kann sich die Mutter eines Schützen ausweichend verhalten oder emotional nicht verfügbar sein. Aufmerksamkeit für die besonderen augenblicklichen Bedürfnisse wird dem kleinen Schützen Boden unter den Füßen verschaffen und eine fruchtbare Beziehung zwischen allen Beteiligten ermöglichen. Mütter von Schützen verhalten sich oft anderen Menschen und Belangen gegenüber sehr großzügig, können jedoch die Bedürfnisse ihrer eigenen Sprößlinge übersehen oder sich im Heim nicht geschätzt oder geradezu als Märtyrer vorkommen. Gerade, weil kleine Schützen einen angeborenen Sinn für Fairneß haben, sollten Mütter bedenken, daß Nächstenliebe im eigenen Heim beginnt.

Vater: Schütze-Kinder erwarten, daß Väter tüchtig, effektiv, gründlich, verantwortungsvoll, organisiert, technisch begabt und gesundheitsbewußt sind. Schütze-Kinder haben Angst, daß Väter kritisch, perfektionistisch und zwanghaft sein können. Väter, die eine enge und ersprießliche Beziehung zu ihrem kleinen Schützen wünschen, könnten profitieren, wenn sie sich mit den Entwicklungsphasen der Kindheit beschäftigen und ganz klar nur das erwarten, was dem jeweiligen Alter entspricht. Güte und Humor bedeuten dem kleinen Schützen mehr als alle Strafen der Welt. Wenn dieser Bund einmal zustande gekommen ist, wird es nicht nötig sein, daß Schütze-Väter ihre Kinder hart tadeln, Humor und Erklärungen werden genügen. Der junge Schütze möchte mit seinem Vater argumentieren, debattieren und geistvolle Gespräche führen. Er wird zutiefst enttäuscht sein, wenn dieser beruflich zu stark engagiert ist oder nicht an dieser Art von Beziehung zu ihm interessiert ist. Der Vater eines Schützen muß gut zuhören, einen regen Kontakt zu seinem Kind pflegen und seine Entwicklung und sein Streben unterstützen.

Geschwister: Schützen betrachten Geschwister als Gleichberechtigte und Freunde. Sie können ihnen weniger ideenreich erscheinen, aber mehr mit zwischenmenschlichen Beziehungen befaßt. Schütze-Geschwister werden oft ähnliche Züge von Neugier und Rastlosigkeit aufweisen wie er selbst. Die Tatsache, daß Geschwister gewöhnlich mehr langjährige Freunde haben, beunruhigt den kleinen Schützen selten, er schließt sich der Gruppe einfach an.

Freunde: Der junge Schütze ist generell von interessanten und ungewöhnlichen Menschen umgeben. Er ist witzig, locker, gesellig und nicht fordernd. Er kann von den anderen mehr Verpflichtung angeboten bekommen, als er einzugehen gewillt ist. Seine Bindungen sind oft ritualisiert und voraussagbar und stellen primär Lernmöglichkeiten dar. Wenn er glaubt, alles gelernt zu haben, was er von diesem Freund lernen kann, kann er sich genötigt sehen, von ihm abzurücken, es sei denn, er findet andere Gründe, die Beziehung aufrechtzuerhalten. Er wird wahrscheinlich auch mehr Zeit mit Bekannten als mit Freunden verbringen. Bekannte haben oft interessantere und neuere Informationen, und er kann das Bedürfnis haben, seine Zuneigung und sein Vertrauen an Bekannten zu erproben, während er sich seiner Freunde sicher ist. Schütze-Kinder fühlen sich auch mit großen Pausen zwischen einzelnen Besuchen wohl.

Verstand/Information/Schule

Lernen stellt den Lebenssinn für den Schützen dar und ist ein lebenslanges Bestreben für ihn. Das Schütze-Kind lernt schnell, es kann ihm jedoch an Konzentration mangeln. Während er nichts gegen Wiederholungen hat, freie Wiedergabe und Beispiele begrüßt, beginnt der kleine Schütze sich zu langweilen und wird tagträumen oder sehr unruhig werden, wenn er in einer langweiligen Situation gefangen ist. Er kann Schwierigkeiten beim Auswendiglernen haben oder dabei, komplexe Themen zu verstehen, die nicht in einer verständlichen Weise präsentiert werden. Er kann einen ganzen Raum mit einem Blick in sich aufnehmen, später jedoch nicht in der Lage sein, das Muster des Teppichs zu beschreiben. Unvereinbare Informationen können sich plötzlich zusammenfügen, zu spontanen Einsichten und Erkenntnissen führen, die dennoch, obwohl exakt, nicht auf rationale oder logische Art erklärt oder gerechtfertigt werden können.

Wenn nicht besondere Sorgfalt aufgewendet wird, den jungen Schützen zu interessieren, wird er die Schule langweilig, belanglos, überflüssig und unverständlich finden. Er lernt jedoch sehr schnell und ist gern bereit, sich in Fächern einzubringen, die ihn interessieren. Er liebt besonders Geschichten, Experimente, Aktivitäten und Feld-Ausflüge. Am wenigsten schätzt er es, stillzusitzen und passiv Informationen aufzunehmen.

Höhere Schulbildung: Schützen streben gewöhnlich fast ihr ganzes Leben lang nach irgendeiner weiteren Ausbildung, und oft werden sie selbst lehren. Wenn der Schütze einen Abschluß anstrebt, wird er eine vorschriftsmäßige Ausbildung durchlaufen und darin eine Chance sehen, eine Vielfalt von den Ideen zu entdecken. Ganz besonders bezieht er Reisen in seine Lernerfahrungen mit ein.

Verantwortung/Arbeit/Belohnung

Verantwortung/Arbeit: Das Schütze-Kind nimmt, wenn es sich endlich dazu entschließt, Verantwortung sehr ernst. Da es Perfektion von sich erwartet, kann der Schütze vermeiden, ein Projekt zu Ende zu bringen, oder er wird mit Absicht sorglos sein oder sich

verspäten, um seine Befürchtungen zu verringern oder zu gewährleisten, daß er nicht wieder gebeten wird. Sein Zimmer wird niemals vollständig gestrichen sein, das Geschirr niemals ganz sauber.
Sorgfältig und gründlich, wenn sie entsprechend motiviert sind, arbeiten Schützen oft gerade so viel, um sich angemessener Spielzeit zu versichern. Ihre Energie kommt in enormen Schüben und oft zu unpassenden Zeiten. Sie zeigen sich von ihrer besten Seite bei Bestrebungen, die sich mit der Analyse und Synthese von Information beschäftigen, und auf diesem Gebiet fühlt sie sich mit Details und Ritualen wohl. Reiserouten herauszufinden und verschiedene Glaubensrichtungen zu vergleichen, erscheint ihnen ebenfalls aufregend und befriedigend. Sie müssen überzeugt davon sein, daß ihre Tätigkeit die Welt verbessert, und sie werden sich oft für Aktivitäten engagieren, die anderen helfen oder die die Welt verschönern. Endlose und sich wiederholende Aufgaben sind etwas, das der Schütze am wenigsten schätzt.
Belohnung: Schütze-Kinder legen meist keinen Wert auf »Dinge« und suchen oder akzeptieren selten materielle Belohnungen für ihre Bemühungen. Statt dessen möchten sie geliebt, respektiert werden und wünschen sich das Vertrauen anderer. Sie freuen sich an der Sicherheit, dem Status, der größeren Autorität und der zusätzlichen Zeit, die ihnen eine wohlausgeführte Arbeit einbringt. Sie schätzen Geld dann, wenn es ihnen den Kauf einer Sache ermöglicht, die sie schon lange wünschen.

Heim

Junge Schützen sind anpassungsfähig und flexibel und können sich überall ein Heim schaffen. Wenn sie jedoch Wurzeln geschlagen haben, muß ihr Lebensraum »genau richtig« sein, und sie können recht nörgelig und kritisch sein, wenn ihre Umgebung nicht ihrem Niveau oder ihren vorgefaßten Idealen entspricht. Trotz ihrer echten Bindung an einen Ort, sind Schütze-Kinder innerhalb von Minuten marschbereit und fangen an, sich irgendwo anders wohnlich einzurichten. Trotz der Aufregung, die etwas Neues bietet, können sie in bezug auf einen früheren Wohnort sentimental sein.
Der Wohnbereich des kleinen Schützen ist eine kuriose Mischung

aus alt und neu, von Kunstprodukten, natürlichen Gegenständen und den neuesten Apparaten. Oft gestalten sie ihre Zimmerdecken auf ungewöhnliche Art. Der Raum eines kleinen Schützen ist gleichzeitig funktionell und unaufdringlich. Kleine Schützen ziehen zusammenklappbare, leichte Möbel, die man bewegen und leicht umstellen kann, vor. Oft fügen sie Trainingsgeräte zur körperlichen Ertüchtigung ein, und häufig fühlen sie sich zu Gegenständen hingezogen, die mit Pferden, Reisen oder anderen Kulturen zu tun haben. Schützen lieben Türkis, Indigo, Purpur und die Herbstfarben Orange, Gelbrot, Rost und alle Weißtöne.
Da Schützen schon früh Lust zum Wandern verspüren, verlassen diese Jugendlichen wahrscheinlich das Elternhaus so früh als möglich, unbekümmert vom Komfort ihrer Umgebung. Ursprünglich jedoch neigen sie nicht dazu, zu weit zu wandern.

Gesundheit

Der junge Schütze scheut Schmerzen und wird wahrscheinlich mehr Energie, Zeit und Geld für die Verhütung von Krankheiten aufwenden als für ihre Heilung. Krankheit kann für das Schütze-Kind eine Möglichkeit sein, der Langeweile zu entrinnen, sich von unliebsamen Umständen zu distanzieren, von Familienproblemen abzulenken oder Zeit zur Entspannung zu gewinnen. Wenn er krank ist, schätzt der kleine Schütze körperlichen Trost, Frieden, Ruhe, reichlich zu essen und Ungestörtheit. Viele Kissen und Decken werden ebenfalls dankbar angenommen.
Traditionell ordnet man dem Schützen die Oberschenkel und die Leber zu. Gesundheitsprobleme kleiner Schützen werden sich durch Unbehagen in diesen Körperzonen zeigen. Krankheiten als solche können sich in Form kleiner Unfälle ereignen, als Schlaf- oder Atemunregelmäßigkeiten oder Probleme, die aus Übertreibungen herrühren: Erschöpfung, Ausgebranntsein, Übergewicht, Nervosität usw.

Kindheitsjahre

Die Ängste, die im folgenden aufgeführt werden, dürfen niemals zur Bestrafung eingesetzt werden. Sie dienen dazu, Wege zur Bestätigung und Zuwendung aufzuzeigen.

Geburt – 6 Monate

Das Schütze-Baby ist gewöhnlich gewinnend und gutartig, mit einer für sein Alter erstaunlichen Konzentrationsfähigkeit. Es ist neugierig und an seiner Umgebung interessiert. Es ist ein guter und liebenswerter Reisegefährte.

6 – 18 Monate

Das Schütze-Baby ist außerordentlich neugierig und unruhig, lernt früh herumzukrabbeln und überall hineinzukommen. Seine Aufmerksamkeitsspanne ist nun kürzer, während sich seine Bewegungsfähigkeit steigert. Es ist von Feuer fasziniert und muß in der Nähe von Flammen sorgsam beaufsichtigt werden. In diesem Alter reist und lernt der Schütze gerne. Er liebt Geschichten und mannigfaltige körperliche Aktivitäten. Sein Charme ist für die Familie eine große Freude, aber die schützenhafte Scheu vor Fremden kann jetzt anfangen, zutage zu treten. Bisweilen sind Eltern versucht, diesen charmanten Zustand ihres Babys zu bewahren. Der Schütze wird derartige Versuche als mangelnden Glauben an ihn empfinden, und sein Vertrauen in sich selbst wird dadurch unterminiert.

18 Monate – 3 Jahre

Das Schütze-Kleinkind ist mitteilsam, vergnügt, selbständig, verspielt, unbekümmert, tapfer, höflich, neugierig, rastlos und ständig in Bewegung. Es steckt voller Fragen. Es stellt hauptsächlich »Warum«-Fragen und möchte besonders viel über Religion und Gott erfahren. Sein Idealismus und sein Perfektionsmus beginnen jetzt sich zu entwickeln, und es kann sich übermäßig gelangweilt oder überwältigt vorkommen und passiv angesichts seiner eigenen Erwartungen und denen anderer. Es kann rebellisch oder scheinbar entgegenkommend sein und gewillt, alles zu versuchen. Es ist

kreativ und hat ein reiches Phantasieleben. Möglicherweise ist er unordentlich.
Sauberkeitstraining: Fortschritte im Sauberkeitstraining des Schützen sind gewöhnlich unberechenbar, mit zahlreichen »Unfällen«. Der Schütze reagiert auf diesem Gebiet nicht auf Motivation von außen und neigt zu Ängstlichkeit, was das Training noch schwieriger gestalten kann. Er möchte dennoch die anderen zufriedenstellen und wird sich vielleicht nach einem eigenen Plan selbst trainieren. Das gleiche Muster gilt für das Daumenlutschen.

3–6 Jahre

Der Vorschul-Schütze ist freundlich, wandelbar, leidenschaftlich und unbekümmert. Er wechselt zwischen Vertrauen und Furcht und ist voller Energie. Seine Konzentrationsfähigkeit ist begrenzt, und er bleibt weiterhin außergewöhnlich rastlos und neugierig und wartet begierig auf die Schule. Der Schütze würde sich in einer strukturierten Vorschulform mit vielen Lernmöglichkeiten und kurzen Zwischenpausen für Aktivitäten sehr wohl fühlen. In dieser Zeit kann der Schütze bemerkenswerte Schwierigkeiten haben, zwischen Realität und Einbildung zu unterscheiden. Er kann Einzelheiten verdrehen oder übertreiben (z. B. »es war der größte Hund der Welt«) oder: »Ich werde *niemals* wieder nach dem Abendessen draußen spielen« und »*alle* Kinder tun das«. Was oft wie Lüge aussieht, ist lediglich ein Symptom der Verwirrung des Schützen in bezug auf die Wirklichkeit oder ein Mißverständnis, das daher rührt, daß er und andere Leute die Dinge verschieden sehen. Schützen tagträumen sehr häufig, und ihre lebhafte Einbildungskraft trägt oft zu Geschichten über ihre täglichen Aktivitäten bei. Dem Schütze-Kind muß dabei geholfen werden, Realität und Phantasie zu trennen, es braucht die Versicherung, daß die Realität auch ohne Übertreibung gut ist und die Anerkennung seiner visionären Sehensweise. Es braucht keine Bestrafung. Es kann eingebildete Spielgefährten haben und neigt dazu, Spielsachen und andere Gegenstände in seiner Phantasie Rollen spielen zu lassen. Wenn Eltern in dieser Periode nicht darauf bedacht sind, genau zu betonen, was real ist und was nicht, wird sich das Problem verschärfen.

6 – 12 Jahre

Der Schütze wird in der Schule entweder sehr aufmerksam sein oder sich sehr langweilen. Er lernt nun sehr schnell und kann über andere um ihn herum sehr ungeduldig werden. Er nimmt neue Informationen enthusiastisch auf, ist mit Leichtigkeit zu überzeugen und fest entschlossen, andere zur Freude am Lernen zu bekehren. Der Schütze ist oft davon überzeugt, daß er recht hat, nur er allein, und er ist bereit, endlos zu argumentieren und zu debattieren, um seine Sache zu beweisen. Eigenwillig und ruhelos, sucht er für alle Abkürzungen und kann dabei sorglos, wahllos und konfus erscheinen. Er zeigt nur vorübergehendes Interesse für die Dinge und wird nicht sehr verantwortungsbewußt sein, ist jedoch zutiefst verletzt oder beleidigt, wenn man ihm nicht vertraut. Von jetzt an wägt der Schütze Abstraktes gegen eine wirklichkeitsgetreue Darstellung ab und beginnt eine spirituelle Suche nach Antworten.

Schützen im Schulalter sind spontan und können versäumen zu denken bevor sie handeln. Sie können derb, taktlos oder vergeßlich erscheinen. Manchmal erwecken sie den Eindruck, als stimmten sie den Wünschen anderer zu, gehen aber danach einfach ihren eigenen Weg. Ihre Unabhängigkeit kann zu Konflikten in ihren Beziehungen führen. Sie erwarten von anderen Beweise und beharren auf ihrem festen und ziemlich starren Gefühl für Fairneß. Sie wollen für nahezu alles Beweise und Begründungen. Ihre Kreativität äußert sich nun mehr dadurch, daß sie Ideen und Argumente generalisieren, sie interessieren sich aber genauso für traditionellere Kunstformen. Schützen dieses Alters sind oft von Pferden fasziniert.

12 – 18 Jahre

Heranwachsende Schützen sind außerordentlich selbständig, ruhelos und möglicherweise rebellisch. Sie neigen dazu, großartig und überschwenglich zu sein und wirken dehalb möglicherweise übersteigert in dem, was sie tun oder glauben, in einer bestimmten Zeit leisten zu können. Der Schütze neigt noch zu Vermutungen dazu, sich Dinge anzumaßen, zu übertreiben und zu verallgemeinern. Er bleibt überschwenglich, sensitiv und freundlich, aber schüchtern in ungewohnten Situationen. Er ist neugierig, enthusiastisch, dramatisch, aber zurückhaltend, wenn es darum geht, sich in einer einzigen, ausschließlichen Beziehung einzubringen. Er sucht weiterhin nach Antworten und verfolgt seinen großen Traum. Er entdeckt Reisen, Tanzen, Sport. Er scheint immer in Bewegung zu sein und kann sich schwertun, seine Zeit einzuteilen oder langsamer zu tun, um genügend Schlaf zu bekommen. Was auch immer in dieser Zeit geschieht, er wird sich hoffnungsvoll und idealistisch darauf freuen, was das Leben ihm bringen wird.

Schütze-Teenager sind häufig Spaßvögel. Sie sind optimistisch und gut um sich zu haben. Sie bringen erstaunlich viele Ideen hervor und sind außergewöhnlich kreativ. Der Schütze hat viele unterschiedliche Freundschaften, und er kann sich von den Erwartungen der Familie bezüglich adäquater Freunde lossagen. In seiner Suche nach Abwechslung und Herausforderung kann er sich von den üblichen Vorstellungen von Familie und Religion lösen. Er wird sicher einen eigenen Zugang zu angemessener Arbeit und Erziehung finden und die richtige Wahl treffen.

Der Schütze kann die durch die Reife bedingten körperlichen Veränderungen ignorieren und sich durch seine eigene und die Sexualität anderer unbehaglich oder sogar gekränkt fühlen. Intellektuell ist er an diesem Phänomen jedoch interessiert und kann mit verschiedenen Stufen der Intimität mehr aus dem Bedürfnis zu verstehen als aus körperlichem Verlangen heraus experimentieren.

Steinbock-Kinder

22. Dezember – 19. Januar

Allgemeine Eigenschaften

Während viele der im folgenden beschriebenen Charakteristika für die meisten Steinbock-Kinder zutreffen werden, können andere, manchmal widersprüchliche Eigenschaften sehr wohl *auch* bei dem Kind, das unter diesem Zeichen geboren ist, in Erscheinung treten.

Wenn Eltern ihren neugeborenen Steinbock zum ersten Mal aufmerksam anblicken, werden sie von seinen großen, ernsten Augen, die alles in seiner Umgebung zu verstehen und zu akzeptieren scheinen, gefangengenommen sein. Er kann sich verhalten, als sei er nicht ganz sicher, daß er hierher gehört, so als warte er auf ein Signal, das ihm zeigt, daß er willkommen ist. Obwohl der kleine Steinbock den Eindruck erweckt, als sei er »alt« geboren, voller Weisheit, und er bei der Geburt oft wie ein kleiner alter Mann oder eine kleine alte Frau aussieht, so wird er doch nach einigen Tagen hübscher und babygleich. Steinböcke entwickeln sich zu herzigen, anspruchslosen Babys, auf deren seltenes Lächeln zu warten sich lohnt.
Kleine Steinböcke werden oft ruhige, vorsichtige und zurückhaltende Kinder. Sie nehmen andere ernst und sind selten unfreundlich oder grausam. Sie hören gespannt zu und lachen mit anderen Leuten, aber nicht über sie. Steinböcke sind stark, moralisch und mitfühlend und oft bevorzugen und beschützen sie Unterlegene, sowohl auf dem Spielplatz, als auch zu Hause. Sie sind mitfühlend und kümmern sich um die, die weniger glückhaft sind als sie. Es ist viel von einem »kleinen Erwachsenen« in ihnen.
Mit fortschreitender Entwicklung nimmt der kleine Steinbock Verantwortung sehr ernst und scheint sich um jeden zu sorgen. Wenn die Familie zu einer bestimmten Zeit irgendwo sein muß, ist es der Steinbock, der auf die Uhr achtet. Er ist ein harter Arbeiter mit viel

Selbstdisziplin und Durchhaltevermögen. Er ist ausgesprochen zuverlässig und wird große Anstrengungen unternehmen, um seine Verpflichtungen zu erfüllen und um seinen guten Ruf zu bewahren. Auf Grund dieser konzentrierten Verantwortlichkeit kann Spielen für dieses empfindsame Kind, das selbstbewußt, zielorientiert ist, schwierig sein, da es selbst während kurzer Entspannung Schuldgefühle entwickelt. Das Steinbock-Kind scheint immer etwas zu tun. Es steckt selbst in der Kleinkinderzeit bereits voller Pläne, die auch schon seine Spielzeit bestimmen. Andere Kinder werden sich damit zufriedengeben, mit Farben herumzuschmieren, der kleine Steinbock kann sich jedoch dazu entschließen, sein Märchenbuch zu illustrieren oder eine Bilderserie für die Großmutter zu malen. Eine der wichtigsten Lektionen im Leben eines jungen Steinbocks ist, daß nicht alles perfekt gemacht werden muß. Ohne diese Lehre wird der kleine Steinbock die gleiche Sorgfalt dafür aufwenden, ob er nun Essen auf seinen Teller füllt oder seine Aufgaben macht.

In sich gekehrt und emotional empfindsam, gibt sich das Steinbock-Kind große Mühe, seine Verletzlichkeit zu verbergen, und es wird oft für das Kind des Tierkreises gehalten, das am schwersten zu erkennen ist. Eine gewisse Frühreife verdeckt oft die Tatsache, daß der kleine Steinbock noch ein Kind ist, und Eltern können versucht sein, diese kleine kompetente und selbstsichere Person mit Verantwortung zu überhäufen.

Der kleine Steinbock scheint sich oft mehr zur Erwachsenenwelt hingezogen zu fühlen als zu den Nichtigkeiten anderer Kinder. Er kann sich selbst für einen der »Erwachsenen« in einer Familie ansehen und keine klare Unterscheidung zwischen sich und wesentlich älteren Menschen machen und kann von seinen Geschwistern als »von den Kindern« sprechen. Er benimmt sich für sein Alter oft erstaunlich gut und höflich, zumindest wenn er will. Die Mutter eines Steinbock-Kindes berichtete: »Seit Annemarie drei Jahre alt war, konnte ich sie in Restaurants mitnehmen. Sie saß geduldig da und wartete auf ihr Essen und unterhielt sich mit einer hohen, zirpenden Stimme über ihre Erlebnisse des Tages wie eine Erwachsene. Wenn wir Besuch hatten, nahm sie an der Unterhaltung der Erwachsenen teil und wirkte so bewandert darin, daß wir uns geschmeichelt und amüsiert fühlten. Ich sagte immer, daß sie drei Jahre alt sei und auf die ›Dreißig‹ zuginge.«

Wenn das Steinbock-Kind glaubt, wie dies auch oft der Fall ist, daß es verantwortlich für die ganze Show ist, dann bekommt jeder Irrtum ein großes Gewicht. Wenn der junge Steinbock versucht, sich seiner eigenen oder den Erwartungen der anderen in bezug auf seine Reife würdig zu erweisen, kann er ein Verhalten an den Tag legen, das herrisch, herablassend und steif wirkt oder so, als habe er Angst zu versagen. Kein Kind kann eine solche Verantwortung tragen, selbst wenn es dies wünscht. Eltern lassen sich manchmal von dieser Fähigkeit ihres Steinbock-Kindes einschüchtern, aber sie sollten die Führung behalten, ganz gleich, wie tüchtig ihr Kind sich im Umgang mit sich selbst verhalten wird. Geben Eltern die Führung aus der Hand, wird das Gefühl des Kindes für Verantwortung intensiviert, gleichzeitig aber auch die Angst, alles richtig machen zu müssen. So entsteht ein Machtkampf innerhalb der Familie zwischen dem »Erwachsenen« und den Erwachsenen. Bereits zu Beginn seiner Kindheit ist das wichtigste Geschenk der Eltern an das Steinbock-Kind, ihm das Gefühl zu geben, daß sie die Leitung haben, daß es seine Grenzen testen darf, daß aber die wichtigsten Entscheidungen des Familienlebens und die Sorge um seine Bedürfnisse sicher in den Händen der Erwachsenen ruhen. Ein Kind, das mit der Organisationsfähigkeit seiner Eltern zu konkurrieren scheint, braucht die Versicherung, daß die Eltern seit Jahren auf diese Weise gelebt haben und es auch während seiner Kindheit weiter so halten werden. Es gibt mehr als nur einen Weg, eine Sache zu tun und viele Möglichkeiten, dafür zu sorgen, daß in einer Familie alles funktioniert.

Manchmal scheint das Steinbock-Kind die Menschen in seiner Umgebung zu tyrannisieren. Wenn es glaubt, daß Menschen zu lange brauchen, um sich zu entscheiden, oder wenn es glaubt, daß eine Antwort auf der Hand liege, kann es einfach handeln in der Annahme, andere seien mit seinem Handeln einverstanden. So kann z. B. der junge Steinbock für die ganze Familie Eis mit heißer Schokoladensauce bestellen, wenn ihm ihre Entscheidung zu lange dauert, und er wird erstaunt sein, wenn er entdeckt, daß sie eigentlich etwas anderes wollten. Es wird ihm einfach nicht in den Sinn kommen, nach Meinungen zu fragen. Wenn er mit der Familie im Auto fährt, kann der junge Steinbock plötzlich kommandieren »rechts herum«, und der Fahrer mag wenden, ohne zu überlegen und dann feststellen, daß der Steinbock lediglich einen besseren Blick auf den Sonnenuntergang haben wollte und er automatisch diesen Befehl ausgeführt hat.

Einige Steinbock-Kinder, besonders die, deren Eltern nicht deutlich eine Schutz- und Autoritätshaltung einnehmen, können von ihrem angeborenen Verantwortungssinn überwältigt werden. Sie können dazu neigen unbeweglich, depressiv, unsozial und selbstzerstörerisch zu wirken. Ein Steinbock, der von kompetentem und zuversichtlichem Verhalten zu Lethargie und Depression wechselt, signalisiert so seine Bedrängnis durch ihn übermannende Verantwortung. Eltern, die darauf durch die Wiederherstellung ihrer Kompetenz in den Augen des kleinen Steinbocks reagieren, werden bemerken, daß er schnell zu seiner üblichen Geschäftigkeit zurückfindet.
Manchmal ist es für den kleinen Steinbock schwer zuzugeben, daß er gerne Hilfe in Anspruch nehmen würde, um den inneren Druck seiner Verantwortlichkeit zu verringern. Er kann Hilfe suchen und dennoch gleichzeitig die angebotene Hilfe zurückweisen. Ein achtjähriger Steinbock kann sich allein zu Hause fürchten, es aber gleichzeitig ablehnen, einen Babysitter zu haben. Die Versicherung, daß die ältere Person da ist, um ihn zu beschützen und daß sie keinen Tadel an seiner Verantwortlichkeit darstellt, wird es dem jungen Steinbock erleichtern, die Situation zu akzeptieren.
Das Steinbock-Kind ist aufgabenorientiert und schätzt ausgezeichnete Leistung, technische Perfektion und eine gut ausgeführte Arbeit. Da es fest davon überzeugt ist, daß Aufgaben gut erledigt werden müssen, schätzt es auch Zweckdienlichkeit und Tüchtigkeit. Oft wird es nur genau das tun, was man von ihm erwartet. Wenn der kleine Steinbock gebeten wird, das Geschirr zu spülen, kann er eine einwandfreie Arbeit leisten, aber vergessen, danach die Spüle zu säubern; darum war er nicht gebeten worden. Ehrgeizig, logisch und bestimmt, kann es dem Steinbock-Kind als Schwäche erscheinen, wenn es Hilfe in Anspruch nimmt. Obwohl es andere großzügig unterstützt und gerne gebraucht wird, ist es ärgerlich auf sich, wenn es ähnliche Bedürfnisse zeigt. Der junge Steinbock kann sehr unabhängig erscheinen und angebotener Unterstützung nicht zu bedürfen.
Der Steinbock wird dann Hilfe annehmen, wenn er verzweifelt ist oder davon überzeugt, daß dies kein Zeichen von Schwäche ist. Gelegentlich kann sich das Steinbock-Kind für zuviel Kompetenzfähigkeit bestraft fühlen. Eltern, die voraussetzen, daß ihr junger Steinbock alles machen kann, haben vermutlich recht, aber er wird insgeheim leiden und einsam sein, wenn er glaubt, er sei es nicht wert, daß man ihm hilft oder daß andere ihm nicht helfen wollen.

Eine Möglichkeit für Eltern, dieses selbstsichere Kind zu unterstützen, ohne dessen Vorstellungen von seiner Unabhängigkeit und Kompetenz anzutasten, sind liebevolle Berührungen. Eine kurze Umarmung, wenn er sich über sein jüngstes Projekt beugt, ein liebevolles Küßchen im Vorbeigehen und andere Zeichen beständiger Zuneigung und Anerkennung werden dem kleinen Steinbock seinen Wert beweisen, während er seine Geschäftigkeit fortsetzt. Er wächst in dem Glauben heran, es ganz allein geschafft zu haben. Der beständige liebevolle physische Kontakt mit denen, die ihn lieben, wird ihm ein Wohlgefühl und eine Sicherheit geben, die Außenstehende nicht ermessen können.

Der kleine Steinbock scheut es, mittelmäßig oder gewöhnlich zu sein und wird nach Außergewöhnlichkeit streben, einfach weil er das will oder um Aufmerksamkeit zu erregen und aus einem Gefühl für Kontrolle heraus. Wenn es überragend ist, glaubt der Steinbock, daß es keinen Maßstab für sein Können gibt. Er wird sein eigener Standard und fühlt sich dabei wohl. Es ist ihm nicht besonders wichtig, ob andere nach seinen Maßstäben beurteilt werden und er fühlt sich manchmal unbehaglich, wenn seine Vortrefflichkeit in der Öffentlichkeit festgestellt wird, und ihn dies von anderen Kindern isoliert oder er ihre Ablehnung ertragen muß. Der kleine Steinbock ist auch ängstlich darauf bedacht, sein Leistungsniveau zu halten, nachdem er es einmal erreicht hat und er kann sich zwanghaft antreiben, daß dies so bleibt. Er neigt dazu, sich mit seiner Leistung zu verwechseln. Das Steinbock-Kind mit dem saubersten Zimmer im Haus wird ungünstigen Vergleich nicht fürchten, aber es braucht die Zusicherung, daß die Sauberkeit seines Zimmers, oder was sonst, für die Familie nichts mit seinem persönlichen Wert zu tun hat.

Die Mauer von Hochmut, mit der der Steinbock sich umgibt, kann andere manchmal nach einem Weg in sein Inneres suchen lassen und sich fragen, was sie ihm anbieten könnten. Schon im Alter von zwei Jahren können Eltern von Steinböcken hören: »Ich kann es allein.« Dem Kind erlauben, was es bereits tun kann und ihm helfen, bevor es Versagen fühlt, ist eine freundliche und sanfte Art, dieses Kleinkind zu erziehen. Um diese Zielstrebigkeit zum Vorteil des Kindes zu nutzen, könnten Eltern es bei Aufgaben von Erwachsenen helfen lassen, die für andere Kinder vielleicht uninteressant sind. Dies ist geeignet eine Verbindung zwischen Eltern und Kind herzustellen, realistische Erwartungen zu wecken, ihm notwendige Anweisungen, sichere Vorsichtsmaßnahmen und schnelle Hilfestellung zu geben, wenn es sie braucht. Ein dreijähriger Steinbock kann tatsächlich wissen, wie er sich Rührei machen kann, aber es wird besser für ihn sein, wenn er dies in einer Atmosphäre aufmerksamen, liebevollen Schutzes tut, wenn er auf einem Stuhl neben dem Herd steht und der Arm der Mutter ihn schützt und leitet.

Obwohl das Steinbock-Kind oftmals glaubt, daß es alles allein machen muß, freut es sich doch, wenn es sagen kann: »Ich bin zu klein«, wenn es glaubt, daß dies sein Format in den Augen der Erwachsenen nicht schmälert. Beharrlichkeit und sanfte Überredung von seiten der Erwachsenen werden einen Erfolg zeitigen. Der junge Steinbock wird seine Vorsichtsmaßnahmen etwas lockern, Freundlichkeit akzeptieren und sich daran erinnern.

Selbst in der sanftesten und unterstützendsten Familienatmosphäre fühlt sich das Steinbock-Kind wahrscheinlich manchmal einsam, anders als andere oder abgesondert von ihnen. Aufgrund dieser Erfahrung kann es mit Dankbarkeit und Überraschung auf Zeichen von Freundlichkeit oder den beständigen Versuch, es kennenzulernen, reagieren. Mit Vernunftsgründen können Eltern ihren kleinen Steinbock nicht aus diesen Stimmungen locken, aber mit Umarmungen und der Versicherung, daß sie sich um ihn kümmern und ihn als Teil ihres Lebens einfach lieben, wird es ihnen gelingen.

Das Steinbock-Kind nimmt Niedergeschlagenheit und tragische Vorfälle bewußter wahr als Kinder anderer Zeichen. Während die meisten Kinder vorübergehend taurig sind, wenn man ihnen ein Lieblingsspielzeug wegnimmt, so haben sie doch bald Mühe, sich dieses Kummers zu erinnern. Beim jungen Steinbock ist dies anders. Er wird früh mit Leid in Verbindung kommen, entweder indem es ihm widerfährt oder indem er es sich vorstellt: Wenn es Glück gibt, muß es auch Traurigkeit geben.

Der Steinbock kann sich manchmal unerklärlich traurig fühlen und er ist natürlich empfänglich für den Kummer und den Schmerz anderer. Diese Empfindsamkeit ist nicht mit Depression gleichzusetzen. Der Steinbock empfindet ein Sehnen nach glücklichen Zeiten, eine Art Erinnerung an Vergangenes und mag insgeheim für sich und die, die er liebt, daran festhalten, daß bessere Zeiten zurückkommen oder beginnen. Seine Definition von Glück, die auch Schutz und Sicherheit mit einschließt, mag abenteuerlichen Seelen

langweilig erscheinen, aber seine Beiträge zur Familienstabilität und für Wohlbefinden werden doch anerkannt. Wenn Eltern seine Traurigkeit mildern können, dann sollten sie dies unbedingt tun, aber oftmals genügt es schon, wenn sie dieses Gefühl bestätigen und Zuspruch anbieten, um das Gemüt des Kindes wieder zu erhellen.
Häufig hat das Steinbock-Kind eine frühe und intensive Beziehung zu einer älteren Person, oft zu einem Großelternteil. In dem Wunsch, Zugehörigkeit zu spüren und doch Distanz zu wahren, sucht der Steinbock oft Respekt anstatt Beliebtheit und er findet, daß Erwachsene eine sehr viel klarere Auffassung von Respekt haben als andere Kinder. Die Ängste dieses Kindes vor Zurückweisung sind gewöhnlich sehr stark. Wenn es so aussieht, daß jemand ihm seine Zuneigung schenkt, wird es diese testen und sich hochmütig und geringschätzig dieser angebotenen Freundschaft gegenüber verhalten. Sobald diese Testperiode vorüber ist, kehrt der kleine Steinbock zu seinem üblichen höflichen Selbst zurück. In den meisten Fällen öffnet er sich und schenkt sein Vertrauen langsam, obwohl er sehr herzlich, gesellschaftlich versiert und entgegenkommend wirkt. Wenn der Steinbock liebt, dann mit wilder Loyalität, Leidenschaft und Überrumpelung. Der junge Steinbock ist eine sanfte und freundliche Seele und außergewöhnlich liebenswert, obwohl es einige Zeit daueren kann, bis Menschen sich in seiner Gegenwart völlig wohl fühlen.
Das Steinbock-Kind braucht in seinem Leben viel Stabilität und es wird sich diese Stabilität selbst schaffen, wenn andere sie ihm nicht bieten. Unbeständigkeit und überraschende Veränderungen im gewohnheitsmäßigen Ablauf mag es nicht. Es legt seine Kleider für den nächsten Morgen schon abends bereit und muß wissen, daß es wie immer in den Kindergarten geht, daß es, wenn es heimkommt, Sesamstraße im Fernsehen gibt und es noch ein Spielchen machen darf, bevor es zu Bett gehen muß. Es möchte wissen, wohin andere gehen und wann sie zurückkommen. Der kleine Steinbock kann Schwierigkeiten haben, Verantwortung abzugeben oder darauf zu vertrauen, daß andere Verantwortung übernehmen. Oft kontrolliert er Geschwister, Spielgefährten, ja selbst Eltern, um sicher zu gehen, daß eine Sache so getan wird, wie er sie tun würde, oder um sich zu vergewissern, daß man sich auch hinreichend um ihn kümmert, während er sich entspannt.
Überflüssige Zeit scheint er nie zu haben, oder dies ist eine Aus-

nahme in seinem Organisationsplan. Selten hat er genug Zeit. Listen anzufertigen ist selbst für den kleinsten Steinbock hilfreich, um Prioritäten für seine Aktivitäten und Aufgaben zu setzen und um der Genugtuung willen, die er empfindet, wenn er die einzelnen Positionen abhaken kann. Eine Familie mit einem vierjährigen Steinbock-Kind führte dessen Tätigkeit mit verschiedenen Farbmarkierern auf und hängte diese Liste am Samstag an die Kühlschranktür, gleich neben die, auf der die Wochenendpflichten der anderen Familienmitglieder aufgeführt waren. Der kleine Steinbock prägte sich aufgrund der Farben die Pflichten genau ein und machte eine Riesenshow daraus, wenn er die aufgeführten Punkte einen nach dem anderen abhaken konnte.

Ein Steinbock-Kind fühlt sich in einer neuen Situation erst dann wohl, wenn es die Regeln und Bestimmungen kennt. Dies bedeutet zwar nicht, daß es alle diese Regeln befolgt, aber es fühlt sich schrecklich, wenn es unbeabsichtigt unfolgsam ist. Der Steinbock will selbst entscheiden, ob er gehorcht oder nicht, und um diese Wahlfreiheit zu haben, muß er wissen, wo die Grenzen sind. Wenn er sich dafür entscheidet, nicht zu gehorchen und erwischt wird, wird er die Konsequenzen mit stoischer Ruhe ertragen. Er ist ausgesprochen fair, glaubt an Gerechtigkeit und akzeptiert, daß diese Anforderungen auch für ihn und sein Verhalten gelten. Ein junger Steinbock, der die Plätzchendose räubert, hat die Konsequenzen schon bedacht, wird, wenn er ertappt wird, ernst und aufrichtig antworten und sich kaum gegen eine faire Bestrafung auflehnen, es sei denn, er testet die Autorität der Eltern.

Der Steinbock ist genauso geschickt darin, seine Rolle festzulegen, wie er geschickt ist, Regeln aufzustellen. Wenn er entsprechende Anweisungen erhalten hat, wird er dem Rollenmuster genauso gewissenhaft folgen wie den Regeln. Selbst rebellisches Verhalten ist bei ihm oft eine vorgefaßte Rolle. So kann ein heranwachsender Steinbock, der generell das Kind mit der Verantwortung in der Familie ist, in dieser Zeit eine Phase der Rebellion durchlaufen. Er wird sich jedoch vergewissern, daß sich dies nicht auf die Aufgaben innerhalb der Familie auswirkt, die ihm Selbstachtung einbringen.

Einige Steinböcke gehen gegen Menschen und Institutionen an, bis die Grenzen enthüllt oder erreicht sind. Andere glauben, daß sie die Regeln verstehen und schränken ihr Verhalten freiwillig ein, ohne bis an die Grenzen zu gehen. So würde z. B. der ersterwähnte Steinbock an alles im Haus der Großmutter gehen, bis diese ihm erklärt, was erlaubt ist und was nicht. Das zweite Steinbock-Kind wird still auf der Couch sitzen, in der Annahme, daß die Großmutter es nicht wünscht, daß es das Regal mit den Kuriositäten berührt oder die Seidenblumen neu arrangiert. Wenn es gefragt hätte, wäre ihm vielleicht erlaubt worden, mit den Blumen zu spielen. Oder es kann zu dem Entschluß kommen, daß es eine bestimmte Sportart nicht ausprobieren kann, weil keine anderen Jungen seiner Größe auf dem Platz spielen.

Wir haben also zwei Typen von Steinbock-Kindern. Während für beide Grenzen wichtig sind, wird der eine Steinbock diese aus vollem Herzen bejahen, der andere wird sie systematisch testen und rebellieren. Das rebellische Kind wird herausfinden, wie es an die Plätzchen kommt, unabhängig von den Konsequenzen, oder aber um diese zu erkunden und sie aus erster Hand zu erfahren. Das fügsame Kind wird die Plätzchen nicht anrühren, kann sie aber auch dann zurückweisen, wenn sie ihm von einem dafür verantwortlichen Erwachsenen angeboten werden.

Konsequenzen sind generell ein Thema für den Steinbock. Kein Kind weiß mehr über Ursache und Wirkung als das Steinbock-Kind, und es ist deshalb ausnehmend geschickt beim Entwurf von Strategien. Eltern, die nicht beständig zu Konsequenzen für kindliches Fehlverhalten gezwungen sein wollen oder die keinen Erziehungsstil haben, der sich an Ursache und Wirkung orientiert, werden mit der Rechtsauffassung des kleinen Steinbocks kollidieren. Das Steinbock-Kind hat gewöhnlich gerne recht und wird Informationen erst anbieten, wenn es ziemlich sicher sein kann, daß sie ganz zutreffend sind. Das bedeutet, daß es meist korrekt und aufrichtig ist, wenn es spricht; dies ist aber vielleicht für Eltern, die aus dem Mund eines Kleinkindes keine Weisheiten erwarten, nicht unbedingt eine liebenswerte Eigenschaft.

Da es mehrere Möglichkeiten in Erwägung zieht, bis es in Aktion tritt und da es dieses intensive Bewußtsein von Ursache und Wirkung hat, ist das Steinbock-Kind sich eines möglichen negativen Ausgangs ebenso bewußt, wie eines positiven. Es hat bereits bedacht, was fehlschlagen und was gutgehen könnte. Es kann deshalb pessimistisch erscheinen, so als erwarte es nicht viel von der Welt. Dieser augenscheinliche Pessimismus ist oftmals eine indirekte Bitte um Bestätigung und Unterstützung; der kleine Steinbock möchte von jemandem, den er lieb hat und den er respektiert, hören, daß alles in Ordnung ist.

Der Steinbock lernt schnell aus Erfahrung und benutzt die Erinnerung an die Vergangenheit als eine sichere Basis, auf der er neue Erfahrungen aufbauen kann. Ein junger Steinbock, dem man gestern erlaubt hat, lange aufzubleiben, wird auch heute das gleiche Privileg erwarten. Ein junger Steinbock, der gestern von der Schaukel gefallen ist, wird zögern, bevor er zum Spielplatz zurückgeht und er wird mehr der Überredung und Bestätigung bedürfen als Kinder anderer Zeichen. Er hat ebenso einen großen Respekt vor der Vergangenheit und wird sentimental an Erinnerungen festhalten, selbst an denen schlechter Zeiten. Er freut sich an Geschichten aus seiner eigenen Vergangenheit und der anderer und wird versuchen herauszufinden, wie sich die Vergangenheit auf Gegenwart und Zukunft auswirkt. »Darf ich das heute nicht malen, weil ich gestern ungezogen war?« Während dieses Verhalten vorsichtig wirkt, ist er bereit weiterzumachen, ohne einen Blick zurück, wenn er einmal seine Antwort hat: »Nein? O gut, darf ich dies dann bitte, bitte heute machen?«

Der junge Steinbock ist oft ein Hamsterer, er sammelt Fertigkeiten, Menschen und Dinge, für den Fall, daß er sie eines Tages gebrauchen könnte. Er glaubt, es sei vernünftig, wenn er höflich zu einem Nachbarn ist, dessen Gras er vielleicht eines Tages gegen Bezahlung mähen könnte, es wäre der Mühe wert alte Stoffreste zu sammeln, falls er sich eines Tages etwas nähen möchte, oder es könnte sinnvoll sein, Japanisch zu lernen, falls er jemals nach Japan kommen sollte. Findig, kreativ und ein wenig opportunistisch, ergibt sich beim Steinbock-Kind erstaunlich oft die Gelegenheit, daß er seinen »Kram« gebrauchen kann.

Rituale sind für den kleinen Steinbock wichtig, besonders in Zeiten des Stresses. Das Steinbock-Kind ist extrem ungehalten, wenn seine Routine ohne Erklärung oder Vorwarnung geändert wird. Es hat es gerne, wenn Menschen und Dinge vorhersehbar sind, selbst vorhersehbar launenhaft, und es kann ärgerlich werden und/oder sich vor dem Unerwarteten fürchten. Um dieses Unbehagen zu vermeiden, plant der junge Steinbock oft scheinbar endlos Zufälligkeiten und will wissen, was jeder andere tut oder plant. Ein Vorschul-Steinbock möchte, daß seine Mutter ihm erklärt, wo die übrige Familie ist, was sie tut und wann sie zurückkommen wird. Dann wird er wissen wollen, ob er rechtzeitig Abendessen bekommt, ganz gleich ob der Vater von der Arbeit zurück ist oder nicht.

Trotz der offensichtlich praktischen Veranlagung des Steinbock-Kindes ist es im innersten ein Idealist, der Enttäuschung bei sich und anderen hinter Kritik und Selbstgerechtigkeit verbergen möchte. Ein Steinbock im Schulalter, dem man gerade gesagt hat, daß er nicht mit der Mutter ins Kino gehen kann, weil sie unerwarteterweise zurück zur Arbeit mußte, könnte erklären: »Wenn sie ihre Arbeit getan hätte, wie sie sollte, hätten wir gehen können!« Anstatt verärgert zu reagieren, sollten Eltern ihrem Steinbock sagen, daß es durchaus in Ordnung ist, wenn man enttäuscht ist und ihn nicht kritisieren.

Das Gewissen des Steinbocks entwickelt sich erstaunlich früh, kollidiert aber mit seinem Gefühl für Verantwortung. Um das Maß an unvermeidbarer Schuld, die der junge Steinbock empfindet, zu mildern, werden kluge Eltern es nicht zulassen, daß das Kind sich selbst bestraft, und sie werden besonders zurückhaltend mit ihrer Beurteilung seines Verhaltens sein. Das Streben des kleinen Steinbocks nach Vortrefflichkeit und Perfektion und der Schmerz, wenn er ein innerlich gestecktes Ziel nicht erreicht, ist eine härtere Strafe, als sie ein Außenstehender je verhängen könnte. Es ist notwendig, dem Steinbock zu sagen, daß er die Güte, die er an andere verschwendet, auch für sich selbst in Anspruch nehmen soll. Mitfühlende Anteilnahme der Eltern erlaubt dem Steinbock oft, auch selbst gut zu sich zu sein. Der junge Steinbock kann zum leidenschaftlichen und liebevollen Beschützer werden und sein Mitgefühl und Verständnis erstrecken sich auf alle Lebewesen und schönen Dinge. Seine Abneigung gegen Häßlichkeit und Grausamkeit geht gewöhnlich mit der Verpflichtung einher, die Dinge zu verbessern.

Da er zuverlässig, erdverbunden und verläßlich ist, wird der Steinbock oft zur Zuflucht für trostbedürftige Kinder, oder solche, deren Gefühle verletzt wurden. Dieselben Kinder neigen jedoch dazu, sich von der Besorgheit des kleinen Steinbocks eingeengt zu fühlen, wenn die Krise vorbei ist oder die Gefühle wieder heil sind. Der junge Steinbock muß lernen, daß er Freundschaft nicht auf dem Bedürfnis der anderen nach seiner Hilfe aufbauen kann, sondern er muß vielmehr eine gegenseitige Abhängigkeit und die Bereitschaft, an seiner eigenen Verletzlichkeit teilhaben zu lassen, enthüllen.

Die gleiche Verwirrung zeigt sich auch im Bereich seiner Verantwortlichkeit. Ein Spielkamerad, der vom Steinbock-Kind einen Rat möchte, wie er einen Nagel einschlagen soll, wird schnell ermüden, wenn dieser ihm erklärt, wie er das ganze Schiff bauen kann. Der Steinbock wird oft zu Gruppenplanungen eingeladen, da er gewährleistet, daß die Sache erledigt wird, aber andere können sich durch sein intensives und beharrliches Verhalten getadelt fühlen. Da seine Gefühle sehr verletzlich sind, müssen Eltern dieses Phänomen wiederholt mit ihrem Steinbock-Kind diskutieren und ihm andere Verhaltensmöglichkeiten anbieten. Es muß daran erinnert werden, auch andere Verantwortung übernehmen zu lassen, und daß es im vorhinein festlegen soll, welchen Teil der Aufgabe es für sich beanspruchen will. Der Steinbock-Teenager muß nicht die Verantwortung für die gesamte Bühnenausstattung einer Schulaufführung übernehmen; er kann sich entschließen, zwei Bäume zu malen und dann zu gehen. Er sollte jedoch andere von seinem Vorhaben unterrichten und von einem Lehrer oder Elternteil die Zusicherung bekommen, daß er nicht für die Fehler anderer oder das Fehlen eines fertigen Produkts getadelt wird.
Der kleine Steinbock sieht die Welt nahezu mit den Augen eines Erwachsenen und er braucht sowohl die Zeit als auch die Erlaubnis, einfach zu spielen und sich zu entspannen. Obwohl er sich auch allein selten langweilt und fähig ist, sich selbst zu unterhalten, zieht er dennoch die Gesellschaft einiger gleichaltriger Freunde vor und er bietet Vertrauen, Sanftheit, Produktivität, Grundkenntnisse, Sachlichkeit und einen trockenen Humor im Austausch für Zuneigung, Aufmerksamkeit und Bestätigung. Eltern können sich darauf verlassen, daß ihr kleiner Steinbock tut, was er versprochen hat. Mit seiner Bereitwilligkeit zu helfen und seinem Bedürfnis beizutragen, ist er ein wunderbares und zuverlässiges Mitglied der Familie.

Empfindlichkeiten
(Häufige Quellen für Mißverständnisse)

Schuld und Verantwortung: Der junge Steinbock wird sich wahrscheinlich schuldig fühlen und zumindest teilweise dafür verantwortlich, wenn sich Dinge nicht so entwickeln, wie es geplant war.

Um Schuld zu umgehen, kann er recht abwehrend erscheinen, sich streitlustig geben, sich häufig entschuldigen oder Entschuldigungen oder Erklärungen für etwaige unerwartete Folgen anbieten. Er haßt es, wenn er sich irrt, seine Darstellung gewollt wirkt und sein Bestes nicht adäquat zu sein scheint. Er beginnt sich dann zu fürchten. Das Steinbock-Kind muß lernen, sachlich zu entscheiden, wann es für etwas verantwortlich ist und wann nicht und sich selbst verzeihen, selbst wenn es auf der falschen Fährte ist. Liebevolles Vorbild ist der leichteste Weg, dies zu lernen.

Furcht und Mißtrauen: Feinfühlig anderen gegenüber, sich der Unvollkommenheit bewußt und nach Vollkommenheit strebend, kann es dem kleinen Steinbock schwerfallen, fehlbaren Menschen zu vertrauen. Er wird jedoch außer sich sein, wenn man ihm selbst nicht vertraut und er wird aufrichtig versuchen, die Erwartungen anderer in bezug auf vertrauenswürdiges Benehmen zu erfüllen. Da er Angst davor hat, enttäuscht zu werden, wird er andere Leute testen, um sicher zu sein, daß sie meinen, was sie sagen.

Das Steinbock-Kind sträubt sich dagegen, Furcht anders denn als physische Tatsache anzuerkennen. Dieser Stoizismus führt dazu, daß er selten die Rückversicherung bekommt, die er braucht. Das Steinbock-Kind braucht von Anfang an die Erlaubnis, sich fürchten und mißtrauen zu dürfen. Eltern, die mit warmer Rückversicherung und Information auf die Ängste des Steinbocks reagieren, legen das Fundament für einen gesunden Erwachsenen.

Regeln, Grenzen, Einschränkungen: Wenngleich der junge Steinbock nichts gegen die Festlegung von Zielen durch andere hat, ist er doch tüchtig und geschickt und läßt sich ungern vorschreiben, wie er dieses Ziel erreichen soll; gewöhnlich hat er einen besseren Weg herausgefunden. Wenn dem Steinbock-Kind das Ziel selbst als unsinnig erscheint, wird es gleichfalls Einwand dagegen erheben. Man läßt den Steinbock am besten so lange ohne Beaufsichtigung, bis er um Hilfe bittet oder, wenn es sich um ein Kleinkind handelt, bis er wirklich Unterstützung braucht. Andererseits fühlt sich der Steinbock sehr wohl, wenn er Ratschläge erteilen kann und anderen sagen, wie Dinge getan werden sollen. Oft verursacht dies Rebellion bei seinen »Untergebenen« oder jüngeren Geschwistern.

Obwohl der junge Steinbock in jeder Situation die Regeln kennen will, wird er gern die Grenzen und Einschränkungen anderer testen. Mehr als Kinder anderer Zeichen wird er sich eigene Regeln aufstellen, seine eigenen Ziele und Grenzen deutlich machen, selbst beim Spielen. Dies kann für Eltern, die nur Erfahrung mit nachgiebigeren Kindern haben, beunruhigend sein, es ermöglicht achtsamen Eltern jedoch die Erziehung des Kindes zu einer Partnerschaft zu machen.

Beziehungen

Während ihrer gesamten Kindheit sind Steinbock-Kinder für die Erwartungen und Vorschriften anderer sehr feinfühlig und versuchen generell rücksichtsvoll und hilfsbereit zu sein. Eine Ausnahme stellt nur die eigene Familie in der Phase des Heranwachsens dar, wenn sie sich gern von der Rolle des »Kindes« befreien wollen. Scheu und nach innen gekehrt, tun sie sich mit oberflächlicher Unterhaltung schwer und ziehen es statt dessen vor, ruhig an der Seite eines anderen zu arbeiten oder über die Geheimnisse des Universums zu grübeln.

Mutter: Steinbock-Kinder erwarten, daß die Mutter fair, aufrichtig, enthusiastisch, emotional, (normalerweise ärgerlich), kurz angebunden, verspielt, kompetent ist und einen starken Willen hat. Mütter, die selbst weniger Vertrauen zu sich haben als ihre Steinbock-Kinder, werden freudig überrascht sein, wenn sie bemerken, daß sie sich zum Ideal des Kindes hin entwickeln oder, daß ihr Verhalten von diesem idealistischen Kind positiv ausgelegt wird. Der kleine Steinbock kann in der Mutter Verspieltheit oder Enthusiasmus entdecken, wenn dies niemand außer ihm sieht, und als Folge davon haben Mütter Steinbock-Kinder besonders gerne um sich. Steinbock-Kinder werden auch sicher den Humor der Mutter zu schätzen wissen.

Vater: Der Steinbock erwartet, daß der Vater fair, vermittelnd, künstlerisch, gerecht, intelligent, angemessen, logisch, gesellschaftlich erfahren ist und an der Ehe festhält. Steinböcke gehen üblicherweise hitzigen Diskussionen mit ihren Vätern nicht aus dem Weg. Ein Vater, der Schwierigkeiten hat, diese Erwartungen zu erfüllen, wird auf außerordentlich positive Reaktionen seines Steinbock-Kindes stoßen, wenn er einfach intensiv zuhört und sich in ernsthafte Diskussionen mit ihm einläßt. Der junge Steinbock möchte aufrichtig an die Weisheit und Gerechtigkeit seines Vaters

glauben und er wird diesem jede Möglichkeit und jeden Fingerzeig geben, damit er diese Erwartungen auch erfüllen kann. Der kleine Steinbock will jedoch nicht belehrt werden und muß das Gefühl haben, daß der Vater seine Meinungen und Ideen genauso schätzt.
Geschwister: Junge Steinböcke empfinden ihre Geschwister als verträumt, unfähig, schwächer, gefühlsbetont, künstlerisch, intuitiv, unrealistisch, annehmend, mitfühlend, sensibel, enttäuschend und verletzlich. Steinbock-Kinder werden ihre Geschwister daher gewöhnlich beschützen und erziehen. Unabhängig von der Reihenfolge der Geburten, verhalten sich Steinbock-Kinder generell wie das älteste Kind.
Freunde: Steinböcke erwarten von ihren Freunden, daß sie lebhaft, treu, gleichwertig, moralisch, ethisch, analytisch, nach innen gewandt sind und sie selbst werden diesem Verhalten entsprechen. Gegenseitige Vertraulichkeit ist wichtig. Während es ursprünglich ein Einzelgänger ist, kommt das Steinbock-Kind am besten mit einem sehr guten Freund zurecht und es wird sich verletzt fühlen und besitzgierig zeigen, wenn es sich von einer Gruppe ausgeschlossen fühlt, die seinen Freund einbezieht.

Verstand/Information/Schule

Junge Steinböcke sind neugierig und begierig zu lernen. Sie sind jedoch erstaunlich naiv und brauchen einige Zeit um herauszufinden, was wahr ist und was nicht. Frühes Hänseln oder Unredlichkeit von Erwachsenen führt später zu starker Skepsis und Mißtrauen. Steinbock-Kinder haben viele Interessen und werden gewöhnlich besonders gut Informationen behalten, die praktisch anwendbar sind oder die ihnen helfen, die Tauglichkeit anderer zu beurteilen. Sie werden die Hauptstädte Europas nicht lange behalten, können aber bestimmt alle Straßennamen der Umgebung richtig aufzählen. Für ein Steinbock-Kind bedeutet Lernen Vergnügen und Sicherheit zugleich, obwohl es versäumen wird, diese Informationen zu seinem eigenen Vorteil zu nutzen. Es wird alle wichtigen Lebensmittel kennen, sich jedoch weigern, diese Angaben für sich zu nutzen, selbst dann, wenn es sorgfältig überwacht, was die essen, die es liebt. Steinbock-Kinder lieben Aufzählungen und Kategorien.

Einfühlsam und einsichtig, haben junge Steinböcke oft Geistesblitze ohne augenscheinliche Quelle und es kann ihnen schwerfallen, ihre Folgerungen zu verteidigen. Da sie Begründungen brauchen, lernen sie nicht gern mechanisch, aber sie können hervorragend die Erwartungen anderer mutmaßen, und da sie Testinhalte oft verausahnen, sind sie in der Lage, korrekte Antworten zu liefern. Das stets berechnende Steinbock-Kind ist ausgezeichnet in der Lage, heute Antworten für einen Test zu lernen, morgen hat es die gleichen Informationen bereits wieder vergessen. Wissen, das in Verbindung mit dem steht, was es bereits gelernt hat, wird es besser behalten. Steinbock-Kinder suchen in Informationen Verbindungen und Bedeutungen und sie lieben Zusammenhänge. Als Folge davon erkennt der junge Steinbock oft einen Sinn im Chaos und kann Wesentliches von Oberflächlichem unterscheiden. Ironie, Vorbilder und Beziehungen bilden die Basis für den Humor des Steinbocks.

Wenn sie genügend Zeit haben, sind Steinböcke geduldig, gründlich, gewissenhaft, sachkundig, es können aber befremdliche Fehler auftreten. Ihr Bedürfnis, recht zu haben und perfekt zu sein, zeigt sich, wenn sie in schwierigen Situationen festgenagelt werden, sie werden entweder bluffen oder aufgeben. Sie neigen dazu, sich selbst an höhere intellektuelle Leistungen zu wagen, sich neue Geschicklichkeiten anzueignen, indem sie das schwierigste Projekt zuerst angehen oder sich einer reizvolleren Aufgabe zuwenden, ehe sie die vorherige gemeistert haben. Sie können versuchen nähen zu lernen und mit einem Anzug beginnen, oder sich in Mathematik an schwere Divisionsaufgaben wagen, ehe sie gelernt haben, zu multiplizieren, und sie glauben, wenn sie die schwere Aufgabe bewältigt haben, wird die geringere Aufgabe leicht sein und ohne weiteres gelingen. Ihr Mut und ihre Entschlossenheit – und ihr Glaube – werden ihnen gewöhnlich zum Durchbruch verhelfen, aber sie scheinen am Rande des absoluten Chaos zu leben. Ihr Hang zum Notbehelf kann ihnen ebenso das Gefühl geben, der Katastrophe oder der Entdeckung einen Schritt voraus zu sein. So geschickt sie auch sind, so scheint es Steinbock-Kindern doch am letzten Zutrauen in ihre Fähigkeiten zu mangeln, sie sind sich dessen, was sie nicht wissen, ebenso bewußt, wie sie sich dessen bewußt sind, was sie schon alles gemeistert haben.

Konzentration fällt den Steinbock-Schülern gewöhnlich leicht. Sie sind oft ungeduldig gegenüber der Schwerfälligkeit und Zer-

streutheit anderer Schüler und Studenten. Frühe Schwierigkeiten mit Sinnesorgangen, gewöhnlich den Augen, Ohren oder der Sprache, führen häufig zu der Fähigkeit, sich intensiv zu konzentrieren und selbst dann zu überkompensieren, wenn die Schwierigkeit überwunden ist. Lehrer schätzen gewöhnlich die Ernsthaftigkeit des Steinbocks und seine Hingabe und Zuverlässigkeit.
Höhere Schulbildung: Obwohl der Steinbock durch weitere Bildung nützlicher, marktfähiger, autoritärer und wertvoller werden möchte, wird er sich eher für Tätigkeiten interessieren, bei denen er analysieren kann, um die Ergebnisse sinnvoll einzusetzen, als daß er sich mit der einfachen Speicherung von Fakten begnügt. Sie können sich anfangs für eine künstlerische Ausbildung oder ähnliches entscheiden, bevor sie eine völlig andere, konkretere Karriere anstreben. Wenn sie sich einmal für eine Richtung entschieden haben, werden sie in bezug auf die Ausbildung sehr vorsichtig sein und eine praxisorientierte vorziehen. Steinböcke sind Spätentwickler, die sich oft erst im Alter von 28 Jahren für eine Karriere entscheiden und die entsprechende Ausbildung beginnen.

Verantwortung/Arbeit/Belohnung

Verantwortung/Arbeit: Verantwortung ist der bestimmende Faktor im Leben des Steinbocks. Oft zieht er es vor, mit einem Partner zu arbeiten, um den Druck zu mildern, kann aber Schwierigkeiten haben, Verantwortung zu delegieren und einem anderen zuzutrauen, daß er dasselbe hohe Niveau erreicht wie er. Junge Steinböcke betrachten sich gewöhnlich für voll verantwortlich und nehmen ihre Zuflucht zu Schuldabwälzungen und Lügen nur, wenn sie völlig in die Enge getrieben werden. Gewöhnlich beenden sie stoisch die Tätigkeiten, die jemand weniger Gewissenhafter hat liegenlassen, und sind wieder einmal der Überzeugung, daß eine Sache, wenn sie es verdient, gemacht zu werden, gut gemacht werden sollte. Wenn bis zum Einbruch der Dunkelheit niemand die Gartengeräte weggeräumt hat, wird es der junge Steinbock tun oder diejenigen daran erinnern, die es vergessen haben. Wenn der kleine Steinbock selbst es vergessen hat und sein Versäumnis entdeckt wird, kann er

leugnen, daß dies seine Aufgabe war oder behaupten, er habe angenommen, daß jemand anderes es getan habe.
Tägliche Pflichten oder Aufgaben sind außergewöhnlich wichtig für die Selbsteinschätzung des Steinbocks und er wird sich mit dem, was er tut identifizieren. Wenn man ihn fragt, wer er ist, wird er, gleich nachdem er seinen Namen genannt hat, hinzufügen, »ich bin der Zeitungsjunge« oder »ich bin der, der Ihren Schnee schippt«, anstatt z. B. »ich bin Peters Bruder« oder einfach »ich bin ich«. Generell Verfechter von Arbeitsmoral, glauben Steinbock-Kinder, daß die Dinge, die sie schätzen, verdient werden können, und sie verwenden eine Menge Zeit darauf, dies zu tun. Sie sind oft kleine Unternehmer und finden gewöhnlich einen Weg, um schnell Geld oder Zuneigung zu erwerben. Sie sind ernsthafte Arbeiter, die führende oder partnerschaftliche Positionen vorziehen, aber selbst in untergeordneten Tätigkeiten gewissenhaft und bestens organisiert sind. Der junge Steinbock leistet für gewöhnlich gute Arbeit, unabhängig von der Reaktion anderer, obwohl er Lob wirklich dankbar entgegennimmt. Er verträgt Kritik nicht sehr gut und wird gewöhnlich negative Reaktionen dadurch vermeiden, daß seine Arbeitsleistungen über den Erwartungen liegen. Selbstmotiviert und diszipliniert können Steinbock-Kinder letztlich finden, daß die Arbeit ihr Spiel beeinträchtigt oder sie machen ihr Spiel zu Arbeit. Manchmal gestatten sie sich nur zu spielen, wenn ein brauchbarer, produktiver oder erzieherischer Vorteil dabei herausschaut.
Belohnung: Die wertvollste Belohnung für ein Steinbock-Kind für eine gut getane Arbeit ist das innere Gefühl von Freiheit, eine Minderung des Druckes und die Freude am Erreichten. Lob aus dem Mund einer Person, die es liebt und respektiert, ist ebenso wichtig wie Anerkennung und vielleicht sogar die Zuneigung seiner Freunde. Steinböcke mögen auch Geld.

Heim

Steinbock-Kinder brauchen viel Platz, Ungestörtheit und einen Speicher. Ihre Umgebung ist gewöhnlich praktisch, funktionsfähig, geschmackvoll, förmlich und lässig zugleich, aber sie wird nicht sehr bequem sein. Der Raum ist vollgestopft mit Souvenirs, alten

Dingen, Erinnerungen, Sammlungen, Objekten der Natur und häufig Büchern.
Die Zimmer junger Steinböcke können entweder sehr hell oder sehr dunkel sein. Sie mögen gewöhnlich reine, gedeckte Farben – dunkle Blautöne, Grüntöne und Rottöne mit hellfarbigen Wänden. Die Möbel sind meist niedrig und funktionsgerecht und oft wird glattem Holz der Vorzug gegeben. Steinbock-Kinder helfen gern bei der Dekoration ihrer Zimmer, und wenn das Zimmer einmal fertig ist, werden sie sich wahrscheinlich jeder Veränderung widersetzen. Steinböcke teilen ihre Zimmer nicht gerne mit anderen und mögen es nicht, wenn andere etwas verändern. Dieses Kind fühlt sich am wohlsten in einem eigenen Zimmer oder wenn es in einem Raum, den es mit anderen teilt, eine Ecke sein eigen nennen darf.
Wie schön die Umgebung ihrer Kindheit auch sein mag, so können es Steinbock-Teenager doch oft kaum erwarten, das Heim zu verlassen, um Räumlichkeiten ganz für sich allein zu finden.

Gesundheit

Steinbock-Kinder gehen Schmerz gewöhnlich so weit als möglich aus dem Weg. Obwohl sie wißbegierig in bezug auf Gesundheitsinformationen sind und diese sammeln und beachten, werden sie keinen Gebrauch von dem machen, was sie gelernt haben. Junge Steinböcke können in Krankheit eine Möglichkeit sehen, sich selbst lange benötigte Ruhe zu gewähren, den Druck innerer Erwartungen zu mindern oder einige Zeit für sich allein zu haben. Krankheit kann ebenfalls benutzt werden, um die Aufmerksamkeit der Eltern von bedrohlicheren Problemen abzulenken oder um eigenen Problemen auszuweichen. Wenn der Steinbock krank ist, schätzt er gewöhnlich Sauberkeit, Spiele, Lesematerial und wenig Kontakt oder Aufwand. Er ist für kalte Temperaturen besonders empfindlich, wenngleich vielen die Kälte lieber ist als Überhitzung.
Traditionell regiert der Steinbock die Knie, Zähne, Knochen, Haut, Gelenke und den Gehörsinn. Gesundheitsprobleme kleiner Steinböcke äußern sich gewöhnlich in diesen Körperzonen. Die Krankheit selbst zeigt sich wahrscheinlich in Gestalt von Prellun-

gen, Erkältungen, Ausschlag, Jucken, Steifheit, Verkrampfungen, Schüttelfrost oder Schwierigkeiten beim Zahnwechsel.

Kindheitsjahre

Die Ängste, die im folgenden aufgeführt werden, dürfen niemals zur Bestrafung eingesetzt werden. Sie dienen dazu, Wege für Bestätigung und Zuwendung aufzuzeigen.

Anders als Kinder anderer Zeichen sind Steinböcke bis zur Phase der Adoleszenz ziemlich unverändert in ihren Bedürfnissen und in ihrem Verhalten.

Geburt – 6 Monate

Das Steinbock-Kind ist anschmiegsam, scheu, vorsichtig und möglicherweise ängstlich. Seine Geburt kann schwierig, überraschend oder problematisch gewesen sein. Es mag alt und weise und über sein Alter hinaus »reif« wirken, was Ernsthaftigkeit und Intensität angeht. Es kann unbeugsam und starr sein, wenn es das Gefühl hat, daß irgend etwas in seiner Umgebung nicht stimmt, aber es ist liebevoll und zugänglich, wenn es sich wohl fühlt.

6 – 18 Monate

Das Steinbock-Kind ist lebhaft, neugierig und liebt es, Erwachsene in allem nachzuahmen. Es spielt gerne Versteck-Spiele, Fingerspiele, möchte sich selbst füttern und seine eigenen Spielsachen und Kleider haben. Es hat eine intensive Beziehung zur Natur, möchte im Freien sein und liebt es zu klettern, sobald es beweglich genug ist, um sich selbst auf Möbel, Stufen usw. zu ziehen.

18 Monate – 3 Jahre

Der kleine Steinbock ist immer noch neugierig, mit größerem Interesse an Informationen über Menschen, Arbeit, alte Dinge und die Vergangenheit. Er liebt Erklärungen, Erinnerungen, Anekdoten, seine Lieblingsdecke oder sein Lieblingsspielzeug. Er ist ein scharfsinniger und ernster Beobachter, der, obwohl meist folgsam, auch rebellisch, kontrollierend und widerspenstig sein kann. Er kann kunstvolle Geschichten und Erklärungen für sein Verhalten konstruieren. Obwohl er vom 3. Lebensjahr an eine gute Kontrolle über seine Gefühle hat, ist er doch extrem empfindlich und anfällig für Empfindungen von Schuld und Scham. Sein Ärger kann unerwartet aufflackern. Er fängt an, sich selbst Grenzen zu setzen, eigene Regeln aufzustellen und neigt dazu, zu hart gegen sich selbst zu sein.

Sauberkeitserziehung: Steinböcke nehmen diese Aufgabe ernst und begrüßen normalerweise den Zustand wachsender Unabhängigkeit und Reife. Sie lernen schnell, werden auf Vernunftgründe reagieren und sind besonders empfänglich für die Vorstellung, daß jeder das tut oder es tun mußte.

3–6 Jahre

In diesem Alter testen die Steinböcke gerne ihre neu erworbenen »Erwachsenen«-Fähigkeiten und werden abwechselnd aufsässig, überlegen, erzieherisch, kritisch und urteilend, dann klein, hilflos und frustriert sein. Ihre Ernsthaftigkeit und Intensität treten jetzt zutage. Ihr wachsendes Gefühl für Verantwortung und Zuständigkeit kann es Eltern, die sich beunruhigt und überwältigt fühlen, reizvoll und bequem erscheinen lassen, diesem tüchtigen Kind Erwachsenenpflichten zu übertragen. Der kleine Steinbock ist in diesem Alter voll von »sollte« und »müßte«. Er kann ärgerlich, rebellisch, tyrannisch und unzufrieden wirken, wenn er Vorschriften testet und sich an denen reiben, die um ihn herum sind, um deren Grenzen herauszufinden. Steinböcke fürchten sich oft in dieser Periode und neigen dazu, mit dieser Angst anderen Angst zu machen. (Gib acht!) Sie haben jetzt ein besonderes Bedürfnis nach Beständigkeit, neigen aber dazu, diesen Zustand wieder und wieder zu testen, um sicher zu sein, daß sie sich wirklich darauf verlassen können. Auf der anderen Seite sind sie bei guter Laune rücksichtsvoll, liebevoll, feinfühlend, interessiert und besorgt. Sie eifern noch immer dem guten Verhalten Erwachsener nach. Sie bleiben interessiert, neugierig und aufmerksam, wenn sie zu diesem Verhalten ermutigt werden; wenn nicht, erscheinen sie depressiv und lethargisch.

6 – 12 Jahre

Steinböcke dieses Alters sind sehr unabhängig, praktisch, realistisch und gleichmütig. Sie erscheinen weiterhin reif und fähig und können in dieser Phase oft ziemlich starr, beurteilend, moralistisch, steif und an Regeln orientiert sein. Sie können sich einsam und anderen Kindern fern fühlen. Sie bleiben ernsthaft, sensitiv, herrschsüchtig und bekümmert. Sie sind besonders wachsam was die Gefühle anderer Menschen angeht und können von ihrem Gewissen geplagt werden und sich schuldig fühlen wenn sie glauben, andere Menschen verletzt zu haben. Steinböcke können jetzt sehr konservativ erscheinen, indem sie Dinge auf erprobte Weise tun, »so wie sie immer« oder »von allen anderen« getan werden. Sie sind sehr leistungsbezogen. Wie in der Phase zwischen 18 Monaten und drei Jahren, so testen und stoßen sie nun erneut an Grenzen und haben Schwierigkeiten mit der Zeit und Autoritätspersonen, argumentieren und sind generell unzufrieden. Sie sind keine Babys mehr und gestatten sich nicht, um kindgemäße Unterstützung oder Bestätigung zu bitten, sind jedoch auch noch keine Erwachsene. Sie fühlen sich in einer Art Vorhölle, am unrechten Ort, wissen nicht, wie sie einfach ein Kind *sein* können. Steinböcke können sich in dieser Zeit sehr verschüchtert fühlen, und der Versuch mit Gleichaltrigen mitzuhalten ist leidvoll für sie.

12 – 18 Jahre

Wenn er sich der Reife nähert, ist er immer noch ernst, hervorragend, verantwortlich, stoisch, produktiv, praktisch und konservativ. Er ist sich der Regeln, des Werts von Sicherheit und Zielen bewußt. Er weiß um Konsequenzen, einem erstrebenswerten Charakterzug bei Heranwachsenden. Als interessierte, gründliche und zuverlässige Arbeiter, sind Steinböcke in diesem Alter ehrgeizig und fangen oft an, sich bezahlte Jobs zu suchen, um so früh wie möglich finanzielle Unabhängigkeit zu erreichen. Häufig gelangen sie in Vertrauenspositionen, die für ihr Alter ungewöhnlich sind. Sie werden jedoch, selbstkritisch und auf Perfektion bedacht, sich darauf konzentrieren, wo sie Fehler gemacht haben, anstatt sich an dem zu freuen, was sie erreicht haben. Unergründlich und empfindsam, ist der Teenage-Steinbock immer noch gut geschützt und zurückgezogen und in seiner Unzufriedenheit und Einsamkeit kann er Perioden von Depression erleben, in denen er launisch, mißtrauisch und verletzlich wirkt. Er wählt in dieser Zeit bewußt das Alleinsein. Ungeachtet einer Unzahl von Freunden betrachtet er sich als Einzelgänger. In dieser Drangperiode setzt der Steinbock hohe Normen für jedermann, einschließlich sich selbst und wird deshalb chronisch enttäuscht sein. Es scheint, als würde er immer den schwereren Weg wählen und gegen Tradition und Routine rebellieren. Er testet Grenzen, besteht auf eigenen Entscheidungen, die oft auf unerwartete Weise konservativ sind. Er scheint darauf aus zu sein, Familientradition zu ignorieren und aus Familienrollen und -vorstellungen auszubrechen.

Der heranwachsende Steinbock wird jedoch trotzdem eine Freude für seine Umgebung sein. In diesem Alter hat er bereits einen sehr trockenen Sinn für Humor entwickelt. Er lacht oft über das Unsinnige oder Unerwartete, jedoch selten über sich. Er ist umgänglich, bedacht und zeigt große Bereitwilligkeit zuzuhören, Hilfe und Rat zu geben. Er fühlt sich verpflichtet, Dinge zu erledigen und man kann sich darauf verlassen, daß er sein Wort hält und hilft, wenn alles schwierig wird.

Steinböcke können durch körperliche Veränderungen beunruhigt sein, obwohl sie diese als Zeichen der Reife begrüßen. Sie mögen diese Veränderungen verbergen oder nicht beachten. Sie stehen ihren ziemlich intensiven sexuellen Bedürfnissen argwöhnisch gegenüber und fürchten, daß Menschen nur von ihrer Erscheinung angezogen werden könnten.

Wassermann-Kinder

20. Januar – 18. Februar

Allgemeine Eigenschaften

Während viele der im folgenden beschriebenen Charakteristika für die meisten Wassermann-Kinder zutreffen werden, können andere, manchmal widersprüchliche Eigenschaften sehr wohl *auch* bei dem Kind, das unter diesem Zeichen geboren ist, in Erscheinung treten.

Eltern eines neugeborenen Wassermanns werden augenblicklich seine bemerkenswerte Neugier, seine funkelnden Augen und sein starkes Selbstgefühl bemerken. Das ungeduldige Wassermann-Baby scheint darauf zu warten, daß sich der Vorhang des Lebens öffnet. Es ist sich seiner Grenzen bewußt und braucht viel Freiheit und Schutz, um sich innerhalb dieser Grenzen zu testen. Bereits auf dieser kindlichen Ebene läßt es seine Eltern wissen, wenn es etwas möchte, wenn es genug hat und was es als nächstes möchte.
Junge Wassermann-Kinder haben Angst, verlassen zu werden, begrüßen es aber, wenn sie alleine gelassen werden, was sie als Anerkennung ihrer Selbständigkeit werten. Kleine Wassermänner (große auch) freuen sich besonders über Tätigkeiten, an denen zwei oder mehrere Personen gleichzeitig und nebeneinander, aber jeder mit einer anderen Sache, beschäftigt sind. Zwei Kleinkinder im selben Zimmer, jeder spielt mit seinen Bauklötzchen, dies ist der Himmel für das Wassermann-Baby.
Kleine Wassermänner sind sehr unabhängig und wollen Dinge auf ihre Weise tun. Sie geben ungern Abhängigkeit und das Bedürfnis nach Hilfe zu. Wassermänner können bis zum Äußersten gehen, um sich davon zu überzeugen, daß sie ihrer selbst sicher sein können, selbst wenn dabei einiges auf der Strecke bleibt. So wird z. B. ein Wassermann-Kind, das noch zu klein ist, um eine Hobby-Bastelei fertigzustellen, die ganze Sache auf die Seite legen und vorgeben, nicht daran interessiert zu sein, um sich nur ja nicht von jemandem

helfen lassen zu müssen. Es neigt dazu, Abhängigkeit als ein Zeichen von Schwäche zu betrachten und sich in Zeiten solcher Bedürfnisse herausfordernd geben oder verächtlich fühlen. Dieser hohe Standard ist allein für ihn reserviert. Er ist oft mitfühlend mit anderen, die sich in ähnlichen Situationen befinden und bereit, ihnen zu helfen, ihre Unternehmungen zu Ende zu führen, während er jedoch für sich Hilfe energisch ablehnt.

Es ist wichtig, den kleinen Wassermann zu lehren, daß er dasselbe Mitgefühl, das er für andere hat, auch auf sich ausdehnt. Dies geschieht am besten durch Gespräche mit den Eltern, in denen sie Begründungen anführen und an das Gefühl des Kindes für Gleichheit und Fairneß appellieren. Z. B. »Wenn es für Hans gut ist, wenn ihm bei seinen Hausaufgaben geholfen wird, dann trifft dies auch für dich zu. Es ist nur gerecht und bedeutet nicht, daß du abhängig bist.« In diesem Kapitel wird noch mehr über die Bedeutung von Gesprächen mit dem Wassermann-Kind und die Fallen, die in solchen Unterhaltungen für Eltern enthalten sein können, gesagt werden.

Ist der Wassermann einmal aus dem Babyalter heraus, kann es schwierig für ihn sein, um das zu bitten, was er möchte, und wenn er es tut, kann sein Ärger über seine vermeintliche Abhängigkeit sich in der Art, wie er um Hilfe bittet, zeigen. Eltern müssen den eigentlichen Bitten mehr Beachtung schenken als dem Ärger, dem kleinen Wassermann geben, worum er bittet, und ihrem widerborstigen Kind versichern, daß seine Bedürfnisse sinnvoll und akzeptabel sind. Während der kleine Wassermann wahrscheinlich stillschweigend Ersatz für das, was er sich wünscht, akzeptiert, muß ihm dennoch der Grund dafür erklärt werden, sonst können sich später Schwierigkeiten bei der Identifizierung seiner Wünsche oder bei der Befriedigung derselben ergeben.

Das Bedürfnis, sich einzufügen und sich gleichzeitig individuell, unabhängig und einmalig vorzukommen, verursacht im Leben des Wassermanns Konflikte. Wassermann-Kinder haben ein angeborenes Verständnis für größere Systeme und sie wollen wissen, wo sie stehen, wo andere stehen und wie sich dieses System zu anderen Systemen verhält. Aus diesem Grund ordnet man dem Zeichen Wassermann humanitäre Gesinnung zu. Für manche Menschen verbindet sich mit dem Begriff *Familie* eine Gruppe von Menschen, die sich um einen Eßtisch schart, das Wassermann-Kind jedoch sieht darin ein ausgedehntes, mehrere Generationen umfassendes Kon-

zept miteinander verwandter Menschen. Dieses Kind fühlt sich aufgerufen herauszufinden, wie es in diese große Einheit paßt und trotzdem seine Individualität bewahren kann.
Schon in früher Kindheit ist das Bedürfnis des Wassermanns nach sozialer Interaktion ebenso stark wie sein Wunsch nach Unabhängigkeit. Oft versucht er, dieses konfliktträchtige Bedürfnis durch Teilnahme an Gruppenaktivitäten auszubalancieren. Gruppenaktivitäten, die ein großes Maß an Freiheit innerhalb einer vorgegebenen Form gestatten und dem kleinen Wassermann erlauben, zu kommen und zu gehen wann er will, werden bevorzugt werden. Aktivitäten, die eine stärkere Festlegung erfordern, werden auf sein Gefühl für Unabhängigkeit und sein Bedürfnis, Dinge auf seine Weise und zu seiner Zeit zu tun, einengend und bedrohlich wirken.
Wassermann-Kinder wachen leidenschaftlich über ihre Identität. Trotz der elterlichen Versuche, sie zu beschwatzen, werden sie sich auf keine Aktivität einlassen, von der sie glauben, sie könne ihre Identität bedrohen, und Machtkämpfe zwischen Eltern und Kind können zu Zusammenbrüchen der Kommunikation und Entfremdung führen. Ein Wassermann-Kind kann zu nichts, woran es nicht glaubt, überredet werden. Wenn es dazu gezwungen wird, sich den Wünschen eines Elternteils zu fügen (z. B. »Zum Teufel, ich war bei den Pfadfindern und du wirst das auch machen«), wird seine Abwehr und der Vertrauensverlust diesem Elternteil gegenüber lange anhalten.
Gleichzeitig möchte sich das Wassermann-Kind in die Gesellschaft einfügen und hat große Freude an Gruppenaktivitäten, die es nicht als bedrohlich empfindet. Um nicht mit seinem Bedürfnis nach Individualität in Konflikt zu geraten, kann es versuchen, die Ausnahme von der Regel zu sein. So kann der kleine Wassermann Jeans tragen wollen wie andere auch, aber seine Jeans sollen vielleicht eine andere Farbe haben. Sein wichtigstes Bestreben während seiner Kindheit ist der Versuch, seinen Wunsch nach Individualität und den Druck, der durch die Reaktionen Gleichaltriger entsteht, auszubalancieren. Wenn er sowohl außergewöhnlich ist, als auch akzeptiert wird, und das einzige Kind im 6. Schuljahr ist, das rote Jeans trägt, fühlt er sich persönlich geachtet und in Einklang mit sich selbst. Anstatt zu versuchen, die Meinung des Kindes zu ändern, können Eltern ihm Entscheidungsmöglichkeiten nahebringen, die ihn seiner Individualität und Annahme in den von ihm selbst gewählten Gleichaltrigen-Gruppen versichern.

Das Wassermann-Kind ist von Ungewöhnlichem und Eigentümlichem fasziniert und vom Gewöhnlichen abgestoßen. Es ist tolerant im Hinblick auf exzentrisches Verhalten anderer, feinfühlig für bestimmte Unterschiede und steht der Bedeutung von Kategorien skeptisch gegenüber. Gruppen in der Schule, die sich durch Intelligenz hervortun, gesellschaftliche Stellung, Rasse oder irgend etwas anderes, das eine Gruppe von einer anderen hervorheben soll, werden ihm wenig bedeuten. Erwachsene werten das Interesse des Wassermanns an Ungewöhnlichem oft als Ablehnung traditioneller Werte. In Wirklichkeit gilt sein Interesse beidem. Während der Wassermann sich unwiderstehlich zu Neuem hingezogen fühlt, ist er doch nicht in der Lage, das Alte abzulehnen.

Eltern brauchen wegen der weitreichenden Toleranz und dem Interesse an unterschiedlichen Menschen nicht besorgt zu sein, da der Wassermann klar umrissene persönliche Grenzen hat und nicht allzusehr von gefährlichem, bizarrem oder destruktivem Verhalten oder von Personen mit solchen Verhaltensweisen beeinflußt werden wird. Wenn Eltern besorgt sein sollten, daß ihr Wassermann-Kind etwas tut, was die Masse tut, brauchen sie sich nur daran zu erinnern, wie schwierig es war, es von etwas zu überzeugen, an das es nicht glauben wollte. Die Art, wie das Wassermann-Kind es schafft, den Anspruch seiner Individualität inmitten einer Gruppe zu erklären, muß nicht als Extravaganz angesehen werden oder zu Befürchtungen Anlaß geben; dies ist diesem Kind eigentümlich. Ein Wassermann-Kind in der ersten Schulklasse beschwor seine Mutter, ihm Ohrlöcher stechen zu lassen, um sich damit den Unterschied zwischen sich und den meisten anderen Mädchen zu beweisen.

Dieses heftig empfundene Bedürfnis, etwas Besonderes zu sein, kann den kleinen Wassermann von Gleichaltrigen trennen oder isolieren.

Er kann Perioden durchlaufen, in denen er an Unterschieden festhält, obwohl sie sich längst als unproduktiv erwiesen haben, nur um sich seiner Individualität zu vergewissern, und darauf können Zeitabschnitte folgen, während denen er seine Individualität preisgibt, um sozial integriert zu sein. Eltern können dabei Unterstützung und Alternativen anbieten und diesem Verhalten Grenzen setzen, trotzdem wird das Wassermann-Kind mit diesem Problem selbst fertig werden müssen. Es steckt in dem Dilemma, sich von anderen zu

unterscheiden und dennoch eine Beziehung mit ihnen aufbauen zu wollen.
Häufig scheint die Lösung dieses Dilemmas für das Wassermann-Kind in der Möglichkeit zu liegen, Menschen um sich zu scharen, die ebenso verschieden von anderen sind wie es selbst. Der Wassermann fürchtet oft Konkurrenz, und wenn die Gruppe seiner Freunde ebenfalls aus lauter Exzentrikern besteht, ist die Konkurrenzgefahr geringer. Eine andere, jedoch weniger lohnende Lösung wäre, sich selbst in den Schatten zu stellen sowie falsche Bescheidenheit. Ein Wassermann-Kind würde sich lieber auf negative Weise von jemandem unterscheiden, als allen ähnlich zu erscheinen. Es sieht sich lieber unangenommen als undifferenziert.
Wassermann ist ein Luftzeichen, Luft ist das Element der Kooperation und Gleichheit. Wassermann-Kinder kooperieren auf angenehme Weise und haben Team-Geist. Manchmal finden sie sich fast zufällig in führenden Positionen und zwar aufgrund ihrer Fairneß und ihres Engagements für eine Gruppe oder Sache. Sie glauben an Chancengleichheit und setzen sich oft für diejenigen ein, die weniger begünstigt sind als sie. Wassermänner glauben wirklich daran, ihres Bruders Hüter zu sein. Da sie ausgezeichnete Organisationsfähigkeiten haben und gewillt sind, die Risiken zu tragen, die mit der erhöhten Verantwortung eines Führers verbunden sind, offenbart der Wassermann eine überraschende Reife. Ein Wassermann-Jugendlicher, der bemerkte, daß sich eine Anzahl von Schülern eine bestimmte Klassenfahrt nicht leisten konnte, organisierte insgeheim einen Fond, der Stipendien vergibt. Wassermann-Kinder suchen oft nach etwas, wofür sie sich einsetzen können.
Anerkennung seiner Fähigkeiten durch Erwachsene oder andere maßgebliche Stellen kann den jungen Wassermann wegen der damit verbundenen Exponiertheit unangenehm berühren. Der Wassermann freut sich über Anerkennung und Verantwortung, fürchtet jedoch, daß dies die Beziehung zu Gleichaltrigen und seine Identität innerhalb der Gruppe gefährden könnte. Der junge Wassermann wird deshalb vermutlich besondere Anerkennung für seine Bemühungen zurückweisen oder ignorieren. Er tut nur, was er von sich erwartet und kann diese Bemühungen einstellen, wenn er zu spüren beginnt, daß die Anerkennung ihn seinen Freunden entfremdet. Ein künstlerisch äußerst begabter Wassermann, der sehr gut Klavierspielen konnte, hörte plötzlich auf, als er spürte, daß die Begeiste-

rung seines Lehrers und seiner Eltern ihn in der Schule zu isolieren begann. Er fing dann an, Gedichte zu schreiben, eine Kunstform, zu der seine Eltern keinen Zugang hatten und bei der sie sich nicht einmischen konnten.
Dieses Muster von Tun und Nichttun kann den kleinen Wassermann aushöhlen und ihm das Gefühl geben, nicht anerkannt und im Stich gelassen zu sein. Er braucht unauffällige Anerkennung und möchte das Gefühl haben, daß er geschätzt wird, ohne daß man ihn anderen als Beispiel hinstellt. Eltern können ihren kleinen Wassermann lehren, das Tempo zu drosseln, sich am Erreichten zu freuen und dann ohne Schuldgefühle weiterzumachen.
Der Wassermann kommt sich oft als einsames und »anderes« Kind vor. Als Erwachsener, wenn er die Reife und Einsicht hat, sich mit diesem Konflikt auf einer mehr verstandesmäßigen Ebenc zu befassen, wird dies Gefühl der Entfremdung nachlassen. Daher ist die Kindheit für diese Kinder nicht die schönste Zeit ihres Lebens.
In der Kindheit ist der Hauptantriebsfaktor für den Wassermann das Bedürfnis, seinen Weg selbst zu suchen. Eltern können das Wassermann-Kind nur wenig leiten. Es ist durch sein inneres Bedürfnis motiviert, sein Gefühl für Humanität mit seinem Gefühl für Individualität auszubalancieren. Warum dies ein so wesentlicher Punkt ist, wird Eltern mit einem ganz anderen astrologischen und persönlichen Hintergrund unverständlich sein. Nichtsdestoweniger wird der kleine Wassermann, ob mit oder ohne Unterstützung der Familie, daran arbeiten, diese Frage zu lösen, denn er ist dazu gezwungen. Und liebevolle Eltern müssen ihn dies ohne unnötige Einmischung oder Forderung nach Anpassung tun lassen. Eine solche Absonderung ist oft hart. Eltern können bei diesem Prozeß am besten helfen, wenn sie mit ihrem Wassermann von gleich zu gleich sprechen, ihn als Mitmenschen sehen, der zwar kleiner und jünger, aber nicht weniger nachdenklich ist. Eltern müssen sich dafür interessieren, warum ihr kleiner Wassermann tut was er tut und ihm helfen, die Dinge durchzudenken, anstatt zu versuchen, ihn zu führen. Eltern, die willens sind, sich in dieser Weise von ihrem Kind leiten zu lassen, können ihm helfen, sichere Möglichkeiten zu wählen und Entscheidungen zu treffen, bei denen es sich auch selbst berücksichtigt. Das Vertrauen und die Loyalität, die sie dafür bekommen, ist diese Anstrengung wert.
Freunde sind für den jungen Wassermann sehr wichtig, und er wird

sie oft genauso wie seine Familie schätzen. Freunde, besonders eine Gruppe von anderen »besonderen« Kindern, helfen ihm, das Gefühl von Isoliertheit zu mildern. Seine gesamte Kindheit hindurch glaubt der Wassermann, daß Freundschaft und soziale Aktivität den Schmerz, den ihm seine Andersartigkeit verursacht, vertreiben können, und wenn dieser Prozeß mißlingt, fühlt er sich extrem isoliert und allein. Der kleine Wassermann braucht das Gefühl, daß er beliebt und geschätzt ist, und vor allem, daß er dazugehört. In Übergangszeiten, wie etwa nach dem Verlust eines engen Freundes, der Beendigung einer sozialen Erfahrung, bei einem Schulwechsel oder dem einer Spielgruppe, braucht der Wassermann besondere Unterstützung und gutes Zureden der Eltern.

Der kleine Wassermann neigt dazu, seine gesellschaftlichen Bedürfnisse auf so viele Freunde wie möglich zu verteilen, in dem Gedanken und Glauben, daß mehrere Beziehungen sicherer sind als eine einzige Person von Bedeutung und daß seine Bedürfnisse mehrere Freunde nicht so sehr übermannen werden. Auf diese Weise lernt ihn niemand ganz kennen, und der kleine Wassermann wird sich sowohl erleichtert fühlen als auch sehnsuchtsvoll angesichts der Fähigkeit anderer zu vertrauensvoller Nähe. Er wird Krisen benutzen, eigene oder die anderer, um Menschen näherzukommen, bis er lohnendere und beständigere Wege findet, andere zu erreichen. Daher fühlen sich kleine Wassermänner in Gruppenbildungen wohl, in denen sie ihre Bedürfnisse verteilen und einige engere Beziehungen unterhalten können. Ihre Suche nach Bindung und Nähe führt oft zu produktiven und lohnenden Gruppentätigkeiten und häufig zu einer engen Verbindung mit einer wesentlich älteren Person, gewöhnlich einem Großelternteil.

Für Eltern wird der innere Abstand ihres Kindes der frustrierendere Aspekt sein. Diese Distanziertheit wird natürlich von anderen Anlagen seiner Persönlichkeit betont oder gemildert, aber manchmal ist es schwierig für diejenigen, die einen Wassermann lieben, Zugang zu ihm zu finden. Der Wassermann wird sich niemals richtig verwurzelt fühlen, weder in sich selbst noch in anderen. Er wird einem flüchtig begegnen, meist ein bißchen weggetreten, so als sei er nicht ganz anwesend. Einem Wassermann kann man dreimal nacheinander sagen, er möge den Tisch decken oder sein

Zimmer saubermachen, und er wird die Bitte einfach nicht hören. Er wird an seinem Ziel vorbeilaufen oder später fahren, weil er eifrig mit seinen eigenen Gedanken beschäftigt ist.
Der beste Weg, mit einem Wassermann Verbindung zu halten und ihm zu helfen, sich zu konzentrieren, sind Gespräche. Der Wassermann liebt Ideen, denkt gern über Dinge nach, spricht gerne und hat es gerne, wenn man ihm zuhört und ihm antwortet. Sehr gewarnt seien Eltern jedoch davor, an ihn hinzureden und ihn abzukanzeln. Wassermänner sind außerst empfindlich, wenn man sie zum Zuhören zwingt, wenn sie unfair behandelt werden und keine Gelegenheit haben, ihre eigene Meinung zu äußern und wenn sie sich elterlichen Forderungen fügen müssen, mit denen sie nicht übereinstimmen. Natürlich muß ein Gespräch auf das jeweilige Alter des Kindes zugeschnitten sein, aber selbst Wassermann-Kinder, die noch nicht sprechen können, reagieren auf Tonfall und sprachliche Äußerungen ihrer Eltern und werden bereits den Wunsch haben, sich ebenfalls zu artikulieren, soweit ihre Entwicklung dies erlaubt.
Höfliche Gespräche geben dem Wassermann eine Möglichkeit, seine Gleichberechtigung zu begründen und das Gefühl, daß seine Individualität ernstgenommen wird. Aber selbst in den respektvollsten und diskussionsfreudigsten Familien wird der Wassermann das Bedürfnis haben, sich zu widersetzen und gegen Autorität zu rebellieren. Es ist ein Teil seiner Kindheits-Aufgabe, und Eltern müssen dies respektieren und Zugeständnisse machen im Hinblick auf Zeit und Energie für diesen Wettstreit der Willenskräfte.
Kleine Wassermänner erleben sich nicht gerne hilflos oder abhängig und wollen keinesfalls weniger wert sein als Eltern oder andere Erwachsene. Bereits im zarten Alter kann ihr Gefühl für Gleichberechtigung über ihre Jahre, ihre Fähigkeiten und Entwicklung hinausgehen. Die feste Überzeugung, daß er alles tun kann, was andere auch tun, bringt den Wassermann in eine unangenehme und peinliche Situation. Letztlich kommt er zu der Annahme, daß niemand ihn schützen oder sich um ihn kümmern will oder kann und daß, wenn er etwas nicht selbst kann, dies niemand anderer für ihn tun wird. Dies wird den Eltern eines fünfjährigen Kindes ziemlich überheblich vorkommen, aber dem Kind erscheint dies durchaus nicht so. Eltern müssen ihrem kleinen Wassermann beständig Liebe und Schutz bieten. Sie müssen Grenzen setzen und dem Kind angesichts dessen endlosen Testens versichern, daß unterschiedliche

Fähigkeiten kein Faktor zur Beurteilung des Selbstwertes oder von Gleichwertigkeit sind und daß andere einem helfen können. Es muß nicht alles alleine machen.

Das Bedürfnis des jungen Wassermanns, alles zu testen und zu rebellieren, ist so stark, daß es gequälten Eltern fast als eine automatische Reaktion vorkommen mag und sie versucht sein können, ihr Kind in ein bestimmtes Verhalten zu manipulieren. Das Wassermann-Kleinkind kann besonders lästig sein. Erschöpfte Eltern müssen der Versuchung widerstehen, ihren rebellischen kleinen Wassermann in eine unterwürfige Haltung zu tricksen. Diesem willensstarken kleinen Kind in der Hoffnung auf die gegenteilige Reaktion zu verbieten, seine Möhren zu essen, kann Erfolg haben, umgeht das Problem jedoch nur. Es kann dem Wassermann zeigen, daß sich Rebellion lohnt und umständliche Umgangsmuster zwischen Eltern und Kind entwickeln, die sich immer schwerer entwirren lassen, je klarer sich das Kind auszudrücken versteht. Eltern, die ohne Tricks klare und feste Grenzen einhalten, werden jedoch entdecken, daß die Rebellion des Kindes wirklich nur ein vorübergehendes Mittel ist, seine Einwirkung auf die Welt zu entdecken. Wenn seinem Widerstand mit Verständnis und fester Kontrolle begegnet wird, anstatt mit ebensolcher Uneinsichtigkeit, wird sich der junge Wassermann bald neuen Interessen zuwenden.

Teilweise beinhaltet das Gefühl dieses Kindes für Einzigartigkeit den Wunsch nach Unberechenbarkeit. Es haßt es, jemand sagen zu hören: »Ich wußte schon, daß du das tun würdest«, und er wird dann das Gegenteil dessen tun, was man von ihm erwartet hat, nur um das Gefühl von Selbständigkeit aufrechtzuerhalten. Wenn ein Wassermann-Kind einen Spaziergang machen möchte und seine Mutter dies ebenfalls will, fällt das dem Kind schwer, es sei denn, die Mutter sagt: »Ich würde gerne ein wenig mit dir laufen. Ist es dir recht, wenn ich mit dir komme?« Eltern müssen feste, aber dennoch geringstmögliche Führung und Vorschriften bieten, denen der junge Wassermann folgen soll und ihn dann seinen eigenen Weg finden lassen, ohne ihn zu zwingen, sich äußerem Druck zu beugen. Es ist wichtig, daß junge Wassermänner lernen, ihre Entscheidungen auf ihren Wünschen aufzubauen und nicht auf ihrem Bedürfnis, immer wieder ihren Unterschied zu anderen beweisen zu müssen. Eltern wären also gut beraten, den kleinen Wassermann zu fragen, anstatt ihm etwas zu sagen. Möglicherweise lernen auch Eltern etwas über Gleichberechtigung und Nähe.

In vieler Hinsicht ist es für Eltern, die ein Wassermann-Kind aufziehen, einladend, einen mehr gewährenden Erziehungsstil anzuwenden, als dies bei anderen Sonnenzeichen empfehlenswert wäre. Dies wird dann gut funktionieren, wenn Eltern genau über die Grenzen nachgedacht haben, bis zu denen sie ihr Kind jeweils gehen lassen wollen und was zu seinem Schutz bei seinen Untersuchungen notwendig sein wird.

Das Wassermann-Kind wird die größten Schwierigkeiten mit geheimen Regeln haben, diesen unausgesprochenen Erwartungen, die bis zu einem gewissen Grade in jeder Familie existieren. Gerade diese Regeln wird es testen und dagegen rebellieren. Mit seinem angeborenen Verständnis für Zusammenhänge wird es seine Wahrnehmungen testen, Widerspruch herausfordern und Unehrlichkeit entlarven wollen. Sein Motto innerhalb der Familie kann lauten: »Lügner, nehmt euch in acht!« Es ist keine angemessene Aufgabe für ein Kind, sich selbst mit dem Familienkonzept bekannt zu machen. Eltern, die ihrem Kind diese Bürde abnehmen wollen, tun gut daran, ihr Familiensystem und dessen Voraussetzungen zu betrachten, besonders dann, wenn ihr Kind sie dazu herausfordert.

Wassermann ist unzweifelhaft das humanitärste Zeichen. Oft zeigt er seine Liebe durch seine Teilnahme an Angelegenheiten, Plänen, religiösen oder spirituellen Dingen und kann ziemlich distanziert oder unpersönlich wirken, wenn er nach Auswegen aus unbehaglichen persönlichen Situationen sucht. Wenn z. B. ein kleiner Freund schlechte Erfahrungen mit einem Babysitter gemacht hat, wird der Wassermann kurze Zeit Mitgefühl mit ihm haben und dann eine Gruppe für Kinderrechte ins Leben rufen, um ähnliche Vorkommnisse bei anderen Kindern zu verhindern. Kleine Wassermänner wollen die Wale retten, gegen den Atomrkrieg demonstrieren, dem Bundespräsidenten schreiben und ähnliche Dinge tun, die die Eltern überraschen, da sie weit über Alter und Verständnis ihrer Jahre hinausgehen. Wassermänner versuchen zu helfen, indem sie die Probleme lösen und ihre Absicht kann von Freunden mißverstanden werden, die einfach nur einen mitfühlenden Zuhörer oder eine Schulter suchen, an der sie sich ausweinen können.

Wassermann-Kinder sind gewöhnlich körperlich und geistig schnell und unbekümmert. Oftmals lieben sie Überraschungen und ihr Humor reflektiert ihre Freude am Unerwarteten. Ein tief im Inneren vorhandenes Gefühl von Vorsicht läßt sie Überraschungen, die sie erschrecken, übelnehmen, aber kleine Wassermänner sind äußerst risikofreudig wenn sie das Gefühl haben, daß sie eine Situation sicher unter Kontrolle haben. Ein junger Wassermann wird ungeduldig auf seine erste Fahrt mit einer Vespa warten, wird aber feindselig und störrisch werden, wenn man ihn dazu zwingt, bevor er sich sicher fühlt. Wenn er ein Risiko gewagt hat, eilt es dem jungen Wassermann nicht, es zu wiederholen. Dies ist für ihn erledigt und er ist bereit für etwas Neues. Ungeduldig wie er ist, wird er sich manchmal in eine Sache stürzen, die ihn ängstigt, nur um sie hinter sich zu bringen. Wenn andere ihn jedoch antreiben, werden sie wahrscheinlich mit der sprichwörtlichen wassermännischen Störrischkeit Bekanntschaft machen. In die Enge getrieben, wird sich der kleine Wassermann nicht rühren, ehe er vollkommen fertig ist.

Der junge Wassermann ist nachdenklich, intellektuell, logisch und scheint ein ausgesprochener Verstandesmensch zu sein. Oft ist er intellektuell seinem Alter voraus. Lehrer könnten ihm vorschlagen, eine Klasse zu überspringen, dies wird jedoch sein Gefühl für Gleichaltrigen-Gruppen stören und es ist nicht ratsam, einen solchen Schritt ohne Absprache mit dem Kind und dessen Bereitschaft zu vollziehen. Der Wassermann ist gerne vernünftig. Er kann das Zurschaustellen von Emotionen oder Sentimentalität nicht leiden und glaubt, daß alles mit der nötigen Zeit und Information herauszufinden ist. Anderen Menschen kann das Verhalten des Wassermanns kühl erscheinen und sie können den Wunsch verspüren, ihm irgendeine Art emotionaler Reaktion zu entlocken. Das Wassermann-Kind hat Gefühle, es zeigt sie nur nicht so schnell und öffentlich, wie andere dies gerne hätten.

Mehr als alles andere hassen es Wassermann-Kinder, gemaßregelt zu werden. Eltern, die eine emotionale Reaktion ihres störrisch-verschlossenen Kindes erwarten, tun gut daran, es nicht anzusprechen. Ein verärgerter Vater, der schreit: »Wie konntest du das tun?«, wird feststellen, daß diese Art der Konfrontation nicht den erhofften Erfolg hat, noch wird eine Mutter, die fragt: »Hast du Großmama liebgehabt? Warum weinst du nicht, wie wir alle?« irgendwelche Anzeichen von Trauer hervorrufen. Wenn das erwartete Gefühl schließlich doch zum Vorschein kommt, wird dies eher die Reaktion auf den Druck sein als der Ausdruck innerer Emotionen. Wassermänner können beschließen, daß für andere jegliche Antwort besser ist als Schweigen oder die Wahrheit, und sie werden diese Verletzung ihrer Autonomie noch lange nachtragen, wenn andere den Zwischenfall längst vergessen haben.

Obwohl er gewöhnlich Zeit braucht, um über Dinge nachzudenken, kommen dem kleinen Wassermann endgültige Antworten oft plötzlich intuitiv, ohne daß sie augenscheinlich oder verstandesmäßig nachzuweisen sind. Eine Aussage logisch oder emotional erzwingen zu wollen, ist unproduktiv und führt nur zur Rebellion. Im Grunde genommen ist die Persönlichkeit des Wassermanns Idealen wie Wahrheit, Ehrlichkeit, Gleichberechtigung genügend zugewandt, so daß er Probleme lösen kann, obwohl er sich weigern wird, sie nach fremden Konzepten zu lösen, wenn man ihn in die Enge treibt.

Der junge Wassermann ist wißbegierig und schnell, und wenn er einmal sorgfältig eine Entscheidung getroffen hat, kann er sehr von sich eingenommen sein. Er hat einen methodischen, systematisch und theoretisch funktionierenden Verstand und ist technisch begabt.

Der Wassermann ist an jeder Art von System, sei es bürokratisch, politisch, familiär oder technisch, interessiert. Er sucht nach abstrakten Verbindungen innerhalb und zwischen verwandten Systemen. Er entwirft liebend gerne Strategien und spricht über allgemeine Prinzipien. Wassermänner verabscheuen Geschwätz und sprechen lieber nur über das, was ihnen wichtig und sinnvoll erscheint. Sie haben wenig Geduld mit der Vergangenheit und sind echte Schüler der Gegenwart und der Zukunft. Sie sind möglicherweise von Kommunikationssystemen fasziniert, besonders vom Fernsehen, sowie von den Apparaturen dieses Mediums selbst. Wassermann-Kinder lieben Apparaturen aller Art und werden sie sammeln und kreativ damit umgehen.

Obwohl er ungeduldig auf Wiederholungen reagiert, hat der Wassermann gerne alles doppelt, er hat gerne zweimal ein und dasselbe und fühlt sich zu Kunstformen hingezogen, die Nachahmungen zulassen, zu Fotografie, Gedichten, Drucken usw. Wassermann ist ein hochgradig kreatives und ursprüngliches Zeichen. Teil der Freude, die das Leben mit einem Wassermann-Kind mit sich bringt, ist der Umstand, daß man eingeladen ist, die Welt mit seinen einmaligen Augen zu sehen. Wassermann-Kinder denken sich immer neue

Wege aus, eingefahrene Dinge zu tun und sie sind besonders geschickt im Umgang mit neuen Erfindungen. Manchmal können Erwachsene diese Wißbegier als Herausforderung empfinden, dies ist aber nicht der Fall. Der Wassermann wird lieber eine neue Methode ausprobieren und dabei ein Scheitern riskieren, als nach einem bewährten Rezept vorzugehen. Wassermann-Kinder lesen selten Rezepte, und wenn sie es tun, ist es ihnen ein dringendes Bedürfnis, etwas daran zu ändern. Wassermann-Erfindungen haben viele Gebiete revolutioniert, und der Verstand kleiner Wassermänner ist ebenfalls fast stets bereit, etwas Neues auszuprobieren. Sie werden auf nahezu jede Herausforderung und jedes Wagnis eingehen. Kleine Wassermänner prahlen manchmal, daß sie alles probieren wollen, und vorsichtige Eltern werden einige Zeit darauf verwenden müssen, um das Kind zu lehren, wie es Risiken einschätzen und sich selbst schützen kann.

Wassermann-Kinder lieben Aufregung und werden oft Veränderungen nur um der Veränderung willen verursachen oder bequeme Muster gegen eine neue Idee austauschen. Gespannt und erwartungsvoll scheinen sie oft nur darauf zu warten, daß etwas geschieht. Sie ziehen jede Veränderung des augenblicklichen Zustandes dem Gefühl der Langeweile vor. Sie wissen nicht, wie man sich entspannt. Das Interesse und die Beteiligung des Wassermanns wachzuhalten ist für Eltern solcher kleiner Dynamos eine Sache für sich. Um sich lebendig zu fühlen, brauchen kleine Wassermänner einen ständigen Fluß von neuen Informationen und Herausforderungen, und sie werden selber welche erzeugen, wenn die Umgebung nicht stimulierend ist. Wenn jedoch einmal ihre Neugier und ihr Interesse geweckt ist, sind sie nicht launisch und bleiben bei der Aufgabe, der sie sich verschrieben haben. Sprunghaftes Verhalten und plötzlicher Interessenwechsel sind Anzeichen von Langeweile und sollten nicht mit Rebellion verwechselt werden.

Das Leben mit einem Wassermann-Kind ist erfrischend und anregend. Eltern, die darauf eingerichtet waren, sich gemütlich zurückzulehnen und das Leben an sich vorbeiziehen zu lassen, werden wieder lebendig und von der Neugier und Energie des kleinen Wassermanns herausgefordert. Sein Entzücken an Neuheiten wird sie mit den jüngsten Trends und Entdeckungen bekanntmachen. Sein Gefühl für Fairneß wird ihn dafür sorgen lassen, daß sie Anteil nehmen können an dem, was ihm wertvoll erscheint. Eltern werden

Gefühle, Informationen und seinen Humor mit ihm teilen und es unterlassen, unangebrachte Forderungen an das Verhalten des Kindes zu stellen oder seine Privatheit zu stören. Andererseits gilt es zu beachten, daß es sich um ein Kind handelt und dies all seiner Zuwendung und seines Schutzes bedarf. Väter werden feststellen, daß liebevolle Unterstützung und Annahme das Vertrauen des Kindes sehr fördern. Kleine Wassermänner, die sich geistig mit ihrem Vater auseinandersetzen können und dabei auch manchmal die Oberhand behalten, sind äußerst zufrieden.

Geschwister: Junge Wassermänner neigen dazu, Geschwister entweder als Freunde zu behandeln oder sie haben überhaupt wenig Bindung an sie. Da sich das Wassermann-Kind selbst als großzügig, vernünftig und logisch betrachtet, wird es seine Geschwister vermutlich als emotional, eigensinnig, impulsiv, egozentrisch und zielstrebig ansehen. Es kann zwischen den Geschwistern zu intellektuellem Wettstreit und heftigen Debatten kommen, und da der ruhelose Wassermann gewöhnlich nicht fähig ist, Feindseligkeiten anstehen zu lassen, wird er um der Gleichberechtigung willen schnell kapitulieren.

Freunde: Der junge Wassermann ist durch und durch loyal, tolerant und großzügig Freunden gegenüber. Er fühlt sich von denen angezogen, die ähnlich intelligent sind wie er und gleiche Wertvorstellungen haben. Er sucht besonders die, die interessant sind und nicht so wie alle. Unglücklicherweise bedeuten für das verwirrte Kind diese Charaktereigenschaften, von denen es sich angezogen fühlt, bei seinen Freunden oft, daß sie in Bewegung sind, in sein Leben kommen und just dann wieder daraus verschwinden, wenn es sich an sie gewöhnt hat. Mit seinem Bedürfnis, Sicherheit und Vertrauen in Situationen zu steuern, kann es sein, daß er Menschen verläßt, die für ihn wichtig sind, bevor sie ihn verlassen. Manchmal schätzt er eine Situation falsch ein und verliert unnötigerweise enge Freunde. Der kleine Wassermann erwartet von Gleichaltrigen Humor, Treue, Ehrlichkeit, Gerechtigkeit und Freundlichkeit und ist bereit, dies auch zurückzugeben. Er wird enttäuscht und überrascht sein, wenn andere nicht seinen Vorstellungen entsprechen oder seine Ergebenheit anerkennen oder zumindest bemerken.

Verstand/Information/Schule

Der junge Wassermann hat einen schnellen, originellen, scharfen Verstand und ist zu großen, intuitiven, blitzartigen Einsichten fähig. Er liebt Systeme und Muster und organisiert gern Menschen und Informationen. Er theoretisiert, abstrahiert und erklärt gern. Er reiht Gedanken aneinander wie die Glieder einer Kette. Manchmal fällt es ihm schwer, die Gedanken auszuschalten, wenn er schlafen möchte. Er ist ungeheuer wißbegierig und sucht kampflustig nach Informationen und Mustern und ist über jede Neuigkeit hocherfreut. Er weiß immer genau, was jeder in seiner Umgebung tut.
Der Verstand des Wassermanns arbeitet rational, logisch und oft systematisch. Er glaubt, daß alles zu berechnen oder verstandesmäßig zu erklären ist. Er lernt gerne, wird jedoch abwehrend reagieren, wenn ihm jemand etwas erklären will, das er schon zu wissen glaubt. Er hat wenig Zeit für Geplauder oder eitles Geschwätz und neigt dazu, emotionalen Ausdruck ebenfalls letzterer Kategorie zuzuzählen.
Obwohl er gewöhnlich die Vorschule mag, ist der Wassermann ruhelos und wird den regelmäßigen Schulablauf langweilig finden. Es wird ihm schwerfallen, seine Geschwindigkeit zu drosseln und sich den Bedürfnissen langsamerer Schüler anzupassen. Er lernt am besten durch Assoziation, indem er grundverschiedene Informationsstückchen verbindet, und er muß gegenwärtige Information verstanden haben, bevor er weiterlernt. Sein Bedürfnis nach Verständnis kann Lehrer ärgern, die routinemäßiges Auswendiglernen vorziehen oder die nur auf die Bedürfnisse der Mehrheit der Schüler eingehen. Der kleine Wassermann hat oft eine Art fotografisches Gedächtnis, wenn es um Dinge geht, die ihn interessieren. Obwohl es ihm auf anderen Gebieten häufig an Detailwissen mangeln kann, wird sein Gedächtnis oft akkurat und vollständig das wiedergeben, was einer seiner Sinne aufgenommen hat. Bilder, Dialoge, Töne usw. Das Wassermann-Kind sammelt Bücher und ist gewöhnlich ein ausgezeichneter Leser, der aber nicht so gern liest als er spricht, sich unterhält, diskutiert oder durch Tun lernt. Er liebt Experimente und Entdeckungen durch Erfahrung.
Höhere Schulbildung: Wassermänner ziehen höhere Schulbildung in erster Linie wegen des sozialen Nutzens in Erwägung, erst dann zählt die erworbene Erfahrung und Information. Sie sind oft künstle-

risch begabt, obwohl sie vielleicht eine andere Karriere anstreben. Wassermänner werden nervös, wenn sie für etwas bezahlt werden, das sie gerne tun und wenn ihre künstlerischen Leistungen beurteilt werden. Daher werden sie wahrscheinlich eine Karriere im Bereich Forschung, Organisation, Rechtswissenschaften, Medien oder Computertechnik anstreben. Sie lieben Psychologie und verdienen möglicherweise ihr Geld damit, Menschen verstehen zu wollen. Vielleicht entschließen sie sich auch für eine weitere Ausbildung eher um jemand anderem zu Gefallen, als sich selbst.

Verantwortung/Arbeit/Belohnung

Verantwortung und Arbeit: Der junge Wassermann liebt Verantwortung in größerem Rahmen – für Menschengruppen, die Organisation von Angelegenheiten usw. –, Kleinarbeit lieben sie jedoch weniger. Sie sind gerne verantwortlich für die jährliche Sammlung für Brot für die Welt, sind aber ärgerlich, wenn sie den Abschlußbericht schreiben sollen. Ähnlich verhält es sich mit ihrer Einstellung gegenüber »der Beste« oder »der Einzige« bei etwas zu sein, und gewöhnlich teilen sie gerne beides, Verantwortung und Verantwortlichkeit.

Wenn man ihnen jedoch einmal Verantwortung übertragen hat, nehmen Wassermänner ihre Aufgabe ernst und können zwanghaft gründlich sein. Sie neigen dazu, Listen zu führen und sie erwarten oft, daß sie für ihre Angstrengungen emotional oder materiell bezahlt oder entschädigt werden. Sie glauben, daß sie eine kosmische Verpflichtung haben, ihre Talente zu nutzen und sie können Schwierigkeiten haben, nein zu sagen und ärgerlich werden, wenn sie überlastet oder überarbeitet sind.

Der Wassermann sieht Arbeit einfach als Erweiterung von Verantwortlichkeit. Wenn er überzeugt ist, daß seine Arbeit sinnvoll und wichtig ist (den Hund füttern ist sinnvoll, Geschirr spülen ist es nicht), wird er sich sehr anstrengen, um ausgezeichnete Arbeit zu leisten. Er ist sehr angespannt, wenn er sich auf eine Arbeit konzentriert, und obwohl er es nicht liebt, gestört zu werden, hat er doch gern jemand in seiner Nähe. Der junge Wassermann entwickelt ein großes Konkurrenzempfinden bei der Verrichtung seiner Arbeit und versucht oft, der Beste zu sein, um Vergleiche oder Kritik zu vermeiden. Wie der kleine Steinbock, so möchte auch der Wassermann der Standard sein, nachdem alles andere beurteilt wird. Er unterscheidet sich aber insoweit vom Steinbock, daß er, wenn er dieses Ziel erreicht hat, sich angesichts des offensichtlichen Mangels an Gleichheit unbehaglich fühlt.

Belohnung: Das Wassermann-Kind muß ganz eindeutig für seine Anstrengungen belohnt werden. Es braucht es, daß seine Arbeit bemerkt wird, wenn auch nur durch ein zustimmendes Nicken oder ein Zeichen der Anerkennung. Wenn der kleine Wassermann seinen eigenen idealistischen Standard erreicht, verursacht dies Selbstzufriedenheit bei ihm und er hört es gerne, wenn andere ebenfalls besser von ihm denken. Im Geist führt er eine Liste mit seinen Leistungen und Erfolgen und wird oft nach Belohnungen streben in Form von Hilfe oder besonderen Zuteilungen, von denen er glaubt, sie »verdient« zu haben. Obwohl der junge Wassermann auch Bargeld und Geschenke liebt, hebt man diese besser für besondere Gelegenheiten auf und benutzt sie nicht als direkte Belohnung, da er sie vielleicht ärgerlich als Bestechung empfinden mag.

Heim

Obwohl der kleine Wassermann seinen Lebensraum als Zuflucht vor der Welt ansieht, sind Freunde herzlich willkommen und freundlich eingeladen. Der kleine Wassermann zieht es vor, daß Leute zu ihm kommen, anstatt zu ihnen zu gehen. Während er einen gewissen Lebensraum braucht, fühlt er sich dennoch durch die Gegenwart anderer nicht gestört. Er hat seine Umgebung gerne gemütlich, wohnlich und leicht in Ordnung zu halten. Der Geschmack des Wassermanns, der sehr teuer sein kann, spiegelt sich oft in seiner Umgebung wider, die wenn möglich, geschmackvoll, luxuriös, mit Textilien geschmückt, wahrscheinlich in Abstufungen einer einzigen, gewöhnlich lichten Farbe abgestimmt ist. Ältere Wassermänner können eine Periode durchleben, in der sie von Dingen aus Chrom und Glas begeistert sind, sie kehren jedoch meist schnell wieder zu ihren alten Vorlieben zurück. Oft befinden sich in der Umgebung des kleinen Wassermanns Apparate, elektronisches Spielzeug, Radio, Fernsehgerät usw.

Gesundheit

Wenn der kleine Wassermann krank wird, wünscht und erwartet er, wie ein Baby behandelt zu werden, das gepflegt und zärtlich geliebt wird und gutes Essen bekommt. Er braucht dies alles. Kranksein kann für ihn der einzige Weg sein, sich Abhängigkeit zu gestatten oder uneingeschränkte Aufmerksamkeit zu erreichen. Er kann aber auch krank werden, weil er zu sorglos war (»Das kann mir nicht geschehen«) oder einfach als Möglichkeit, die Gangart zu wechseln, besonders dann, wenn er einmal etwas langsamer tun sollte. Während er sonst Aufmerksamkeit schätzt, kann er die Zeit der Krankheit nutzen, sich zurückzuziehen und wird dann unnötige Störungen übelnehmen.
Das Wassermann-Kind ist auf eine recht abstrakte Weise am Thema Gesundheit interessiert. Es weiß Bescheid über den Organismus, dessen Pflege, Vorsorge und Krankheiten. Wenn es krank ist, möchte es wissen warum, und während seines Heranwachsens möchte es etwas über Behandlungsmöglichkeiten erfahren und ein Wort bei diesen wichtigen Entscheidungen mitreden.
Traditionell regiert das Zeichen Wassermann die Schienbeine, Nerven, den ganzen Organismus und ist für ungewöhnliche Erscheinungen verantwortlich, z. B. große Hände, ungewöhnlich blaue Augen, winzige Ohren. Gesundheitliche Probleme sind meist nervöser Art, und diese Zustände können sich durch Zittern, Tics, Kopfschmerzen, Krämpfe, Schluckauf oder kleinere Unfälle, die durch Unachtsamkeit hervorgerufen werden, manifestieren. Sie können Allergien haben, die durch innere Reaktionen hervorgerufen werden, die ihre Ursachen in einer Reihe von äußeren Reizen haben können.

Kindheitsjahre

Die Ängste, die im folgenden aufgeführt werden, dürfen niemals zur Bestrafung eingesetzt werden. Sie dienen dazu, Wege für Bestätigung und Zuwendung aufzuzeigen.

Geburt – 6 Monate

Das Wassermann-Baby ist sprühend und gewinnend. Es ist hellwach und reagiert schnell auf Menschen, Gegenstände und Aktivitäten in seiner Umgebung. Da es über eine kurze Konzentrationsspanne verfügt, kann es leicht abgelenkt werden. Es liebt Überraschungen, unerwartete (und ungefährliche) Ereignisse und glitzernde Gegenstände. Es ergötzt sich an zärtlichen Spielen physischer Art, und fühlt sich durch jegliche Art körperlicher Einschränkung irritiert, unbehaglich und gespannt.

6–18 Monate

Das Wassermann-Baby ist äußerst interessiert an seiner Umgebung. Neugierig und ruhelos scheint es ständig in Bewegung zu sein und bekommt oft den liebevollen Spitznamen »Peng«. Der kleine Wassermann scheint furcht- und schonungslos seine Umgebung zu untersuchen und muß sorgfältig, aber unauffällig beobachtet werden, bis er alt genug ist, Gefahren selbst richtig beurteilen zu können. Bereits in diesem Alter ist er von Fernsehen, Computern und Elektrizität fasziniert. Das Wassermann-Baby kann früh entwickelt sein, eher als erwartet laufen und sprechen lernen, selbstverständlich ist es störrisch. Gegen Ende dieser Periode beginnt es zu rebellieren, und Eltern können durch dieses einjährige Kind ganz schön außer Atem geraten, dann aber durch die beständige Liebe des Kindes für Wechsel und Überraschungen und seine natürliche Lebhaftigkeit wiederum bezaubert werden. Wassermann-Babys scheinen ununterbrochen etwas auszuprobieren, nach etwas zu fragen, es dann aber zurückweisen oder nur vorübergehend haben zu wollen.

18 Monate–3 Jahre

Das Wassermann-Kind bleibt neugierig, munter und scheint überall gleichzeitig zu sein. Es muß wissen, wie Dinge zusammengehören und es baut gern irgend etwas zusammen, Spielzeug, kleine einfache Puzzles und ähnliches. Es fühlt sich jetzt noch mehr von den Medien angesprochen: Fernsehen, Recorder und kleine Computer werden bereits dieses kleine Wassermännchen faszinieren. Es ist umgänglich und an Menschen interessiert, besonders an anderen Kleinkindern. Es liebt Zaubertricks und magische Kunststückchen.
In diesem Alter ist der Wassermann ein ausgemachter Rebell. Er kann abwehrend, stur, eigensinnig und wankelmütig sein. Er liebt

Aufregungen und Herausforderungen und wird, wenn er sich vernachlässigt fühlt, selbst für Aufregung sorgen. Er beginnt, die berühmte Wassermann-Logik zu entwickeln und scheint streitlustig oder buchstabengläubig zu sein. Sein Verhalten wirkt sprunghaft und unberechenbar und er kann seiner Umgebung gespannt und reizbar erscheinen.

Sauberkeitserziehung: Den kleinen Wassermann sauber zu bekommen, kann eine mühsame Aufgabe sein. Von vornherein mag er keine unnötige Aufmerksamkeit, die sich auf seinen Körper richtet und es ist fast sicher, daß er gegen jede Art körperlichen oder emotionalen Drucks rebellieren wird. Man muß dem kleinen Wassermann erklären, was von ihm erwartet wird, und dann muß er liebevoll dabei unterstützt werden herauszufinden, auf welche Weise er dies bewältigen will. Auf diesem Gebiet wird er eher mit der Mutter als mit dem Vater zusammenarbeiten.

3–6 Jahre

Der Vorschul-Wassermann entdeckt Freunde. Da es für ihn wichtig ist, mit Gleichaltrigen zusammen zu sein, fühlt sich der Wassermann in diesem Alter besonders glücklich mit angemessenen Vorschul-Programmen. Es ist jedoch oft notwendig, ihn in Gruppensituationen intensiv zu überwachen. Er ist ruhelos, sorglos und wißbegierig und scheint immer etwas zu entdecken, mit etwas zu experimentieren oder etwas auszuprobieren. Ohne voll entwickelte motorische Kontrolle kann er sich selbst oder andere unbeabsichtigt verletzen. Obwohl er in diesem Alter Konkurrenzstreben entwickelt, fühlt er sich wahrscheinlich schuldig, wenn er gewinnt, und ist ärgerlich, wenn er verliert.

Er bleibt weiterhin rebellisch, verletzlich und launenhaft und entdeckt und erprobt geschäftig Grenzen und Rollenverhalten. Seine »Logik« fängt an sich zu entwickeln, und der Vorschul-Wassermann wird mit jedem in seiner Umgebung debattieren, argumentieren und alles beweisen wollen. Dies ist der Beginn der beachtlichen verbalen Fähigkeiten des erwachsenen Wassermanns. Wenn er unnötig eingeschränkt oder beschämt wird, kann der kleine Wassermann sehr erregt reagieren. Er wird sich vorwiegend mit leblosen Gegenständen identifizieren, besonders mit Computern.

6–12 Jahre

Der Wassermann dieses Alters ist außergewöhnlich auf seine Gleichaltrigen-Gruppen eingestellt, entweder rebelliert er gegen sie oder er versucht, sich ihren Normen anzupassen. Fairneß ist für ihn extrem wichtig und Team-Geist scheint die Voraussetzung für alles, ob das Kind zum Team gehört oder nicht. Der Wassermann im Schulalter ist verbindlich, kooperativ und wenn er will charmant, und er entwickelt schnell seine sozialen und verbalen Fähigkeiten, ebenso das Talent zu Führerschaft. Er ist gleichzeitig individualistisch und unabhängig mit einem etwas starren, aber wahrscheinlich einmaligen Gefühl für Recht und Unrecht. Er weiß genau Bescheid darüber, was jeder jederzeit tut und ist über augenblickliche Mode und Aktivitäten im Bilde.
Während er alle einschließt und sozial ist, kann er sich trotzdem einsam und isoliert fühlen, irgendwie nicht dazugehörig, ohne Rücksicht auf die wahre Natur der Situation. Entweder kommt er sich überlegen vor oder schüchtern. Er kann unpersönlich reagieren, eher Beziehungen zu Gruppen herstellen als zu einzelnen und er kann vorgeben, daß ihm alles gleichgültig ist. Er kann Regeln übertreten oder deren Ausnahme suchen, um ihre Festigkeit zu erproben und sich wegen offensichtlich unwichtiger Dinge streiten. Er ist ungeduldig mit sich und anderen. Er fürchtet, sich in Widersprüche zu verwickeln, obwohl er sich häufig festgefahren vorkommt. Sein Verhalten mit dem Ziel, Bewegung und Aufmerksamkeit in sein Leben zu bringen, wird unberechenbar wirken.

12–18 Jahre

Der heranwachsende Wassermann ähnelt dem im Schulalter sehr, die Anlagen sind nur verstärkt. Er neigt dazu, sein bisheriges Verhalten zum Extrem zu steigern. Entweder verhält er sich vollkommen anders oder haargenau so wie die Gruppe Gleichaltriger, er ist entweder sehr gesellig oder sehr zurückgezogen. Er bleibt rebellisch und widerspenstig und ist sehr hellhörig für die augenblicklich geltenden Normen und das Verhalten Gleichaltriger; entweder nimmt er es an oder er bekämpft es offen. Unabhängig und forschend oder abhängig von den Wertvorstellungen seiner Gruppe kann man erleben, wie der Wassermann-Teenager positiv oder negativ genau reflektiert, was in seiner Umgebung geschieht. Üblicherweise lehnt er elterliche oder traditionelle Werte ab und sucht eifrig nach einem neuen Rollenvorbild, einer Ausnahme. Er wird diese Vorbilder dann verbittert ablehnen, wenn er entdeckt, daß sie auch nur Menschen sind, oder er wird ihre Schwächen idealisieren. Er verachtet finanziellen Erfolg und bewundert dagegen Qualitäten wie Ehrlichkeit, Loyalität und Integrität.

Der heranwachsende Wassermann bleibt idealistisch und humanitär und ist dann ein williger und emsiger Arbeiter, wenn er an die Sache glaubt, für die er arbeitet. Er ist klug, schnell, originell, hat neue Erkenntnisse und ist bereit, Risiken zur Verbesserung von Dingen auf sich zu nehmen. Er hat eine gute Hand bei der Wahl von Dingen und bei Entscheidungen. Er mag es nicht, wenn er für sein Verhalten und seine Entscheidungen verantwortlich gemacht wird. Da er fürchtet, von maßgeblichen Leuten zurückgehalten zu werden, handelt er oft schnell, bevor andere die Möglichkeit haben, ihn aufzuhalten. Er kann sehr von sich selbst eingenommen sein und glauben, daß nur er die richtigen Antworten kennt, besonders dann, wenn er glaubt, daß alle gleich sind, das heißt alle wie er. Manchmal kann er kalt und unsympathisch erscheinen. Oberflächlich gesehen, nähert er sich emotionalen Schwierigkeiten mit Fakten und Logik, während sich hinter diesem kühlen Äußeren ein tiefes Mitgefühl verbirgt, von dem er fürchtet, daß es ihn unfähig zu emotionaler Unabhängigkeit macht.

Der Wassermann-Teenager fühlt sich gewöhnlich durch die Veränderungen seines Körpers ziemlich bedrückt, im besten Fall nimmt er sie als unbequem hin, im schlimmsten Fall als peinlich. Er ist jedoch recht wißbegierig hinsichtlich dieses Phänomens, wenn er den Körper als ein System ansieht, das er verstehen will. Wenn er sich nicht gelassen verhält, kann er sich und andere mit minuziöser Genauigkeit beobachten und kenntnisreiche Analysen der Entwicklung geben, die er wahrnimmt. Er zieht Freunde und Kameraden Liebhabern vor, obwohl er sexuelles Verhalten (oder dessen Fehlen) dazu benutzen wird, »in« oder anders zu sein, oder als Mittel, Menschen nahe zu sein.

Fische-Kinder

19. Februar – 20. März

Allgemeine Eigenschaften

Während viele der im folgenden beschriebenen Charakteristika für die meisten Fische-Kinder zutreffen werden, können andere, manchmal widersprüchliche Eigenschaften sehr wohl *auch* bei dem Kind, das unter diesem Zeichen geboren ist, in Erscheinung treten.

Eltern werden sofort von der Verletzlichkeit, Hilflosigkeit und Niedlichkeit ihres neugeborenen Fische-Kindes angezogen sein. Das Fische-Baby ist sanft und zärtlich und läßt sich willig halten und hätscheln. Es ist die »Puppe«, die viele Mütter sich gewünscht hätten, und es wird bei beiden Eltern die zärtlichsten Gefühle erwecken. Fische können zarter erscheinen, als sie wirklich sind, und Eltern können sich darüber beruhigen, daß dieses Baby tatsächlich belastbar ist. Eltern könnten versucht sein, auf die Verletzbarkeit des Fisches mit dem Wunsch zu reagieren, als Mutter oder Vater noch perfekter zu sein, und befürchten, ihre Fehler könnten dem Kind schaden. Fische sind nicht so zart, und wenn sie älter werden, ist diese Verletzlichkeit auch weniger offensichtlich. Während das Fische-Baby in neuen Situationen sich scheu verhält und zurückzieht, ist es anpassungsfähig und erweist sich als neugierig und sehr charmant, wenn es sich einmal sicher fühlt.
Fische ist dasjenige Zeichen des Tierkreises, das am schwersten faßbar ist. Es ist ein Wasserzeichen, hat die Fische als Symbol, wird assoziiert mit dem Meer, mit großer Tiefe und veränderlicher Oberfläche. Fische weisen die umfassendste Palette an Verhaltensmustern und die am wenigsten vorhersagbaren auf. Fische-Menschen sind hochgradig empfindlich für die Erwartungen anderer. Das Fische-Kind wird sich wahrscheinlich so benehmen, wie es glaubt, daß andere es von ihm erwarten. Es kann eine Vielzahl von Verhaltensrollen annehmen, die oft die Erwartungen der Eltern

reflektieren, anstatt seine eigene Persönlichkeit geltend zu machen. Als Folge davon ist es ungeheuer schwierig, exakte Angaben über das Verhalten des jungen Fisches zu machen, und dieses Kapitel wird sich hauptsächlich mit Motivationen für die Entwicklung des Fische-Kindes beschäftigen anstatt mit Definitionen besonderer Anlagen. Kreise und Spiegel sind Bilder, die mit dem Fisch in Verbindung gebracht werden, und diese Symbole werden für Eltern, die ein Fische-Kind aufziehen, hilfreicher sein als alle Worte.

Der junge Fisch glaubt oft, daß das, was er aus sich heraus ist, nicht genügt. Er kann sich zutiefst seiner Unzulänglichkeiten bewußt sein oder das Gefühl haben, daß er irgendwie nicht dazupaßt. Er kann sich einbilden, er sei vielleicht am falschen Ort, zur falschen Zeit oder in die falsche Familie hineingeboren worden. Während sich manche Kinder ab und zu fragen, ob sie vielleicht adoptiert worden sind, fragen sich kleine Fische dies länger und nachdrücklicher als die meisten. Als Kind fühlt er sich nicht zu Hause in dieser Welt, und es kann schwierig für die Eltern sein, zu erkennen, wie sie ihrem Kind helfen können.

Aus dem Fische-Kind, welches das Gefühl hat, nirgendwo hinzupassen, wird ein Erwachsener, der überall hinpaßt. Es entwickelt soziale Fähigkeiten, Grazie und oftmals eine Wärme, die es wortlos übermitteln kann. Diese Entwicklung ist dem Verstand eines Kindes jedoch unbegreiflich und nur ein schwacher Trost, wenn es sich fragt, warum jeder außer ihm selbst es so gut hat, warum jeder alles lustig findet, oder was es sagen soll, wenn der Nächste ihm eine Frage stellt. Es kann anderen ängstlich oder scheu vorkommen, oder es wird sich in eine Phantasiewelt zurückziehen, die es mehr interessiert, weniger bedrohlich erscheint und ihm wenigstens die Illusion läßt, den Mut für das aufzubringen, was es tun muß. Wenn der kleine Fisch nur heute, wirklich nur heute, vorgibt, das tapfere Schneiderlein zu sein, dann hat er dadurch Freude an Unterhaltungen, Gesellschaft und Späßen. Er wird sich die Selbstsicherheit, die er braucht, vom Helden seiner Phantasie borgen.

Das Fische-Kind fürchtet und sucht gleichzeitig eine Art seelischer Unsichtbarkeit. Wenn es niemand beobachtet, fühlt es sich relativ sicher und kann tun, was es möchte, ohne jemanden Rechenschaft ablegen zu müssen. Wenn niemand es bemerkt, schließt es, werden auch seine Unzulänglichkeiten nicht offenbar und es wird nicht zurückgewiesen werden. Dafür, daß es Sicherheit im Rückzug sucht, zahlt es jedoch seinen Preis. Jedes Kind braucht Freunde, Feedback und Interaktion mit den Menschen, von denen es lernt und die für es verantwortlich sind. Jedes Kind braucht das Gefühl, etwas Besonderes zu sein, geliebt, bemerkt, erwählt zu sein, um Aufmerksamkeit und Zuwendung zu bekommen. Schließlich braucht selbst der kleine Fisch Zustimmung und Unterstützung, und sein Rückzugsverhalten, das ihm noch Minuten früher Sicherheit vermittelt hat, wird ihn nun mit Angst erfüllen. Eltern, die einen Fisch im Hause haben, müssen darauf achten, wenn er aus seinen privaten Sphären zurückkehrt und ihm dann möglichst gleich Aufmerksamkeit und Unterstützung bieten.

Ein kleiner Fisch, der in einem solchen Konflikt zwischen Sich-Verbergen und Sich-Offenbaren gefangen ist, wählt einen von zwei Wegen: er entscheidet entweder – in der Tat besteht er darauf –, sich den Menschen so zu zeigen, wie er wirklich ist, oder er entschließt sich dazu, Teile seiner selbst zu verbergen, die er höchst unvollkommen findet und hofft, daß man nur seine »guten« Seiten wahrnimmt. Diese Beschlüsse sind ihm nicht bewußt, sie liegen nicht auf der Ebene der Entscheidung zwischen Eis oder Kuchen. Dies sind tiefe, unbewußte Entscheidungen, die in der Seele dieses formbaren Kindes fallen.

Das Fische-Kind, das den Weg der vollen Offenbarung gewählt hat, ist oft kristallklar und mit seiner Umgebung in Einklang. Es ist zuversichtlich, spontan und kreativ und hat Energie übrig, um sie mit anderen zu teilen. Es kann seine Wachsamkeit mildern und seine Anpassungsfähigkeit mit den Bedürfnissen anderer abstimmen. Es nimmt gewissermaßen ein horrendes Risiko auf sich, und das Schlimmste ist an ihm vorbeigegangen, zumindest bis die nächste große Angstwelle kommt. Das Fische-Kind, das sich nur zu teilweiser Offenheit entschlossen hat, muß jetzt entscheiden, welche Teile seiner selbst es verbergen will. Dieses Kind ist nun ganz allein Richter und Geschworener seines zarten Selbstbildes zugleich und es sortiert die Teile seiner Persönlichkeit aus, von denen es glaubt, daß sie für die Menschen in seiner Nähe nicht annehmbar seien. Dies kann ein unangenehmer Prozeß sein, und er wird noch durch die Tatsache erschwert, daß das Wesentlichste dieses Vorganges in seinem Unterbewußtsein abläuft.

Einem jungen Fisch, der wesentliche Züge seines Selbst verbirgt, fällt es schwer zu glauben, daß die Anerkennung und das positive

Feedback, das er bekommt, wirklich für ihn bestimmt sind, da er sich desssen bewußt ist, daß da Teile seines Selbst nicht nach außen treten. Statt dessen kann er glauben, daß er alle zum Narren hält, denn wenn sie ihn *wirklich* kennten, würden sie ihn nicht so sehr schätzen. Er kann Mitleid mit den Erwachsenen empfinden, die er so offensichtlich zum Narren gehalten hat, und er kann ihrer Fähigkeit, für ihn zu sorgen, skeptisch gegenüberstehen, es sei denn, sie sind klug genug und ertappen ihn bei diesem Rückzug. Manchmal fängt der junge Fisch an, die Züge, die er offenbart, unterzubewerten, und er glaubt, sie seien nicht so »echt« wie das »echte« Selbst, das er verbirgt.

Einige Fische-Kinder verdrängen, indem sie eine Rolle annehmen, die ihrem wahren Selbst fremd ist. Sie denken: »Ich werde genauso sein, wie du es wünschst (und nicht wie ich bin), weil es so aussieht, als ob dir das lieber wäre.« Selbst schlechtes Betragen eines Fische-Kindes kann seinen Ursprung in der unbewußten Überzeugung haben, daß der Vater oder die Mutter wünschen, daß es sich auf eine bestimmte Weise verhält. Das Fische-Kind ist ein Meister im Aufnehmen von unausgesprochenen, indirekten und geheimen Botschaften. Oft reflektiert sein Verhalten unterschwellige Erwartungen der Familie. Erinnern Sie sich des Spiegelsymbols, der Fisch spiegelt die Familie in ihrer Gesamtheit. Der Spiegel kann beides reflektieren, Positives und Negatives. »Du wünscht dir eine kleine Tänzerin, du wirst eine kleine Tänzerin bekommen«, »du willst einen kleinen Störenfried, du wirst einen Störenfried bekommen«.

Das Fische-Kind, das eine ihm fremde Rolle annimmt oder die Familienbedürfnisse anstelle seiner eigenen widerspiegelt, vollbringt einen vorsichtigen Drahtseilakt zwischen Preisgegebensein und Sicherheit. Es möchte nicht als Schwindler entlarvt werden, zugleich ersehnt es aber Erlösung und das Ende des Spieles. Es hat eine tiefe Sehnsucht danach, daß es von jemandem so gesehen und akzeptiert wird, wie es wirklich ist, und wenn es jemanden findet, von dem es glaubt, daß dies der Fall ist, legt es eine immense Loyalität und Dankbarkeit an den Tag. Befremdete Eltern könnten protestieren und sagen, daß sie ihren kleinen Fisch so sehen und lieben, wie er ist. Diese Erklärung wird dem kleinen Fisch nicht viel helfen, es sei denn, sie wird häufig wiederholt und immer und immer wieder demonstriert. Der Entwicklungsprozeß für den kleinen Fisch ist gewöhnlich lang und jedes Kind braucht dafür die ihm gemäße Zeit.

Eltern, denen es gelingt, den jungen Fisch von ihrer bedingungslosen Liebe zu überzeugen, werden plötzlich ein Kind entdecken, das alle »Übertretungen« beichten will und das sich seines Versteckspiels schämt. Es kann sie testen um festzustellen, ob das Angebot ihrer Liebe auch dann Bestand hat, wenn sie erst einmal von seiner eigentlichen Wertlosigkeit und seinen Tricks wissen. Das Fische-Kind, das sich erkannt und gleichzeitig geliebt fühlt, kann sich auch völlig preisgegeben und verletzbar vorkommen. Obwohl dies genau die Situation ist, nach der es sich gesehnt hat, wird es jetzt von widersprüchlichen Gefühlen bewegt werden und sich zeitweilig von denen, die es liebt, zurückziehen oder um sich schlagen. Während solcher Übergangsphasen müssen Eltern ihm viel Liebe, Unterstützung und Information zuteil werden lassen. In dieser Zeit muß es lernen, wie es sich selbst verteidigen kann und den Unterschied erfahren zwischen teilweiser Selbstrücknahme und -verschleierung. Der junge Fisch ist äußerst verletzlich, wenn er beobachtet wird; er wird offizielle Informationen zwar akzeptieren, aber die meisten Risiken, die er auf sich nimmt, und die meisten Veränderungen, die er durchmacht, werden sich ohne Zeugen ereignen.

Fische können sich ihre ganze Kindheit hindurch in diesem Dilemma befinden, aber sie erraten die Wünsche und Erwartungen anderer so geschickt, daß Eltern möglicherweise niemals wissen werden, was in ihnen eigentlich vorgeht. Der Fisch ist tatsächlich ein bemerkenswertes Kind. Die meisten Menschen haben gerne jemand in ihrer Nähe, der sich anpaßt, der mit ihnen übereinstimmt und sich hervortut, indem er genau das tut, was sie sich wünschen. Die Anpassungsfähigkeit des Fische-Kindes kann andere dazu verleiten, ihre geheimen Sehnsüchte und Träume auf es zu projizieren, und es kann viel Energie darauf verwenden zu versuchen, diese Träume Wirklichkeit werden zu lassen. Der Fisch gerät in einen äußerst beängstigenden Konflikt, wenn zwei Menschen, die er liebt, einander widersprechende Erwartungen an ihn haben. (Wie kann er Mutters Pianist und Vaters kleiner Fußballspieler sein?)

Eltern mit unerfüllten Träumen (alle Eltern, alle Menschen haben unerfüllte Träume) müssen die Verantwortung für die Wahl übernehmen, die sie getroffen haben, und darauf achten, daß der kleine

Fisch soviel Freiheit wie möglich hat, um sich seine eigene Meinung zu bilden und seinen Weg selbst zu wählen.
Das Fische-Kind kann sich beklagen oder auch rühmen, daß viele Menschen es zu kennen glauben, es aber keiner richtig kennt. Es kann ihm schwerfallen, sich selbst zu beschreiben oder eine Identität zu schaffen. Es kann glauben, daß nichts von dem, was es tut, etwas ändert, und es wird von dem Einfluß, den es auf andere Menschen hat und von der Tatsache, daß sie ihn mögen, überrascht sein. Der junge Fische kann, wenn er versucht, anstatt seinem üblichen intuitiven Denkstil zu folgen, die Dinge realistisch anzugehen, kalt, berechnend und nicht einfühlsam wirken.
Kleine Fische können zurückgezogen oder übermäßig dramatisch wirken, wenn sie mit verschiedenen Gefühls- und Verhaltensbereichen experimentieren. Sie können die Bedeutung von Ereignissen, die andere unerheblich finden, übertreiben, und solche, die anderen bedeutungsvoll erscheinen, völlig übersehen. Es kann für sie notwendig sein, Ereignisse zu dramatisieren, um ihre Stoßkraft zu spüren, oder sie können glauben, daß ihre Geschichten aufregender sein müssen als das Leben selbst, um überhaupt eine Wirkung zu erzielen. Das Leben mit einem kleinen Fisch ähnelt oft den Geschehnissen in einem rührseligen Theaterstück, in dem alltägliche Ereignisse zu besonderen Geschehnissen hochstilisiert werden. Tatsächlich erklärte ein fünfjähriger Fisch der Mutter, die gerade einen Strafzettel bekommen hatte und recht ungehalten war, »mach dir nichts draus, Mami, ist ja alles nur Kino«. Der junge Fisch neigt dazu, subjektiv zu sein, Dinge persönlich zu nehmen und versucht, jedem Ereignis persönlichen Sinn und Bedeutung zu geben. Er liebt Hollywood.
Das Fische-Kind lebt oft in einer reich ausgestatteten Phantasiewelt. Es kann einen imaginären Spielkameraden haben und es konstruiert häufig sorgfältig durchdachte Geschichten, um die Aktivitäten seiner Umgebung zu erklären. Es spielt nicht nur einfach im Wald, es jagt einen Bären, und Willi von nebenan ist ein hilfsbereiter Indianerhäuptling und seine kleine Schwester eine Prinzessin usw. Die legendäre Kreativität des erwachsenen Fisches hat ihre Wurzeln in seinen Kindheits-Phantasien, aber dies ist ein schwieriger Weg für ein Kind. Weltliche Vorkommnisse nehmen magische Proportionen an, und kleine Fische haben häufig ein verdrehtes Verständnis von Ursache und Wirkung. Der Fisch kann wirklich

glauben, daß seine Mutter krank geworden ist, weil er böse mit ihr war. Er kann mit dem Universum verhandeln und versprechen, brav zu sein, wenn nur »Mami wieder gesund wird«. Wenn die Mutter wieder gesund wird, hat sich der Glaube des Fische-Kindes an magische Kräfte bestätigt. Wenn die Mutter nicht gesundet, ist seine Schuld erwiesen. Eltern müssen ihrem Fische-Kind beibringen, daß nicht es Dinge geschehen läßt und lassen kann.

Der Fisch ist ein beeinflußbares Kind, das ganz und gar glauben kann, was andere ihm sagen. Man muß ihm Witze als Witze erklären und die Familie sollte über seine Leichtgläubigkeit nicht in Gelächter ausbrechen. Ein Fisch, der früh im Leben gehänselt wird, kann später zynisch wirken und es wird ihm schwerfallen, anderen zu vertrauen. Das Fische-Kind ist besonders anfällig für sich selbst erfüllende Prophezeiungen und Eltern müssen besondere Vorsicht walten lassen, um ihm nicht zu sagen, wer er in ihren Augen ist. Selbst Eigenschaften, die als Komplimente gemeint sind, können dem kleinen Fisch wie Forderungen erscheinen, die er seiner Meinung nach erfüllen soll. »Du bist immer verspätet«, wird er sicher in die Tat umsetzen, und »was bist du für ein ehrliches Kind« kann einen Strom von Bekenntnissen auslösen über all die Male, wo er nicht ehrlich war. In der Zeit des Heranwachsens sind seine Leichtgläubigkeit und das Eingehen auf Eigenschaften immer noch stark, aber weniger offensichtlich vorhanden. Ein Erwachsener, der den Fisch, um ihn zu hänseln, »arrogant« nennt, kann Glauben finden und er kann so tatsächlich eine größere Veränderung im Leben des jungen Fisches bewirken.

Alle diese unterschwelligen Einwirkungen, die sich unter der angenehm anpassungsfähigen Oberfläche der Fische abspielen, können zu ziemlich nachhaltigen Verwirrungen über den Begriff der Realität führen. Wenn ihre Auffassung von Realität zu oft mit dem in Konflikt gerät, was die Familie als Realität ansieht, können sie befürchten, sie seien verrückt. Familien, die Fische-Kinder haben, müssen mit dem Gebrauch des Wortes »verrückt« besonders vorsichtig umgehen und sicher sein, daß sie Verschiedenheit nicht mit Verrücktheit verwechseln. Das Fische-Kind glaubt oft, daß in jedem System eine Person verrückt ist und wird große Anstrengungen unternehmen, um den Beweis zu erbringen, daß nicht es diejenige Person ist.

Da das Fische-Kind besonders intuitiv veranlagt ist, kann es bereits wissen, was vor sich geht, lange bevor andere dies wissen, besonders was emotionale Feinheiten angeht: es spürt oft Gefühle, bevor die Person, die sie entwickelt, sich dessen bewußt ist. Wenn der kleine Fisch seine Wahrnehmung äußert und man ihm erwidert, daß er sich irrt, kann er sich wiederum den Kopf darüber zerbrechen, ob er verrückt ist. Wenn ein Fische-Kind fragt: »Mami, bist du böse mit Papi?« tut die Mutter gut daran, einige Minuten lang über ihre wahren Gefühle nachzudenken, bevor sie dem Fisch sagt, daß er sich irrt. Besorgte Eltern sollten auf das Körnchen Wahrheit in den Fragen des Fisches hören und die Wahrnehmung ihres Kindes nicht kategorisch abtun.

Man muß dem Fische-Kind sagen, was gerade geschieht. Obwohl es gewöhnlich Geheimnisse haßt, wird es doch so etwas wie freudige Erregung spüren, wenn es an einer privilegierten Information teilhaben kann und sich sehr verletzt fühlen, wenn es von Geheimnissen ausgeschlossen ist. Sein Verhalten offenbart das Geheimnis oft, bevor sein Mund es tut und es ist selten ein guter Lügner. Der junge Fisch wird nur das sehen, was er sehen will. Er wird das sehen, von dem er wünscht, daß es wirklich sei, anstatt zu sehen, was wirklich ist. Er klammert sich eher an positive als an negative Vorstellungen und kann sie selbst angesichts gegenteiliger Beweise stur verteidigen. »Nein, ihr werdet euch nicht scheiden lassen, du und Mami, es ist mir egal, was du sagst!« Eltern wird es schwerfallen, die Realität des kleinen Fisches zu teilen, fähig zu sein, die Welt zu sehen, wie er es tut, besonders wenn seine Idealisierung von Dingen auch die Eltern miteinschließt. Letztlich ist diese Art von Optimismus, die auf Verneinungen beruht, eine verzweifelte Haltung: der Jugendliche, der Mängel in der Welt nicht anerkennt, kann sich auch niemals über Verbesserungen freuen.

Dies wirkt wie der Standpunkt eines romantischen Idealisten. Oft entstehen daraus wunderbare Kunstwerke, selbst bei kleinen Kindern, aber der Fisch bleibt in der Welt mit einem Gefühl der Machtlosigkeit zurück. Von diesem Standpunkt aus kann er nicht erkennen, wie irgend etwas, das er tut, etwas verändern kann, oder er wird Angst haben, er könne etwas an einer bereits perfekten Welt verderben. Ein kleiner Verschnitt mit wassermännischem Idealismus aus dem vorangehenden Zeichen oder der Auffassung des Widders von individuellen Rechten aus dem nachfolgenden Zeichen, könnte dem Fisch helfen, seine Sichtweise von der Welt besser auszubalancieren. Sein Problem ist wirklich die Entweder-oder-Sicht von Dingen. Kleine Fische müssen abschätzen lernen, wo sie eine Wirkung erzielen können und wo dies unmöglich ist. Das Symbol der Fische, ein Fisch stromaufwärts schwimmend, der andere Fisch stromabwärts, verdeutlicht diesen Konflikt.

Das magische Denken kleiner Fische kann sich in Form von Verneinungen zeigen. Wenn er die Existenz einer Sache leugnet oder deren Wichtigkeit, glaubt er, daß er sich nicht mit den indirekten Folgen zu beschäftigen braucht oder sich verantwortlich fühlen muß. Z. B. wenn der Vater ungehalten ist, weil das Auto einen platten Reifen hat, kann der kleine Fisch glauben, daß er Papi irgendwie trösten sollte, kann aber die ganze Geschichte wegstecken, weil er nicht das Gefühl haben möchte, sich daran beteiligen zu müssen. Oder wenn der kleine Fisch Angst hat, daß er verantwortlich gemacht, kritisiert, bestraft oder zurückgewiesen wird, kann er plötzlich selbst kritisch werden, um sich zu verteidigen: »Wenn der Vater vorsichtiger gewesen wäre, wäre der Reifen nicht platt« usw. Ein kleiner Fisch neigt dazu, entweder abwehrend oder unterwürfig zu reagieren, wenn Tadel in der Luft liegt. Er will entweder alles abwenden oder alles auf sich nehmen, aber er weiß kein Mittelmaß zu finden.

Obwohl Fische ein verletzliches Äußeres zeigen mögen, sind sie insgeheim der Meinung, die stärkste Person rundherum zu sein. Das Fische-Kind würde lieber selbst leiden als zusehen, wie ein anderer Schmerzen erleidet. Wenn das Rad eines Freundes kaputt ist, wird sich der Fisch schrecklich fühlen und aus Sympathie freiwillig darauf verzichten, selbst mit dem Rad zu fahren. Fische sind fast immer die Advokaten der Unterdrückten oder Benachteiligten. Der Fisch kann gestehen, daß er das Schild am Stuhl des Lehrers angebracht hat, selbst wenn er es nicht getan hat, nur um den wahren Schuldigen zu schonen. Er wird oft eine Kollektivschuld auf sich nehmen und sich schuldig fühlen, obwohl er nichts getan hat. Der junge Fisch denkt oft, es sei seine Pflicht, Schuld auf sich zu nehmen und er kann den Kummer der Welt oder der Familie auf seinen kleinen Schultern tragen. Er haßt selbst den Gedanken daran, die Gefühle eines anderen zu verletzen.

Die geheime Überzeugung, daß er stärker ist, kann dazu führen, daß der kleine Fisch die Bedürfnisse anderer seinen eigenen voranstellt. Er kann glauben, daß er warten muß, bis andere zufrieden oder glücklich sind, bevor die Reihe an ihm ist, oder er kann Dinge opfern, die er braucht, nur aus dem Gefühl heraus, daß das Opfer anderen hilft. (»Wenn ich diese Tafel Schokolade nicht esse, werden die armen Kinder in Afrika nicht mehr hungrig sein.«) Das Fische-Kind, das die Bedürfnisse anderer in den Vordergrund stellt, wird mitfühlend, rücksichtsvoll und großzügig wirken, aber es ist in seinem Verhalten gefangen und bekommt nicht, was es selbst braucht. Es kann wegen seiner unfreiwilligen Opfer später verbittert sein oder versuchen, seine Bedürfnisse auf andere Art zu befriedigen, etwa indem es krank wird oder Unfälle hat, um Aufmerksamkeit auf sich zu ziehen und seine Bedürfnisse in den Vordergrund zu rücken.

Während Kinder vieler anderer Zeichen dazu ermuntert werden müssen, zu teilen, rücksichtsvoll und großzügig zu sein, braucht das Fische-Kind keine Verstärkung solchen Verhaltens. Vielmehr muß man es für Selbstsüchtigkeit belohnen, für die Augenblicke, in denen es gewillt ist, sich vornan zu stellen, wenn es sagt, was es möchte, wenn es direkt um Aufmerksamkeit und Zuwendung bittet. Dies kann ein direktes »Ganze Abteilung kehrt« für Eltern mit Kindern anderer Zeichen sein und sie werden sich dabei ertappen, wie sie zum Widder sagen: »Du mußt deine Spielsachen mit dem Fisch teilen« und zu dem Fisch: »Du mußt nicht immer deine Spielsachen mit dem Widder teilen.«

Das Mitgefühl und die Sensibilität für andere haben ihre Ursache nicht ausschließlich in der angeborenen Verwirrung des Fisches in bezug auf sein Selbst und seine Bedürfnisse. Er ist wahrhaft mitfühlend und besorgt. Er ist denen gegenüber, die er liebt, aufrichtig und aufopfernd und gibt anderen im Zweifelsfalle recht. Das Fische-Kind hat viele versöhnliche Züge. Es weint echte Tränen. Es lacht nicht über Witze, die auf Kosten Schwächerer gehen und es versteht oft nicht einmal den Sinn einer häßlichen Bemerkung oder eines Spottes. Dieses sensible Kind ist tolerant, wahrhaft großzügig und es wird bereitwillig seinen Anteil zur Schönheit der Welt und zum Wohle der Menschen beitragen. Wenn seine Bedürfnisse nach Umsorgtsein gestillt werden, gibt der kleine Fisch freiwillig und bereichert im Überschwang seiner Gefühle das Leben derer, die um ihn sind.

Sich so völlig dem Umsorgtwerden hinzugeben, kann dem kleinen Fisch jedoch schwerfallen. Er wird sich sträuben, nicht zuerst die Bedürfnisse anderer zu berücksichtigen oder sich weigern, etwas zu nehmen, von dem er meint, es anderen opfern zu müssen. Es kann ihm schwerfallen, etwas zu erbitten, wenn er der Meinung ist, daß er nicht »perfekt genug« war, es sich verdient zu haben. Der junge Fisch neigt dazu, zu glauben, daß das Gras des Nachbarn grüner sei, sich zu wünschen, was er nicht haben kann, und nicht zu nehmen, was ihm geboten wird. Er liebt Herausforderungen und findet verbotene und unerreichbare Dinge recht anziehend. Bei Menschen, Dingen und Ideen fühlt er sich vom Möglichen angezogen, und er kann das Gefühl haben, sich mit weniger zufriedengegeben zu haben, als er ursprünglich angestrebt hat.

Ein hilfreicher Fingerzeig für Eltern, die feststellen wollen, was ihr Fische-Kind wünscht und braucht, ist, darauf zu achten, was es anderen gibt. Fische neigen zu der Annahme, daß andere sich ihnen gegenüber genauso verhalten, wie sie sich ihnen gegenüber verhalten. Dies ist eine Variation der Einstellung »Aug' um Auge« und wirkt sich im Leben des jungen Fisches sowohl positiv als auch negativ aus. Kleine Fische erwarten und locken oft sofortige Reaktionen oder Vergeltung hervor. Da er sich auf heimliche Weise schlecht benehmen kann, wird der kleine Fisch annehmen, andere seien ebenfalls hinterlistig; wenn er sich gut benimmt, wird er nur gutes Benehmen in Betracht ziehen. Eltern sollten mit dem Fisch über diese Erwartung gleichwertigen Wechselverkehrs mit der Welt sprechen, ihm erklären, daß andere nicht unbedingt dieselbe Einstellung haben, und sie sollten ihm beibringen, direkt nach dem zu fragen, was er glaubt, als Gegenleistung für sein augenblickliches Benehmen erwarten zu können.

Fische-Kinder reagieren meist besonders sensitiv auf ihre Umgebung und sind häufig die ersten, denen es zu kalt ist, die durch einen Preßlufthammer abgelenkt werden oder die Spannungen der Menschen in ihrer Nähe spüren. Sie haben Schwierigkeiten, äußere und innere Reize zu filtern.

Konstruktive und kreative Möglichkeiten, dem jungen Fisch zu helfen, sich distanzieren zu lernen und mit Störungen umzugehen, besonders in Zeiten des Stresses, sind oft die beruhigendste Form liebevoller elterlicher Zuneigung. Ein besonderes Lied, eine Geschichte, eine Packung Malstifte und Papier sind oft genau das, was er benötigt, um schwierige Augenblicke zu überstehen.

Der junge Fisch ist hellsichtig, prophetisch und häufig sehr intuitiv. Er scheint eine umfassendere Sicht der Welt zu haben als die meisten übrigen Kinder, und er ist oft sehr tolerant dem Benehmen und den Meinungen anderer gegenüber. In vielerlei Hinsicht ist das Leben des Fisches eine spirituelle Reise: Der Fisch ist ein Pilger auf der Suche nach Perfektion, Wahrheit, Gott. Mit dieser Suche geht die Verpflichtung einher, die Welt zu einem besseren Ort zu machen. Ältere Fische-Kinder beginnen die Art ihrer Mitwirkung selbst zu bestimmen, vielleicht auf dem Gebiet der Kunst, der Musik oder in Hilfsdiensten, z. B. Entwicklungshilfe. Das Fische-Kind hat häufig einen stark entwickelten Sinn für Missionen oder Hilfswerke und fühlt die Verpflichtung zu helfen wo es kann. Ein Fische-Kind, das von einer Vision gefangen ist, die es überwältigt (und das Gefühl, daß man die Welt zu ändern versuchen muß, kann ganz schön überwältigend sein, wenn man sechs Jahre alt ist), kann lethargisch und passiv erscheinen. Ein Fische-Kind, dessen Visionen seinem Alter und seinen Fähigkeiten entsprechen, wird sehr viel kraftvoller und aktiver wirken. Fische brauchen Hilfe, sich realistische Ziele zu setzen, und »Gewußt-wie«-Informationen, damit sie ihre Träume in erreichbare Aufgaben umwandeln können.

Das Fische-Kind ist wirklich ein sensitives Barometer für das emotionale Klima einer Familie. Es kann Glück reflektieren und Sorgen kompensieren. Man kann sich auf seine Sympathie und Teilnahme verlassen. Es teilt sein Leben und seine Ansichten gerne mit unterstützenden Leuten. Es ist hilfsbereit, gewöhnlich verantwortungsbewußt und hat einen lebhaften und wunderbaren Sinn für das Lächerliche. Junge Fische sind oft sentimental und romantisch, Anlagen, die auch harte Kanten im Leben etwas mildern. Eltern, die ihren kleinen Fisch mit Zärtlichkeit behandeln, werden erleben, daß er ihnen diese Gunstbezeugung zehnfach zurückgibt. Seine Freundlichkeit und Liebenswürdigkeit können ihr Leben unschätzbar bereichern, und wenn der Fisch erwachsen ist und sich mit sich selbst mehr im Einklang fühlt als in der Kindheit, werden sich seine Loyalität gegenüber und sein Beitrag zu einer liebevollen Familie noch steigern.

Empfindlichkeiten
(Häufige Quellen für Mißverständnisse)

Opfer: Junge Fische haben oft das Gefühl, ihre eigenen Bedürfnisse opfern oder verbergen zu müssen, damit die Bedürfnisse anderer gestillt werden können. Sie können ihre Bedürfnisse als unpassend, unangemessen und lästig empfinden, und da sie glauben, daß sie stärker sind und emotional mehr erdulden können, werden sie sich bemühen, die Bedürfnisse anderer zuerst zu erfüllen.
Manchmal kann der kleine Fisch ein Opfer bringen, um Beziehungen im Gleichgewicht zu halten. Wenn am Nikolaustag nicht genügend Süßigkeiten für die Kinder da sind, wird er freundlich auf die seinen verzichten. Besonders wenn das Fische-Kind in guten Verhältnissen lebt, kann es sich wegen des »Zuviel« schuldig fühlen und die vorhandenen Möglichkeiten nicht voll ausschöpfen. So wird der kleine Fisch z. B. keine Reitstunden im Reitclub nehmen, wenn er weiß, daß sein bester Freund sie sich nicht leisten kann, oder er wird seine aufwendige Kleidung nicht tragen, wenn er meint, offensichtlich zu wohlhabend zu wirken.
Aufmerksame Eltern werden ihrem Kind den Sinn von Opfern deutlich erklären und ihm erlauben, alle ihm zur Verfügung stehenden Möglichkeiten zu nutzen und auf andere Weise als durch persönliche Verweigerung einen Ausgleich zu finden. Dieses Kind wird wahrscheinlich viele der christlichen Botschaften falsch auslegen und sie mit seinen Opferimpulsen verwechseln. Es hat Angst, selbstsüchtig genannt zu werden.
Vernunftbetonte Haltung: Wenn sich der junge Fisch einmal durchgerungen hat, wie er die Dinge zu sehen wünscht, wird er das Gefühl haben, sich erklären zu müssen. Wenn er alt genug ist und die dazu notwendigen sprachlichen Fähigkeiten besitzt, kann er dies sehr gut. Wenn er aber jung ist und meint, sich nicht gut ausdrücken zu können oder wenn er sich seiner Stellung noch nicht ganz sicher ist, kann der Drang, sich zu erklären, frustrierend sein. Er kann Erklärungen anbieten, die verdreht oder lückenhaft klingen oder solche, die zwar vernünftig klingen, aber letztlich keine Information beinhalten.
Im normalen Tagesablauf kann der Fisch eine Abwehrhaltung einnehmen oder Antworten geben, die den Kern nicht treffen. Ein Fische-Kind, das gefragt wird, warum es der Mutter nicht gesagt

hat, daß es die letzte Milch aufgebraucht hat, kann sich kritisiert fühlen und eine Gegenattacke gegen die Mutter starten oder sie vom Thema ablenken (»Peter hat es dir letzte Woche auch nicht gesagt«). Manchmal wird es sich entschuldigen und die Frage immer noch nicht beantworten. Selbst wenn es die Frage zu beantworten scheint (»ich dachte, du wüßtest das«), wird es nicht die ganze Wahrheit schildern, die ganz einfach ist, daß es sie einfach vergessen hat. Eltern, die dieses Verhalten bemerken, müssen darauf bestehen, eine richtige Antwort zu bekommen und dem Kind versichern, daß es nicht ungerechtfertigt bestraft oder getadelt wird.

Selbstschutz: Das Fische-Kind hat es schwer, realistische Schutzmechanismen zu entwickeln. Seine Gefühle werden häufig verletzt werden und seine einzige automatische Verteidigung ist, einfach zu flüchten: in sein Zimmer, in den Wald, in seine Phantasiewelt. Es wird große Anstrengungen unternehmen, um Konflikte zu vermeiden, da es sich nicht gewappnet fühlt, mit ihnen umzugehen, und es kann Auseinandersetzungen als eine Art von Versagen seinerseits empfinden.

Der junge Fisch braucht die Erlaubnis zu kämpfen und es muß ihm beigebracht werden, daß er für sich selbst genauso kämpfen kann wie für die Rechte anderer. Er wird Unterstützung, Führung und Gewandtheit brauchen, um sich zu behaupten, wenn es hart auf hart geht. Eltern, die es schaffen ihn zu lehren, obwohl sie ungehalten sind, können dem Fisch helfen sich zu wehren, wenn sie ihn ermutigen, bei in jeder Familie unvermeidlichen Unstimmigkeiten sich gegen sie zur Wehr zu setzen. »He, wenn ich auch böse mit dir bin, heißt das doch noch lange nicht, daß ich deine Meinung nicht hören will! Warum hast du das Rad vor der Garage liegenlassen? Setze dich zur Wehr, ich will dich nicht verletzen, ich will nur das Problem lösen.«

Beziehungen

Das Fische-Kind ist gewöhnlich ein loyaler und rücksichtsvoller Gefährte. Es strebt oft nach dem Besten in den Menschen und ist erfreut, wenn diese ihn Neues lehren. Obwohl es viele Bekannte haben kann, öffnet es sich Menschen, die mehr Intimität wollen, nur selten und langsam. Wenn es sich öffnet, sucht es spirituelle Vereinigung und muß davon überzeugt sein, daß sie ihn auf einer sehr hohen Ebene verstehen. Obwohl der junge Fisch manchmal die Beweggründe anderer mißdeutet, kann er in Beziehungen sehr pragmatisch sein, und er ist ein wunderbarer Helfer und Problemlöser für andere.

Mutter: Oft sucht der Fisch oder er hat die Wahlfreiheit zwischen zwei Mutterfiguren. Er schätzt entweder eine oder beide wegen ihres logischen Verstandes und ihrer Denkfähigkeit. Die Mutter kann ihm als charmant, intellektuell, witzig, aber emotional nicht zugänglich erscheinen. Ihre Sorglosigkeit kann ihn beunruhigen oder er traut ihrer Fähigkeit, ordentlich für ihn zu sorgen, nicht.

Mütter, die ihr Image bei dem kleinen Fisch verbessern möchten, werden sorgsam darauf achten einzuhalten, was sie versprochen haben und die Gründe für jede Meinungsänderung oder jeden Kurswechsel erklären. Mütter sollten dem Fisch nichts versprechen, was sie nicht halten können, selbst nicht als Versuch, sein Wohlbefinden im Augenblick zu steigern. Mütter, die bereit sind, Themen wie Gott, Religion oder Kunst zu diskutieren und die aufmerksam auf die ungewöhnlichen Einfälle des Kindes hören und sie schätzen, werden feststellen, daß dies eine gute Möglichkeit ist, mit ihm vertraut zu werden.

Vater: Junge Fische sehen ihren Vater jovial, gewährend, nachsichtig und gutmütig. Sie werden besonders Gespräche geistiger Natur mit ihm schätzen und ihn dazu bringen, Züge seiner Persönlichkeit zu enthüllen, die die übrige Familie nicht sieht. Dies kann zu einer besonderen Bindung zwischen dem jungen Fisch und seinem Vater führen.

Fische werden ganz resolut den Vater als gut und die Mutter als schlecht empfinden, den Vater als adäquat und die Mutter als nicht adäquat. Man sollte sich bemühen, dieser Annahme zu widersprechen. Die Mutter sollte auch ab und zu wunderbar sein, und der Vater sollte nicht so eitel sein, daß er nicht manchmal bereit ist in den Augen des Fisches das Rampenlicht mit der Mutter zu teilen. Ein Weg, diese Situation auszubalancieren ist, wenn beide Eltern gleicherweise ihr Kind lehren, wie es kämpfen und sich zur Wehr setzen kann.

Geschwister: Das Fische-Kind wird seine Geschwister als weniger interessant oder schwerfälliger als sich selbst sehen oder als poten-

tielle Bürde auf seiner Suche nach Wahrheit und Vollkommenheit. Es kann sich auch als untergeordnet empfinden. Wenn es sich vorstellt, daß es seine Bedürfnisse opfert, um die ihren zu stillen, kann es Ablehnung ihnen gegenüber empfinden, oder es wird eine Haltung schützender Fürsorge für sie einnehmen.
Freunde: Der junge Fisch wählt oft Kinder, bei denen er sich sicher aufgehoben fühlt und von denen er weiß, daß sie ihn schützen und sich um ihn sorgen werden. Manchmal tut er auch das Gegenteil und wählt Kinder, die seines Schutzes und seiner Sorge bedürfen, oder er tut beides gleichzeitig und hat eine Gruppe von Freunden, für die er sorgt und eine andere Gruppe, die für ihn sorgt. Er findet Sicherheit in vorhersagbaren Beziehungen und fühlt sich oft von Menschen angezogen, die ehrgeiziger sind als er.

Verstand/Information/Schule

Der junge Fisch hat gewöhnlich einen schnellen Verstand und ein gutes Gedächtnis. Er begreift Konzepte schnell und verfügt über Detailkenntnisse. Er braucht die Möglichkeit, alle Informationen mit sich in Beziehung zu bringen, und er wird die Dinge am besten verstehen, wenn sie ihm in einem großen Zusammenhang angeboten werden und er die Möglichkeit hat, »praktisch« zu lernen. Alle Arithmetik dieser Welt wird für den kleinen Fisch unverständlich bleiben, bis man ihn zum Einkaufen schickt. Mit vier Markstücken, drei Fünfzigpfennigstücken und sechs Zehnerln in der Tasche wird er schnellstens lernen zu addieren und zu subtrahieren und ganz zufällig auch seine geriebenen finanziellen Fähigkeiten offenbaren.
Das Gedächtnis des jungen Fisches ist vor allem sinnesorientiert, und er wird sich besser erinnern und verstehen, wenn verschiedene Sinne beteiligt sind. Er verfügt über eine große Vorstellungskraft und neigt dazu, Informationen zu verallgemeinern und nimmt Dinge nach Gesetzen von Form, Gleichgewicht und Rhythmus wahr. Er ist ist künstlerisch begabt. Der kleine Fisch hat ein großes Bedürfnis zu wissen und zu verstehen und er wird jede Anstrengung unternehmen, um nur ja jeder Information habhaft zu werden, die ihm

wichtig erscheint. Erwachsene müssen ihm diese Aufgabe nur erleichtern.
Das Fische-Kind ist oft unglaublich intuitiv veranlagt und kann eine Menge Informationen auf einer unbewußten Ebene aufnehmen. Es nimmt Stichworte und Informationen auf, ohne sich dessen bewußt zu sein. Obwohl der junge Fisch einen ordentlichen und ordnenden Verstand hat, kann es ihm schwerfallen, seine Informationen zu verteidigen und er wird als Folge davon seiner Intelligenz oder seinem Gedächtnis mißtrauen. Aus diesem Grunde kann er annehmen, daß andere klüger sind als er, besonders dann, wenn er glaubt, daß sie die Fähigkeit besitzen, bestimmte Fakten abrufen und verteidigen zu können. Kleine Fische neigen auch zu Tagträumereien und verlieren sich oft in ihrer eigenen Welt oder in irgend etwas sonst. (Sie können auch anderer Dinge verlustig gehen, Kleidung ebenso wie Informationen.) Diese Verluste sind oft wiedergutzumachen und gewöhnlich eher das Resultat fehlender Aufmerksamkeit als mangelnder geistiger Fähigkeit.
Eine Herausforderung für Erwachsene, die den kleinen Fisch unterrichten, ist, seine Aufmerksamkeit zu wecken und wachzuhalten. Wenn seine Aufmerksamkeit gefesselt ist, ist er ein leicht zu erreichender Schüler. Obwohl er Sinn und Wert des Lernens versteht, wird er die Schule als ermüdend empfinden und nach Wegen suchen, den Gang zur Schule zu vermeiden.
Höhere Schulbildung: Obwohl die weitere Erziehung des jungen Fisches oft verzögert oder unterbrochen wird, lernt er gewöhnlich weiter, einfach aus Freude an zusätzlichen Informationen. Er sucht sein ganzes Leben lang nach »der Antwort«. Hat er sich einmal zu einer weiteren Ausbildung entschlossen, kann er intensiv und wetteifernd sein, obwohl er sich über sein Bedürfnis, sich einer formellen Ausbildungsstätte anzuschließen, ärgern wird. Er fühlt sich gewöhnlich zu Studiengängen hingezogen, die Forschungsmöglichkeiten und direkte Erfahrung bieten, oder er wird eine künstlerische Ausbildung oder den Dienst am Menschen anstreben.

Verantwortung/Arbeit/Belohnung

Verantwortung und Arbeit: Der junge Fisch geht oft recht lässig mit seinen Aufgaben und seiner Verantwortung um und wird häufig gerade so viel tun, wie unbedingt nötig. Er ist unruhig, und obwohl er ernsthaft an die Dinge herangeht, läßt er sich doch leicht ablenken. Kleine Fische brauchen häufige Unterbrechungen und die Erlaubnis, herumzulaufen. Sie brauchen Zeit zu planen, zu träumen und Rückschau zu halten. Sie neigen zu unrealistischer Zeitplanung und werden auch Hilfe brauchen, um sich angemessene Ziele zu setzen und die Zeit für deren Erreichung entsprechend einzuteilen. Der junge Fisch muß davon überzeugt sein, daß sein Arbeitsanteil gerecht ist; wenn dies nicht der Fall ist, wird er die Arbeit mit Empörung und Sorglosigkeit irgendwie erledigen oder auch überhaupt nicht. Wenn ein Fische-Kind aufhört, seine Pflichten zu tun oder plötzlich schlampig und unwillig wird, müssen Eltern sein Gefühl für gerechte Verteilung kontrollieren.

Das Fische-Kind, dem man erlaubt hat, großes Verantwortungsgefühl zu entwickeln, wird wirklich hart arbeiten, aber nicht wissen, wie und wann es aufhören soll. Wenn es an einem Plan interessiert ist, wird es seine ganze Persönlichkeit einbringen. Wenn es nicht interessiert oder der Meinung ist, es könne fehlen, wird es so lange zögern, bis es glaubt, daß die Arbeit nicht mehr getan werden muß oder ein anderer sie erledigt hat. Es ist nicht so, daß er gar nichts tut, während er zögert, es besteht durchaus die Möglichkeit, daß der kleine Fisch etwas lernt, das weitaus wichtiger oder interessanter für ihn ist und er aufmerksam diese neue Erfahrung untersucht. Er hat Schwierigkeiten, die Ergebnisse seiner Arbeit realistisch einzuschätzen.

Belohnung: Beifall ist eine vorzügliche Belohnung für den kleinen Fisch. Er spricht ebensogut auf Anerkennung an und hat gern etwas mehr freie Zeit oder die Erlaubnis, etwas selbstsüchtiger zu sein, wenn er eine Aufgabe gut gemacht hat. Oft ist für ihn auch die Freude der Menschen in seiner Umgebung schon eine reichliche Belohnung, obwohl er, wie andere Kinder auch, gerne Geld bekommt. Belohnungen für den jungen Fisch sollten ausdrücklich vereinbart werden, spontane Geschenke sollte er erhalten, *nachdem* er die vereinbarte Belohnung bekommen hat. Geben Sie also einem jungen Fisch zuerst das Geld, das er sich verdient hat, geben Sie ihm jedoch kein Geschenk anstatt des Geldes.

Heim

Der junge Fisch kann das Gefühl haben, daß er überall und nirgends hingehört. In jedem Fall kann er sich eigentlich überall ein Heim schaffen und neigt dazu, sich dort, wo auch immer er sich niederläßt, auszubreiten. Das Fische-Kind ist anpassungsbereit und hat gewöhnlich nichts dagegen, wenn es sein Zimmer mit einer anderen Person teilen muß. Es hat gern mehr als einen Ort, wo es hingehört. Der Raum, in dem es lebt, dient ihm sowohl zur Unterhaltung als auch zum Studium. Es dekoriert ihn in gedämpften Blautönen, blaugrün oder elfenbeinfarben. Während er nicht unbedingt sauber oder zweckdienlich sein muß, ist der Raum des Fische-Kindes gewöhnlich überladen mit interesssanten Dingen und Kommunikationsgegenständen. Entweder klebt der Fisch an allem, was interessant ist, oder er ist völlig desinteressiert an materiellen Dingen. Das Fische-Kind kann eine starke Bindung an seine Nachbarschaft haben.

Gesundheit

Das Fische-Kind weiß oft viel über Gesundheit im allgemeinen, kann aber mit seiner eigenen Gesundheit sorglos umgehen. Es kann Angst haben, krank zu werden und dem entweder ausweichen oder nachgeben, nur um sich mit dieser Angst zu konfrontieren. Es liebt die Aufmerksamkeit, die ihm zuteil wird, wenn es krank ist und kann die Krankheitsphase nutzen, um zur Ruhe zu kommen, etwas Unangenehmem auszuweichen, Aufmerksamkeit zu erwecken oder etwas Ruhe für sich zu finden. Wenn der kleine Fisch krank ist, hat er es gerne, wenn jemand die Führung für ihn übernimmt und er genießt es, der Mittelpunkt des Interesses zu sein. Fische reagieren ganz besonders auf die heilende und beruhigende Wirkung von Musik. Der junge Fisch ist besonders empfindlich für Umwelteinflüsse und seine Krankheiten reflektieren gewöhnlich diese Verletzlichkeit: Allergien, Erkältungen, Grippe und andere ansteckende Krankheiten, Nahrungsmittelvergiftung und nervöse Leiden, die eindeutig auf Streß zurückzuführen sind: Muskelverspannungen, Durchfall usw. Er ist ähnlich empfindlich in bezug auf Medikationen und wird auf eine weitaus schwächere Dosis ansprechen als andere Kinder.

Traditionell regiert der Fisch die Füße und einige Drüsen. Gesundheitsprobleme des jungen Fisches können auch anämischer und depressiver Natur sein, oder er wird Probleme mit den Nebenhöhlen oder seinem Rücken haben. Die Leiden des Fische-Kindes können schwer zu diagnostizieren sein, werden aber auf unorthodoxe Behandlungsweisen gut ansprechen, besonders auf natürliche Heilmittel.

Kindheitsjahre

Die Ängste, die im folgenden aufgeführt werden, dürfen niemals zur Bestrafung eingesetzt werden. Sie dienen dazu, Wege für Bestätigung und Zuwendung aufzuzeigen.

Geburt – 6 Monate

Der neugeborene Fisch ist ein charmantes, verträumtes und anpassungsfähiges Baby. Es weiß, daß es hilflos ist und kuschelt sich vertrauens- und liebevoll in den Arm des Erwachsenen, als ob es dorthin gehöre. Es wird sich noch nicht ganz sicher sein, ob es wirklich schon hier sein möchte und lädt die Menschen in seiner Nähe mit Lächeln und Gemurmel ein, sein Bleiben wünschenswert zu machen. Eltern, die versuchen, den kleinen Fisch zu verlocken, sich der Familie anzuschließen, erfreuen meist sich und das Baby, wenn sie Worte, Berührungen und Rituale erfinden, die für beide Seiten außerordentlich befriedigend sind.
Die Sehnsucht des Fische-Babys nach Aufmerksamkeit und Flucht zeigt sich früh. Schon in diesem Alter kann das Kind Zeiten durchleben, in denen es in seiner eigenen Welt zu sein scheint. Eltern werden überrascht davon sein, daß das Baby, das sie mit seinem Geheul Minuten zuvor herbeigeholt hat, nun zufrieden schläft. Erwachsene müssen davon überzeugt sein, daß die Bedürfnisse des Kindes wirklich sind und sollten sich nicht persönlich zurückgewiesen fühlen, wenn Fische-Babys sich ebensoschnell beruhigen, wie sie in Fahrt gekommen sind. Den Kontakt auch dann aufrechtzuerhalten, wenn der kleine Fisch sich nicht darum zu kümmern scheint, ist für Erwachsene genauso wichtig wie für das Baby.

Die Sensitivität des Fisches setzt ebenfalls früh ein, und selbst das neugeborene Fischlein ist bereits verletzlich durch versteckte Botschaften und Störungen durch die Umwelt. Es ist leicht erschreckt und durch unerwartete Stimulierungen überrascht. Eltern werden dieses Kind sanft behandeln und besonders in den ersten Monaten vor stimmungsbedingten Mißklängen bewahren müssen. Musik und wiegende Bewegungen (besonders mit engen Bezugspersonen) werden auf das neugeborene Fische-Baby beruhigend wirken.

6–18 Monate

Das Fische-Baby wird besonders furchtsam auf Fremde reagieren und sich zurückziehen, wenn jemand auf es zukommt, den es nicht gut kennt. Wie der junge Stier hat der kleine Fisch es jedoch gern, wenn Menschen zu ihm kommen, und er wird geduldig in seinem Stuhl an der Wand warten und die Situation abschätzen, bis ihn jemand bemerkt. Dieses kleine Kind hat eine tiefe Beziehung zur Natur und liebt alles, was lebendig ist. Es ist ein aussichtsreicher Kandidat für Kleinkinder-Schwimmunterricht und Kurse, in denen es auf kindgemäße Weise mit der Welt der Musik vertraut werden kann. Seine Sensitivität und sein Mitgefühl beginnen sich zu entwikkeln, manchmal in Gestalt einer melancholischen Traurigkeit. Seine sozialen Fähigkeiten entwickeln sich jedoch gut und es lernt, wirklich charmant zu sein.

Das sensitive Fische-Baby fährt fort, die unterschiedliche Natur der Ereignisse in seiner Umgebung wahrzunehmen. Es ist stark im emotionalen Klima eingebettet und kann bereits seine Gefühle und Bedürfnisse zurücknehmen, um den Menschen in seiner Umgebung entgegenzukommen. Eltern müssen besonders auf die Versuche des kleinen Fisches, für sich selbst um etwas zu bitten, achten und sie unterstützen, und sie sollten daran denken, das Kind in diesem Alter noch nicht zur »Selbstlosigkeit« zu ermuntern.

18 Monate–3 Jahre

Das Fische-Kleinkind ist sehr intuitiv und begründet schon jetzt sein reiches Phantasieleben. Seine Liebe zur Musik ist bereits wach, und es kann einen imaginären Spielgefährten haben, der ihm »sagt«, was es intuitiv weiß oder der für es Verhalten ausprobiert, wozu es selbst zu scheu oder zu furchtsam ist. Oft lebt es in einer Welt, die mit magischen und mystischen Wesen bevölkert ist. Es konstruiert für alles und jedes Gründe und kann die plausibelsten oder unmöglichsten Erklärungen für Ereignisse anführen. Es ist hochgradig phantasievoll, glaubt an Magie und Wunder und hat einen starken Sinn für die Ewigkeit und das Wunderbare. Da er so sensitiv für seine Umwelt ist, kann der kleine Fisch Gründe für die emotionale Wirklichkeit ebenso wie für physische Ereignisse ersinnen, und Eltern sollten dem kleinen Fisch besondere Aufmerksamkeit schenken, der sich für Situationen verantwortlich fühlen kann, die seine Kontrolle und sein Verständnis bei weitem übersteigen. Wenn er sich verantwortlich fühlt, kann er eine Abwehrhaltung einnehmen oder sich rechtfertigen, und er kann sogar in Tränen ausbrechen, wenn er Dinge persönlich nimmt. Farbstifte, Farben und Musikinstrumente sind für den Fisch dieses Alters ein wunderbarer Ausweg, und strukturiertes Geschichtenerzählen kann ein ausgezeichnetes Ventil für seine Phantasie sein.

Dieser kleine Fisch ist extrem anfällig und verletzlich für Tadel. Menschen um ihn herum müssen besonders vorsichtig sein bei dem, was sie seinem kleinen Kopf anbieten. Er wird sehr reaktionsempfindlich und zieht die Bedürfnisse anderer in Betracht, bevor er sich zu einem bestimmten Verhalten entschließt und kann daher unentschlossen wirken und scheint irrationale Auffassungen zu haben. In diesem Alter ist er anpassungsfähig und wankelmütig, folglich schwer einzuschätzen, und es wird schwierig sein, sich auf ihn zu verlassen. Er kann sehr unordentlich sein. Der junge Fisch ist nun sehr wißbegierig, besonders in bezug auf Religion, Heilen und das Universum. Genaue Informationen und Rückmeldungen bei allen diesen Themen sind sehr wichtig. Dies ist das Alter, in dem er seine wahre Natur zu entwickeln beginnt.

Sauberkeitserziehung: Dem Fisch-Kleinkind kann es schwerfallen, sich auf diese aktuelle Aufgabe zu konzentrieren und anfänglicher Erfolg kann rein zufällig sein. Belohnung und ausgiebiges Lob für Erfolg sowie Körperkontakt zur Aufrechterhaltung der Aufmerksamkeit sind zwei mögliche Formen der Annäherung in dieser Sache. Fischen muß die Möglichkeit eingeräumt werden, erst dann trainiert zu werden, wenn sie dazu bereit sind. Es kann sein, daß sie relativ spät soweit sind. Eltern sollten den kleinen Fisch mit Sanftheit, Geduld und Einfühlung anleiten. Wenn die Zeit reif ist, bestehen gute Chancen, daß der kleine Fisch alles alleine macht, und wie es scheint, über Nacht. Spätere kleinere Unfälle, die bei dem kleinen Fisch denkbar wären, sollten ignoriert oder unbefangen gehandhabt werden.

3–6 Jahre

Der Vorschul-Fisch ist verträumt und rebellisch. Er scheint ständig neue Verhaltensweisen zu testen, zu kopieren, auszuprobieren und zu verwerfen. Sein Verhalten kann sprunghaft wirken und er wird oft von einem Extrem ins andere fallen: nett, rücksichtsvoll und verantwortungsbewußt im einen Augenblick, im nächsten ruhelos, kritisch und teilnahmslos. Er sucht immer noch seine Phantasiewelt und wendet beträchtlich viel Zeit auf, um die Wirklichkeit herauszufinden und zu definieren. Eine der Rollen, die er testet, ist »hilflos«, und er wird versuchen herauszufinden, wieviel andere auf diese Weise für ihn tun werden. Eine andere Rolle ist »verantwortlich«, in dieser versucht er etwas für andere zu tun. In beiden Fällen wird er wahrscheinlich seine Macht und seine Intelligenz falsch einschätzen. Eltern müssen die Schlüsse, die der kleine Fisch aus ihren Reaktionen auf sein Verhalten zieht, sehr aufmerksam beobachten.

Der Vorschul-Fisch muß wissen, was vorgeht. Er ist neugierig, klug und schnell bereit, Schlüsse zu ziehen. Er nimmt Informationen wörtlich und kann Schwierigkeiten mit abstrakten Ideen haben, obwohl er von endgültigen Abstraktionen wie Gott und Tod fasziniert ist. Obwohl ihm Dinge in diesem Alter Entweder-Oder erscheinen, kann der Fisch noch immer Schwierigkeiten bei seinen Entscheidungen haben, wenn er glaubt, daß seine Wahl jemand mißfallen könnte.

Wenn er Kritik mit Bestrafung oder Zurückweisung gleichsetzt, kann der kleine Fisch anfangen zu rationalisieren und Entschuldigungen für sein Verhalten zu finden. Er kann extrem selbstkritisch wirken, wenn er versucht, perfekt zu sein, oder sich lethargisch und lustlos verhalten, wenn er Angst hat, ein neuer Versuch könne zu einem Mißerfolg führen. Eltern sollten sich entschieden verhalten, wenn er in diesem Alter beginnt zu »beichten«. Der kleine Fisch sollte dieses Bedürfnis nicht haben, es bedeutet, daß er seinen Selbstwert vollkommen mit Perfektion durcheinanderbringt.

6–12 Jahre

Der Fisch im Schulalter ist ein romantischer Idealist. Wenn er glaubt, daß er sich von den anderen nicht unterscheiden kann, wird er sich müde und lethargisch geben, und es hat einfach den Anschein, als träume er sich durch die Schulzeit hindurch. Manchmal sucht er Zuflucht in einsamen Aktivitäten wie Kunst oder Lesen. Wahrscheinlicher ist jedoch, daß er glaubt, etwas Besonderes zu sein und sich antreiben wird, um sich auszuzeichnen und perfekt zu sein; wenn er dies nicht erreichen kann, wird er gar nichts haben wollen. Er kann außer sich geraten, wenn die Dinge nicht so sind, wie er sie wünscht (»aber es sollte nicht so sein!«), oder seine Enttäuschung hinter vorgetäuschter Gleichgültigkeit verbergen. Da er sich insgeheim betrügerisch und unterlegen vorkommt, kann er sich antreiben, um für seine vermuteten Mängel einen Ausgleich zu finden, und da er hierin oft erfolgreich ist, kann er sich von seinen eigenen Normen und denen anderer überwältigt fühlen.

Obwohl er mitfühlend, freundlich und oft beliebt ist, kann der Fisch im Schulalter trotzdem ein Gefühl haben, als gehöre er nicht dazu und kann glauben, daß andere magische Kenntnisse oder Fähigkeiten haben, die ihm fehlen. Er wird seine kunstvollen inneren Phantasien weiterspinnen, um sich über seine Sicherheit und seinen Wert zu beruhigen, und/oder er wird das, was er als beträchtliche Spannungen wahrnimmt, stoisch ertragen und körperlich krank werden, wenn sie unerträglich werden. Der Fisch scheint in diesem Alter einer Zweiteilung zu unterliegen: aktiv/passiv, Führer/Anhänger, emotional/intellektuell, unterlegen/überlegen. Feste Entscheidungen zu treffen fällt ihm noch schwerer als zuvor. Er kann sich jemanden wünschen, der ihn retten soll, der alles für ihn erledigt, weil er glaubt, daß er selbst es nicht kann. Liebevolle Eltern werden ihn lehren, es doch selbst zu tun und ihm helfen, Entscheidungen zu treffen, die sich später nicht überwältigend auswirken.

Der Fisch im Schulalter ist einfallsreich und kreativ und tut sich gewöhnlich in einer Kunstform oder Sportart hervor. Er bleibt weiterhin besorgt, hilfsbereit und verständnisvoll, und seine Wißbegier wächst ständig. Er ist sich jetzt der Gefühle anderer sehr bewußt und kann sein Verhalten drastisch einschränken, wenn er glaubt, dadurch jemanden zu kränken, oder er fühlt sich qualvoll schuldig, wenn er der Meinung ist, daß dies bereits der Fall war. Er hat Schwierigkeiten, etwas auszuschließen, weil er Angst vor verletzten Gefühlen hat; selbst wenn er ein Stofftier nimmt und eines liegen läßt, kann er ein komisches Gefühl in der Magengegend bekommen. Obwohl seine Unentschlossenheit seine Umgebung genauso irritieren wird wie ihn selbst, ist es normalerweise ein Vergnügen, ihn in der Nähe zu haben, und er genießt weiterhin körperliche Nähe und emotionale Vertrautheit.

12 – 18 Jahre

Der heranwachsende Fisch vereinigt alle vorher beschriebenen Verhaltensmuster und zeigt alle Anlagen, die zu Beginn dieses Kapitels erwähnt wurden. Er ist sensitiv, launenhaft, nachdenklich, nach innen gewandt, verträumt und idealistisch und sucht oft nach etwas, wofür er sich einsetzen kann, etwas, das seiner Energien und Ideale würdig ist. Er kann sich gründlich auf eine spirituelle Suche einlassen oder sich noch intensiver mit Kunst, Sport, Schule oder der Hilfe für andere beschäftigen. Er sucht etwas oder jemanden, dem er sich hingeben kann, etwas oder jemanden, der das Opfer, das er bringen zu müssen glaubt, wert ist. Das Kind, das nicht offen danach forschen darf, wird es dennoch tun, dann eben versteckt.
In diesem Alter ist der Fisch noch leicht zu beeindrucken und leichtgläubig und hält viel von den romantischen Mythen, die der Nachwelt überliefert worden sind, und die von angemessenem Verhalten handeln und von den Erwartungen, die an andere gestellt werden und die diese selbst haben. Obwohl er gewöhnlich kontrolliert erscheint, ängstigt und beunruhigt er sich doch über die Verhaltensformen, die man seiner Meinung nach von ihm erwartet. Er wird chronisch enttäuscht oder rebellisch sein oder ein Hirngespinst erdenken, das ihm all das vorgaukelt, was er sich wünscht. Während er zeitweilig Zuflucht in Einzel- oder Gruppenaktivitäten sucht, sind die besten Ventile für diese Energien weiterhin Theater, Kunst oder eine Volontärstätigkeit in einer Wohltätigkeitsinstitution.
Obwohl er angespannt und engagiert ist, wird sich der Fische-Teenager wahrscheinlich unglaubwürdig vorkommen und annehmen, daß niemand ihn so richtig kennt. Er kann sich selbst als traurigen Clown oder stoischen Märtyrer ansehen. Es wird ihm schwerfallen, hinter seinen Gefühlen unbestimmbarer Traurigkeit sich selbst zu finden. Er wird verwirrt und unsicher wirken, und

wenn er ärgerlich über sich selbst ist oder über andere, weil sie ihn im Stich lassen, kann er sich selbst auf subtile oder offensichtliche Weise strafen, indem er sich isoliert, sich keine Belohnungen anzunehmen gestattet, sich weigert, anderer Leute Zuneigung und Unterstützung anzunehmen oder anzuerkennen. Er kann rebellisch oder verantwortlich wirken, wenn er versucht, verschiedene Rollen auszuprobieren, und sich unabhängig vom Ergebnis als Schwindler vorkommen. Seine Erfolge können ihm leer erscheinen, und er wird sich fragen, ob »das wirklich alles ist«. Eltern sollten den jungen Fisch zum Spielen ermuntern und ihm, obwohl er früh erwachsen scheint, weiterhin Schutz und Unterstützung gewähren, was er braucht, damit er keine Schranken aufbaut.

Das Verhalten des Fische-Teenagers kann abwechselnd über- oder untertrieben sein. Er kann glauben, daß er emotionalen Schmerz übertreiben muß, damit dieser bemerkt oder ernstgenommen wird. Er kann der Meinung sein, daß das Ausmaß seines Schmerzes einen Rückschluß auf die Eindringlichkeit eines Ereignisses zuläßt. Sein Verhalten kann irrational oder exzentrisch wirken, wenn er damit experimentiert, wer er ist, und lernt, einen wirkungsvollen Eindruck auf andere zu machen. Er kann glauben, daß andere seine Bedürfnisse erraten und in der Lage sein müßten, dafür zu sorgen, daß er sich besser fühlt. Wenn er das Gefühl hat, nach einer festen Vorstellung beurteilt zu werden, wird er genau das Gegenteil tun. Er hat große Angst, von anderen ohne seine Erlaubnis eingeengt oder vorschnell abgestempelt zu werden. Man kann sein Gefühl der Bedrohung mildern, indem man ihn ermuntert, sich aufzuheitern und Augenblicken der Freude und des Leichtsinns hinzugeben.

Der heranwachsende Fisch ist sich seiner körperlichen Veränderungen außerordentlich bewußt und wird sie entweder verbergen oder übertreiben. Seiner Vorliebe für Hollywood entsprechend, kann er mit ausgesprochen verführerischem Verhalten oder anderem Gehabe experimentieren, aber er scheint in Wirklichkeit eher eine geistige als eine sexuelle Vereinigung zu wünschen. Während er vorgeben kann, daß er sich den sexuellen Gepflogenheiten Gleichaltriger anschließt, ist er oft sehr scheu und wird viel mehr behaupten, getan zu haben, als er in Wirklichkeit tut. Er ist ein lieber und aufmerksamer Gefährte und selbst im Familienkreis gewöhnlich ein ungezwungenes und erfreuliches Mitglied.

Danksagung

Besonderer Dank gilt unserem Agenten, Connie Clausen, dafür, daß er an dieses Buch geglaubt hat, sich seiner angenommen und letztlich für seine Veröffentlichung gesorgt hat. Als nächstes möchten wir Kenneth W. Green danken, freundlicher Berater vieler Fachschriftsteller, dessen Ermunterung und gelegentlicher Ansporn sehr hilfreich waren. Mittels unserer praktischen Erfahrungen als Astrologe und Psychotherapeut haben wir uns mit der Bedeutung und dem Einfluß der Kindheit auf das Leben der Erwachsenen beschäftigt. Wir möchten uns daher bei den Klienten, die uns ihre Erfahrungen mitgeteilt haben, die zu unserer Entwicklung beigetragen und uns gedrängt haben, einige dieser Erkenntnisse an Eltern weiterzugeben, herzlich bedanken. Die Reaktion von Freunden bei der Lektüre einzelner Kapitel, ihre Bemerkungen über die eigene Kindheit und ihre Erfahrungen als Erziehende haben uns ermuntert und ermutigt, Zeichen um Zeichen zu behandeln.

Außerdem danken wir Gail Holcomb für ihre frühzeitigen Ermunterungen und die gewissenhafte Herausgabe dieses Buchs. Barbara Messick, unserer ausgezeichneten Schreiberin, danken wir für die ungezählten Stunden, die sie für die Erstellung des Manuskripts aufgewandt hat. Weiterer Dank gilt Urscia Mahring, Carol Walker und Margaret Kloster und ganz besonders Jean Eckerly und Joy Hoenig für berufliche und persönliche Unterstützung während der ganzen Zeit.

Wir, die beiden Autoren, sind seit langer Zeit befreundet. Es hat uns großen Spaß gemacht, dieses Buch zu schreiben und wir sind noch immer Freunde, dies ist immerhin beachtlich.

So möchten wir uns gegenseitig Anerkennung dafür aussprechen, daß jeder zu einer Ganzheit beigetragen hat, die keiner von uns beiden alleine hätte erreichen können.

Minneapolis, St. Paul, Sommer 1984 *Lynne Burmyn*
Christina Baldwin

Nachwort

Liebe Leserin, lieber Leser!

Erlauben Sie mir, Sie zum Schluß der Lektüre dieses Buches noch einmal an den Beginn zurückzuführen: Die beiden Autoren, die in liebenswerter Weise versucht haben, Anwalt Ihres Kindes zu sein, die Ihnen helfen wollten, Ihr Kind in seiner individuellen Eigenart (etwa als Stier-Kind oder als Fische-Kind) besser zu verstehen, haben ihren Beschreibungen einige Bemerkungen vorangestellt, auf die ich jetzt noch einmal kurz zurückkommen möchte.

Gerade weil die Beschreibungen psychologisch einfühlsam und differenziert sind, kann zu leicht in Vergessenheit geraten, daß der Sonnenstand, auf den allein diese Beschreibungen sich stützen, wirklich nur *ein* Bestimmungsstück im Horoskop des Kindes darstellt, ein wichtiges zwar, doch nur eines unter mehreren.

Ein individuelles Horoskop ist die graphisch dargestellte Konstellation der Gestirne unseres Sonnensystems für den Moment der Geburt eines Menschen, so, wie der Himmel sich, vom Geburtsort aus betrachtet, einem Beobachter in diesem Moment dargeboten hätte. Neben der Sonne werden auch die Positionen des Mondes sowie der Planeten in die Graphik eingezeichnet *(siehe Abbildung)*. Als Bezugssysteme gelten dabei der Tierkreis und der Horizont, der in der Abbildung durch die waagerechte Linie symbolisiert wird.

Diese Konstellation der Gestirne bildet nun eine »Gestalt«, das heißt eine Ganzheit, die auch nur als Ganzheit dem Wesen des Horoskopeigners wirklich gerecht werden kann. Die Entschlüsselung der symbolischen Bedeutung dieser Gestalt ist die Aufgabe des beratenden Astrologen.

Ohne auf technische Einzelheiten einzugehen, mag Ihnen vielleicht allein durch die Abbildung schon deutlich werden, daß ein individuelles Horoskop eine äußerst komplexe Struktur bildet. Die Konstellation im Moment der Geburt eines Menschen ist einzigartig: sie wiederholt sich im Laufe von Jahrtausenden praktisch nie! Nur eine komplexe Struktur dieser Art kann auch in der Lage sein, die beinahe unendlich vielfältigen individuellen Unterschiede zwischen den

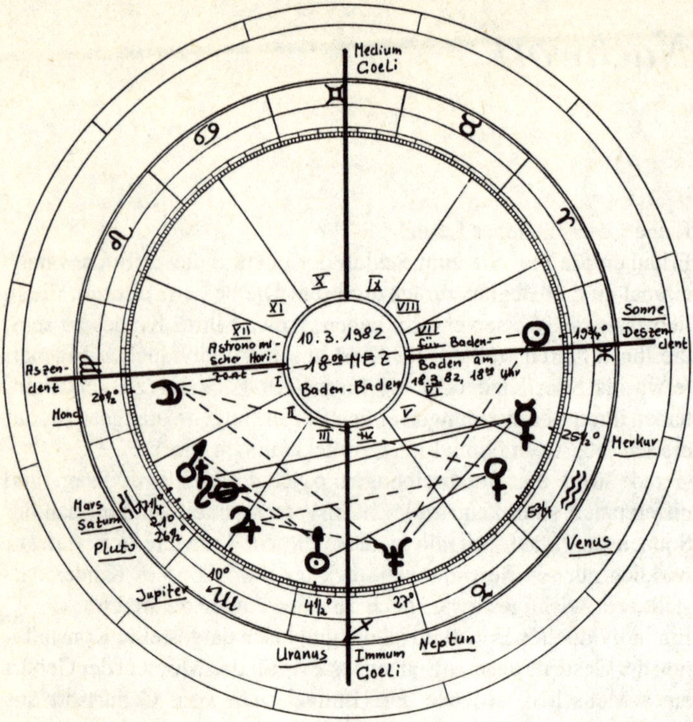

Menschen abzubilden. Ich möchte Ihnen den Unterschied zwischen der Deutung eines individuellen Horoskops und der Deutung des Sonnenzeichens an einem Beispiel erläutern:

Stellen Sie sich vor, Sie hätten eine Gruppe von Kindern aus ganz verschiedenen Teilen der Erde zu betreuen. In einem solchen Fall könnte es sehr hilfreich sein, kultur-typische Unterschiede in den Eigenheiten der Kinder zu kennen: Typische Eigenschaften von Kindern aus Japan unterscheiden sich wahrscheinlich von denen, die Kinder aus Zentral-Afrika zeigen werden, ein Eskimo-Kind bringt von seiner Kultur her andere Werte und Verhaltensweisen (und Verletzlichkeiten!) mit als ein ungarisches, ein deutsches oder ein amerikanisches Kind. Ohne die Kinder individuell zu kennen, kann eine solche Beschreibung »nationaler Eigenheiten« doch hilfreich sein, sich auf jedes Kind besser einzustellen.

Ganz offensichtlich jedoch kann eine solche Beschreibung über individuelle Eigenheiten eines einzelnen Kindes sehr wenig aussagen: Ein einzelnes Kind kann sogar von der Beschreibung typischer Eigenheiten individuell beträchtlich abweichen. Deutlich wird dies, wenn Sie zehn Kinder aus demselben Land zu betreuen haben. Zum Verständnis der unterschiedlichen Verhaltensweisen einzelner Kinder dieser Gruppe hilft Ihnen dann die Typik gar nichts mehr, denn sie erfaßt ja gerade das, was allen zehn Kindern gemeinsam ist.

Die Beschreibung der Sonnenzeichen sagt in ähnlicher Weise über das Kind zwar etwas Wichtiges, aber dennoch etwas sehr Allgemeines: Das Sonnenzeichen kennt eben nur zwölf *Typen,* keine Individuen! Sie dürfen sich also nicht wundern, wenn die Beschreibungen, die Sie hier gelesen haben, nicht immer treffend sind. Vor allem aber möchte ich Ihnen dringend raten, Ihr Kind nicht durch unbewußte »Erwartungshaltungen« (dadurch, daß *Sie* sich innerlich auf eine dieser Beschreibungen »eingestellt« haben) in seiner freien Entfaltung zu behindern. Dadurch würde genau das Gegenteil dessen erreicht, was die Autoren zu erreichen versuchten: als Anwalt dem Kind zu mehr Spielraum für individuelles Wachstum zu verhelfen.

Lesen Sie die Beschreibungen also als Anregung zum Nachdenken, als eine Chance, sich für bestimmte Dimensionen zu sensibilisieren, die für Ihr Kind wahrscheinlich bedeutsam sind.

Der Deutsche Astrologen-Verband distanziert sich normalerweise von jeder Art Sonnenstands-Astrologie (aus den beschriebenen Gründen). Die in diesem Buch gebotenen Beschreibungen sind jedoch einerseits besonders gelungen, was die »Übersetzung« des symbolischen Gehalts der Zeichen angeht. Vor allem aber sind sie geeignet, in liebevoll-einfühlsamer Weise Verständnis für kindliche und überhaupt menschliche Eigenheiten und »Schwächen« zu wekken, und damit kommt dieses Buch in dieser Hinsicht dem recht nahe, was »gute Astrologie« bewirken soll und zu bewirken imstande ist.

Sollten Sie Interesse haben, sich für Ihr Kind ein individuelles Gutachten erstellen zu lassen oder sollten Sie sich selbst tiefer mit der Astrologie auseinandersetzen wollen, so kann Ihnen der DAV mit entsprechenden Adressen weiterhelfen (Listen der geprüften DAV-Mitglieder). Wenden Sie sich dazu bitte an:

DAV-Geschäftsstelle, Merzhauser Straße 145B, 7800 Freiburg

Im Januar 1986 *Peter Niehenke*